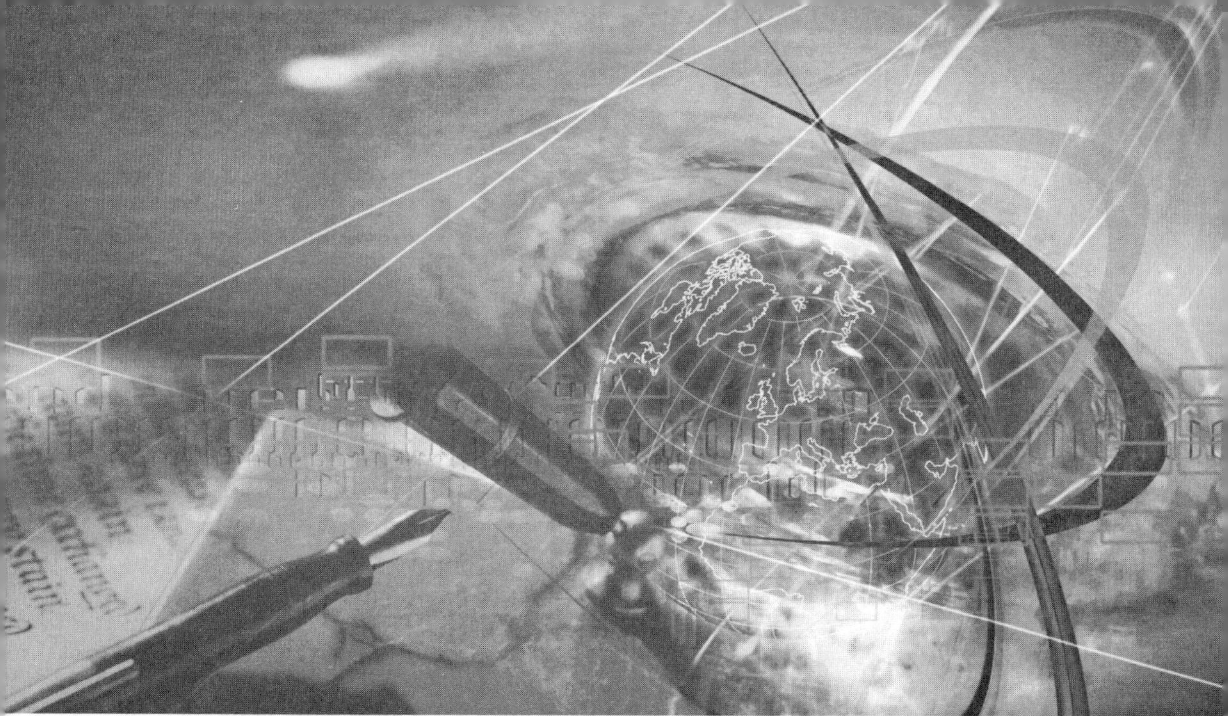

교육학개론

이칭찬 · 조승제 · 주상덕 · 간진숙 · 김성초

Introduction to Education

태영출판사

머리말

교육학을 새롭게 공부하려고 하는 많은 학습자들은 교육학의 관련 영역을 우선적으로 모두 살펴보기가 결코 쉽지 않다. 어쩌면 예전에 비하여 교육학의 학문적 변화가 심하고 그 분화 정도도 엄청나서 과거에는 별로 관심을 끌지 못했던 영역까지도 중요한 학문 영역으로 강조되고 있다. 과거에는 교육하면 대부분 학교교육으로 한정하여 생각하던 관행도 이제는 옛일이 되어 버렸다. 학교교육의 영역보다는 이제 교육문제로서의 학교 외 교육 내용이 훨씬 더 중요하게 다루어지고 있고, 그 범위도 상상을 할 수 없을 정도로 넓어지고 있다. 어머니의 뱃속에서부터 시작되는 교육적 영향력은 유아교육은 물론이고 성인교육, 노인교육으로 대변되는 평생교육의 영역까지로 확대되고 있는 추세다. 이러한 형편에서 교육학의 전체 영역을 한번에 소개할 수 있는 교육학 개론서의 필요성이 더욱 증대된다.

현재까지 국내에는 이러한 추세를 감안하여 교육학개론으로 소개된 책자가 40여 종류가 넘는다. 모두 교육학의 전 영역을 조금씩 맛보기 수준에서 소개하고 있다. 하지만 문제는 교육학의 전 영역을 한 권의 책으로 소개하는 것도 불가능할 뿐 아니라 소개해 놓은 내용의 정도를 어디까지로 할 것인가 하는 점에서 단순하게 맛보기 수준의 소개가 가지는 여러 부작용을 간과하고 있다는 것이다. 교사가 되고자 하는 예비교사들이나 학문적인 관심을 보이는 사람들은 후일 교직과목을 이수하거나 기타의 시간에 보다 깊이 있는 학문적 접근을 할 수밖에 없게 된다. 그런데 이러한 경우 대부분의 독자들은 어디에서인가 조금씩 공부해 온 내용을 통하여 이미 배운 내용은 아닌지 하는 의구심을 가질 수밖에 없게 된다. 즉 제대로 된 분명한 내용을 대하기 이전에 조금씩 양념 식으로 대하게 된 교육학 개론서의 내용 때문에 배워야 할 내용에 대한 흥미를 잃게 되는 것은 물론, 잘못하면 교육학의 내용이 거기에서 거기라는 잘못된 선입견을 가질 수밖에 없는 것이다. 바로 그러한 점에서 교육학 개론서의 내용을 어떻게 정할 것인가에 관한 접근은 신중해질 수밖에 없다.

저자들은 우선 이러한 문제에 대한 분명한 원칙을 정하기 위하여 고심을 하였다. 우선 전체 교육학의 내용 중에서 어떠한 내용을 선정할 것인가 하는 점에서 여러 의견을 나누었다. 결과적으로 예비교사들의 최대의 관심사인 임용고사의 출제 영역을 우선적으로 선정해 보았다. 다음은 각각의 영역 중에서 다룰 내용은 어떻게 정할 것인가의 문제가 중요하다고 생각하였다. 모든 교과의 내용 중에서 중요하다고 생각되는 내용은 그 교과목의 학습에서 당연하게 다루어져야 할 것이다. 따라서 이 책에서는 가능한대로 각 교과의 영역 중에서 중요한 내용은 우선적으로 다루되, 보다 자세한 내용은 본 교과목에서 다루는 것을 전제로 교육의 현실적 문제와 관련한 내용을 우선적으로 선정하도록 하였다. 교육학의 학문적 성격으로 현실의 교육 문제를 해결할 수 있는 힘을 가지지 못한다면 실천적 학문으로서의 교육학은 의미가 없다는 주장이 설득력을 가진다. 바로 그러한 점에서 본 책에서는 가능한대로 교육학의 각 학문적 영역 중에서 현실 문제로서 논의해야 할 내용들을 중심으로 소개하는 것을 원칙으로 하였다.

본 책을 준비하는 데 있어서 가능하면 보다 많은 저자들이 참여할 수 있는 기회를 제공하고자 하였다. 그것은 각 영역의 전문가들이 자신의 견해를 분명하게 제시할 수 있다면 보다 의미 있는 책으로 준비할 수 있겠다는 생각 때문에 그러했다. 그러나 결과적으로 5명의 학자들만이 참여할 수 있었다. 요즈음처럼 경제가 어려운 상황에서 새로운 학술 서적을 출판한다는 것이 쉬운 일은 아닐 것으로 판단된다. 태영출판사의 김현태 사장님을 비롯한 여러 임직원들에게 그러한 의미에서 감사하다는 인사를 빼놓을 수 없을 것 같다.

어쩔 수 없이 시간에 쫓기면서 탈고를 했으나 앞으로 지속적으로 필요한 부분을 보완해 나갈 생각이다. 지속적으로 여러 독자들의 비판적 견해를 겸허하게 수용할 수 있기를 기대해 본다. 또한 바쁜 중에서도 기쁘게 참여해 준 분들에게도 진심으로 감사하다는 말씀을 드린다. 특별히 새 세상을 열어준 미국의 세준이와 세준 아빠, 엄마에게 귀한 열매를 선물해 준 고마움을 전한다. 부디 행복한 매일을 경험할 수 있기를 기대한다.

2010. 1.

춘천 봄내골에서

저자

차 례

교육학의 기초

Chapter

01

제 1 절 본 서의 의미

교육에 대한 이해를 시작하려고 하는 많은 사람들에게 교육학에 관한 일반적이고 기초적인 설명을 하는 일은 결코 쉬운 일이 아닌 것 같다. 우선 지극히 학문적이고 교훈적인 방법으로 이야기를 끌어간다면 시작부터 재미를 잃게 될 것이고 곧 바로 싫증을 내게 될 것이기 때문이다. 흔히 클래식 음악을 즐겨 듣는 사람들을 두고 조금은 이상한 사람들이라고 생각한 적이 있었다. 신나고 재미있으며, 함께 공감할 수 있는 음악이 얼마든지 있는데, 짐짓 심각한 표정을 짓기도 하고 때로는 비싼 돈을 들여 음악회를 다녀오는 모습이 가식적으로 느껴지기도 하고 일부러 남에게 보이려고 하는 태도일 것이라고 지레 짐작을 하기도 했었다. 하지만 정작 내 자신이 클래식의 묘미를 느끼면서 결국 새로운 것에 대한 이해는 겪어 보지 않으면 진정으로 이해할 수 없겠다는 생각을 가지게 되었다.

요즈음 교육에 대한 중요성은 아무리 강조해도 지나치지 않는다는 점을 모든 사람들이 이해한다. 각자의 목적은 다르겠지만, 부모들은 자식들의 안전한 미래를 위하여 교육만큼 효율적인 방안이 없다는 점을 너무도 분명하게 믿고 있다. 따라서 누가 무엇이라고 하더라도 자식의 교육을 위하여 모든 것을 희생할 각오가 충만하다. 하기야 대한민국의 사교육비 총액이 국가 예산과 맞먹을 정도며 2008년 한해에 지출한 금액이 무려 24조 9천억 원에 달한다는 공식적인 보고(교육과학기술부, 한국교육개발원 발표)가 있는 정도다. 이에 따라 새로운 정부에서는 국민들의 사교육비 열풍을 잠재우기 위하여 어떤 방법이라도 시행해야 한다는 강박관념에 사로잡힌 것 같은 정책들을 불쑥불쑥 내놓고 있는 실정이다. 학원 교습을 밤 10시 이내로 제한한다든지, 학원비의 상한선을 제시한다든지, 방과 후 학교의 운영을 학교 밖 학원 강사들에게 통째로 맡긴다든지 하는 설익은 정책들이 바로 그렇다. 한편 국가는 국가대로 교육개혁이나 교육혁신이 국가의 경쟁력을 살릴 수 있는 가장 강력한 방안이라고 믿고 각종 교육개혁을 통한 국가의 경쟁력 강화 방안을 국정의 최우선 과제로 삼고 있다. 이것은 비단 한국 정부만의 입장이 아니라 전 세계 어느 나라를 막론하고 모두 한결같은 입장이다. 미국 정부의 교육개혁을 위한 각종 방안들, 학교 개혁을 위하여 Charter School의 확대나, 목표한 학습력을 보이지 못하는 학교의 폐쇄는 물론이고 교사 전원을 해고 하는 극단적인 방안, 일본 정부와 같이 교육의 전면적인 방향을 바꾸어 이제까지 시행해 오던 여유교육을 휴지통에 처박아 버리는 개혁, 영국이나 영연방 국가와 같이 공교육의 중요성 보다는 사회교육의 강조를 통한 교육력의 신장을 꾀하는 방안, 핀란드나 노르웨이 정부와 같이 교사들의 교육을 강화하고, 교사 평가제를 새롭게 도입하는 방법 등 이제까지와는 다르게 공교육의 중요성을 강조하는 대세는 이미 선진국이나 후진국을 가리지 않고 전 세계적으로 확대되고 있다. 조금 범위를 좁혀서 한국의 형편에서 지방 정부의 관점에서도 이제는 예전과 달리 지역의 발전을 앞당기기 위한 교육의 중요성을 새삼스럽게 강조하고 있다.

예전에는 생각도 하지 못했던 지역 인재양성(Regional Human Resource Development : RHDR)의 중요성이 새로운 지역발전의 핵심 사항으로 떠오르고 있는 형편이다. 한국의 경우도 이제까지와 달리 일부 지방 정부 스스로 지역의 교육력을 향상시키기 위하여 과감한 교육 투자를 시행하고 있고, 지역의 학교 살리기 운동은 결국 지역민들의 역외로의 유출을 막고 오히려 인구 유입을 가져올 수 있는 중요한 수단으로 간주하고 있는 형편이다. 한편 개인들의 교육에 대한 절박감은 예전과는 전혀 다른 양상을 나타내고 있다. 이미 머리가 커지고 철이든 젊은이들은 당장의 취업을 위하여 그리고 앞에 펼쳐진 불확실한 미래에 대한 준비 방안으로 교육의 필요성을 절감하고 있다. 우리나라 대학생들의 86%가 자신들의 Spec을 채우기 위하여 남들과 조금은 차별화된 자신의 능력을 드러내 보이기 위하여 학원을 찾고 있다. 뿐만 아니라 외국에서의 어학연수는 이제 필수 코스가 되어 가고 있다. 당장 생활비에 쪼들리고 어렵지만 교육을 통한 자신의 미래 개척을 위하여 온갖 방안을 강구하며 노력하고 있는 것이다. 아직 어리고 교육의 중요성을 실제 간파하지 못한 학생들도 성적의 중요성은 이미 일찍부터 깨닫고 있다. 학교 내신 성적을 위한 경쟁의 의미를 파악하여 노트를 빌려 주기 싫다든가 심지어는 다른 경쟁자들의 성적을 깎아 내리기 위한 온갖 방안을 모두 실제 행동에 옮기는 경우도 있다. 물론 이러한 경쟁이 결국 올바른 심성의 개발이나 살기 좋은 사회를 만드는데 역행을 하는 부작용으로 다가오기도 한다. 아마도 이제까지 어떤 사회, 어떤 때보다도 교육의 필요성이나 중요성을 모두가 절감하고 있는 셈이다.

이제부터 우리는 이와 같이 중요한 교육의 문제에 대한 전반적인 이해를 시작하려고 한다. 인간이 교육에 대한 중요성을 인식하기 시작한 것은 언제부터이며, 그 이후에 어떤 경로를 통하여 어떠한 방법으로 교육이 이루어져 왔는지에 관한 사실을 확인하려고 한다. 또한 인간생활에서 교육이 영향을 미치는 범위가 어느 정도며, 어떠한 형태로 그러한 교육이 이루어져 왔는지, 교육에 대한 여러 사람들의 관점은 어떻게 변해 왔으며, 동 시대를 살아가는 사람들의 교육에 대한 기대는 어떻게 반영되고 있는지도 확인해 보아야 한다. 교육을 연구하는 전문가들의 관심 영역은 어떻게 확대되어 왔으며, 오늘날 교육문제가 어느 정도 확대되어서 우리 일상생활에 영향을 주고 있는지도 알아볼 필요가 있다. 결국 교육과 관련한 모든 부문의 관심 정도를 확인해 볼 필요가 있다. 하지만 이러한 모든 영역의 교육문제를 이 책 한 권을 통해서 이해하기에는 무리가 따를 수밖에 없다. 따라서 이곳에서는 이제부터 계속해서 교육문제에 대한 관심을 가지고 확인해 나갈 사람들에게 우선적으로 도움을 줄 수 있는 범위 내에서 가장 기초적인 문제들만을 골라 지속적으로 관심을 가질 수 있는 안내를 할 수 있도록 노력해 보기로 한다.

사실 이제까지 소개된 국내외의 수많은 교육학 개론서는 30여 가지로 분화된 교육학의 여러 학문적 지류를 모두 소개해야 한다는 관점에서 교육학 학문 영역의 모든 부분들을 맛보기 형식으로 조금씩 소개하는 정도가 대부분이었다. 그러한 접근도 전혀 의미가 없는 것은 아니겠지만 이 책에서는 그러한 접근보다는 교육학의 전체적인 흐름을 소개할 수 있는 중요한 부분을 골라 집중적으로 조명하는 형식을 택하는 것이 처음 교육학의 학문적 내용을 공부하려는 사람들에게 더욱 커다란 도움을 줄 수 있을 것이라는 관점을 중요시하기로 하였다.

물론 이 과정에서 집필자들의 관점에 따라서 교육학 영역의 각 부분에 대한 중요도가 잘못 강조될 수도 있겠지만, 이 곳에서 다루지 못한 부분들은 실제 교육학의 여러 영역을 종합적으로 다시 공부할 수 있는 기회가 주어질 수 있다는 생각에서 일단 집필자들의 관점을 택하기로 하였다.

제 2 절 교육의 본질

교육에 대한 중요성을 강조하는 많은 학자들은 교육에 대한 정의를 규정하는데 매우 신중하다. 그것은 교육을 어떠한 점을 강조하여 살펴보느냐 하는 관점에 따라 수많은 정의가 가능하기 때문이다. 부버와 같은 학자는 교육을 "인간과 인간의 만남의 과정"이라고 설명한다. 특별히 경험이 많고 지식이 풍부하여 남들의 사표가 될 수 있는 인격자가 어리고 경험이 일천한 사람들과의 만남을 통하여 자연스럽게 세상의 이치와 진리를 전수해 줄 수 있다는 가정을 하고 있다. 그러나 행동과학자들은 "교육은 인간행동의 계획적 변화이다"라고 정의함으로써 교육은 인간을 대상으로 하는 실천적 활동이라는 점을 강조한다.

원래 교육이라는 말은 라틴어의 "educare, educo, educatio" 등에서 비롯한 말이라고 알려져 있다. 이 말은 "밖으로" 라는 의미의 "e"와 "끌어낸다"는 의미의 "ducare, duco, ducatio"라는 말의 합성어로서 "밖으로 끌어낸다" 또는 "끌어올린다"는 뜻이다. 결국 교육이라는 말의 어원은 인간이 내재적으로 가지고 태어나는 선천적인 소질이나 능력을 최대한 발휘할 수 있도록 신장, 발전시킨다는 의미를 가진다.

양진건(양진건 · 이항재 · 한규원, 2008, pp. 10-20) 등은 교육에 대한 정의를 각각의 주장하는 근거를 중심으로 몇 가지로 나누고 있다.

1. 인격주의 교육 본질관

인간은 이성을 지닌 존재며, 그 이성은 도덕적 행위와 관련된다. 따라서 교육은 도덕적 행위를 올바른 방향으로 할 수 있도록 인간을 가르쳐야 한다는 기본적인 관점을 가지고 출발한다. 이러한 주장을 하는 학자들로 소크라테스(Socrates, BC 470-399), 플라톤(Platon, BC 428-388), 칸트(Kant, I., 1742-1804), 공자(孔子, BC 551-479) 등을 들고 있다.

2. 자연주의 교육 본질관

교육이란 인간의 자기 발전을 위한 모든 조성작용이라고 주장한다. 개인의 발전은 어디까지나 자율적인 것이며, 교육은 다만 이 자율적인 길을 열어가는 데 도움이 되는 보호에 그쳐야 한다고 믿는다. 이를 주장하는 학자로는 루소(Rousseau, J. J., 1712-1778), 엘렌 케이(Ellen Key, 1849-1926) 등이 있다.

3. 사회적 세계관의 교육 본질관

인간이란 일정한 사회에서 태어나고 또한 사회에서 자기실현을 함으로써 가치와 보람을 얻는 존재라는 것이다. 이러한 주장을 하고 있는 학자들은 많다. 페스탈로치(Pestalozzi, J. H., 1746-1827), 슬라이에르마허(Schleiermacher, 1746-1834), 크리크(Krieck, E., 1882-1947), 존 듀이(John Dewey, 1859-1952), 뒤르껭(Durkheim, 1858-1917) 등이 있다.

4. 지식, 문화에 중점을 둔 교육 본질관

지식이나 문화를 전달하고 확충해 나가는 것을 교육의 본질이라고 주장한다. 대표적인 학자로는 슈프랑거(Spranger, 1882-1963), 케르센스타이너(Kerschensteiner, G., 1854-1932) 등을 들 수 있다.

5. 종교중심 세계관의 교육 본질관

종교중심 세계관이란 기독교중심 세계관을 의미한다. 신이 이 세상에 필요한 인간을 한 존재로서 보낸 것이라는 생각이다. 대표적인 학자로서는 마리땡(Maritain, J., 1882-1973)을 들 수 있다.

6. 인간 영혼에 중심을 둔 교육 본질관

교육은 인간의 영혼에 잠자고 있는 분별력과 진리를 깨우치는 일로서 영혼의 각성을 꾀하는 일이요, 인간 개개인의 주체적 인격을 도야하는 과정이라고 믿는다. 이러한 주장을 뒷받침하는 사람은 소크라테스와 레오나르드 다빈치(Leonardo da Vinci, 1452-1519)를 들 수 있다.

이외에도 교육의 본질을 조금씩 다르게 주장하는 내용들이 있지만 교육이란 어느 쪽을 강조하여 주장하는 가에 따라 각각의 내용이 조금씩 다를 수 있다.

제 3 절 교육의 구성요소

교육을 구성한다든가 교육적인 작용에 영향을 미치는 요소들은 헤아릴 수 없을 정도로 많다. 교육은 누구나 인정하듯이 모두가 관심을 보이는 영역이고 또한 직·간접적으로 관계를 가지는 분야이기도 하다. 우리나라의 경우도 전 인구의 약 1/4이 정규 학생이지만 실제 이러한 학생들과 관계를 맺고 있는 사람들과 또 학교 외 교육과 관련을 가지는 인구는 전 인구라고 해도 과언이 아니다. 그만큼 교육에 관심을 보일 수밖에 없고 저마다의 의견을 제시할 수밖에 없다. 그러나 정작 교육과 직접적으로 관련되는 중요한 요소들을 망라하라고 하면 쉽게 결론을 내리기가 쉽지 않다. 그것은 흔히 교육학자들이 제시하듯 교육의 전 과정에서 누가 무엇을 어떻게 누구에게 얼마만큼 가르치고 배울 것인지 복잡하기 때문이다. 그러나 일반적으로 교육을 구성하는 중요한 요소로서 3가지의 문제를 제기한다. 이를 흔히 교육의 3요소라고 지적한다. 가르치고 길러 주는 주체가 있다. 요즈음은 e-learning이라던가 원격교육 등 예전과 같은 일방적인 가르침이 베풀어지는 것은 아니지만 여전히 교육의 주체가 있다. 그런가 하면 교육의 작용에는 실천의 내상인 객체기 존재한다. 바로 피교육자인 학습자다. 교육의 주체와 객체는 그들 상호 간의 실천적 교습, 즉 경험의 전달, 수용을 통하여 피교육자의 성장 · 발달을 실현한다. 이러한 교육적 가치실현의 전 과정을 교육과정이라고 말한다. 이러한 교육의 과정에는 가르치는 작용과 가르침을 받는 활동과를 매개하는 내용이 있으므로 해서 상호작용이 가능해진다. 이와 같이 교육의 과정에서 가르치는 주체의 역할을 하는 "교사", 가르침을 받는 객체인 "학습자", 이 둘 사이의 매개 역할을 하는 "교육내용"을 모두 함께 교육을 구성하는 기본적 3요소라고 한다. 물론 이러한 교육의 3요소가 서로 상호작용을 계속할 수 있는 조건을 지워 주는 장면을 "교육의 장"이라고 하는 것이다. 결국 교육의 장에서 피교육자인 학습자의 계속적인 성장 · 발달을 할 수 있도록 이끌어 내는 전 과정이 바로 교육인 셈이다.

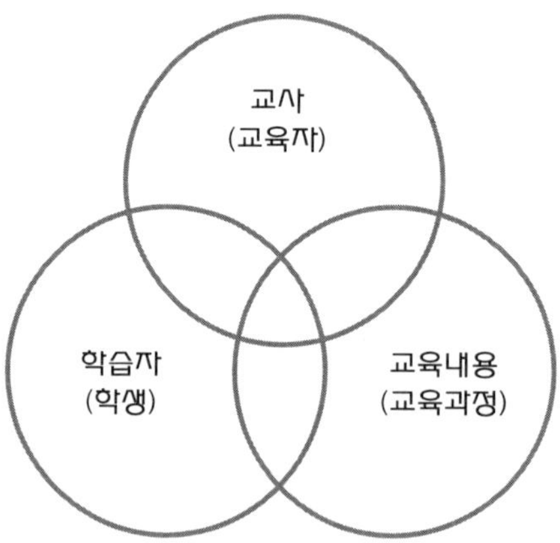

[그림 1-1] **교육의 3요소**

제 4 절 교육의 유형

요즈음 들어 교육의 중요성이 강조되면서 여러 다양한 형태의 교육적 활동이 사회 곳곳에서 이루어지면서 교육에 대한 분명한 구분도 사실상 어려워지고 있다. 물론 구태여 교육의 형태를 구분할 필요야 많지는 않지만 그러나 각각의 교육적 유형이 가지는 특성을 정확하게 파악함으로써 다양한 교육의 문제를 구분지어 생각할 수 있겠다. 이에 요즈음 사회 각계에서 이루어지는 교육의 유형을 분명하게 구분지을 필요가 있다.

양진건 · 이항재 · 한규원(2008 : 41-42)은 교육의 형태를 그 유형에 따라 다음과 같이 구분하고 있다.

① **교육이 성립되는 장소 또는 상황에 따른 구분** : 가정교육, 사회교육, 학교교육

② **교육을 받는 대상의 성질에 따른 구분** : 유아교육, 아동교육, 청소년교육, 성인교육

③ **학교 단계에 따른 구분** : 유치원교육, 초등교육, 중등교육, 고등교육

④ **교육을 하는 방법의 특수성에 따른 구분** : 강의식교육, 시청각교육, 실습교육, 방송통신교육

⑤ **교육 기간에 따른 구분** : 단기교육, 장기교육, 평생교육

이러한 많은 유형의 교육 형태 분류 중에서 비교적 널리 활용되는 중요한 분류의 내용을 구체적으로 제시해 보면 다음과 같다.

1. 형식적 교육

교육을 분류하면서 우선적으로 생각할 수 있는 것은 교육이 이루어지는 장소,

대상, 목적에 따라 일반적인 분류가 가능하다는 것이다. 즉 가정교육, 학교교육, 사회교육 등으로 우선 구분해 볼 수 있겠다. 크리크(Krieck)는 학교교육을 가장 의도적인 교육으로, 가정교육을 반의도적인 교육으로, 그리고 사회교육을 무의도적인 교육으로 분류하고 있다. 그런가 하면 듀이(Dewey)는 학교교육을 협의의 교육, 즉 형식적 교육(formal education), 가정교육과 사회교육을 비형식적 교육(informal education)으로 분류하고 있다.

형식적 교육이란 교육 작용을 가하는 측이나 이를 받아들이는 측이 모두 계획적으로 교육활동을 전개하는 교육을 말한다. 학교와 같이 계획적인 교육 작용을 가하고 이를 받아들이는 학생들이 효율적인 교육 작용을 위해 잘 조직되고 계획되어 있는 경우다. 이러한 교육에서는 일정한 교육의 이상이나 목적에 따라 그 실현을 위하여 의도하는 바를 계획성 있고 지속적으로 소정의 기간 동안 실시하는 교육이 이루어진다. 또한 그 특징은 폐쇄적, 규정적, 선발적, 경쟁적이다. 교육 당국의 엄격한 기준이 설정되어 있으며 가르치는 교과형태와 내용이 구조화되어 있다. 학습자들은 이러한 교육을 통하여 보통 자격을 인정받고 획득하며, 그 사회는 이를 폭넓게 인정한다.

2. 비형식적 교육

비형식적 교육은 흔히 비의도적 교육 또는 광의의 교육, 넓은 의미의 교육이라고 한다. 일상 경험이나 환경과의 접촉을 통하여 아무런 체제나 조직 없이 지식, 기술, 태도 등을 습득하는 전반적 과정을 말한다. 학교를 제외한 전 일상생활에서 겪게 되는 교육적 활동을 말한다. 이러한 비형식적 교육의 특징은 개방적, 비선택적이며, 비경쟁적, 비규정적이라고 할 수 있다. 비형식적 교육은 그 선택이 학습자 자신의 자기 선택에 달려 있으며, 아울러 교과의 형식적 구조에서 탈피되어 있다. 따라서 학습자의 자격인정 보다는 직접적인 자기만족을 추구한다.

3. 무형식적 교육(준형식적 교육)

무형식적 교육(nonformal education)은 형식적 교육과 비형식적 교육의 중간 단계로서 무의도적 교육으로 학교제도 밖에서 아동이나 성인들의 특정 집단에게 그들의 학습요구에 부응하여 제공되는 조직적이고 체계적인 교육활동을 의미한다. 무형식적 교육은 비교적 덜 구조화되어 있기는 하지만 그런대로 규정적 학습목표를 지향한다. 무형식적 교육의 특징은 연령, 학력, 경제적 조건 등에 의하여 제한을 받지 않으며, 형식적 교육의 혜택을 받지 못하는 많은 사람들에게 다양한 교육기회를 제공한다. 무형식적 교육은 조직적인 교육의 한 형태이기는 하지만 학교교육과는 성격이 다르며 비형식적 교육과도 차이를 보인다. 즉 비형식적인 교육과는 달리 학교교육이라는 조직체 밖에서 특정 집단에게 일정 양식의 학습을 제공하는 체계적이고 조직적인 교육활동을 말한다. 물론 이러한 특성 때문에 무형식적 교육은 조직적인 교육을 너무 확대 해석하고 있는 것이 아니냐는 비판도 받고 있고, 형식적 교육을 보완하는 기능을 갖는다는 견해를 가진 학자들도 있다. 이러한 무형식적 교육을 주장하는 학자인 콤스(Combs, P. H.)는 오늘날의 교육이 처한 상황을 위기로 규정하고 이 위기를 극복하기 위한 대안으로 무형식적 교육을 강화시킬 것을 강력히 주장한다.

4. 취학전 교육

조금 다른 교육의 분류 형태로 제시할 수 있는 방안이 바로 피교육자들의 발달 연령을 중심으로 하는 분류일 수 있다. 취학전 교육 또는 유아교육은 학습자들이 형식적인 교육기관인 정규 학교에 입학하기 전의 교육을 말한다. 요즈음은 유치원교육에서부터 어린이집 교육, 보육학교 등 이에 대한 분류도 다양하게 전개되고 있다. 사실상 형식적인 교육의 일부일 수도 있으나 소위 의무교육의 범주에 들어가지 않는다는 의미에서 다른 분류를 하고 있는 셈이다.

5. 학교교육

한 인간에게 있어서 지적, 심리적, 신체적, 기능적, 사회적 발달이 가장 왕성하고 활발하게 전개되는 아동기, 청년기의 거의 대부분을 학교교육에 할애하고 있는 실정이다. 특별히 현대에서 학교교육이 한 인간의 성장·발달에 미치는 영향이나 중요성은 실로 막대하다고 할 수 있다. 서로가 다른 사회, 경제적 여건 속에서 지내던 아동들이 학교에 입학하면서 겪게 되는 모든 생활에서의 영향은 아마도 인생에 있어서 가장 심대한 것이 되겠다.

6. 가정교육

인간발달의 기본적인 틀은 가정교육에 의하여 결정된다는 주장은 아마도 누구도 부인할 수 없을 것이다. 특별히 인간은 후천적 영향에 의하여 가장 영향을 많이 받게 되며, 그것도 미성숙한 상태에서 결정적 영향을 받게 된다는 의미에서 가정교육의 중요성은 더욱 강조될 수밖에 없다.

7. 사회교육

우리나라에서 1982년에 제정된 사회교육법 제2조에 의하면 "사회교육이란 다른 법률에 의한 학교교육을 제외한 국민의 평생교육을 위한 모든 형태의 조직적인 교육활동을 말한다"라고 규정하고 있다. 사회교육은 크게 세 가지의 특성을 지닌다. 첫째, 학교의 정규 교육과정으로서 행해지고 있는 교육활동은 사회교육에서 제외시키고 있다. 둘째, 사회교육을 국민의 평생교육을 위한 모든 형태의 교육으로 정의하고 있다. 셋째, 사회교육은 모든 형태의 조직적인 교육활동이라고 규정하고 있다. 넓은 의미에서 사회교육은 학교에서의 정규 교육을 제외한 모든 조직적인 교육활동이기 때문에 유아, 청소년, 성인, 노년을 포함한 모든 조직적 교육활동을 의미하기도 한다. 따라서 이 개념 속에는 성인교육, 계속교육, 순환교육, 평생교육의 개념까지를 포함한다고 보아야 할 것이다.

Memo

교육학의 성립과 역사적 발전

Chapter
02

교육학에 대한 정의 역시 교육에 대한 정의 못지않게 다양한 견해들이 존재한다. 그 중에서도 일부에서는 교육학(Science of Education, Pedagogy, Padagogik)이란 "인간형성을 대상으로 삼는 자율적인 종합과학", 또는 "교육의 현상과 행위에 관한 학문적 탐구과정과 그 과정을 통하여 획득된 지식의 체계"라고 정의하기도 한다.

이러한 교육학은 그 성립과정이 그리 오래되지 않았다. 헤르바르트(Herbart, E. C., 1776-1841)가 바로 교육학을 시작한 교육학의 아버지로 알려져 있다. 그는 「일반 교육학(Allgemeine Padagogik aus dem Zweck der Erziehung Abgeleitet, 1806)」이라는 저서에서 교육학을 하나의 독립된 학문으로 체계화하였다고 알려져 있다. 그는 교육학의 기초과학으로 윤리학과 심리학을 채택하여 교육학을 체계화하였다. 그 후 여러 과정을 거치면서 크리크(Krieck)에 이르러 교육학이 응용과학에 머무는 것을 비판하고 교육학은 사회과학적인 독립과학이라고 주장함으로써 교육학의 학문적 성격을 강하게 내세웠다(양진건 · 이항재 · 한규원, 2008, p. 25).

제 1 절 교육학의 연구 영역

교육학의 연구 영역 역시 주장하는 학자에 따라 어떤 교육현상을 어떤 시각으로 다루느냐에 따라 달라진다. 그리고 근래에 들어와서 이러한 연구 영역은 계속적으로 확장일로에 있다.

정범모는 교육학의 연구 영역을 크게 여섯 가지로 보고 있다. 제1층의 교육이론은 가장 기본적인 교육이론 분야로 교육의 3요소인 교사, 교육내용, 학습자의 상호작용 영역에서 구성되는 것으로 확인하고 있다. 이에 따라 교사, 교수행동이론, 교과이론, 교수-학습이론이 중요하게 다루어져야 한다고 주장한다. 제2층의 교육이론은 교육환경론으로서 학교환경론, 사회환경론이 다루어져야 한다고 주장한다. 제3층의 교육이론은 소정의 교육목표 달성에 관한 것으로 교육목적론, 평가이론 등이 다루어져야 한다고 본다. 나머지 제4층에서부터 6층까지는 교육주변학으로서 교육이라는 장면에 응용할 수 있는 학문영역으로 구분한다. 한편 이영덕은 아주 단순하게 두 가지의 중요한 동심원을 중심으로 교육핵심학과 교육주변학으로 분류하기도 한다(그림 2-1). 이에 비하여 김정환은 교육학의 연구를 경험과학의 연구로 생각하여 교육문제의 과학으로 분류하기도 한다. 즉 이론적 연구, 실증적 연구, 실험적 연구, 역사적 연구 등으로 구분한다.

[그림 2-1] **교육학의 구분**

제 2 절 교육의 역사적 발전

역사 속에는 우리의 과거가 고스란히 담겨 있다. 또한 누구도 쉽게 범치 못할 객관적 사실이 담겨 있다. 우리가 교육사를 공부해야 하는 이유는 오늘날의 교육적 현상에 대한 뿌리가 과거의 교육사 속에 그대로 드러나고 있기 때문이다. 따라서 그러한 객관적 사실을 확인함으로써 오늘날의 교육현상에 대한 이해를 깊이 할 수 있으며 나아가 우리가 당면한 교육적 문제를 해결할 수 있는 열쇠를 찾을 수도 있기 때문이다. 교육사란 이제까지 인간이 살아온 과거의 교육경험 및 교육사상 등을 동시적 관점에서 체계적으로 다루는 학문 분야로서 이러한 교육의 역사를 통하여 과거와 현재를 성찰하면서 더 나은 미래의 교육을 창조할 수 있기 때문이다.

학교라는 형식적 교육기관이 생기기 훨씬 이전부터 교육은 이루어져 왔다. 물론 이 때의 교육은 생활 속에서 자연스럽게 이루어져 왔으며, 생활 자체가 교육의 자료요 교육내용이었던 셈이다. 어른들은 생존을 위하여 필요한 기능과 기술을 자연스럽게 구사하였고, 어린 아이들이나 후손들은 그러한 어른들의 생활을 통하여 자연스럽게 생존의 기술을 터득해 나갔다. 이러한 인간의 기술과 기능이 점차 쌓아져 나가면서 점점 형식화·규격화되게 되었고, 교육도 서서히 형식적인 방식으로 전개되었다. 그 처음이 서양에서는 고대 그리스의 교육으로 알려져 있다.

1. 고대 그리스 교육

인간의 행복을 지상에서의 조화로운 삶 속에서 찾고자 했던 고대 그리스인들은 신과의 교감 속에서 지상의 도시국가 폴리스를 통하여 그들의 이상을 실현하고자 노력하였다. 물론 현실적인 여러 요소들을 감안하여 그리스 고대 지역의 도시 국가마다 독특한 그들의 교육체계를 만들어 나갔다.

고대 그리스의 중요 도시 국가였던 스파르타에서는 모든 교육을 국가의 통제 아래에서 행하도록 하였으며, 출생에서 사망에 이르기까지 국가의 간섭 안에서 이루어지도록 하였다. 스파르타 교육의 이상은 고통과 결핍에 견디는 용감한 병사를 양성하는 데 두었으며 따라서 체육과 무용 등이 강조되었다. 건강한 어린이가 어머니 밑에서 교육을 받았으며 어린이의 양육을 맡았던 시녀들은 어린이의 가정교육에 특별히 중요한 역할을 하도록 하였다. 7세가 된 어린이는 파이다고고스(교사)를 따라서 체조학교나 문법학교에서 교육을 받았다. 음악교육은 소년의 미적 감정을 기르는 것을 목적으로 하였다. 음악을 통하여 애국적 도덕심의 정취에 넘치는 시인들의 시를 노래하고 이를 암송하여 가르쳤다. 남자 아이는 16세가 되면 비교적 독립적이 되며 18세가 되면 성인으로 인정되어 시민으로서 선서를 하도록 하였다.

한편 민주정치를 갈망했던 아테네의 교육은 근본적으로 스파르타의 교육과는 차이를 보였다. 스파르타 교육이 상무교육이라 한다면 아테네의 교육은 미의 교육이었다. 체조는 육체의 조화로운 발달을 목적으로 하고 음악도 역시 미적 정조를 도야의 목적으로 삼았다. 김나시온에서는 5종 경기를 가르쳤고 점차로 전문적 기술교육을 시행하였다. 군사교육을 통하여 전술적 이론도 교수하였다. 아테네의 대표적 학자였던 소크라테스는 교육을 진리를 발견하는 방법론을 발전시켰고, 무지를 자각하게 하는 반어법과 산파술을 강조하였다. 플라톤은 소크라테스의 제자로서 교과과정의 가장 중요한 요소로서 수학을 들었으며, 국가의 임무는 국민의 영양과 교육에 있다고 보고 교육을 통하여 철인정치의 이상을 실현하려고 하였다. 아리스토텔레스의 교육목적은 인간이 이성적인 생활을 영위하는 데 두고 행복한 생활을 영위하며 자유교육을 실현하는 것으로 잡았다.

2. 로마교육

로마인들은 현실문제의 처리에 최대한의 관심을 보였으며, 이상 국가를 사모하기 보다는 현실 국가의 발전에 노력하였고, 로마교육은 일상생활에 있어서 도덕적 실무의 수련을 존중했다. 체조와 음악에 의한 심신의 조화적 발달을 시도했으나 체조, 무용, 음악, 문학 등을 유약한 것이라고 배척하기도 했다. 고대 로마의 경우 형식적 교육기관이 없었기 때문에 교육은 직접 생활에서 늙은 세대로부터 젊은 세대로 전달되었다. 로마에서는 전체 생활의 원리도 실용을 기본으로 하여 가정에서 독, 서, 산의 초보를 익히고 민족적인 영웅, 위인의 이야기를 듣고 숙지하였다.

3. 중세교육

중세는 가톨릭 교회의 지도 아래에 모든 교육적 작용이 교회중심으로 움직였다. 중세에는 국가적 통제가 미약하였기 때문에 안정에 대한 절대적 요구로부터 여러 가지 사회적 제도의 발달을 보기에 이르렀고, 불안한 세상에 직면한 탈출 수단으로 교회적 가치를 중시할 수밖에 없었다. 기독교의 사제들에 의한 궁정학교나 교회학교 등이 교육에 관한 역할을 맡았으며, 후진양성을 위한 수도원과 스콜라 철학자들을 중심으로 하는 본산학교 등이 설립·운영되었다. 물론 일부에서는 상류사회의 기사들을 위한 교육적 처치가 이루어졌으며, 철저한 기독교 교리교육이 행하여졌다. 이러한 사회 속에서 직업조합의 형태로서 조합, 학교, 기숙사 등을 갖춘 대학이 설립되었다. 주로 신학과, 법학과, 의학과, 문과 등의 학과가 구성되었고 도시의 발달과 함께 시민사회가 형성되면서 도시학교들이 성립되게 되었다. 그러나 이러한 학교 역시 승려학교로 변질되었고 교회학교의 하급학교로 흡수되었다.

4. 근대교육

14세기에서 16세기에 걸쳐 서양사회에서는 중세사회와는 현격하게 다른 새로운 사회가 성립하게 되었다. 이 새로운 사회의 크나 큰 정신운동은 르네상스라는 사조를 불러일으켰으며, 유럽 대부분의 도시로 확산되었다. 봉건사회가 붕괴되면서 인간중심의 새로운 운동이 시작되었다. 신앙에서 이성, 초자연에서 자연, 신학에서 과학을 연구하여 인간과 세계와 자연을 예찬하게 되었다. 따라서 교육 역시 원만한 인격을 지닌 교양인을 양성하는 것으로 바뀌었다. 이리하여 18세기 후반에 와서 새로운 의미의 인간중심 사상이 나타나게 되었으며, 신인문주의로 불리는 이 사조는 교육에서 실용주의, 실학주의, 계몽사조로 발전하게 되었다.

5. 한국의 교육역사

한국에 있어서는 역사에 기록된 것보다 훨씬 이전부터 학교교육이 시작된 것으로 믿어지지만 초기의 학교로 인용되는 것은 고구려 소수림왕 2년(372)에 세워진 태학이라고 알려져 있다. 이 곳에서는 유생들을 모아 중국의 "대학", "중용", "논어", "시전", "춘추", "주역", "예기" 등의 고전을 중심으로 교육한 것으로 알려졌다. 이는 당시의 교육이 정신교육 내지 인격교육에 중점을 두었으며, 국가의 지도자나 관리들을 교육해 내기 위한 방안이었다는 것을 알 수 있다. 이후 고려 시대의 국자감을 통한 과거교육, 조선조에 오면서 서민의 기초교육기관으로서 향교, 서당 등이 발전되었다. 1880년대에 이르러 전통적 교육에 덧붙여 서구의 현대적 교육제도가 도입되고 일제 강점기를 거쳐 해방 이후 본격적으로 미국을 중심으로 하는 현대적 교육이 시작되었다.

Memo

교육의 철학적 기초

Chapter

03

교육의 출발은 인간에 대한 이해에서 시작한다. 도대체 인간의 실체는 무엇일까? 세상에 존재하는 수많은 생명체들과 인간은 무엇이 같고 무엇이 다른가? 우리가 실제 보지 못하지만 상상 속에서 존재할 수 있다고 믿는 우주공간의 다른 생명체들과는 어떤 면이 같고 어떤 면이 다를까? 인간이면 누구나 자신의 존재에 대한 알 수 없는 무수한 고민을 하게 되고 자신을 둘러싸고 있는 세상과의 교감 속에서 자신에게 이로운 면은 무엇이고, 무엇이 불편한지에 관한 의문을 가지게 된다. 나는 왜 존재하는 것이며, 무엇을 위해서 살아야 하는지에 관한 근본적인 물음도 수시로 하게 된다. 물론 요즈음의 우리 생활은 과거와는 너무도 다르게 전개되고 있다. 당장 존재 자체에 대한 결정적 위협을 당하는 경우도 그렇게 많지는 않다. 적어도 과거 우리 모두가 겪었던 것과 다르게 굶주림에 대한 공포, 죽음에 대한 두려움 등은 여전히 존재하기는 하지만 특정한 경우를 제외하고는 일상의 평범한 생활에서는 극단적으로 위협이 되지 않고 있다. 오히려 인간다운 삶에 대한 회의가 더 크게 작용한다고 할 수 있다. 상대적으로 다른 사람들보다 더 안락하게, 즐겁게, 그리고 편안하게 내가 하고 싶은 일을 할 수 있는 기쁨을 누릴 수 있는 방안들을 모색하고 있다. 과거 어쩔 수 없이 겪게 되었던 굶주림에 대한 대책은 당장의 허기를 이기면서 교육을 통하여 해결할 수 있는 문제가 아니었다. 분명히 지속적인 교육을 통한 장기적인 대책을 마련할 수밖에 없었던 문제였다.

그러나 요즈음 우리가 겪고 있는 일상의 문제들은 보다 직접적으로 또 단기간 내에 교육을 통하여 해결할 수 있는 개인들의 문제들이 대부분이다. 물론 교육은 당장의 해결을 위한 단기적인 처방은 아니다. 하지만 과거와 달리 요즈음에는 오랜 기간의 준비를 거쳐 이룰 수 있는 교육적 처방이라기보다는 비교적 짧은 기간 안에 결과를 확인할 수 있는 일들이 많아졌다. 취업을 준비하기 위한 교육적 준비, 유학을 떠나기 위한 대비, 좋은 상급학교에 진학하기 위한 노력, 특정한 시험에 합격하기 위한 준비 등이 그렇다. 물론 현대를 살아가면서 개인적인 관점의 교육적 문제보다 훨씬 범위가 넓고 전 지구적인 영향을 미칠 수 있는 교육적 문제가 확대된 것도 사실이다. 기후변화의 문제부터 시작해서 여러 공해 문제, 세계적 경제 위기 해결의 문제, 복잡한 국제분쟁의 조정 문제, 다양성의 보장을 위한 문제, 세대간의 갈등, 성적 차별의 문제, 다문화의 문제 등 헤아릴 수 없는 문제들이 교육적 해결을 기다리고 있다. 그렇게 보면 개인적인 교육 문제보다도 보다 근본적인 면에서 장기적인 교육적 해결방안을 강구해야 할 부분이 더욱 복잡해지고 커졌다고 할 수 있다. 그러나 앞에서 지적한 것처럼 개인의 문제로 국한하다 보면 교육적 해결방안은 보다 직접적이고 단 기간에 해결할 수 있는 방안이 되었다고 이야기할 수 있다는 것이다. 바로 이러한 관점에서 교육을 통한 인간의 이해는 교육문제를 들여다 볼 수 있는 가장 기초적이고 기본적인 관점이 될 수 있다고 보는 것이다.

한 사회를 구성하는 대부분의 사람들이 공유하는 인간에 대한 이해의 관점, 철학적 기초가 무엇인가? 하는 문제는 그 사회의 교육을 구성하는 근본적 관점이 되어야 한다는 것이다. 현재 우리 사회의 구성원들이 믿고 있는 또는 가지고자 하는 인간관은 무엇인가? 하는 점이 우리 교육을 이루는 기초가 되어야 한다는 것이다. 이것은 단순하게 우리 사회의 이데올르기가 무엇인가를 규명하는 문제와는 다른 접근이다. 요즈음은 사람 각자가 생각하는 형식의 틀이 모두 다르다고 할 수 있다. 그리고 그러한 자유가 보장되는 사회야말로 건강한 사회일 수 있다. 특정한 사상적 관점이 다르다고 해서 처벌할 수도 없고 또 그렇게 해서도 안 된다. 인간으로서 생각할 수 있는 모든 자유가 보장된 사회가 민주적인 사회다. 하지만 교육의 장에서는 각자가 생각할 수 있는 자유가 있다고 해서 어떠한 생각도 가능하다는 판단에서 사회 구성원 대다수가 믿고 있는 철학적 근거를 부정할 수도 없고 일방적으로 어느 한쪽의 경도된 철학적 내용을 강조해서 가르쳐서도 안 된다. 각자가 생각할 수 있는 능력을 가질 수 있도록 유도하는 것은 좋으나 어느 일방의 그것이 비록 가르치는 교사의 생각이라고 해도 강요하거나 가르칠 수는 더더욱 없다. 바로 이러한 관점에서 그 사회 대다수의 구성원들이 가지고 있는 철학적 근거의 확인은 교육, 그것도 공교육의 장에서 우선적으로 확인해야 하는 내용이 되어야 한다.

대한민국 헌법 제1조 1항에는 "대한민국은 민주공화국이다"라는 내용이 실려 있다. 한 사회 구성원들의 철학적 기초, 즉 인간이해의 기본적 관점을 한 마디로 표현하기는 너무 복잡하고 어렵다. 그래서 대부분의 학자들은 교육의 기초를 이루는 철학적 기초를 구체적으로 설명하기 보다는 그 사회 구성원들이 일반적으로 수긍할 수 있는 몇 가지의 철학적 관점을 포괄적으로 제시한다. 일반적으로 소개되는 교육철학의 주요 내용으로는 진보주의 교육철학(Progressivism), 본질주의 교육철학(Essentialism), 항존주의 교육철학(Perenialism), 그리고 재건주의 교육철학(Reconstructionism) 등이 있다. 이러한 교육철학의 기본적 관점은 여러 가지 고전적 교육철학 이론에 그 바탕을 두고 있다. 그 내용은 다음의 〈표 3-1〉에 자세하게 소개하기로 한다.

표 3-1 고전적 교육철학이론(Classical Philosophical Theory of Education)

교육이론	교육목적	교육과정	교육방법	대표적 인물
이상주의	인격형성을 한 다음 인간의 잠재능력과 사회적 선을 향한 개발	합리적 능력을 도야하기 위한 자유교양교육 (liberal education)	대화적 방법 (dialectical method)	Plato
자연주의	인간의 자연성 계발	과학교육	소극교육론 : 자연적 발달의 원리를 따름	J. Rousseau
실재주의	사회적 책무, 삶의 적응 (adjustment and social responsibility)	유용한 지식을 포함한 종합교육과정 (comprehensive curriculum : liberal practical knowledge)	경험에 의한 교육 (All learning depends upon experience)	J. A. Comenius
실용주의	개인과 사회적 삶의 새로운 경험	학습자의 욕구와 흥미를 위주로 한 교육과정	활동중심교육	J. Dewey C. S. Peirce W. James

* J. Power(1982), Philosophy of Education, Prentice-Hall, pp. 89-139.

제 1 절 구성주의와 협동학습

이 곳에서는 이러한 일반적 교육철학의 관점 이외에 근래에 들어 강조되는 새로운 교육의 철학적 관점으로 구성주의(Constructivism)의 내용을 소개하기로 한다. 1990년대 이후 교육의 여러 기본적 관점이 변화해 가면서 새로운 교육철학의 관점이 강조되고 있다.

근래에 들어 구성주의에 대한 관심이 높아가고, 우리의 학계에서도 구성주의에 관한 논의가 활발하게 벌어지고 있다. 특별히 구성주의와 관련한 교사의 역할이나 새로운 교수법을 전개하고자 하는 전문가들은 예외 없이 이러한 관심에 귀를 기울이고 있는 형편이다. 그 이유는 여러 가지가 있겠지만, 요즈음의 학생들의 사고과정이 과거와는 많이 다르고, 또한 교육에서 쓰이는 발전된 기자재들이며, 이를 활용하는 교사들의 방법 역시 예전과는 다를 수밖에 없기 때문이다. 이러한 관심 속에서 교사들은 나름대로 자신의 역할이 달라져야 하지 않을까 하는 생각을 가지게 되었고, 단순하게 주어진 내용을 잘 가르친다고 해서 의미 있는 교육이 이루어진다고 믿는 교사도 없을 뿐 아니라, 오히려 학습자들의 미래를 위하여 진정으로 필요한 내용이 무엇일까를 생각하는 관점에서 과거와는 전연 다른 교육이 이루어져야 한다고 믿기 때문이다. 이러한 과정에서 새롭게 소개되고 있는 구성주의는 모두의 근심을 덜어줄 수 있는 새로운 이론으로서 다가오고 있다.

아울러 점점 더 첨예화되어 가는 학교의 경쟁구조 속에서 자라나는 학습자들에게 인간다운 삶을 강조하고, 서로가 협력하는 방법을 가르침으로 해서 무의미한 경쟁에서 탈피하여 모두가 함께 학습하는 방법을 배워갈 수 있다는 자각이 점점 더 확산되어 가고 있다(이칭찬, 2002). 더구나 미래 정보화 시대를 살아가려면 더욱 첨예한 경쟁이 필연적이며, 이러한 경쟁에서 이길 수 있는 준비가 필요하다. 구조적으로 좁은 가능성을 지닌 한국 사회에서는 계속적으로 점증하는 경쟁의 분위기를 손쉽게 누그러뜨릴 방법이 없다. 아직은 우리의 공교육이 무너져 가고 있다는 비관적 전망을 흔하게 접하지만, 적어도 학교 밖의 사교육 체제와는 다른 의미 있는 교육이 학교 내에서 이루어져야 하고, 이러한 관계 속에서 공교육을 제대로 살릴 수 있는 방안이 분명히 존재할 것이라는 기대도 또한 더해지고 있다.

바로 이와 같은 관점에서 1990년대 이후 우리 교육계에 소개되고 있는 구성주의의 참된 의미가 무엇이며, 그러한 이론을 바탕으로 우리 교육의 문제점을 해결할 수 있는 가능성이 있다는 의미에서 구성주의와 관련한 관심이 고조되어 가고 있다. 특별히 1990년대 이후 구성주의적 관점이 교사 양성과정이나 과학교육의 이론적 근거로 수용되면서(Mattew, 1992), 국내에서도 젊은 학자군에 의하여 그 논의가 심도 있게 다루어지고 있다(김희배, 1993; 허창범, 1993; 신현성, 1995; 황윤한, 1995; 강인애, 1995, 1997; 변호승, 1996; 조용기, 1996; 목영해, 1996, 1998; 박수경, 김광휘, 1998; 김문경, 1998; 송해덕, 1998; 강이철, 2001; 소경희, 1998; 권성호, 1999; 심신사 외, 2001 등). 이와 같은 노력에 의하여 이제까지와 같은 단순한 암기, 주관적으로 정해진 내용을 별다른 이의 없이 무조건 학습해 오며, 아울러 단순하게 경쟁을 자극함으로써 수업에 대한 흥미를 이끄는 이제까지의 방법보다는 보다 인간적인 관점, 교육에 있어서의 원래적인 의미를 강조함으로써 교육의 효과를 극대화할 수 있는 방안을 찾자는 의미에서 구성주의가 새롭게 가능성을 제공하고 있는 협동학습의 의미를 보다 강조할 필요가 있다는 자각이 넘쳐나고 있다.

1. 구성주의의 의미

이러한 속에서 과연 구성주의가 무엇인가? 에 대한 질문에 많은 학자들은 나름대로 구성주의에 관한 자신의 견해를 피력하고 있다. 많은 구성주의 학자들은 구성주의란 단순한 학습이론이 아니라, 인식의 주체 또는 관찰자가 자신의 경험적 인지적 활동을 통하여 실재, 혹은 현실을 주체적으로 구성하는 인식론적 접근이라고 주장한다(황윤한 외, 1999; Bettencourt, 1993; Glasersfeld, 1993; Kitchener, 1987; Tobin & Tippins, 1993). 아울러 구성주의란 "인식의 대상은 무엇인가(What is known)?"와 "인식은 어떻게 해서 성립하는가(How it is known)?"의 두 물음을 설명하려는 존재론과 인식론적 철학에 근거를 둔 학문이다(황윤한, 1995)라고 주장한다. 아울러 구성주의는 인식이 어떻게 이루어지는가 뿐만 아니라 그 '인식의 구조가 어떻게 사람의 행동에 영향을 미치는가?'에도 관계를 한다. 구성주의 이론은 다른 여러 인지론적 접근에서처럼 어떤 사건이 단순히 원래 형태 그 자체로서 개인에게 나타난다고 보지 않고, 개인이 자신의 인지구조 체계에 의해서 경험을 형성한다고 본다(황윤한, 1995). 따라서 구성주의자들이 주장하는 학습이란 학습자가 지식을 내부로 표상하고 자신의 경험적 해석을 통하여 구성해 가는 과정이라고 말한다(Bednar et al., 1991). 이와 같은 관점에서 Merrill(1991)은 구성주의에 대한 특성을 다음 몇 가지로 요약하고 있다(김신자 외, 1991).

첫째, 지식은 학습자에 의해 구성된다.

둘째, 학습은 경험의 해석이다.

셋째, 학습은 학습자에 의해 능동적으로 일어난다.

넷째, 학습은 공동으로 협력하여 일어난다.

다섯째, 학습은 실제 세상과 유사하게 상황화되어야 한다.

여섯째, 학습의 측정은 학습의 맥락 자체에 통합하여 현실적으로 이루어져야 한다.

마찬가지로 Jonassen(1991)은 구성주의적 관점에서 학습 현상이나 지식의 획득을 다음과 같이 설명하고 있다.

첫째, 학습은 감각적, 지각적 경험을 학습자 나름대로 구성해 가는 과정이며, 이러한 경험의 구성과정을 거쳐 가며 지식에 대한 내적 표상을 형성해 간다. 이때 내적 표상으로 형성된 지식은 외부 환경에 대한 경험의 개인적 해석이다.

둘째, 일련의 경험에 대한 내적 표상인 지식은 또 다른 지식의 구조와 결합되어 새로운 인지구조를 형성하게 된다.

셋째, 학습은 실제 세계에 대하여 학습자가 경험하는 바를 자신이 인식하는 방식에 따라서 개념화해 가는 적극적 과정이며, 이러한 과정을 통해서 지식은 점차 확장, 변형되어 가면서 학습발달이 이루어진다.

넷째, 학습자가 실제 세계에서 경험하게 되는 것의 개인적 해석은 다양한 관점에서 이루어질 수 있고, 그러한 해석은 곧 실재에 대한 개인적이고 주관적인 의미 파악이며 이해다.

다섯째, 학습은 실제 상황적 맥락 속에서 발생한다. 즉 모든 학습은 학습이 이루어지는 실제 환경을 토대로 이루어지는 것이 가장 효과적이다.

따라서 구성주의적 관점에 의하면 학습이란 실제 세계의 상황 안에서 개인이 경험한 바를 능동적으로 의미를 구성하는 과정이다. 그런데, 이때 학습은 단순히 정적이고 고립된 사실의 획득이 아닌 역동적인 과정으로 파악해야 한다. 왜냐하면 학습자는 주어진 정보를 단순히 받아들이고 저장만 하는 것이 아니라 경험을 시험적으로 해석하고 정교화하며 검증하는 과정을 거쳐 지식을 구성하기 때문이다(송해덕, 1998).

구성주의의 대표적 학자라고 알려진 von Glaserfeld(1989)는 지식은 단순히 존재하고 있는 대상의 표현이 아니라 활용할 수 있는 인지지도(concept map)로 생각되어야 한다고 주장하며, 그렇게 되기 위해서는 교육과정에 필요한 자료와 재료는 보다 효과적으로 연구되어져야 한다고 주장한다. 따라서 어떠한 것을 이해하거나 유용한 지식으로 만들기 위해서는 지식의 암기나 반복이 아무런 도움이 되지 못하며, 진짜 학습은 일상의 학습상황에서 다양한 정보 같은 인지적 도구 또는 다른 사람들의 도움을 받아 배우는 학습자들이 확실하게 어려운 문제를 파악할 수 있는 기회를 가졌을 때 일어난다는 것이다(황윤한, 1995). 따라서 수업에 있어서의 구성주의적 접근은 수업시간 중의 의미 있는 의견교환, 개념에 있어서의 변화, 고정적이고 활동력이 없는 인식이 아니라 가변적이고 유용한 인식의 발달 등을 자연스럽게 강조하게 된다. 이와 같은 관점에서 구성주의적 수업상황은 전통적인 수업방법과는 판이하게 다를 수밖에 없고, 그와 같은 상황에서의 교사의 역할은 물론 달라질 수밖에 없다.

그러나 이러한 구성주의의 본질에 관한 논의를 전개해 가는데 있어서 한국적인 맥락에서의 구성주의 전개에 대한 비판적인 견해가 존재한다. 목영해(1998)는 한국 교육학계에서 이루어지고 있는 구성주의의 교육학적 전개에는 구성주의에 대한 본질적인 논의가 부족한 상태에서 그 응용적 활용에만 치중하고 있다는 점을 강하게 지적한다. 그는 강인애(1997)의 주장을 빌려 "구성주의에 관한 부분적으로 잘못된 이해는 대부분 구성주의의 인식론적 이해 없이 구성주의에서 활용하는 교수－학습 전략에만 초점을 둔 결과다. 따라서 구성주의에 대한 반박이나 의문을 제기하거나, 혹은 구성주의적 접근이라고 공언하기 이전에 반드시 짚고 넘어가야 할 부분이 구성주의 인식론이다".라고 주장한다.

그러나 또 한편에서는 이와 같은 구성주의의 본질적인 논의가 중요하기는 하지만, 학습과정에서 학습자의 능동성과 자기주도성이 강조되면서 학습자 중심의 학습 환경을 구축하는 일이 무엇보다 중요하며 바로 그러한 의미에서 구성주의의 본질적 논의를 통하여 구성주의에 관한 올바른 이해를 구하는 일도 중요하지만, 오히려 구성주의 원리에 의한 학습이론과 학습환경의 조성이 더 중요할 수 있다는 논리를 펼치기도 한다. 즉 구성주의에 관한 본질적 · 인식론적 문제는 오히려 철학자나 심리학자들에게 맡기고, 현장에서의 교육적 활용, 즉 교수-학습과 관련한 구체적 방안, 구성주의에 근거한 수업모형에 초점을 맞출 필요가 있다는 주장을 펼치기도 한다.

2. 객관주의와 구성주의 철학에 기초한 교육의 차이

해마다 12월 대학입학 시험철이 찾아오면 대한민국의 국민들의 관심은 온통 대학입시 체제와 구체적인 수학능력 시험의 문항으로 쏠린다. 교과서 내에서 얼마나 출제되었는지, 문제가 어려웠는지 쉬웠는지, 그것도 어떤 특정한 기준에 맞춘 난이도가 아니라 수험생들이 별다른 어려움 없이 배운 내용을 가지고 풀 수 있었는지 없었는지가 관심의 대상이다. 이러한 관심은 결국 한국의 공교육기관인 학교에서 이제까지의 획일적 수업, 주입식 교육, 권위주의적인 교사의 일방적 처치, 이기적 경쟁 등을 통하여 숙달된 객관주의적 교육의 산물인 셈이다. 지난 1997년 외환 위기를 겪으면서 수많은 외국의 학자들과 유관기관에서는 한국 교육의 획일적이고 주입식인 교육의 문제를 지적했다. 심지어 Buzz Allen & Hamilton은 지금과 같은 판에 박힌 듯 똑같은 한국 교육을 통해서는 미래 준비나 외국과의 경쟁에서 낙오할 수밖에 없을 것이라는 극단적인 경고를 서슴지 않고 있다. 뿐만 아니라 올해 들어서서 한국을 방문하고 있는 수많은 각계의 석학들, Alvin Toffler, Francis Fukuyama, Elly Wiesell, Peter Drucker, Moss Kanter, Bill Gates, Guy 소르망 등 대부분의 사람들도 한국 교육의 독창성 결여나 주입식 교육의 폐단을 지적하고 있다.

사실 우리는 이제까지 외국에서 그것도 선진국에서 우리 교육의 문제해결을 위하여 수없이 많은 이론과 구체적 방법들을 도입하여 사용하여 왔지만, 근본적으로 모든 학습자들을 독창적으로 키울 수 있는 방법의 도입에는 실패했다. 그 동안 전국적으로 소개되었던 완전학습의 이론이나 우열반 편성을 통한 지진아들의 처치, 그리고 행동수정의 원리를 통한 행동과학적인 교육의 방법 등은 한결같이 집단적인 대증요법으로서의 교육적 처치를 전제한 이론으로서 한꺼번에 교육의 문제를 해결하려는 성급함을 보였을 뿐, 한 사람 한 사람 개인으로서의 독립적인 교육을 통하여 개인차를 인정하고 자신이 가진 독창성을 계발하기 위한 방안은 아니었다. 바로 이러한 관점에서 구성주의로 대변되는 새로운 학습의 방법은 구태의연한 한국의 교육계에 새로운 바람을 불어넣을 수 있는 방안으로 소개될 필요가 있다.

교수설계라는 측면에서 Duffy와 Jonassen(1991)은 우선 구성주의(Constructivism)와 또한 그에 대한 상대적인 이론으로서의 객관주의(Objectivism)를 대비하여 설명하고 있다. 우선 객관주의란 주관에 비하여 객관을 존중하는 입장으로서, 삼라만상의 모든 것을 실체(entities)와 속성(properties)과의 관계(relations)로 설명할 수 있다고 본다(Lakoff, 1987). 그리고 인간의 외부에는 완전한 지식의 구조가 있다고 보고, 인간 밖에 있는 완전한 지식의 구조를 인간의 마음에 심어주는 작용을 교육이라고 본다. 즉 인간의 내부는 하얀 백지와 같은 상태에서 학습을 통해 점차적으로 지식이 채워지는 것으로 본다. 따라서 객관주의에서 말하는 지식은 다음과 같은 특성을 지닌다고 주장한다(황윤한, 1999).

첫째, 지식은 인식의 주제와 독립되어 외부에 존재한다.

둘째, 지식 구성은 외부의 지식을 발견 또는 수용하여 체계적으로 구조화함으로써 이루어진다.

셋째, 지식은 개인의 부단한 반복적인 암기를 통해 단기기억에서 장기기억으로 저장된다.

이에 비하여 구성주의에 관한 내용은 앞에서 이미 살펴보았지만, 구성주의자들의 일관된 주장은 다음처럼 정리할 수 있다.

첫째, 지식은 기존 경험으로부터 개개인의 마음속에서 구성된다.

둘째, 지식 구성은 자신이 속한 사회의 구성원들에 의해 영향을 받는다.

셋째, 지식은 역동적이며, 개인적, 사회적, 합리적으로 창출된다.

이상과 같은 두 입장의 차이에 따른 교육의 차이점을 이칭찬과 신민희(2002)는 다음과 같이 정리하고 있다.

표 3-2 객관주의와 구성주의 교육의 비교

구분	객관주의	구성주의
학습이론	행동주의, 인지주의	구성주의
수업목표	구체적	전체적 학습목표
교 사	지식의 전달자	학습의 조언자 학습의 촉진자
학 생	지식의 습득자	학습의 주체자
학습과제	구조화, 순서화하여 제시	맥락화

* 이칭찬, 신민희(2002).

〈표 3-2〉에서 알 수 있듯이 객관주의에서는 학습내용은 수업 전에 미리 계열화되어 구체적인 수업목표와 함께 제시되며, 교사의 역할은 세분화, 순서화된 지식을 잘 전달하는 것이다. 반면 구성주의의 관점에서는 지식은 항상 그 지식이 실제로 습득되는 상황에서 다루어져야 하며 교사는 학습자가 주체적으로 모든 학습과정을 통제하며 스스로 학습을 구성할 수 있도록 도와주는 조언자로서의 역할을 하게 된다.

표 3-3 객관주의와 구성주의 철학에 근거한 교육의 비교

특성/관점	객관주의적 교육	구성주의적 교육
학습자	지식의 수동적 수용자	생각, 아이디어의 능동적 창조자
교사역할	지식, 아이디어의 보고 또는 전달자, 지휘자(commander), 재촉자, 교육과정 실행자	생각, 아이디어를 듣는 자, 촉진자, 안내자(guider), 조력자(helper), 교육과정 재구성자

교육과정	의도적(intended) 교육과정	창조적, 실용적 아이디어 중심
교육방법	강의, 암송, 반복, 일제수업, 태권도 사범식 교육	협동수업, 소집단 활동, 문제해결 학습, 고등사고학습, 비판적 사고, Football Coach식 교육
강조점	완전학습	고등사고, 비판적 사고, 창조적 사고
평가	양적 평가 : 학습자 서열을 정하는데 쓰임	질적 평가 : 교사 자신의 교육방법의 평가로 이용
교육의 책임	학습자에게 물음	교사 자신이 짐
결과	지식 전달의 교육 듣는 것을 강조 이기적, 경쟁주의적 교육 역인간 교육	자기학습 능력 신장, 듣는 것보다 말하는 것을 강조 협동주의 교육 인간교육

* 황윤한, 1995.

제 2 절 협동적 수업의 의미

이상에서 살펴본 바대로 구성주의에 근거한 교육은 객관주의에 근거한 교육과 그 근본적인 면에서 차이를 보인다. 황윤한(1995)은 〈표 3－2〉에서 알 수 있듯이 구성주의적 학습활동에 있어서 일련의 활동들은 학생의 입장에서 진술되고 있으며, 이는 학습의 주체자가 학생이라는 것을 보여준다고 주장한다. 또 다른 중요한 특성은 활동 그 자체가 중요한 것이 아니라 각 활동을 어떻게 하는가 하는 활동양식(style)이 중요한 요소라고 지적한다. 따라서 구성주의에 있어서의 교사들은 전통적인 교사들과 달리 Resnick(1987)이 지적한 바와 같이 학습자들로 하여금 문제해결 학습 능력 또는 고등사고 능력을 기르는 학습활동에 주력하게 하며, 분단활동 다시 말해 두세 명의 학습자들끼리 또는 소집단 활동을 통한 학습활동을 할 수 있도록 조력하여야 한다는 것이다. 구성주의에서의 이와 같은 학습활동의 강조는 자연스럽게 소집단 협동학습을 가능하게 만들며, 이제까지 우리의 학습 현장에서 강조되던 개인별 활동이나 경쟁학습에 대한 대안으로 떠오르게 되었다.

이제까지의 교육의 개념은 대체적으로 개인 각자가 소유하고 있는 다양한 적성과 능력을 발견하여 이를 최대한으로 신장시켜 주는 것으로 규정되어 왔다. 따라서 교육목표나 내용, 방법 등에 관한 연구에 있어서 이러한 개인주의를 토대로 하는 개별학습이나 경쟁학습이 강조되어 왔다. 그러나 이러한 경쟁학습은 결국 학습자들을 서로 대립적으로 활동하도록 조장시키며, 집단의 소수만이 주어진 목표에 도달할 수 있도록 만드는 학습 조직 형태다. 이러한 체제 아래에서는 대부분 만성적으로 실패를 경험하는 학습자들은 실패 회피의 경향을 띄게 됨으로 해서 학습에 소극적이 되도록 만들어 간다. 또한 지나친 경쟁적 상황은 학습자들에게 불안을 야기시켜 지적 욕구의 강도를 상대적으로 약화시킨다. 오늘날 한국의 교육체제에서 가장 효율적인 수업모델로서 인정받고 있는 개별화 수업이론 역시 그 동안의 많은 노력과 공헌에도 불구하고 경쟁학습과 마찬가지의 비판을 받고 있다. 즉, 현실적으로 다인수 학급체제를 가지고 있는 한국의 교육현실에서 개별화 수업체제의 적용이 실제로 가능한지에 대한 비판과 이에 따라 학습자들의 상호작용의 제한에 따른 부정적 측면의 강조가 그것이다.

결국 오늘날 특별히 한국의 학교교육은 경쟁적인 평가체제를 통해 비범한 학습자와 열등한 학습자를 분류하는 데만 관심을 둘 뿐, 각 개인에게 동등한 기회를 부여하지 못하고 있는 셈이다. 이러한 경쟁적이고 관료적인 구조 속에서 교육은 인간적인 관계보다는 비인간적인 관계가 만연되고 있다는 점에서 경쟁학습이나 개별화 수업은 이를 해소하기 위한 방법이 되지 못하고 있으며, 학습에서의 경쟁적 학습 구조를 협동적 구조로 전환해야 한다는 주장이 일고 있는 것이다(변영계 · 김영환, 1999).

인간은 사회활동을 하는 데 있어서 협동 없이는 공동생활을 영위해 나갈 수 없다. 그러므로 학교학습에서 동료간에 상호 협동할 수밖에 없도록 만드는 협동학습은 교육을 삶 그 자체로 인정하게 만든다는 점에서 중요하고도 필요하다고 인정된다. 협동학습을 통한 상호작용은 동료간의 우정, 서로에 대한 적극적인 태도, 다른 사람에 대한 책임감, 타인에 대한 존경심을 가져올 뿐 아니라, 모든 집단 구성원들이 그 집단의 학습목표를 달성하는 데 다같이 기여하기 때문에 각자는 상당한 성공경험을 공유하게 된다. 이러한 성공경험은 결국 각자의 학습태도 및 학습의 동기유발에 기여하게 된다. Slavin(1987)은 협동학습이란 학습능력이 각기 다른 학생들이 동일한 학습목표를 향하여 소집단 내에서 함께 활동하는 수업방법이라고 주장한다. 여기서 전체는 개인을 위하여(all for one), 개인은 전체를 위하여(one for all)라는 태도를 가지게 되고 집단 구성원들의 성공적인 학습을 위하여 서로 격려하고 도움으로써 학습부진을 개선할 수 있다고 한다(변영계 · 김영환, 1999). 이러한 집단 협동학습의 장점을 T. L. Good 등(1992)은 다음과 같이 정리하고 있다(이성호, 2000).

첫째, 학교에서 행하는 과제가 학교 밖에서 행하는 과제와 성질이 흡사하다. 서로 주고받는, 서로 나누는 형태의 작업이 비슷함으로 소집단 협동학습에서는 구성원 각자가 자신의 일을 한 가지씩 부분적으로 떠맡아 함으로써, 서로 그 결과를 나누어 갖는 이점을 지닌다.

둘째, 교과에 대한 지식이 당연히 증대된다. 즉 혼자서 학습해서 얻는 지식보다 여러 사람이 협동해서 얻게 되는 지식은 클 수밖에 없다. 특히 그 조직 구성원 전체로서 얻는 지식은 그 조직 구성원 개개인이 얻는 지식의 합보다 크게 될 수도 있다.

셋째, 학습자들은 과제에 대한 도전을 하는 데 있어 필요한 적절한 기질, 성향, 태도 등을 개발할 수 있게 된다. 다소 위험부담이 따르는 일이라도 여러 사람이 함께 하다 보면 기꺼이 도전하는 동기가 형성되게 된다.

넷째, 구성원 서로서로가 상대방에 대하여 학습모형이 되어줄 수 있다. 그들은 서로로부터 학습하는 방법을 배우는(learn to learn), 즉 새로운 학습 기능을 터득하게 된다.

다섯째, 학습자들은 구성원들을 통해서 다른 사람의 자원, 즉 그 사람의 능력, 성향, 기질, 태도, 기능, 시간 등을 활용하는 방법을 배울 수 있다. 다른 사람으로부터 어떻게 정보를 얻어 내며, 또 다른 사람에게 어떻게 질문하고 어떻게 도움을 요청해야만 적절한 도움을 끌어낼 수 있는가를 배우게 된다.

여섯째, 소집단 협동학습에서는 구성원들이 서로 힘을 합쳐 분담해서 수행하는 작업을 소중히 여기게 된다. 즉 무슨 일이든 서로 나누어 함께 하는 것을 매우 가치 있게 생각하게 된다.

일곱째, 소집단 협동학습을 통해 자기 자신에 대한 이해는 물론, 타인에 대한 이해를 확장하게 된다. 자기 자신에게도 장점이 있고 약점이 있으며, 다른 사람도 남보다 특히 잘하는 일이 있고, 잘못하는 일이 있음을 터득하게 된다. 그리고 약점이 있고 잘못하는 일이 있다는 그 자체가 결코 자신이나 타인을 거부하는 이유가 될 수 없음을 확인하게 된다.

여덟째, 소집단 협동학습 활동을 경험하게 되면, 학습자들은 각기 자신의 자원, 즉 자신의 시간, 에너지, 능력, 성질 등을 스스로 관리하고 통제할 수 있게 된다.

물론 이러한 협동학습의 이점과 더불어 몇 가지의 문제점도 확인할 수 있다. 일부에서는 단순한 반복 훈련이나 단순한 기능학습 과제에서는 오히려 협동학습 전략보다 경쟁학습 전략이 더 효과적이라고 보고되고 있다(Clifford, 1971). 또한 수학교과의 경우에는 경쟁학습 전략이나 독자학습 전략의 적용이 더욱 효과적이라는 보고도 있다(Owens & Barnes, 1982).

박성익(1999)은 몇몇 학자들의 견해를 빌려 협동학습 전략과 경쟁학습 전략을 적용하고자 할 때 유용하게 고려하여야 할 목표별 수업이나 조건들을 다음과 같이 정리하고 있다.

표 3-4 학습전략에 따른 목표별 효과

학습전략 / 목표별 수업 및 조건	협동학습 전략	경쟁학습 전략
인지적 수업 목표	- 개념학습, 분류학습, 문제해결 능력 - 지식이나 정보의 기억과 파지 - 인지적 수용능력 개발 - 개방적, 효율적 의사소통	- 단순한 반복 훈련학습 - 단순기억과 재생(철자/단어) - 빠른 학습 속도를 요구하는 과제 - 운동기능의 습득

	- 정확한 판단력 - 발산적 사고 - 집단성취(group productivity)	
정의적 수업목표	- 협동적 상황에 적응 - 사회적 적응 - 올바른 도덕적 판단 - 교과, 수업활동, 교사, 동료에 대한 긍정적 태도 - 긍정적 자아개념 - 편견의 감소	- 고립감의 형성 - 불안감의 증대 - 자기중심적 태도 - 사회적 적응기능 결여 - 자아효능감
활용조건	- 과업성취를 위한 상호 자극 - 적절한 도전감 및 불안 - 집단의 응집력 - 내재적 학습동기 - 성취과업의 분할 담당 - 단기학습과제 - 바람직한 인간관계 - 수업 활동에 적극적 참여	- 외재적 학습동기 - 프로그램 학습

* 박성익, 1999.

제 3 절 협동학습 모형의 유형별 분류

학자들에 따라 협동학습의 유형을 구분하는 방식은 다르다. 우선 이성호(2000)는 Kagan(1985)의 분류를 채용하여 협동학습의 모형을 여섯 가지로 분류하고 있다.

첫째, 집단조사 모형

둘째, 또래(동료) 교수 팀워크 모형

셋째, 토너먼트 게임

넷째, 직소(Jigsaw) I

다섯째, 직소(Jigsaw) II

여섯째, 코프코프(Co-op Co-op) 등이 그것들이다.

그러나 변영계와 김영환(1999)은 협동학습의 접근방법으로 협력적인 상호작용을 촉진하는 집단보상에 초점을 두는 동기론적 관점과 팀의 응집성을 강조함으로써 협동기술에 초점을 두는 사회 응집성의 관점으로 나누고 있다. 우선 동기론적 관점에서는 전통적 소집단 학습과 구별되는 협동학습의 주요 요소로서 집단보상, 개별 책무성, 학습참여의 균등한 기회가 강조된다(Slavin, 1990). 집단보상이 없는 협동학습은 정의적 영역의 학습 성과를 향상시키는 데에는 효과가 있으나, 인지적 영역에서의 학업성취의 향상을 위해서는 집단보상이 필수적이라고 본다(Slavin, 1990). 개별 책무성은 소집단 구성원들이 자기 개인의 학습뿐만 아니라, 다른 소집단의 구성원에게 격려하고 돕는 의무다. 그리고 학습참여의 균등한 기회는 미리 설정한 기준 점수를 초과하려고 노력할 때 보장된다. 여기서 집단보상이 주어지면 개별 책무성과 학습참여의 균등한 기회가 촉진된다. 이러한 동기론적 관점에서 대표적인 협동학습의 모형은 성취과제분담학습(STAD : Student Teams Achievement Division)과 또한 아울러 팀 경쟁학습(TGT : Teams-Games-Tournaments)이다.

사회 응집성 관점에서는 소집단 구성원들이 집단 내의 다른 구성원을 돕는 이유를 다른 구성원을 걱정하고 그들이 성공하기를 원하기 때문이라고 보며 협동학습 집단의 팀 형성에 초점을 둔다. 구체적인 협동기술로는 청취기술, 번갈아하기, 도움 주기, 도움 구하기, 또래의 칭찬, 정중하게 기다리기 등이 있다(Kagan, 1992). 사회 응집성 관점에서의 대표적인 협동학습의 모형은 과제분담학습(Jigsaw), 집단조사, 함께 학습하기 등이 있는 것으로 분류한다.

변영계와 김영환(1999)은 전통적 소집단학습과 협동학습의 차이점을 다음과 같이 제시하고 있다.

표 3-5 전통적 소집단학습과 협동학습의 차이점

협동학습	전통적인 소집단학습
- 긍정적 상호의존성	- 상호의존성이 없음
- 개별 책무성	- 개별 책무성이 없음
- 구성원의 이질성	- 구성원의 동질성
- 공유하는 지도력	- 한 사람이 지도자
- 서로에 대한 책임을 공유함	- 자신에 대해서만 책임을 짐
- 과제와 구성원과의 관계 지속성 강조	- 과제만 강조
- 사회적 기능을 직접 배움	- 사회적 기능을 배우지 않음
- 교사의 관찰과 개입	- 교사는 집단의 기능을 무시함
- 집단과정	- 집단과정이 없음

* 변영계, 김영환.

제 4 절 협동학습의 구체적 모형

학자에 따라 협동학습의 모형을 구별한다는 점을 앞에서 지적하였다. 그 중 대표적인 학습의 모형을 구체적으로 설명하기로 한다.

1. Jigsaw 모형

Jigsaw 모형은 미국의 Texas 대학에서 Elliot Aronson과 그의 동료들이 1978년 개발한 협동학습 모형이다(Aronson et al., 1978). 처음 Jigsaw 모형은 주로 중·고등학교 사회과목에서 적용되고 연구되었으나, 후에 Slavin(1978)에 의하여 Jigsaw II로 발전하였다. 일반적으로 한 학급의 학생들을 몇 개의 이질집단으로 나누고, 학습할 단원을 집단 구성원의 수에 맞도록 쪼개어서 각 구성원에게 한 부분씩을 할당한다. 각 집단에서 같은 부분을 담당한 학생들이 따로 모여 전문가 집단을 형성하여 분담된 내용을 토의하고 학습한다. 그 다음 제각기

소속한 원래 집단으로 돌아와서 학습한 내용을 집단 구성원들에게 가르친다. 단원이 끝난 후 학생들은 시험을 보고 개인의 성적대로 점수를 받는다. 따라서 이 모형은 보상구조를 통해서가 아니라 학습과제의 분담, 즉 작업분담 구조를 통해서 집단 구성원간의 상호의존성과 협동을 유발하는 것이다.

2. 성취과제 분담모형(STAD : Student Teams Achievement Division)

이 모형은 1978년 Slavin에 의하여 개발된 것으로 초 · 중 · 고등학교의 수학 과목에서 활용되었다. 학습자들은 대개 넷, 또는 다섯 명으로 구성된 학습 팀을 조직하는 데, 각 팀에는 학습능력이 높은 학습자, 중간 정도인 학습자, 그리고 낮은 학습자들의 이질적인 학습자들로 구성된다. 매주 교사는 강의나 토론으로 새 단원을 소개한다. 각 팀은 연습 문제지를 짝을 지어 풀기도 하고, 서로 질문을 하기도 하고, 또 토론도 하면서 그 단원을 학습한다. 연습문제에 대한 해답도 주어지므로 학생들은 단순히 문제지를 채우는 것이 아니라 개념을 이해하는 것이 목표임을 명백히 알게 된다.

3. 팀 경쟁학습(TGT : Teams-Games-Tournaments)

이 모형은 1973년 David Devries와 Keith Edwards가 개발하였다. 팀 경쟁학습에서는 게임을 이용, 각 팀간의 경쟁을 유도한다. 이 집단간의 토너먼트 게임은 개별학습 성취를 나타내는 게임이며 매주 최우수 팀이 선정된다. 이 모형은 공동작업 구조이고, 보상구조는 집단 내 협동과 집단 외의 경쟁구조다.

4. 팀 보조 개별학습(TAI : Team Assisted Individualization)

이 모형은 1974년 Slavin과 Madden, 그리고 Leavey가 개발하여 수학과목에 적용한 협동학습과 개별학습의 혼합형 모델이다. 이 모형에서는 성취과제 분담

학습이나 팀 경쟁학습에서처럼 4명 내지 6명 정도의 이질적 구성원이 한 집단을 형성한다. 프로그램화된 학습 자료를 이용하여 개별적인 진단검사를 받은 후 각자의 수준에 맞는 단원을 개별적으로 학습한다. 개별학습 이후 단원평가 문제집을 풀고, 팀 구성원들은 두 명씩 짝을 지어 문제지를 상호 교환하여 채점한다. 여기서 80% 이상의 점수를 받으면 그 단원의 최종적인 개별시험을 보게 된다. 개별점수의 합이 각 팀의 점수가 되고, 미리 설정해 놓은 팀 점수를 초과했을 때 팀이 보상을 받는다.

5. 집단조사

이 모형은 1976년 이스라엘 Tel Aviv 대학에서 Sharan(1990)에 의하여 개발되었다. 학생들은 2~6명 정도의 소집단으로 나누어지고 전체에서 학습하여야 할 과제를 집단 수에 맞추어 작은 단원으로 세분한다. 각 집단은 맡은 단원의 집단 보고를 하기 위하여 토의를 거쳐 각 개인의 작업이나 역할을 정한다. 각 집단별 조사학습 이후 집단은 전체 학급을 대상으로 보고하게 되고, 교사와 학생은 각 집단의 전체 학급에 대한 기여도를 평가하게 되는 데, 최종 학습 성과에 대한 평가는 개별적인 평가나 집단평가를 한다.

6. 함께 학습하기

이 모형은 미국 미네소타 대학의 David Johnson과 Roger Johnson(1975)에 의하여 개발된 것이다. 5~6명의 이질적 구성원으로 구성되며 주어진 과제를 협동적으로 수행한다. 과제는 집단별로 부여하고 보상도 집단별로 하며 평가도 집단별로 받는다. 이 방법은 학습자들의 협동적 행위에 대해서 보상을 줌으로써 협동을 격려하고 조장한다. 각 집단 구성원들이 의견이나 정보교환, 학습과제에 대한 질의 응답, 다른 구성원들을 격려하는 말이나 행동, 다른 구성원들의 이해 정도를 확인하는 일을 수행했음을 확인하게 되면 그 집단 구성원들에게는 보너스 점수를 주기도 한다. 교사는 학습자들의 상호작용을 관찰하여 상호작용이 이루어지도록 노력한다.

제 5 절 한국에서의 구성주의와 협동학습의 미래

오늘날 한국의 교육에서 제일 커다란 문제로 꼽히는 것은 지나친 경쟁을 통한 일률적인 교육, 판에 박힌 듯이 누구나 똑같이 경험하는 주입식 암기위주의 교육 폐단이다. 이러한 문제점은 비단 한국의 교육계에서만 지적하는 것이 아니라 전 세계의 많은 학자들이 한결같이 지적하는 내용이다. 점점 더 첨예화되어 가는 국제간의 경쟁이나 개인간의 경쟁을 이기려면 물론 부단한 노력이 뒤따라야 하며, 남들보다 한 발 앞설 수 있는 실력이 있어야 한다. 그러나 온 사회가 경쟁위주의 학습 분위기에 휩싸이게 될 때 경험할 수밖에 없는 문제는 바로 지나친 개인간의 경쟁을 통하여 생겨나는 여러 부작용들이다. 일부 경쟁에서 승리할 수 있는 개인들 이외에 경쟁에서 뒤쳐지는 학습자들은 패배주의에 붙잡혀 일생을 불행하게 보낼 수밖에 없으며, 결국 우리 사회는 끝없는 경쟁의 나락으로 떨어지게 된다. 따라서 무한적인 경쟁보다는 서로가 서로를 도울 수 있는 그리하여 모두가 이길 수 있는 길을 찾을 필요가 있다. 한국 교육에서 이제까지 개인의 능력을 극대화하기 위한 학습방법이나 일방적인 경쟁위주의 교육방법보다는 상대방을 서로 도울 수 있는 협동학습이 필요한 이유가 바로 여기에 있다.

구성주의는 바로 이 같은 협동학습을 가능하게 하는 이론이다. 객관적으로 주어진 지식의 내용을 그대로 답습하고 암기하는 것이 아니라 각자 개인의 인지 체계 속에서 자신의 경험과 일치시킴으로써 주관적인 지식의 유용성을 찾을 수 있는 방법인 것이다. 아직은 우리 학계에 소개되고 있는 구성주의의 내용이 단편적이고, 별로 체계화되어 있지 못하고 또한 교육의 방법이나 새로운 학습 모델로서 축소되어 그 본래의 의미를 찾지 못하고 있는 점도 있지만, 단순하게 전체를 대상으로 하는 일제 학습이나 행동주의적인 보상의 원리에만 매달리고 있는 행동주의적 관점과는 달리 종합적으로 학습자의 삶과 일치하는 교육을 전개할 수 있는 가능성을 발견할 수 있다. 문제는 이제까지 우리가 잘못 시행해 온 방법대로 일시적인 유행처럼 구성주의와 그에 관련한 새로운 교육방법이 쓰여질 수 없도록 준비하는 일이다. 학습의 효율성을 높일 수 있다는 말에 현혹되어 전국의 학교가 똑같은 과오를 범하지 말아야 한다.

협동학습의 유형에도 여러 가지가 있다. 단지 교사의 입장에서 학습자들의 자발적인 참여를 통하여 협동학습의 각각의 모델이 목표로 하는 내용이 제대로 시행되어야 하고, 그렇게 되기 위해서는 일선 교사들의 부단한 노력이 뒤따라야 한다. 이제까지 소개된 협동학습의 방법 이외에도 한국적 실정에 맞는 교수-학습 모델이 지속적으로 개발되어야 하겠다.

사회변화와 교육

Chapter 04

한 사회의 교육은 그 사회의 변화와 결코 무관할 수 없다. 교육이 전개되는 사회의 모습에 따라 교육의 모습도 변화될 수밖에 없는 것이다. 본 장에서는 그러한 사회의 변화와 교육의 문제를 중점적으로 살펴보기로 한다.

제 1 절 세계의 변화

현대 사회 변화의 진전이 너무 빠르고 또한 변화와 관련된 변인들이 너무 복잡하기 때문에 미래를 어느 정도 예견할 수 있는 사람은 아무도 없다. 하물며 어떤 일이 언제 일어날 것인지를 미리 정확하게 예측할 수 있는 사람은 더더욱 없다. "부의 미래"(2006)를 발표한 앨빈 토플러(Alvin Toffler)는 미국을 포함한 여러 선진국이 두뇌 중심의 지식경제로 전환되고 있다는 것은 누구나 알고 있지만, 이런 변화가 초래한 영향에 대해서는 개인, 국가 또는 대륙 차원에서건 어느 누구도 아직 제대로 체감하지 못하고 있다고 주장한다. 그는 "지난 반세기의 변화가 서막에 불과했다. 앞으로 지식의 중요성은 한 단계 더 높은 차원으로 도약할 것이고, 지속적으로 커지면서 변신을 거듭할 것이다." 라는 말을 통하여 변화의 속도가 더욱 빨라질 것이고 이러한 변화에 적응하지 못하는 개인이나 집단, 어떤 사회건 도태될 것이라는 사실을 분명히 하고 있다. 특별히 그는 교육의 문제를 언급하면서 시속 100마일로 달리고 있는 기업의 변화 속도와는 비교할 수 없을 정도로 교육, 특별히 학교교육의 변화는 시속 10마일 정도로 느리게 지속되고 있으며, 이로 인하여 결국 학교제도가 붕괴될지도 모른다는 우려를 표시하고 있다. 결국 우리가 앞으로 살아갈 사회는 예전과는 비교할 수 없는 다른 세계가 될 것이라는 점에 모두가 동의한다.

이러한 변화 속에서 살아갈 미래 세대가 준비해야 할 일들은 어떠한 것일까? 토플러는 낙관적이고 희망적인 미래를 그리고 있기는 하다. 지역적, 종교적, 인종적 다양성과 인간 개개인의 차이를 받아들이고 발전적으로 포용하는 문명사회를 예견한다. 또한 현재의 사회와는 혁명적인 차이를 보이는 질서와 제도, 가치관을 가지면서도 실현가능한 긍정적인 미래의 가능성을 말하고 있다. 그는 "인류에게 희망은 있다"는 가정을 큰 소리로 외치면서 그 실례로 실리콘 칩의 대체와 같이 이제까지 우리 손이 미치지 못했던 극 저단위의 세계가 가능할 것이라고 말한다. 즉 단순한 나노 단위가 아니라 피코(pico)와 펨토(femto), 아토(atto), 젭토(zepto)에 이르게 될 것이고 결국에는 1M의 0,000,000,000,000,000,000,000,001을 의미하는 욕토(yocto)에 이르게 될 것이라고 예언한다.

우리는 이제까지와 달리 우리 이전의 모든 세대들이 이룩한 것을 모두 합한 것보다 더 많은 양의 새로운 자료와 정보, 지식을 창출했으며, 그리고 그것을 다른 방식으로 조직화하고, 다른 방식으로 분배하며, 새롭지만 더욱 찰나적인 유형 속에서 결합, 재결합시키고 있다고 한다. 아울러 우리는 21세기의 여명기에 살면서 직 · 간접적으로 새로운 혁명적인 내용을 핵심으로 한 새로운 문명을 설계하는데 동참하고 있다고 믿는다. 이들 프로세스가 과연 그 자체로 완성될 것인가? 아니면 여전히 불완전한 혁명이 완전히 중단되는 사태를 맞을 것인가 하는 점은 오늘날의 사회를 구성하는 모든 계층과 분야에 달려 있다고 본다.

결국 이러한 바람직한 미래는 이제까지와는 전연 다른 새로운 삶의 방식, 즉 문명을 동반하고 올 것이다. 새로운 비즈니스 구조와 함께 새로운 가족 형태, 새로운 종류의 음악과 미술, 음식, 패션, 신체적 미의 기준, 새로운 가치관, 종교나 개인의 자유에 대한 새로운 태도 등이 함께 밀려 올 것이다. 이 모든 것이 상호작용하며 새롭게 떠오르는 특정한 시스템을 구체화한다. 문제는 이러한 급속한 변화를 맞게 될 우리, 특별히 조그마한 나라에서 생을 영위해 나가고 있는 대한민국 사람들의 삶의 질을 높일 수 있는 가능성이 열려 있는가 하는 점이다.

모든 변화의 가능성을 즉시적으로 누릴 수 있는 선진국 대도시에서의 삶과 달리 한 박자 늦은 변화를 보이고 있는 대한민국에서의 삶, 특별히 미래를 살아갈 다음 세대의 주인공들에게 변화된 삶의 방식대로 살아갈 수 있는 가능성, 즉 세계도시에서의 삶과 똑같은 혜택을 누릴 수 있도록 만들 수 있는가 하는 문제는 결코 소홀히 다룰 수 없는 문제다. 이를 위하여 구체적으로 우리의 교육의 문제점과 미래 인재 양성의 가능성에 관한 내용을 살펴볼 필요가 있다.

한 사회의 발전에 있어서 교육이 차지하는 비중의 중요성은 이미 상식화된 내용이다. 이는 실증적으로 검증된 연구의 결과로 지난 1960년대 발전교육론의 중요성과 더불어 세계적인 추세로 발전되고 있다. 또한 새로운 세기에 들어서서는 인간자원개발의 관점에서 전 세계적으로 새로운 교육의 내용과 방법이 부각되고 있다. 그러나 우리의 형편에서는 아직도 막연하게 교육의 중요성만 강조되었지, 교육이 지역 발전과 구체적으로 어떤 연관이 있는지에 관해서는 별로 언급이 없다.

제 2 절 평생학습사회로의 변화

지난 2000년, 새로운 세기를 전후하여 국내에 구체적으로 몰아닥친 교육의 근본적 변화는 바로 평생학습사회와 관련한 여러 제도의 정비였다. 지난 1999년 평생교육법이 공포되었고 그 내용으로 사내대학, 원격대학, 학습휴가제, 독학에 의한 학위 인정제, 그리고 학점은행제 등이 도입되었다. 2001년에는 교육인적자원부가 출범하게 되었으며, 2002년에는 인적자원개발기본법이 공포되었다. 교육인적자원부는 그 출범에 즈음하여 국가인적자원개발의 기본 요소로서 첫째, 지식 기반사회에 부응하는 인력의 수급 · 개발(manpower development), 둘째, 국민의 기초 학력, 인성, 도덕적 성숙 및 사회적 관계 등을 포괄하는 사회적 · 문화적 자본(social and cultural capital)의 형성, 셋째, 각종 제도(systems)의 효율화를 통한 국가 총 인적 자원의 제고를 들었다. 이는 교육을 통한 국가발전의 기초를 다진다는 정부기관으로서의 교육부의 원래적인 의미를 더욱 발전시켜 선진국들이 경쟁적으로 준비하고 있는 평생학습에 대한 비전과 필요성을 인정하고 이를 구체적으로 그리고 제도적으로 발전시키겠다는 의지를 드러낸 것이었다. 이러한 발상은 특별히 이제까지 공교육기관인 학교교육을 교육의 근간으로 또는 중심으로 생각하고 정책을 펴오던 종래의 교육관을 근본적으로 바꾸게 되는 계기가 된 셈이다. 즉, 학교교육을 중심으로 한 교육의 시작점-종착점 모형(front-end model), 다시 말해서 교육은 학교교육에서 끝난다고 하는 근대주의 교육학적 사고들을 극복하고, 그것을 모든 교육의 장면으로까지 확장하는 것은 물론 학교교육, 가정교육, 성인교육 등을 수직적 및 수평적으로 통합하려고 시도한다(한승화, 2003, p. 83)는 점에서 획기적이다.

특별히 지난 1996년 유럽연합(EU)은 그 해를 '유럽 평생학습의 해'(European Year of Lifelong Learning)로 선정한 바 있으며 OECD, UNESCO, World Bank 등은 평생학습을 기본체제로 내 세우고 있다. 또한 많은 학자들은 새로운 세기를 '학습의 세기(learning century)'라고 부르고 있으며, 이러한 세기가 지향하는 '학습사회(learning society)', '학습도시(learning cities)' 또는 '학습지역(learning regions)'이 이루어질 것을 예견하고 있다(Longworth et al., 1999). 결국 1960년대 허친스(Huchins)가 '학습사회'라는 용어를 공식적으로 사용한 이후 이러한 교육에 대한 근본적 시각은 변화를 겪게 되었고, 1972년 UNESCO의 보고서 "존재를 위한 학습"을 통하여 공식적 논의의 장으로 부상하게 되었다. 이후 세계의 선진국들은 평생학습을 교육개혁의 모토로 사용하기 시작하였다(한승희, 2003).

그리고 이러한 사회에서 이루어질 평생교육의 특징을 다음과 같이 요약 제시하고 있다(Tight, 1996). 첫째, 평생교육은 모든 종류의 교육제공자(education providers)를 총망라하는 종합교육 개념이다. 둘째, 그것은 학교교육을 넘어서 존재하는 다양한 학습활동들을 모두 포함한다. 셋째, 평생교육의 근저에는 인간은 자기 주도적으로 학습할 수 있으며 바로 이 점에서 평생교육에 대한 가치를 느낀다. 이와 같이 미래 평생학습사회의 도래를 예견하는 학자들은 수없이 많다. 아니 먼 미래의 모습으로 예견하기 보다는 이미 우리 앞에 놓여 있는 현실적 문제로 인식하기도 한다. 결국 멋진 신세계의 출현을 예고하고 있는 사람들은 한두 사람이 아니다.

Francis Fukuyama(2000)는 그의 저서 「The Great Disruption」에서 미래의 사회에서는 새로운 지식으로 무장한 지식 근로자가 출현할 것이라고 주장하면서 앞으로의 노동시장에서는 지식 근로자와 비지식 근로자의 양극화 현상이 뚜렷하게 갈라지리라는 점을 예상하고 있다. 그리고 이러한 지식 근로자를 확보하고 있는 사회나 국가만이 계속해서 생존할 것이라고 예언한다. 그는 서구사회에서 지역사회를 중심으로 하는 시민단체의 중요성을 강조하면서 지속적인 생애교육을 위한 노력이 이루어지는 지역사회만이 발전을 이룰 수 있다는 점을 강조하고 있다.

Peter Drucker(2002)는 그의 새로운 저서 「The Next Society」에서 의학의 발달로 인한 인간의 평균 수명이 연장되는 형편에서는 단순히 이제까지와 같이 20여 년간의 학교교육을 통한 단 한번의 준비만으로 전 인생을 견딜 수 없다는 주장을 펴면서 인생의 후반부를 준비하기 위한 적극적 방안으로 post careerism의 필요성을 제시하고 있다. 즉 인생 후반기의 인생설계를 위한 또 다른 교육의 기회를 살펴야 한다는 주장이고, 이를 위해서는 종래와 같은 학교교육이 아니라 사회 전반에 걸친 교육적 처치의 필요성이 강조되어야 한다는 것이다.

탈산업사회라는 용어를 제안한 Daniel Bell(1973)은 일찍이 탈산업사회의 특성을 자동화 경향, 서비스 분야의 성장, 정보의 중요성 증가, 전 지구적 경제의 발달, 정보 격차의 심화 등을 꼽았다. 비교적 오래된 주장이기는 하지만, 여전히 새로운 시대의 내용을 정확하게 지적하고 있다.

Alvin Toffler(1998)는 학교라는 좁은 울타리 속의 교육이 문제가 아니라 보다 넓은 의미의 평생교육을 주장하면서 그러한 교육이 갖추어야 할 요소로 다음과 같은 내용들을 포함할 것을 주장하고 있다. 첫째, 전 지구적 넓은 시야(globalization), 둘째, 초습관적 개방적 사고(divergent thinking), 셋째, 개성의 존중과 개인적 능력의 발휘(self realization), 넷째, 의사소통을 위한 능력의 개발(communication skills), 다섯째, 정보처리능력(information processing skills), 마지막으로 가치관 확립(value system)이 그것이다. 그리고 이러한 특성의 획득은 구태의연한 학교교육에서 이룰 수 있는 것이 아니라는 점을 분명하게 주장하고 있다. 학교교육의 내용이 근본적으로 바뀌어야 함은 물론이고 학교 밖의 교육적 기능이 살아나야 한다는 주장이다.

Bill Gates(1995)는 일찍이 미래로 가는 길로 정보고속도로의 출현을 예고하였다. 그리고 컴퓨터나 인터넷 등을 활용한 교육적 기능의 중요성을 강조하고 있다.

지난 YS 정부에서 입안한 교육개혁안이 발표된 것이 벌써 10년이 넘었다. 그리고 이 개혁안은 그 이후의 정부에서 다소 변화되기는 하였지만 큰 골격은 아직까지 지속적으로 계승 유지되고 있다. 5 · 31 교육개혁안으로 불리고 있는 이 안에서 많은 미래 학자들이나 교육학자들은 새로운 21세기의 변화를 단순한 세기의 변화로 받아들이지 않고 있다. 새로운 변화의 내용은 '정보화사회', '지식사회'라는 말로 표현되며, 이제까지와는 전연 다른 빠른 속도, 지식의 무한 양적 팽창이라는 방식으로 인류 앞에 다가온다는 점이 강조되고 있다. 따라서 이제까지 사람들이 알고 있던 지식들은 근본적으로 새로운 내용과 방식으로 펼쳐지고 있으며, 이러한 빠른 변화에 대응하지 못하는 사람들이나 사회는 자연스럽게 도태될 수밖에 없다고 주장한다.

제 3 절 새로운 준비의 필요성

우리 모두가 기대하고 있는 멋진 신세계의 출현은 아무런 준비 없이 누구에게나 찾아오지는 않는다. 새로운 세기라는 시간적인 변화는 누구에게나 어디서나 맞을 수 있는 내용이지만 우리가 기대하는 '지식사회', '정보화사회'로서의 미래사회는 새로운 지식에 관한 양보 없는 국가나 사회, 그리고 개인의 경쟁으로 그 모습을 드러낼 수 있다. 인류의 생활을 보다 풍요롭게 변화시킬 수 있는 새로운 지식을 창출하기 위한 개인이나 국가간의 경쟁은 필연적으로 이를 위한 인적, 물적 투자의 경쟁을 높일 것이다. 결국 이러한 경쟁에서 뒤쳐지게 되면 개인은 물론이고 국가간의 경쟁에서도 탈락할 수밖에 없게 되고 결국은 도태될 수밖에 없게 된다. 개인이나 사회 그리고 국가는 미래의 변화에 적극적으로 대응할 수 있는 체제로 하루빨리 변화되어야 하며, 아울러 미래변화의 트렌드를 밝히고 그에 대한 대안을 세워야 한다. 뿐만 아니라 더욱 중요한 것은 단순한 미래변화, 새로운 지식의 중요성과 더불어 그러한 변화가 가져올 수 있는 여러 가지 부작용의 문제도 간과할 수 없다. 새로운 지식을 남보다 먼저 창출하고 새롭게 만들어진 지식을 내 것으로 만들기 위한 학습을 부단하게 이루어 가는 작업이 필요하지만, 그러한 작업은 모든 구성원들의 삶의 질을 개선할 수 있는데 조금이라도 도움이 되는 쪽으로 생각하여야 한다는 것이다. 단순하게 새로운 지식이나 경험의 필요성만 생각하고 그것이 가져올 수 있는 여러 가지 부작용과 역작용을 미리 대비하지 않으면 그러한 변화가 가져오는 내용은 오히려 구성원들의 미래를 불행하게 만들고 사회 전체를 파멸로 몰아갈 수 있다는 위험성을 분명하게 인식할 필요가 있다.

오늘날 우리 주변에서 쓰이고 있는 필수적인 도구로서의 컴퓨터 활용은 우리가 예견할 수 없었던 많은 윤리적인 문제를 야기하고 있고, 우리에게 가져다주는 잇점 못지않은 문제점을 던져 주고 있다. 가상현실과 실제 현실세계를 구별하지 못하는 어린 학습자들이 겪고 있는 혼란, 인터넷 중독에 관한 문제, 음란한 채팅이나 불건전한 통신에 의한 가정 파탄의 증가 현상, 각종 인터넷 범죄의 증가나 사생활 침범, 잘못된 집단여론의 형성 등 바로 이러한 점에서 학교교육의 책무성(accountability)에 대한 재검토와 더불어 학교교육을 떠난 가정교육이나 사회교육의 필요성이 제기되고 아울러 전 사회가 교육적 역량을 발휘할 수 있도록 하는 평생학습사회의 필요성이 제기된다.

한때 요란하게 논의되었던 황우석 교수의 줄기세포에 관한 연구업적도 중요하지만, 그에 따른 후속대책, 즉 교육, 사회, 문화적인 변화의 준비를 철저히 하지 않으면 우리 모두가 겪게 될 미래의 문제는 또 다른 재앙으로 우리 앞에 다가올 수 있다는 점을 분명하게 인식할 필요가 있다.

제 4 절 학교교육의 변화

이제까지 우리는 새로운 지식을 일정 기간 동안 주로 학교교육을 통하여 배우고, 전수받아 개인의 일생 직업을 통하여 활용할 수 있는 기회를 만들어 갔다. 그만큼 학교교육의 중요성이 강조되었고 새로운 지식이나 경향은 학교교육과정에 먼저 반영될 수 있는 조치가 취해져 왔다. 개인적 능력을 발휘하고, 개인이나 사회가 가지는 목표를 달성하기 위한 구체적 방법은 바로 학교교육의 성공을 통하여 이루어졌다. 따라서 학교교육의 중요성은 아무리 강조하여도 지나칠 수 없었고, 요즈음도 여전히 학교교육의 성공을 위한 투자가 제일 중요한 가계의 지출 항목이고, 여전히 한국 사회의 제일 커다란 이슈로 대두되고 있다. 일년 중 어느 때를 가리지 않고 제일 커다란 사회적 문제는 대학입학시험의 방식이고, 오늘에도 대학입학시험에 반영되는 내신 성적의 산정방법이나 반영률이 문제다. 심지어 고등학교 입학 제도를 놓고 어느 한쪽도 양보하지 않은 채, 평준화 아니면 아무것도 이룰 수 없는 것처럼, 아니면 비평준화만이 학습자들의 학력을 높여 명문 대학에 진학할 수 있는 유일한 방안처럼 싸우고 있다. 더욱 중요한 학교의 원래적 책무성이 무엇이고, 그 학교에서 어떠한 내용들이 어떻게 가르쳐져야 하는지에 대해서는 모두가 관심 밖이다. 그러나 바로 이러한 이유 때문에 학교교육 과정이 시대에 뒤떨어진다거나 새로운 학문의 발전내용을 담아내지 못한다는 문제, 그리고 우리 사회를 이끌어 가야 하는 기본적 덕목에 대한 바른 교육이 이루어지는가에 대한 끊임없는 반성이 뒤따라야 한다.

과연 학교교육을 통하여 이루려고 하는 목적이 무엇인지, 그리고 현재의 형편에서 그러한 목표가 제대로 이행되고 있는가에 대한 논의는 여전히 중요한 문제다. 이러한 학교교육의 책무성에 관한 논의는 특별히 한국의 현재 형편에서, 교육계 전반에 걸쳐 심각하게 논의되어야 한다. 뿐만 아니라 이러한 논의는 이제 초 · 중등학교 수준에서만이 아니라 대학교육의 장에서도 진지하게 논의할 필요가 있다. 초 · 중등학교의 경우 단순하게 명문대학의 입학준비를 위한 편협한 지식 일변도의 교육이 모든 학생들의 다양한 경험을 가지는 것을 방해하고 있고, 오히려 정상적인 삶을 유지할 수 있는 기초적 인간교육을 소홀하게 만들며, 결과적으로 자신만의 편안함만을 추구하는 극도로 이기적인 인간으로 만든다는 교육에 대한 근본적 비판에 직면하고 있다. 이에 못지않게 요즈음의 대학교육의 목표가 과연 취업에 있는지 그리하여 인문학의 기초교양교육은 어떻게 되던 어느 직종의 입사시험에서 필요로 하는 극도의 실용적 학문만이 강조되는 현실이 우리 전체 사회의 미래에 어떤 영향을 미칠 것인가에 대한 성찰 없이 이대로 진행되어야 하는지에 대한 의문이 제기되고 있다. 모두가 알고 있듯이 각종 국가고시에 매달려 젊음을 유보한 채, 시간을 보내고 있는 엘리트 학습자들이 전국적으로 12만 명에 이르고 있다. 모두가 원하는 바의 꿈을 이루면 좋겠지만, 소수의 합격자를 제외한 대부분의 인재들은 그들의 전 인생을 그늘 속에서 지낼 수밖에 없게 된다. 행정고시이건 사법고시 또는 각종 기술고시 아니면 임용고시를 통하여 원하는 직종으로 진출하는 인재들은 전체 12만 명 중 불과 1~2 %밖에 안 된다. 그러한 현실을 알면서도 각 대학에서는 경쟁적으로 학교 내에 고시원을 만들고 이들의 도전을 독려하고 있다. 이는 어떻게 보면 범죄에 가까운 행위다. 그들 개인적으로도 그렇고 대학의 입장은 물론 지역적으로도 대단한 낭비가 아닐 수 없다.

그러나 누구도 이에 대하여 이의를 제기하지 않는다. 오히려 이러한 준비가 일종의 혜택이라고 주장하며, 그러한 처치를 하지 못하는 학교 당국에 대하여 비난을 일삼는다. 이러한 배려가 과연 인적자원개발이라고 할 수 있겠는지에 관한 근본적 의문을 가져야 하며, 그러한 의미에서 인적자원개발을 위한 평생학습사회의 조성이 의미하는 바가 무엇인지에 관한 공감대를 형성할 필요가 있다. 어쩌면 평생학습사회의 도래를 예견하고 이에 알맞은 준비를 하자고 하는 이러한 모임에서 마저도 지역 내의 산업을 일으키고, 그 곳에서 필요로 하는 생산인력의 창출만을 단견적으로 모색하며, 보다 많은 고시 합격생을 배출하여 중앙의 인재풀에 한 명이라도 더 많은 지방 출신자들을 배출하는 것을 평생학습사회의 조성 목표로 삼게 된다면 어느 때인가는 우리 사회 전체에 극복할 수 없는 커다란 병을 안겨줄 수 있다는 점에서 우리 모두가 한번쯤 생각해 보아야 할 문제다.

어쨌거나 과거와 달리 이제는 학교교육이 교육의 기본적 내용에 관한 심층적 분석을 통하여 새로운 학문 발전의 내용을 담아낼 수 있는 체제가 학교라는 제도 속의 중요한 내용이 되어야 하고 미래의 변화마저도 예견할 수 있는 방향으로 나아가야 한다.

그리고 더 중요한 요소는 넘쳐나는 새로운 지식과 정보의 특성상 이제는 더 이상 정해진 학교교육의 한정된 기간 속에서 특정한 일부의 엘리트만을 위한 교육을 진행할 수 없다는 점을 분명하게 인식할 필요가 있다. 이제부터의 학교교육은 변함없이 새로운 지식이나 정보를 배워 나가는데 필수적인 기본교육에 충실하여야 하고, 사람다운 사람을 충실하게 길러 내는 일에 몰두하여야 한다. 이제 빠르게 전개되는 새로운 지식에 대한 학습은 학교교육의 울타리를 뛰어넘어 개인의 전 생애적인 문제로 다루어져야 하며, 아울러 한정된 사람들만이 배울 수 있는 것이 아니라 전 사회 구성원 모두가 다 함께 배워야 하는 그리고 배우는 기회를 균등하게 가질 수 있는 평생학습사회를 이룰 수 있어야 한다. 물론 이러한 평생학습사회의 출현에 대비하는 사회적 관심은 날로 고조되어 가고 있으며, 심지어 많은 기업에서도 경쟁적으로 새로운 학습사회를 구성하기 위한 노력을 계속하고 있다. 「월드클래스」의 저자인 로자베스 모스 캔터(1998)는 비즈니스 전쟁에 나서고 있는 수많은 기업과 지역사회를 연결시킬 수 있는 교육만이 세계 일류기업을 이룰 수 있고, 지역사회 구성원들의 삶의 질을 향상시켜 번영하는 사회로 만들 수 있다고 주장한다.

제 5 절 평생학습사회 구성을 위한 제언

평생학습사회 구현의 중요성은 이제 많은 사람들에게 이해되고 있으며, 이에 따라 국가적으로도 학교교육을 통한 교육인증제도만이 용인되는 것이 아니라 사회 내의 다양한 학습기관을 육성하고 지원하기 위한 기본 시스템 구축이 필요하다는 공감대를 형성하게 되었다. 영국 연방 산하의 많은 나라들 특별히 뉴질랜드에서는 뉴질랜드 국립학습평가센터(NZQ)를 설립하여 이제까지 각급 학교에서 일정한 기간의 학습 후에 발부하던 졸업장 대신 각 학습내용에 따라 국가에서 독립적으로 학력을 인증하는 레벨증을 발부하고 있다. 영국에서 마저도 이제는 학위증이 문제가 아니라 각 직종별 레벨증이 더욱 신뢰를 얻고 있는 형편이다. 이에 따라 실제로 사회의 각 부문에 걸쳐 다양한 학습기관들이 생겨나고 있다. 우리의 경우도 마찬가지여서 학교의 수업을 보충하기 위한 각종 보습학원이나 과외학원은 물론이고 기업체마다 사내대학이나 원격교육기관을 설립하고 있고, 온라인을 이용한 직원연수교육, 재교육 등에 많은 투자를 하고 있다. 이제부터는 어쩌면 미국을 위시한 선진국들처럼 공식적인 학교를 통한 교육투자보다 기업체의 사내교육에 투자되는 비용이 훨씬 더 많아지는 경우도 예상할 수 있다. 또한 백화점마다 문화교실을 설치하고 있으며, 각 지방자치단체에 따라서 다양한 계층의 학습의욕을 고취시키기 위한 노인교실, 여성대학 등이 만들어지고 있다.

이외에 다양한 동호인들끼리 학습을 위한 각종 모임의 결성을 지원하고 있으며, 이제는 소외계층을 위한 각종 학습의 기회도 속속 증대되고 있다. Longworth (1999) 등은 일찍이 "이제 구세기는 죽었다. 평생학습의 중요성은 이 시점에서 모든 사람들이 동의하는 바이지만, 차이가 있다면 그것은 그 시급성(urgency)을 누가 먼저 느끼고 반응하는가다. 정부, 기업, 전문가 단체 등이 앞장서서 새로운 변화를 준비해 가야 한다. 그들이 지향해야 하는 것은 바로 '학습조직(learning organization)'이다"라고 그 중요성을 강조하고 있다.

바로 이러한 관점에서 우리 사회를 위한 평생학습사회 구현의 중요성을 강조하고 몇 가지 제언을 하고자 한다.

우선 우리에게 중요한 것은 평생학습에 관한 우리의 인식(mind sets)을 바꾸는 일이다. 평생학습이라는 구호는 모종의 기술이나 방법, 또한 특정한 지식이 아니다. 그것은 우리의 사고구조를 혁명적으로 바꾸는 일이다. 이제는 사회구성원 누구나 평생학습의 필요성 정도는 알고 있다고 생각한다. 그 중요성도 인정한다. 그러나 실상 일정한 자원과 인력을 투입해야 하는 중요한 의사결정 과정에서는 언제나 뒤로 밀리고 만다. 때문에 적극적이고 공격적인 의식구조의 변화 없이는 들로(Delores, 1996)가 표현하듯이 "평생학습이라는 보물(learning : The Treasure within)"을 발굴할 수 있는 가능성은 거의 희박하다고 할 수밖에 없다. 특별히 모든 것이 부족한 지역사회에서는 모두가 미래에 닥칠 어떤 문제보다는 당장 그 보다 더 시급한 문제가 발생하고 있다고 믿기 때문에 평생학습사회의 구현을 위한 제반 대책은 중요하지만 당장 투자를 하거나 인력을 투입해야 할 문제는 아닌 것이다. 하지만, 남보다 한 발 먼저 준비하고 변화시키지 않고는 결코 앞설 수 없다는 점을 분명하게 인식할 필요가 있다.

둘째, 앞에서 지적하였듯이 기존의 학교교육의 내용을 책무성의 관점에서 변화시켜야 한다. 물론 우리나라와 같이 아직도 학교에서 가르쳐야 하는 교육과정의 내용이 국가 단위에서 결정되어 일방적으로 전달되는 형편에서는 쉬운 일이 아니지만, 그러나 제7차 교육과정에서 강조하듯 지역의 특성을 살릴 수 있는 여지가 있는 이상 평생학습사회의 관점에서 학교교육의 내용을 재정비할 필요가 있다. 아울러 지역 교육청의 역할이 단순히 학교교육의 가능성을 높이는 쪽만이 아니라 지역민 전체를 대상으로 하는 평생학습사회 구현의 형편에 맞도록 재조정되어야 한다. 이제는 교육을 더 이상 좁은 학교의 울타리 속에 가두어 놓을 것이 아니라 사회 전체의 문제로 꺼내 놓아야 한다. 바로 이 점에서 세 번째 필요한 제안이 자연스럽게 도출된다.

즉 셋째, 일반 행정과 교육행정의 분리를 의도적으로 풀어갈 필요가 있다. 물론 교육의 중립성이 훼손될 것이라고 하는 교육계 내부의 걱정도 충분하게 고려할 필요가 있다. 하지만 이제는 더 이상 교육의 문제가 교육계 내부의 문제로 국한시킬 수 없게 되었다. 어떻게 정리할 것이냐 하는 문제는 더 논의해 보아야 하겠고, 이 곳에서 논의할 문제도 아니지만, 적어도 지역의 일반 행정을 담당하는 사람들은 교육의 문제가 곧 지방의 문제며, 그것도 가장 중요한 문제라는 인식을 분명하게 가져야 한다. 전문가적인 관점에서 교육의 문제를 교육계 사람들이 관심을 가지고 해결해야 한다는 점에는 전적으로 동의하지만, 그렇다고 지역 주민들이나 일반 행정가들의 관심을 교육계에서 다른 쪽으로 돌리라고 주문하는 것은 분명히 잘못된 생각이다. 교육의 문제는 더 이상 특정한 집단의 문제가 아니라 지역사회 구성원 모두의 문제라는 분명한 인식을 가져야 한다.

넷째, 우리는 지식 기반사회의 특징으로 내세우는 여러 가지 특징 중에서 특별히 지식기반 경제의 성장에 주목해야 한다. 왜냐하면 지식기반 경제의 성장은 결국 여타 사회부문의 성장을 이끄는 주도적인 힘으로 작용하기 때문에 그렇다. 재정자립도가 25%에도 미치지 못하는 전국 지방의 지역경제 여건 속에서 계속해서 지식기반 경제의 성장에 관심을 가지지 못하고는 평생학습사회의 구현도 성공할 수 없다. 많은 학자들이 지적하듯이 지식은 생산영역의 외부에서 그것을 독점하고 있던 소수 전문가들의 손에서 벗어나 생산과 직접적으로 관계를 맺는다. 이제 지식은 생산의 투입요소일 뿐 아니라 생산의 방식이며 생산의 결과이기도 하다. 이제 지식은 생산의 전 영역에 걸쳐 작용한다. 바로 이러한 새로운 특성을 시역 경제인들에게 각인시켜야 한다. 그리고 이러한 이해를 지원하기 위한 구체적 체제를 갖추어야 한다. 영세한 각 기업체의 수준에서 이러한 변화를 담아낼 수 없다면, 전 지역적으로 그에 알맞은 방안을 강구할 필요가 있다. 바로 평생학습을 위한 지역 시스템을 구축하는 일이다. 먼저 자기개발을 통한 학습자의 지적 영역을 구축할 수 있는 기반을 마련해 줄 필요가 있다. 학교교육의 내용을 정비하는 일에서부터 출발하여 일과 학습을 연계할 수 있는 방안의 강구, 즉 일하는 장소에서 자신의 직업적 능력을 계발할 수 있는 체제를 갖추어 주는 것이다. 그리고 이러한 체제가 지역의 기업체와 연계될 수 있도록 조정해 줄 수 있는 종합적 기구를 설립할 필요가 있다.

다섯째, 지역의 산업체와 성인 학습자 전문교육기관(전문대학 또는 정규대학)과의 연계를 생각할 필요가 있다. 특별히 각 산업체의 생산물과 특화된 대학과의 유기적인 연계작업은 모두에게 이득을 가져다 줄 수 있다. 바로 그러한 점에서 대학의 교육과정도 맞춤식 교육과정이 될 수 있도록 특별한 배려가 뒤따라야 한다.

여섯째, 이제는 전문대학이나 대학에서도 교육의 주된 대상자를 다르게 생각할 필요가 있다. 진학 인구수가 계속적으로 감소하고 있고, 특별히 지역적 특성에 따라 진학자 수가 급격하게 줄고 있는 상황에서 더 이상 해당 학령인구만을 대상으로 하는 대학교육은 의미가 없을 뿐 아니라 결국은 대학을 유지할 수 없게 된다. 대학 내의 e-learning 프로그램이나 인터넷을 통한 원격교육의 주된 대상도 이제는 더 이상 재학생이 아니라는 사실을 분명하게 인식하여야 한다. 물론 재학생들의 다양한 경험을 확보하기 위하여 이러한 새로운 교육방법의 도입도 절대적으로 필요하겠지만, 성인학습자들 특별히 특성화된 학습 대상자들을 발굴하고 그들에게 알맞은 교육적 처치가 이루어져야 한다.

일곱째, 지역을 평생학습사회로 구현하기 위해서는 일부 엘리트위주의 인적자원개발만 이루어져서는 안 된다. 여러 소외될 수 있는 계층, 노인들이나 장애우들, 여성들과 저소득계층, 그 외 우리 사회에서 뒤쳐질 수밖에 없는 사람들에게까지 골고루 혜택이 돌아갈 수 있도록 반드시 배려하여야 한다.

여덟째, 지역평생학습사회를 제대로 열기 위해서는 지역의 대상자들의 특성과 지역적 특성을 최대한 반영할 수 있어야 한다. 예를 들어 동해안 어촌의 경우, 12세 이하의 아동들이 겪고 있는 가장 심각한 문제는 부모세대의 어업종사로 인한 아침의 결식문제였다. 그러나 강원도 정선의 함백 지역과 같은 탄광촌의 경우는 조부모 세대가 담당하고 있는 육아나 어린이들의 보호문제, 그리고 문화적 혜택의 결핍이 중요한 문제로 부각되고 있다. 이를 해결하면서 전체 주민들의 학습력을 증가시킬 수 있는 구체적 방안이 제시되어야 한다.

Memo

인간발달과 교육

Chapter

05

인간발달의 문제는 오래 전부터 교육과 밀접한 관련을 가지고 있었다. 행동주의자들이 주장했던 것처럼 교육을 정의하기를 "인간행동의 바람직한 방향으로의 의도적이고 계획적 변화과정"이라고 했을 때, 과연 어떠한 인간행동이 변화될 수 있는 것이고 어떠한 내용이 생득적으로 가지고 태어났는지를 확인할 수 있어야 한다. 교육을 통하여 변화시킬 수 있는 가능성의 한계가 어디까지인가를 알 수 있어야 계획적인 인간행동의 변화를 위한 프로그램을 준비할 수 있기 때문에 그러하다. 흔히 교육의 가소성 문제를 주장하면서 모든 인간행동을 변화시킬 수 있다고 주장하는 학자들도 있다. 하지만 눈에 보이는 행동이건 보이지 않는 행동이건 변화가 손쉽고 가능한 영역이 있는가 하면, 그렇지 않은 부분도 분명히 존재한다.

많은 교육심리학 서적에서 소개하고 있는 일반적인 인간의 특성을 무조건 중요시하고 익히는 것보다는 교육과 관련하여 인간발달의 문제를 어떻게 다룰 수 있는가 하는 점에 먼저 착안할 필요가 있다. 심리학은 사실 교육학보다 일찍이 시작한 학문 영역으로서 교육학의 성립 초기부터 교육학과 심리학의 밀월관계가 진행되어 왔다. 그 동안 여러 경로를 겪으면서 아주 밀접하고 관계가 분리될 수 없는 정도의 밀착을 보인 시기가 있었는가 하면, 반대로 두 학문 사이의 관계가 비교적 멀어진 때도 있었다. 세계 2차 대전 시기를 중심으로 심리학의 연구 결과는 교육학의 학문 영역에 중요한 영향을 미친 것이 사실이며 심리학에서 논의된 연구의 결과들이 교육학의 여러 영역에 소개되어 기본적 이론으로 정착되어 왔다.

예를 들어 지능과 관련한 연구 결과에서부터 뇌 생리학에 대한 연구, 여러 심리적인 결정론의 근거 등 이루 헤아릴 수 없는 실증적 연구의 결과들이 교육학의 기본적 전제로서 활용되고 있는 것이 사실이다. 요즈음에 들어와서는 자라나는 학습자들을 위한 형식적 교육의 면에서 뿐만 아니라 성인들의 관점에서 평생교육의 문제가 강조되면서 성인들의 발달, 노년의 발달 문제까지도 심도 있게 다루어지고 있는 추세다. 단순하게 아직 어린 학습자들의 발달 문제뿐 아니라 성인들의 발달 문제를 중요하게 다루는 이유이기도 하다. 바로 이러한 점에서 교육학을 공부하는 사람들은 심리학의 이론들을 주의 깊게 살펴볼 필요가 있다.

교육심리학의 내용을 공부하면서 교육의 문제와 관련하여 우선적으로 고려해야 할 과제는 너무도 많다. 그 중에서도 우선적으로 고려해야 할 영역을 제시하자면 아마도 다음의 문제들을 제시할 수 있을 것이다.

① **아동, 학습자의 이해** : 교육은 아동, 학습자들을 바람직한 방향으로 변화시키며, 나아가 전 사회적으로 의미 있는 인간을 형성하려는 분명한 방향을 가지고 있다. 바로 그러한 점에서 교육의 대상이 되는 아동, 학습자의 이해가 우선적으로 고려되어야 한다. 우선 적절한 교육의 목적을 정하는 일에서부터 어떠한 내용을 선정할 것이며, 적절한 방법을 적용하는 문제, 그리고 어느 정도까지 교육할 것인가에 관한 일차적 고려는 학습자들의 발달 정도와 관련지어 결정해야 한다. 따라서 아동, 학습자들에 대한 분명한 이해가 우선되지 않으면, 다시 말해서 아동, 학습자들의 발달 정도를 확인하지 않고서는 이 모든 교육적 결정을 이룰 수가 없게 된다.

② **학습지도** : 학습은 결코 지적인 학습력만을 의미하는 것이 아니다. 모든 교육적 처치에 대한 결과를 얻기 위해서는 교육 심리, 아동, 학습자들의 발달 문제를 이해하지 않으면 안 된다. 눈에 보이지 않는 행동의 변화에 대한 의도적 접근도 심리학적인 배경의 도움을 받지 않고는 이룰 수 없는 내용이 될 수밖에 없다.

③ **인격의 지도** : 아동, 학습자들이 가지게 되는 인간으로서의 기본적 자세에 대한 지도에 있어서 개인의 심리적인 관점은 중요한 요소가 될 수밖에 없다. 어떠한 지도를 통하여 전인적인 인간을 길러낼 수 있는가의 문제는 교육의 근본적인 목적이 된다.

④ **학급집단의 역할** : 형식적인 교육에 있어서 집단 구성원 간의 역동적인 관계는 모든 학습의 결과에 영향을 주는 중요한 요소가 된다. 인간들 간의 관계를 이해하기 위해서는 심리학적인 배경의 이해가 절대적으로 필요한 요소가 된다.

⑤ **평가와 지도** : 여러 가지 심리학적인 기법을 활용한 평가와 지도의 문제는 교육의 핵심적인 요소가 될 수밖에 없다. 특별히 인간의 내면을 확인하기 위한

각종 표준화된 검사의 활용에서부터 복잡한 인간심리의 이해에 필요한 기법들은 심리학의 기본적 속성이기도 하다.

⑥ **교사의 심리** : 교육의 결과에 영향을 미치는 중요한 요소로서 교사의 문제를 빼 놓을 수 없다. 흔히 교사들의 심리 이해는 그렇기 때문에 교육의 전 과정과 결과에 절대적인 영향을 미치는 요소로 이해되어야 한다.

⑦ **특수아동에 대한 이해** : 특수한 이해를 요구하는 아동이나 학습자들은 현대사회에서 절대적으로 그 수가 늘어 가고 있다. 흔히 갈등을 빚는 존재로서 남녀 성적인 문제부터 시작하여 세대 간의 갈등, 소득에 따른 계층 간의 문제, 문화 사회적 차이에 의한 다문화 가족의 문제, 신체적 · 심리적 차이를 보이는 장애우나 특수교육의 문제 등에 따른 교육적 처치를 달리해야 하는 요구는 갈수록 커지고 있다. 이러한 특수아동과 학습자들의 이해에는 심리학적인 기본적 이론이 절대적으로 필요하다.

그러나 사실상 심리학의 보다 진전된 내용들은 교육심리학 강의를 통하여 자세하게 배울 수 있는 기회가 주어진다는 점에서 이 곳에서는 인간의 발달과 관련한 기본적 내용과 교육학과 관련한 기본적인 내용만을 우선 다루어 보기로 한다.

제 1 절 발달의 원리

인간은 어머니의 배 안에서 수태가 이루어지면서부터 성숙(maturation)과 학습(learning)의 두 가지 기제에 의하여 성장을 이루어 간다. 일반적으로 성장(growth)이란 인간의 양적 발달을 의미하며, 성숙은 시간이 지남에 따라 양적 혹은 질적으로 발달할 수 있도록 생래적으로 이미 설계되어 있는 계획표(programing)를 의미한다. 이에 반하여 학습이란 개인이 성장함에 따라 내적인 성숙 수준의 향상으로 훈련과 연습을 통하여 신체적 · 심리적 발달을 이루어

나가는 상태를 말한다. 일반적으로 인간발달은 아무렇게나 이루어지는 것이 아니라 일정한 원리를 따라 이루어진다고 알려져 있다.

첫째, 모든 성장은 상호 관련 하에 이루어진다. 물론 사람의 특성에 따라 이러한 발달은 다소 개인차가 있을 수밖에 없지만, 정신, 신체, 정서, 사회적 발달은 서로 밀접한 관련을 맺으며 이루어진다. 때로는 한 삶의 속성에서 어떤 영역의 발달이 불균형을 이루며 이루어지기도 하지만 그것은 대체로 예외에 속한다고 할 수 있다. 즉 특정한 사람의 발달은 유기적인 관련을 맺으며 이루어진다고 할 수 있다.

둘째, 발달에는 개인차가 있다. 그렇다고 해서 모든 개인이 똑같은 발달의 정도를 보이는 것은 아니다. 사람마다 개체의 특성에 따라 발달의 정도가 다르다. 즉 발달에는 개인마다 일정한 순서 또는 질서가 있을 수 있으나, 각 개인에 따라 그 발달의 속도나 모양이 다를 수 있다. 그리고 이러한 발달의 차이에는 선천적인 영향을 무시할 수 없으나 그에 못지않게 개인의 가정환경, 경제적인 조건, 교육의 정도, 사회, 문화적인 조건, 자극 등에 의하여 영향을 받게 된다.

셋째, 발달은 연속적 과정이라고 할 수 있다. 인간은 만들어지는 순간부터 죽음에 이를 때까지 끊임없이 변화, 발달하는 과정을 거친다. 성장의 속도도 일정하게 이루어지는 것이 아니라 때로는 빨라지기도 하고, 때로는 조금 늦어지기도 한다. 일반적으로 사춘기 전후에 들어서면 모든 영역에서 그 발달의 정도가 빨라진다. 감각기관이나 신경계통은 초기 단계에서 모든 것이 결정된다고 알려져 있다. 결정적 시기(critical periods)를 주장하는 학자들은 대개 6세 전후에 전체 인간능력의 80% 이상이 결정된다고 보고하고 있다. 그러나 전체적으로 볼 때 인간발달의 정도는 끊임없이 진행되는 점진적, 연속적 과정이라고 할 수 있다.

넷째, 발달은 일정한 순서와 방향이 있다. 인간의 발달 속도는 대개 개인차가 있기는 하지만 누구나 비슷한 시기에 동일한 과정으로 발달한다. 1) 머리 부분에서 신체 말단 부분으로, 신체의 중심부에서 말단부로 발달한다. 신체에서 큰 근육이 먼저 발달하고 다음으로 소근육이 발달한다. 2) 일반적인 것에서부터 특수한 것으로 발달한다. 발달이 진행됨에 따라 일반적인 반응에서 반응이 정밀해지고, 각 기능이 더욱 섬세하게 발달한다. 3) 구체적인 것에서부터 추상적인 것으로 발달한다. 특별히 인지발달의 경우 구체적 사물에 근거한 사고가 먼저 가능해지고 이어서 추상적인 대상에 대한 사고도 가능하게 된다. 연령이 증가하면서 구체적 보조물의 도움이 없이도 복잡하고 연상적인, 상징물에 의한 고차원적 사고도 가능하게 된다. 4) 초기의 자기중심적인 사고에서 발달이 진행되면서 객관적인 관점으로의 변화가 이루어진다. 우선 자기중심적인 사고가 진행되다가 발달이 이루어지면서 남들의 관점을 이해하게 되고, 타인의 관점에서도 사물을 볼 수 있는 관점주의로 변화가 가능하게 된다. 5) 외적 통제에서 내적 통제로 발달이 이루어진다. 초기에는 단순하게 외적인 기준을 생각하던 것에서 자신의 주관을 세우며, 판단의 근거를 마련할 수 있게 된다. 6) 나선형의 원리에 따라 발달을 이룬다. 모든 발달은 단순히 계속적인 전진의 과정만을 거치는 것이 아니라 각 단계 안에서도 전진과 후퇴의 과정을 반복하며 발달하게 된다. 7) 발달은 생득적인 유전적 영향과 환경의 상호작용 속에서 이루어진다. 바로 이 점이 교육을 통한 인간행동의 변화를 믿게 되는 중요한 요소다. 인간의 발달이 단순히 생득적이고 유전적인 요인에 의한 결과만이라면 가소성을 믿고 교육을 통한 변화의 가능성을 이해할 수 없게 된다. 그러나 인간의 발달은 다분히 환경적인 요인에 의하여서도 영향을 받는다는 내용을 분명하게 이해할 필요가 있다.

제 2 절 인간발달에 영향을 주는 변인

앞에서도 지적하였듯이 인간발달에 영향을 주는 요인들은 무척 다양하다. 단순히 생득적인 유전적 요인만이 작용하는 것이 아니라 성장과정에서 대하게 되는 환경경험과 상호작용하면서 개인의 발달을 결정짓게 된다. 학자들은 이러한 인간발달과 관련하여 영향을 주게 되는 내용을 다음과 같이 구분짓기도 한다(양진건 · 이항재 · 한규원, 2008 : 84).

① **형식도야설 또는 부가설** : 교육은 개인의 발전에 필요한 모든 능력을 배양하는 기능을 가지고 있다.

② **습관형성설** : 교육은 일상생활을 하는데 필요한 바람직한 습관을 형성하는 기능을 가지고 있다.

③ **전달기능설 또는 주지설** : 교육은 개인의 발전에 필요한 기본적인 지식과 기능을 전달하거나 전수하는 기능을 가지고 있다.

④ **성장설** : 교육은 개인의 신체나 정신적인 측면의 성장 · 발달을 촉진하는 기능을 가지고 있다.

⑤ **경험설** : 교육은 개인의 발전에 도움이 되는 여러 가지 경험을 제공해 주는 기능이 있다.

⑥ **지도설** : 교육은 개인의 발전을 위하여 자극을 주고 격려하며, 지도하는 기능이 있다.

⑦ **변화작용설** : 교육은 개인으로 하여금 바람직한 방향으로 변화하도록 의도적으로 작용하는 기능이 있다.

이와 같은 여러 요인이 통합작용을 함으로써 유용한 개인으로 발전할 수 있다는 것이다. 이제부터는 보다 직접적으로 개인의 발달에 영향을 주는 요인들을 살펴보도록 한다.

1. 유전적 요인

인간의 발달에 영향을 미치는 생물학적 요인은 유전적이고 생득적인 요인이나 유기체 내부의 내적 요인들과 관련된 것들이 대부분이다. 그 중에서도 중요한 몇 가지의 요소들을 살펴보기로 한다.

1) 민족, 문화적 요인

그 중요성이나 차이를 부정하는 사람들이 여전히 존재하기는 하지만 민족이라는 집단은 여전히 선천적이고 유전적인 요인을 공유하는 사회집단이라고 할 수 있다. 일반적으로 생물학적 특성을 공유하고 있으며, 오랜 기간 동안의 고유한 문화적 특성을 가지고 있는 집단이기도 하다. 생활습관에서부터 음식문화, 사회적 적응성의 문제, 집단 특유의 특성은 다른 민족이나 문화적 속성을 가진 집단과는 분명히 다른 특성을 드러내 보인다. 그리고 이러한 특성들은 각 개인을 통하여 다음 세대에 고스란히 전수된다. 따라서 독특한 문화에 노출되어 성장하고 있는 개인들은 자신도 모르는 사이에 내재적으로 이러한 특성을 드러내 보이며, 실제 교육의 여러 문제에서 그 다름을 나타내 보인다.

2) 선조, 부모의 영향

각 개인의 신체적 특성, 체중, 신장, 피부색, 눈동자의 색, 머리카락의 특성 등을 비롯한 여러 생물학적 특성들은 그들의 선조 부모에게서 유전적으로 전수받게 된다. 우리가 알지 못하는 수많은 유전적인 요인들이 유전 인자를 통하여 우리에게 전달되며 또한 내 자식에게로 전달되는 것이다. 이는 교육적 처치로서도 좀처럼 변화시킬 수 없는 특성을 드러내기도 한다.

3) 남녀의 성별 차이

현대사회가 성적 평등성을 강조하며, 남녀의 특성을 부인하는 추세로 흘러가고 있다고 하여도 신체적으로 또는 정신적으로 여러 가지 다른 남녀 간의 성적 특성을 드러내는 것도 사실이다. 이는 일정한 교육적 처치를 통하여 일부 수정될 수 있기는 하여도 여전히 유전적인 요인으로서 작용하기도 한다.

4) 질병, 또는 유전적 요인

현대 의학이 발달하면서 유전자의 조작을 통하여 질병을 통제하거나 변형시킬 수 있는 가능성이 열려 가고 있는 것은 사실이다. 그러나 여전히 발달 이상을 가진 개인도 존재하며, 현재까지는 모든 면에서의 질병의 영향을 완전하게 배제할 수는 없다.

2. 환경적 요인

한 개인이 겪게 되는 인생에 있어서의 환경적 요소, 즉 지리적 조건이나 자연적 조건, 인위적이고 문화적인 사회적 여건 등도 생득적이고 유전적인 요인 못지않게 개체에 영향을 미친다. 이루 헤아릴 수 없는 요인들이 존재하지만 그 중에서 두드러진 영향을 미치는 몇 가지 요인들을 살펴보기로 한다.

1) 가정

어떤 개인이나 그가 나서 자라고 겪게 되는 가정의 영향만큼 절대적인 요소가 없다. 대부분 자신의 가정적 영향에 따라 한 개인의 성장, 조건이 결정된다고 해도 과언이 아니다. 미국의 사회 심리학자인 Coleman이 제시한 내용을 보더라도 부모의 사회 경제적인 지위가 아동의 모든 것을 결정한다는 명제가 무시될 수 없는 중요한 요소라는 사실을 확인할 수 있다. 특별히 요즈음에는 가정의 지적인 자극이라던가, 경제적인 요소가 가난의 대물림 현상을 끊을 수 있는 요소로 부각되고 있다.

2) 양육방식

양육방식이란 넓은 의미의 가정환경에 속한다고 할 수 있다. 부모들의 양육방식에 따라 특별히 자라나는 자식들의 성향이 결정된다. 문화적 전통이나 가치는 자식들의 미래를 결정짓는 중요한 요소라는 이야기다.

3) 거주지 문화

어디에서 자라났느냐에 따라 후일 아동들의 성장에 결정적인 영향을 미친다는 사실은 여러 실증적인 연구의 결과로 제시되고 있다. 도시지역이냐, 농촌지역이냐, 빈민지역이냐, 부유한 지역이냐 하는 문제는 한 개인의 생활방식에도 결정적 요소로 작용한다.

4) 영양

요즈음의 풍족한 세상에서도 어떠한 영양을 취할 수 있느냐 하는 문제는 아동들의 발달에 결정적인 영향을 미친다. 특별히 어린 시절의 영양 문제는 한 개인의 일생의 건강에 영향을 미칠 수 있다.

5) 기후, 계절

발달에 영향을 미치는 요소로 특정한 기후나 계절의 문제를 도외시할 수 없다.

제 3 절 교육심리학을 이루는 기초적 이론들

흔히 교육심리학을 교육학의 어머니 학문이라고 정의한다. 그 이유는 19세기 초 교육학의 학문적 아버지라고 알려진 헤르바르트가 교육의 목적은 윤리학에서, 교육의 방법은 심리학에서 차용해 왔다는 점에서 비롯되어졌다고 할 수 있다. 교육심리학의 성립 시기는 대체로 1910년대라고 알려져 있으며, 1930년대에 와서 크게 발전하였으며, 1940년대에 와서는 심리학에서부터 독립하여 독자적인 학문적 토대를 구축한 것으로 알려져 있다. 흔히 교육심리학의 학문적 창시자는 손다이크(Thorndike, E. L.)이고 그 후 발전의 대표자는 스키너(Skinner, B. F.)를 들고 있다. 그 이유는 대표적인 교육심리학의 이론적 접근방법을 살펴보면 알 수 있다.

교육심리학의 이론적 접근방법을 살펴보면 크게 다음과 같은 다섯 가지의 이론적 토대를 지적할 수 있다.

1. 정신분석학

프로이드(Freud)의 이론이라고 알려져 있는 정신분석학은 인간의 초창기 어렸을 때의 초기경험을 중시한다. 그는 인간의 무의식에 있는 두 가지 본능이 인간의 행동동기로서 중요한 역할을 한다고 보았다. 인간의 본능에는 삶의 본능과 죽음의 본능이 있는데, 삶의 본능은 우리에게 성 에너지인 리비도(libido)를 주고 죽음의 본능은 인간의 공격성이나 파괴성의 원인이 된다고 보았다. 인간행동은 대부분 이 두 가지 본능의 상호작용의 결과라는 것이다. 그의 정신분석적 접근방법에서는 인간 성격의 구조가 원초적 충동(id), 자아(ego), 초자아(superego)로 구성되어 있다고 주장한다. 이 정신분석적 접근방법은 어렸을 때의 초기관계와 경험을 중시하고 있어서 프로이드의 이론이 소개된 이후 조기교육의 중요성이 강조되고, 아동의 욕구를 충족시켜 주는 것이 교육에 있어서 중요한 관심사로 떠올랐다.

2. 행동주의

행동주의의 시작은 러시아의 생리학자인 파블로프(Pavlov)가 주도하고 있다. 그는 개의 실험을 통하여 자극과 반응이 연결되는 조건화(conditioning)를 제시하였으며, 초기 행동주의 실험을 통한 결과를 중심으로 미국의 왓슨(Watson)이 행동주의라 명명하였다. 그 이후 이 이론은 유기체의 학습현상을 설명하는데 유용하게 쓰여지기 시작하였다. 최근까지 이 이론은 전 세계의 교육계에 절대적인 영향력을 유지하게 되었다. 즉 조작 또는 작동(operant)은 유기체가 능동적으로 환경에 대해 어떤 행동, 즉 반응을 가하는 것을 말한다. 조작적 조건화는 이와 같이 유기체가 먼저 어떤 행동을 하면 이를 강화(reinforcement)하여 그러한 행동의 빈도가 높아지도록 하는 것을 말한다. 이때 강화는 환경 속의 자극의 역할을 한다. 따라서 조작적 조건화에서는 특히 강화의 역할이 중요하다. 파블로프로 대변되는 고전적 조건화에서는 자극이 반응을 유도해 내고 이 반응은 수동적인데 비해 조작적 조건화에서는 능동적 반응이 먼저 나오고 이것이 환경 속의 자극과 연합이 된다고 본다. 이러한 조작적 조건화는 스키너에 의해 체계화되었다. 그는 이러한 원리를 유기체의 학습 현상을 설명하는 데 널리 활용하였는데 특히 교육계에 그가 미친 영향은 막대하였다. 즉 이러한 원리를 이용한 대표적인 예로서 아주 간단한 쉬운 내용부터 점진적으로 학습해 나가 결국은 목표에 도달하도록 되어 있는 프로그램 학습자료, 이를 기계 장치 속에 넣어 두고 학생 스스로가 작동해 가면서 공부하도록 준비된 교수기계(Teaching Machine), 결국 이러한 내용이 오늘날 컴퓨터의 교육적 활용에 결정적 영향을 미치게 되었다. 이외에도 문제행동을 없애고 바람직한 행동으로 대치하는 행동수정의 기법 등은 오늘날 많은 교육방법이나 수업모형의 제시에 결정적 영향력을 발휘하게 되었다.

3. 인지이론

인지적 접근방법의 시조라고 할 수 있는 스위스의 심리학자 피아제(Piaget)의 이론은 그 후 브루너(Bruner), 콜버그(Kohlberg) 등에 의해 미국에 소개되면서 미국의 교육계 나아가 전 세계 교육계에 많은 영향을 미쳤다. 특별히 많은 유아용 교육 프로그램의 발전에 긍정적인 영향을 미쳤다. 이 이론은 행동주의와 달리 우리 눈으로 직접 관찰 가능하지는 않지만, 우리 두뇌 속에서 벌어지는 외부 감각적 자극의 변형, 기호화 또는 부호화(encoding), 파지(retention), 재생(retrieval), 또는 인출(recall)이라는 일련의 정보처리 과정을 연구한다. 인지적 접근방법에서는 행동적 접근방법이 방법론적 약점 때문에 인간의 심리 연구에 핵심적인 두뇌 연구를 간과하였다고 비판한다. 그래서 그들은 심리학의 연구대상의 초점을 다시 행동에서 마음으로 바꾸어 놓은 셈이다. 현대의 인지적 접근방법에는 크게 인지발달론과 정보처리론이 있다. 인지발달론은 인간의 지적 발달이 어떠한 단계를 거쳐 이루어지는가를 연구한다. 피아제로 대표되는 이 이론에서는 인간의 인지를 생물학적 적용의 한 형태로 본다. 그에 의하면 인간은 태어날 때는 유전에 의해 아주 기본적인 것만을 가지고 태어나지만 환경과 상호작용하는 가운데 연령이 증가함에 따라 발달한다고 보았다. 정보처리론에서는 인간의 인지를 정보처리 과정(information-processing)으로 보고 이를 특히 컴퓨터에 비유하여 객관적, 과학적으로 연구하고 있다. 이러한 접근을 택한 대표적 학자로 밀러(Miller, M.), 뉴웰(Newell, N.), 네이서(Neisser, P.) 그리고 앤더슨(Anderson, J.) 등이 있다. 이러한 접근방법은 특히 인간의 학습이나 기억 현상을 연구하는 데 많은 시사점을 주어 교육심리학자들의 관심을 끌어오고 있다.

4. 생물학적 접근방법

생물학적 접근방법은 인간의 행동과 정신작용을 우리 두뇌와 신경계 안의 신경세포들 사이에서 일어나는 생리학적 과정으로 설명하려는 접근방법이다. 대표적인 학자로는 로젠츠바이크(Rosenzweig, M. R.)가 있다. 이 방법은 교육에 있어서 중요한 지각, 기억, 인지, 학습, 동기, 정서 현상과 뇌세포 사이의 변화의 관계를 설명하려고 한다. 뇌의 구조와 기능에 대한 새로운 해석을 통하여 각 개인의 학습 특성을 설명하려고 하는 것이다.

5. 인간주의

이러한 이론은 인문과학적 접근방법을 취한다. 자연히 인간에 대한 객관적 탐구보다는 문학, 예술, 역사, 철학 등의 영향을 받아 인간의 주관적 탐구를 강조한다. 이러한 탐구방법을 택한 연구자는 상당히 많다. 인간에 대한 개성기술적 연구를 강조한 올포트(Allport), 인간의 동기를 위계화하고 자아실현 욕구를 강조한 매슬로우(Maslow), 내담자 중심의 비지시적 상담이나 학생중심의 교육을 강조한 로저스(Rogers, C.) 등이 있다. 인간적 접근방법은 그 단어가 시사하듯이 특히 요즈음 강조되고 있는 인간교육에 대한 시사점이 많다. 이 접근방법은 후설(Hussel, E.)의 현상학(phenomenology)의 영향을 강하게 받았기 때문에 현상학적 심리학이라고 하기도 하고, 인간주의 심리학 또는 그 동안 막강한 영향력을 발휘하였던 정신분석학이나 행동주의에 대항하여 제3세력의 심리학이라고 알려지기도 하였다. 이 접근방법에서는 지적으로 뿐만 아니라 정서적·행동적으로도 성숙한 전인 또는 자아 실현인으로 학생들이 자라도록 교육해야 한다고 보고 있으며, 그러기 위하여 학생들의 지적 호기심을 최대한 존중하는 학생중심의 교육이 이루어져야 한다고 주장한다.

교육과정

Chapter

06

제 1 절 교육과정의 의미와 기능

1. 교육과정의 의미

1) 가치 있는 삶과 과학적 지식

인간이 집단의 구성원으로 사유하고 활동하기 시작한 이후, 인간은 자신들의 생각과 행동을 효율적으로 하기 위한 일련의 활동을 탐색해 왔다. 특히 인간은 자신들의 생존을 위해 필요한 지식과 경험을 어떻게 탐구할 것이며, 그들 스스로가 소중한 것으로 여겼던 것들을 어떻게 후손들에게 전해줄 것인지에 관하여 역사 이래로 수많은 시도를 했었다(조승제, 2007 : 14-41).

고대의 수렵사회에서 인간의 달리기, 창던지기, 화살쏘기 등은 매우 중요한 능력이었다. 이러한 능력들은 동물로부터 생명을 보호하고, 먹이를 마련하기 위한 필수적인 것이었다. 그러나 오늘날 이러한 능력은 과거와 비교하여 목적과 방식이 아주 달라졌지만, 현대인의 건강을 위한 스포츠와 올림픽 종목으로 계승되어 활발하게 전개되고 있다.

스펜서(Spencer, 1860 : 21-97)는 "어떠한 지식이 가장 가치 있는 것인가?"란 질문을 통해서 후손에게 물려줄 교육적인 지식과 경험을 선정하는 준거를 제시하려고 하였다. 스펜서는 교육목적이란 '완전한 삶을 위한 준비'라고 했으며, 한 교육프로그램의 진정한 가치는 삶에 영향을 주는 주요 활동을 분류하고, 이러한 활동에 근거하여 인간을 얼마나 잘 준비시킬 수 있는지에 따라 평가할 수 있는 것이라고 했다. 스펜서가 분류한 인간의 활동 영역을 우선순위대로 제시하면 다음과 같다.

> "첫째, 자기 보존을 위해 직접적으로 관여할 수 있는 활동 둘째, 생활필수품을

확보하도록 하는 활동(간접적으로 자기 보존을 관여하는 활동) 셋째, 후손의 양육과 훈련에 도움이 되는 활동 넷째, 우리들의 사회적이며 정치적인 관계를 유지시키는데 포함된 활동 다섯째, 생활의 여가를 즐기고 취미와 기분을 만족시키는 활동"(Spencer, 1860 : 32)이다.

19세기 전반기에 개인주의를 중시했던 스펜서는 중앙정부에 의한 국가 교육체제의 도입을 가장 강력하게 반대했었다. 그는 교육이란 본질상 개인에 관한 문제이며, 교육을 통제하고 지도하려는 국가의 시도는 필연적으로 해로운 영향을 미칠 것이라고 보았다. 스펜서의 입장은 그가 자기보존과 개인 활동을 강조한 '인간 활동의 주요 우선순위'를 통해 살펴볼 수 있다.

"어떤 지식이 가장 가치 있는가?"란 질문은 "어떤 지식이 개인을 위하여 가장 가치 있는 지식인가?"로 해석되어야 할 것이다(Boyd & King, 1975 : 371). 그리고 이러한 견해는 개인과 사회 간에 이해관계가 대립될 때, 개인적인 이해를 최우선적으로 고려를 해야 하며, 개인의 건강과 복지에 관계되는 학문을 지식의 가치 위계에서 가장 중요한 것으로 보는 것이다.

또한 스펜서는 가장 가치 있는 지식이란 과학적 지식이라고 주장했다. 우리에게 소중한 지식은 각 개인이 스스로 검증할 수 있고, 자기 자신의 삶의 문제를 해결하는 데에 활용할 수 있는 것이어야 한다. 이러한 입장은 현대 자본주의 교육의 한 중심축인 개인주의를 형성시켰고, 개인주의는 산업혁명 이후 자본주의 산업을 급격히 발전시킨 실용주의의 근간을 이루었던 것이다.

2) 교육과정의 어원

어떠한 지식과 경험을 소중히 하는지에 따라 교육의 전반적인 틀과 인간 삶의 양식이 변화될 수 있다. 이제부터는 교육과정이라는 어원이 교육의 전반적인 모습을 어떻게 상정하고 있는지를 살펴보겠다. 교육과정(curriculum)의 어원은 희랍어 쿠레레(Currere)이다. 쿠레레의 의미는 오늘날 명사적인 의미와 동사적인 의미로 나누어 살펴볼 수 있다(김수천, 1999 : 10).

(1) 명사적 의미의 교육과정

명사적 의미의 쿠레레는 100m 달리기 경주와 같이 '사전에 예정된 경주로'(a course of race)를 달리는 경주자를 학습자로 간주한다. 이 때의 경주자는 출발선에서부터 종착점까지 사전에 경주장에 그려 놓은 100m 트랙을 벗어나지 말아야 한다. 만약 경주자가 사전에 고정되게 그려 놓은 트랙을 벗어나면 실격을 당하게 된다. 이와 같이 학습자들은 사전에 표준화된 지식과 경험을 배워야만 한다. 이때 경주의 코치는 '경주자가 실격'을 당하지 않도록 지도를 하는 것과 같이, 교수자는 학습자가 표준화된 학습 계획인 '교육과정을 일탈'하지 않도록 통제를 한다.

명사적 의미에서 교수자의 역할을 살펴보면, 교육활동이란 학습자들을 절대적인 선(善)에 도달할 수 있도록 하는 것이며, 학교에서 가르치는 것은 지금까지 인류가 쌓아온 지혜의 정수(精髓)인 진리다. 이러한 인류의 보고(寶庫)를 학습자에게 가르칠 때, 교수자는 대체로 교수자 중심의 입장에서 학습자를 이끌어 가야 한다. 경주자가 정해진 경주로만을 달리는 것과 같이 학습자는 교육내용을 절대적인 선이며 변화하지 않는 진리 자체로 보아야만 한다. 명사적 의미의 교육과정은 학습자들이 교육받아야 할 길을 고정되게 표준화한 명시적 교육과정(manifest curriculum)을 지칭하는 것이다.

(2) 동사적 의미의 교육과정

동사적인 의미의 쿠레레는 '말을 조정하는 기수의 행위'와 관련이 있다. 기마(騎馬) 경주를 할 때, 경주마의 성적은 경주장의 환경, 경주마의 품종, 기수의 솜씨 등에 영향을 받는다. 이와 같이 교수자와 학습자 간에 이루어지는 교육활동은 그 결과를 사전에 예상할 수 없는 다양한 요인에 의해 영향을 받게 된다. 교수자 자신이 예상했던 학습지도안도 일종의 가상적인 계획이지, 실제로 이루어지는 교수활동의 참모습은 아닌 것이다. 기마 경주의 좋은 성적은 경주자의 등 뒤에서 바람이 불며, 우수한 품종의 경주마를 선택하고, 솜씨 좋은 기수 등에 의해 이루어진다. 이와 같이 학습자들의 좋은 성적은 교육활동이 발생되는 학습 환경과 교수자의 능력 및 학습자의 태도 등에 의해 이루어질 수 있다. 그러므로 교육활동은 가변적이며 학습자 개개인에게 조언적인 수준에서 개별적인 의미를 부여하는 것이다.

동사적 의미에서 교수자의 역할을 살펴보면, 교육활동에서 다루어지는 지식과 경험은 사전에 고정되고 표준화될 수 없는 것이다. 교육활동에 있어서 교수자는 학습자들이 학습할 줄 아는 방법을 깨닫도록 하는 것이다. 기마 경주에서 다양한 요인이 경주 성적에 영향을 미치는 것과 같이, 교수자는 학습자들에게 학습에 영향을 주는 다양한 요인에 관한 정보를 제공하는 학습의 안내자 역할을 하는 것이다. 교수자는 학습자에게 세상에는 여러 가지 관점에 따라 상대적인 선이 존재하며, 학습이란 다양한 선 중에서 자신의 삶에 적합한 것을 선택하는 것이라는 것을 깨닫게 하는 것이다.

표 6-1 교육과정의 어원에 따른 의미

구분 내용	명사적 의미	동사적 의미
교육 활동	• 예정된 경주로를 달리는 경주 • 100m를 달리는 경주 • 명시적인 교육과정 (manifest curriculum)	• 말을 조종하는 기수의 행위 • 예상할 수 없는 철인 5종 경기 • 미예정의 가변적인 잠재된 교육과정 (hidden curriculum)
교육 내용	• 표준화된 지식과 경험 • 절대적인 선 : 필수 교과 • 진리를 배우는 길 (a course of truth) • 보수주의 경향	• 가변적인 계획과 결과 • 상대적인 선 : 선택 교과 • 학습하는 방법의 탐구 (a process of inquiry) • 진보주의 경향
교육 방법	• 지식의 본질 규명 • 인류의 지혜 전수 • 과거의 지식 중심	• 사회적인 맥락과 배경 규명 • 주체적인 자각과 탐구능력 배양 • 현재의 경험 중심
교수자 역할	• 교육과정의 일탈 통제 • 교수자 중심 수업 진행	• 학습의 안내자 • 학습자 중심의 수업 보조

인류가 쌓아온 지혜는 그것이 참다운 의미를 형성할 수 있었던 사회적 맥락과 연계되었고, 상대적인 선의 가치를 가진다. 교수자는 천동설이 지동설로 바뀐 것과 같이 진리가 변화하는 것으로 본다. 교수자는 학습자에게 진리 자체보다는 진리에 접근을 하는 탐구방법을 깨닫도록 하는 것이다. 그러므로 교수자는 학습자 중심의 교육환경을 구축하고, 학습자 자신의 주체적 자각과 자율적인 탐구능력의 획득을 강조한다. 교육활동에서 다루어지는 교육내용은 과거의 지식이 아닌, 학습자 자신의 현재 경험과 연계된 것이고, 학습자들은 교육내용을 상대적인 선의 의미를 갖는 변화하는 진리로써 접하게 된다. 그러므로 동사적 의미의 교육과정은 학습자들이 교육받아야 할 길이란 미예정의 가변적인 잠재된 교육과정(hidden curriculum)을 나타내는 것이다.

2. 교육과정의 기능

교육의 과정에 대한 전반적인 모습의 틀과 구성 요소를 다루는 교육과정은 그것이 구체적으로 다루는 교육활동에 따라 다양한 기능을 구현한다. 교육과정이 어떠한 기능을 하는지는 매우 다양하고 복잡하게 설명될 수 있다. 교육과정의 의미를 보다 명료하게 인식하기 위해서는 교육과정이 어떠한 기능을 수행하는지를 살펴보아야 한다. 그러나 장님이 코끼리의 한 부분만을 만지면서 그것이 코끼리의 전부인 것처럼 인식하는 오류는 범하지는 말아야 한다. 만약 코끼리의 귀를 만진 장님은 코끼리를 얇고 넓적하다고 할 것이며, 다리통을 만진 장님은 둥글고 길다고 할 것이다. 이러한 오류를 범하지 않으면서 교육과정의 기능을 살펴보려면 교육활동을 전반적이고 총체적인 맥락에서 구분해 보아야 한다.

교육활동을 총체적으로 분석해 보면, 교육과정은 교수자와 학습자, 교육내용과 교육절차가 상호작용을 하는 것이다. 교육활동에 관하여 교육과정은 여러 의미를 가질 수 있는데, 교육내용은 교육목적과 연관되어 지식과 경험으로 구분되고, 교육절차는 교수방법과 연관되어 계획과 결과로 나누어 볼 수 있으며(이성호, 1985 : 21), 또한 새로운 교육프로그램의 적용을 나타낸다. 즉, 교육과정은 교육활동에 관하여 지식, 경험, 계획, 결과 외에 일련의 의도적인 교육프로그램의 기능을 구현하는 것으로 볼 수 있다.

1) 지식의 선정

교육과정은 학생들에게 교육내용의 학습 자료를 제공하기 위한 지식을 선정하는 기능을 수행한다. 학생들은 일반적으로 학교에서 조직화된 지식을 학습자로서 다루게 된다. 조직화된 지식은 학교에서 다루는 교과로서 학생들이 필수적으로 배워야 하는 내용인 것이다.

허친스는 교육목적이란 지력을 개발하는 것이며, 이러한 지력을 개발하는데 도움을 줄 수 있는 특정한 교과목을 교육과정의 내용으로 보았다. 특히 그는 항존주의 입장에서 진리의 영구불변함을 주장하면서 교육과정에 대하여 다음과 같이 언급하였다.

> "교육과정은 영구불변하는 교과로 구성되어야 한다. 교육과정은 초 · 중등학교에서는 문법, 읽기, 수사학과 논리학 및 수학의 규칙들을, 그리고 중등교육 이후에서는 서양 세계의 위대한 고전들로 구성되어야 한다"(Hutchins, 1936 : 85).

2) 경험의 성장

교육과정은 학습자의 경험을 성장시키는 기능을 수행한다. 우리들이 교육활동에서 강조해야 할 것은 학습자들이 어떠한 관심과 흥미를 가지게 될 것인지이다. 학교에서 다루는 교육과정은 학생들의 일상생활과 밀접하게 연관되어야 한다. 학생에게 필요한 일상적인 경험만이 학습활동에 관한 참여수준과 흥미를 높여 학습자의 경험을 올바르게 성장시켜 줄 수 있다.

듀이(1916 : 92)는 교육과정이란 우리가 살고 있는 삶을 개척하고자 하는 목적의 필요에 의해 선택되고, 지역사회 주민의 여론이 반영되어 개발되어야 할 것이라고 했다. 교육과정이란 교수자의 지도 아래 학습자들이 갖게 되는 모든 경험으로 구성되는 것으로 볼 수 있는데, 스미스 등은 학습 경험의 중요성을 강조하면서 교육과정을 다음과 같이 정의하였다.

> "학교의 교사들은 사고와 행동의 여러 가지 방식을 어린이들과 청소년들에게 가르치기 위해 체계적으로 조직된 일련의 잠재적 경험을 사전에 설정해 놓는다. 그러므로 교육과정이란 학습자를 가르치기 위한 경험의 모음으로 볼 수 있다." (Othanel Smith et al., 1957 : 3).

3) 계획의 수립

교육과정은 학습자를 가르칠 교육 계획을 수립하는 기능을 갖는다. 교육과정은 교육활동이 실제로 전개되기 이전의 미래의 교육활동에 대한 공식적인 문서다. 교육과정은 전반적인 교육의 과정에 대한 의도적인 사전 계획이다. 교육과정은 교과목의 필수와 선택 및 교과목별 시간 운영 방침 등의 교과편제에 관한 세부 사항이 포함되어야 한다.

보샴(Beauchamp, 1972 : 19)은 교육과정이란 수업 계획의 출발점으로 사용되기 위하여 고안된 문서라고 했는데, 이는 교육과정을 실제로 교육현장에 적용하기 이전에 수립된 계획으로 보는 것이다. 교육과정은 교육목적을 실천하기 위한 수단 또는 절차로써 일종의 교육계획의 기능을 발휘하는 것이다. 스텐하우스는 교육과정을 교육 계획의 기능이 구체적으로 실천되고 분석되는 수단으로 보면서 교육과정을 다음과 같이 정의하였다.

> "교육과정이란 교육계획을 효율적으로 실천할 수 있도록, 그리고 교육계획을 상세하게 비판적으로 분석할 수 있도록 한다. 그러므로 교육과정은 교육계획의 필수적인 원리와 특징들을 살펴보도록 하는 한 시도인 것이다."(Stenhouse, 1975 : 4).

4) 학업성취 결과의 확인

교육과정은 학습자가 최종적인 학업성취 결과를 확인하는 기능을 수행한다.

학업성취 결과에 대한 평가는 교육의 책무성(accountability)을 점검하는 것으로 자격증이나 학위증서 등을 학습자에게 수여하는 것이다. 학업성취 결과는 학습자의 입장에서 학습자가 무엇을 획득하였고, 어떠한 변화가 발생했는지를 평가하는 것이다. 학습자들은 자신들이 교육을 받기 위해서 투자한 것에 비하여 '과연 얼마나 성취하고 있는지'를 살펴보는 것이다.

학교교육의 효과는 교육과정에 투입된 교육자원이 어떠한 산출 결과를 가져오는지를 생산체제의 관점에서 분석될 수 있다. 이때 학생들은 교육과정을 통하여 지적이고 정의적이며 신체적으로 얼마나 성장을 하고, 능력을 갖추었는지를 평가받게 된다. 태너와 태너는 교육과정을 학업성취 결과로 보면서 다음과 같이 정의하였다.

> "교육과정은 학습자의 개인 · 사회적 능력을 지속적이며 의도적으로 성장시키기 위해서 학교 구성원들의 책임 아래 지식과 경험을 체계적인 재구성한 것이다. 그러므로 교육과정을 통해 계획적으로 안내된 학습경험과 의도된 학업성취 결과를 확인할 수 있다"(Daniel Tanner and Laure N. Tanner, 1975 : 45).

5) 교육프로그램

교육과정은 특정한 교육목적의 교육활동을 하기 위한 일련의 의도적인 한 교육프로그램의 기능을 수행한다. 학습자에게 어떠한 지식과 경험을 습득시키기 위해서 편성한 교육프로그램은 중핵 교육과정, 또는 문제를 해결하기 위한 교육과정이라고 볼 수 있다. 기존의 교과나 교육과정이 수용하지 못하는 지식과 경험을 학습자에게 집중적으로 일정 기간, 또는 새 교과로 제시하는 경우를 일종의 한 교육프로그램으로 볼 수 있다.

교육프로그램의 실례는 워크숍 형태의 세미나나 일련의 특별활동 및 대학에서의 팀티칭에 의한 교과목 개설 등이 있다. 학교교육의 정규 교과목을 보다 효율적으로 운영하기 위한 초청강연회나 정규 교과목 이외의 일련의 체계적인 교육활동도 교육프로그램의 기능을 수행하는 것으로 볼 수 있다. 교육프로그램으로서의 교육과정은 학습자에게 일련의 정보를 제공하는 기능을 수행하는 것인데, 로젠스타인은 교육과정을 다음과 같이 정의하였다.

> "전문적인 교육과정의 의미란 매우 복잡한 정보전달 체제인 것이다. 교육과정은 학습자에게 그들이 학습할 학습 자료를 가공되지 않은 상태로 제시함으로 해서 학습자들이 실전의 항해를 하게 하는 것이다. 이러한 관점에서 볼 때 교육계획의 문제는 대단히 큰 체제의 교육프로그램의 문제로 볼 수 있다"(Rosenstein, 1968 : 1).

지금까지 논의된 교육과정 기능의 분류를 정리해 보면, 다음 〈표 6－2〉와 같다.

표 6－2 교육과정 기능의 분류

입장 / 구성요소	교수자	학습자	
내용	• 지식/학습 자료 (교과)	• 경험/ 참여 수준 (흥미)	• 교육 목적
절차	• 계획/필수와 선택 (문서)	• 결과/ 자격증 (평가)	• 교수 방법
	• 집단, 고정적	• 개인, 가변적	

교육과정에 대한 연구는 다양하게 이루어져 왔지만 교육의 과정에서 발생하는 교육활동을 단 하나의 정의로는 만족시킬 수가 없다. 태너와 태너(1980 : 30)는 여러 가지 교육과정의 개념을 정리하여 ① 지식을 조직하는 축적된 전통, ② 사고의 양식, ③ 종족의 경험, ④ 안내된 경험, ⑤ 계획된 학습 경험, ⑥ 인지적/정의적인 내용과 절차, ⑦ 수업 계획, ⑧ 수업의 목적과 성과, ⑨ 학습자의 학업성취 결과의 산출체제로 종합하였다.

우리는 이러한 교육과정에 대한 여러 가지 의미와 기능을 교육과정에 관한 보다 폭넓고 심오한 사고의 출발점으로 삼아야 할 것이다. 교육활동에 있어서 어떠한 측면이 보다 소중한 것이고, 이러한 것들은 과연 얼마나 소중히 여겨지고 있으며, 이와 관련해서 발생될 수 있는 문제는 무엇이고, 이러한 문제를 해결하기 위해서 교육과정의 연구 분야에서는 어떠한 것을 해야 할 것인지를 생각함으로 해서 우리들은 교육과정의 의미와 기능을 보다 올바르게 이해할 수 있을 것이다.

제 2 절 교육과정의 정의

1. 정의와 연관된 논쟁

1) 다양한 정의의 문제점

교육과정의 목표를 보는 관점에는 두 가지가 있다. 하나는 좁은 의미에서, 학교 교육과정의 목표와 주제(topics)를 조직하고 평가하는 데 주된 관심을 두는 관점이며, 이러한 접근 방법은 자세하고 기술적(technical)인 접근이라고 할 수 있다. 둘째는 넓은 의미에서, 교육과정 개발에 관한 일반적인 이론이나 원리의 구성에 관심을 두고, 교육과정을 하나의 독립된 연구의 분야로 인식하는 입장이다. 본 논의는 후자의 입장에서, 교육과정을 하나의 연구 분야로 인식하고 연구하기 시작한 수십 년 전부터 제기되어 온 질문들을 언급하고자 한다.

교육과정 연구의 선각자로 볼 수 있는 러그(1936)는 "교육과정이란 볼품 없고 보기 흉한 학술적인 단어다."라고 했다. 그러나 근래에 들어서 각급 학교의 교사들이 '교육과정'이라는 용어를 일상적으로 사용하고 있기 때문에 다분히 '비학술적인 의미'로 받아들여지고 있다.

그러나 교육과정 연구 분야에 종사하는 많은 학자들은 자신의 위치에서 다양한 교육과정의 정의를 시도하고 있으나, 이 모든 것들은 유사성과 차이점을 동시에 가지고 있다. 그러므로 우리들은 모든 정의에 관심을 둘 필요가 없으며(둘 수도 없고), 현격히 다른 관점을 가지고 있는 몇 개의 정의만을 선정해서 논의할 것이며, 표준적이며 사전적인 교육과정의 정의를 살펴보고, 이러한 정의를 비판적으로 고찰하고자 한다.

2) 전통적 입장의 정의

옥스포드 영어사전에는 "교육과정이란 학교나 대학에서 행해지는 정규적인 훈련의 과정"으로 정의되어 있다. 웹스터 사전에는 "교육과정을 첫째, 학교나 대학에서 학습자를 어느 정도 수준으로 이끄는 세분화된 교수요목, 둘째, 교육기관이나 이와 유사한 곳에서 제공되는 모든 과정 등"으로 정의하고 있다. 이러한 두 정의는 서로 비슷한 의미를 가지고 있으며, 교육과정이라는 용어는 라틴어의 경주로와 경주용 전차라는 의미에서 유래한 것이다.

왜 이러한 의미를 가지고 있는 라틴어가 교육과정이라는 용어의 기원이 되었을까? 이에 대해 해밀턴(1989)은 '교육과정'이라는 용어가 발생한 시대의 사회적 맥락을 그 원인으로 꼽았다. 즉, 16세기 후반에 국가는 대학을 행정적으로 강력하게 통제하려고 하였다. 이러한 의도에서 대학교육을 표준화하기 위한 연구가 이루어졌고, 학교교육을 조직적으로 통제하기 위한 수단으로 '교육과정'이라는 개념이 도입되었다. 그러므로 교육과정에 대한 사전적 의미도 주로 협의적인 의미의 '교수요목'이 교육과정의 핵심 아이디어로 널리 활용되었던 것이다.

2. 전통적 입장의 오류

교육과정에 대한 전통적인 입장의 정의가 내려진 이후, 이에 대한 비판적인 입장을 취하고 있는 사람들의 논지를 집약적으로 표현하면, 전통적인 입장은 교육과정의 개념을 너무 협소하고 단순한 '교수요목'으로 본다는 것이다. 이에 따라 많은 학자들은 '교육과정'을 재정의하기 위하여 '교육과정에 새로운 교과목을 추가하려는 입장'과 '교수요목 이상의 의미를 가진 용어를 출현시키려는 입장'으로 나누어 논의가 전개되었다. 이 글에서는 후자의 입장에서 교육과정의 정의를 살펴보고자 한다.

교육과정에 대한 전통적인 정의에서 벗어나, 넓은 의미에서 교육과정의 정의를 어떻게 내릴 것인가? 여기에서는 듀이(Dewey, J., 1956)와 보비트(Bobbitt, F. F., 1924, 1972)의 연구 결과를 설명하고, 2가지 정도의 입장을 추가하여 살펴보겠다.

1) 의도적 교육경험과 교육과정

듀이는 교육과정에 대한 일반적인 정의와 이러한 정의 뒤에 숨겨있는 기본적인 가정(학습 주제와 연관된 지식은 학생에게 반듯이 전달되어야 한다.)을 인정하면서, "아동의 경험과 교과를 구성하고 있는 다양한 교과 간에 존재하는 간격(gap)을 어떻게 없앨 것인지"를 문제점으로 제기하였다. 이러한 문제를 해결하기 위해서는 '폐쇄적인 교과'를 개방하고, '경직된 아동의 경험'을 완화해야 할 것이라고 하였다.

또한 교수자는 학습자를 교육과정 속에 잡아 두는 것이 아니라, 학습자 스스로가 자연스러운 경험(기하학, 물리학의 원리를 자연스럽게 습득하도록 함)을 할 수 있도록 도와 주어야 할 것이라고 하였다. 이러한 관점에 의하면, 교수자는 교육경험의 계획 · 운영자인 것이다.

듀이는 교육과정을 직접적으로 정의하려고 하지는 않았지만, 기존의 정의에 대해 반감을 표명하면서, "교육과정은 아동의 흥미를 반영한 경험으로 조직되어야 한다."고 제안하였다. 이에 대해 클리바드(1975, 1987)는 '경험'의 모호성을 지적하기도 하였으나, 20세기 초반에 진보주의 운동에 나섰던 많은 학자들은 듀이의 입장을 따랐으며, 보비트에 이르러 교육과정을 교육적인 경험으로 정의하였다.

보비트의 「교육과정」(1918)이란 저서를 통하여 우리들은 교육과정을 하나의 전문적인 연구 분야로 인식하게 되었는데, 그는 이 책에서 "교육과정은 사회에 필요한 지식과 성인이 갖추어야 할 지식을 아동이 배울 수 있도록 배열한 것"이라고 했다. 그는 "교육과정이란 첫째, 개인의 능력을 나타내는 모든 지시이거나,

비지시적인 경험 둘째, 학교에서 의도적으로 계획 · 제공하는 경험"의 두 가지 유형으로 나누어 설명하였다. 보비트는 당시의 사회적 맥락과 학교에서 가르치는 것은 세심한 주의를 기울여야 한다는 분위기에 편승하여 '지시적인 경험'만을 교육과정의 개념으로 보았다.

2) 비의도적 학교 경험과 교육과정

보비트 이후 그레민과 슈버트는 학교 밖의 교육과정을 연구하였다. 크레민(1976)은 "학교 밖의 모든 기관에도 나름대로의 교육과정이 존재한다."는 주장을 하였다. 그리고 슈버트(1986)는 "자신과 타인 모두는 하나의 교육과정이 될 수 있다."고 생각하였다. 그러나 이러한 점은 보비트 시대에는 더했을 것이지만, 근래에 들어 교육과정의 폭을 이렇게까지 넓게 확대하여 생각하려는 사람들은 매우 드물다.

그러므로 이러한 입장들은 하나의 은유(metaphor)적인 수준에 머물 수밖에 없었다. 보비트는 학생들의 비지시적인 경험을 학교의 교육과정에 포함시키지 않으려고 하였으며, 듀이(1956)는 학교에서의 '지적인 희열'(incidental learning; a delight in thinking for the sake of thinking : 우연히 습득한 지식이 아니라 사고 활동을 통하여 획득한 지적인 희열)의 중요성을 강조하였다.

보비트 이후 10~20년 정도에는 교육과정을 학교에서 일어나는 모든 경험을 포함하는 의미로 이해하는 풍조가 생겨났다. 이러한 입장은 다분히 위험한 요소를 가지고 있다. 즉 교육과정에 모든 것을 포함시키는 것이 바람직한 교육결과를 가져올 수 있다고 볼 수도 있으나, 이러한 학교교육의 결과가 반드시 좋을 것이라는 보장을 할 수 없는 것이다. 최근에는 학교교육의 부정적인 영향의 원인을 단순히 교사의 무능함과 같은 요인으로 보기보다는, 교사의 힘이 미치지 않는 제도의 문제로 보려는 경향이 생겨났다. 이는 1960년대에 들어서 학교교육의 부정적인 측면을 연구하려는 경향으로 발전하였다.

학교의 교육결과에 대하여 긍정적 · 부정적 측면이 있다는 점에서, 학교 교육과정의 의미에 잠재적 교육과정이라는 개념이 추가되었으며, 이에 대한 활발한 연구 활동이 이루어졌다. 이러한 연구 활동은 주로 '잠재적 교육과정이 과연 존재할 것인가?'와 '존재한다면, 이를 위해 무엇을 해야 하는가?'에 초점을 맞춘 것이다.

3. 새로운 입장과 교육과정 재개념화

1) 성취와 상황의 교육과정

지금까지 논의된 교육과정의 의미(지시/비지시적 등) 외에 다른 접근방법이 있다. 이는 교육과정을 '성취하기 위한 학습자의 활동을 계획하는 입장'과 '교육과정이 진행되면서 저절로 이루어지는 것'으로 분리하여 파악하려는 입장이다. 이는 의도·비의도적 교육과정과 그 의미가 비슷하나, 여기에서는 '의도'의 여부보다 결과적으로 '성취'되었는지를 판단의 준거로 삼는다는 점에서 다르다고 볼 수 있다. 이러한 입장에 의하면, 학교교육의 문제는 학교가 약속한 모든 것을 언제나 제공하지 못했기 때문에 발생하는 것으로 보는 것이다.

교육과정을 재정의하려는 시도들은 많이 있었지만, 아직까지 사전적인 의미를 대치할 만한 정의는 나오지 않고 있으며, 일상생활 속에서 '교육과정'은 아직까지도 사전적인 의미로 이해되고 있다. 근래에 들어서 교육과정을 새롭게 보려는 시도가 많이 줄어들었다. 그러나 인간의 경험을 다양한 명칭으로 개념화하려는 움직임(반본질주의, 실용주의, 해체주의 등)이 일어나고 있다. 이들의 관점(상황에 따른 경험의 가변성, 상황과의 관련성, 하나의 관점을 지탱하는 사변적인 힘)을 본 논의와 연결시켜 볼 때, 영원하게 의미가 변화하지 않는 '정의'는 없으며, 모든 정의는 그것을 제시하는 집단의 흥미에 부합되기 마련이고, 특정 교육과정의 정의란 그것을 결정하는 집단의 '의도'와 '효율성'을 항상 염두에 둘 필요가 있다.

그렇다면 교육과정을 '재정의'하려는 노력은 무의미한 일인가? 장기간에 걸쳐 만들어진 교육과정을 '정의'하려는 노력은 진보라기보다는 하나의 논쟁일 뿐이다. 몇몇 학자들도 '재정의'의 불필요성을 인정하고 있다(Zais 1976; Portelli 1987; Goodland 1985). 굿래드는 많은 '재정의'가 이루어지고 있지만, 이러한 것들이 교육의 모든 것을 포함할 수는 없다고 보았고, 우리가 어떤 정의를 선택할 때에 고려해야 할 것은 첫째, 교육과정을 정의할 때에는 출발점이 될 수 있는 가정이 있어야 한다. 둘째, 단지 다른 관점에서 이루어진 정의에 편승하여 정의하려는 시도들은 없어져야 한다. 즉 교육과정은 그것을 정의하는 관점과 사회적 맥락의 변화와 연계되어 정의되어야 한다.

2) 교육적 기능과 교육과정

모든 단어는 고유한 의미를 가지고 있으며, 우리는 고유한 의미를 '정의'로 사용한다. 따라서 서로 다른 정의 중에 어떤 것이 옳다고 말할 수는 없다. 결국 우리들은 수많은 정의 속에서 많은 혼란을 겪게 된다. 그러므로 우리들이 이러한 혼란을 겪지 않으면서 '정의'를 해 나가기 위해서는 먼저 '정의'를 하는 목적이 무엇인지를 밝혀야 한다. 즉 교육과정을 정의하기 위해서는 학교가 어떠해야 한다든지, 학교를 어떻게 바라볼 것인지 등에 대한 생각이 선행되어야 한다. 이러한 예로는 학교 밖의 교육과정을 학교교육에 포함시킬 것인지에 대한 보비트와 크레민의 견해를 살펴볼 필요가 있다.

보비트는 사회를 학교가 확대된 것으로 생각하고, 교육과정을 사회의 부족한 면을 고치고 보충하려는 의도에서 정의하였고, 크레민은 공립학교의 한계성을 지적하면서 각 사회조직의 교육과정을 학교 교육과정에 포함시키려는 입장에서 교육과정을 정의하였다. 잠재적 교육과정을 포함한 모든 '재정의'의 시도들이 과연 필요한 것인가? 많은 학자들이 각종 형태의 교육과정을 다시 정의하려고 하였다. 그러나 우리가 그것을 평가할 수 있는 기준은 그들이 사용하고 있는 사변적인 표현력 밖에 없다. 이들은 효율성과 필요성의 일부만 다루고 있을 뿐이며, 이들의 노력은 그 동안 간과되었던 다양한 교육과정의 모습만을 이해하는 데 도움을 줄 뿐이다.

앞에서 모든 정의는 논쟁의 일부라고 한 것처럼, 각종 정의는 자신의 입장을 설득시키기 위한 사변적인 구조라고 할 수 있다. 그렇기 때문에 학자들이 관념적인 집착에 사로잡히게 되는 경우가 많다. 다른 사람의 정의를 초월한 자신의 정의를 하고자 할 때, 반드시 수반되어야 할 것은 그 정의(논쟁)가 이성적인 것이어야 한다는 것이다.

제 3 절 교육과정에 대한 관점

1. 이분법적 논의와 일원론

학교는 무엇을 하는 곳이고, 학교 교육과정의 (교육)내용은 무엇으로 구성해야 하는지에 대한 관점들은 그 구성 요소를 대략 2~6개 정도로 보고 있다. 교육내용에 대한 각 입장의 대표적인 견해를 열거해 보면, 듀이와 보비트는 2가지를 제시하였지만, 근래에 들어서는 보통 3가지 이상으로 보고 있다.

1) 보수와 개혁주의

교육에 관한 가장 기본적인 입장은 보수주의와 개혁주의로 구분하여 볼 수가 있다. 이 두 입장의 논쟁은 보수주의 입장을 근간으로 자신의 기본적인 관점을 유지하면서 계속적인 논쟁을 제기하기 때문에 어느 한쪽의 승리로 끝날 수 있는 성질의 것이 아니다.

듀이는 이 두 입장을 '오래된 교육'과 '새로운 교육'의 개념으로, 보비트는 '문화의 수호자'와 '공리주의자'로 각각 묘사하였다. 듀이에 의하면, 이러한 구분은 근본적으로 잘못된 것이라고 했다. 즉 이러한 이분법적 사고를 그는 일원론적으로 보았던 것이다. 그리고 보비트 역시 꽃과 과일에 비교하면서 이분법적 구분을 비판했다. 과일은 꽃이 피어야 열릴 수 있는 것이고, 꽃 또한 궁극적으로 열매를 맺기 위한 것일 수 있기 때문이다. 우리들은 둘 중 어느 한 입장을 선택할 필요는 없다. 그러나 그들도 실제 문제에 당면하게 되면, 결국 한 가지의 주장을 선택할 수밖에 없다. 즉 변화를 지향하는 개혁주의 입장에 대하여 듀이는 '새로운 교육'의 측면에서, 보비트는 '공리주의' 관점으로 보았다.

또한 이들은 자신의 주장을 설명하기 위하여 나름대로의 논리를 펼치고 있다. 이러한 경향은 다른 교육과정 학자들도 마찬가지다. 왜냐하면 그들은 주로 자신의 주장을 다른 사람의 사변적인 힘에 의존하여 설득시키려고 하기 때문이다. 여기서 유의할 것은 학자들이 자신의 글 속에 사변적인 표현들을 사용함에 따라, 독자들은 이러한 사변 때문에 '혼란'을 겪을 수 있다는 것이다.

2) 개인과 사회의 개혁

교육과정을 변화시켜야 한다는 주장에 동조하는 사람들이 많지만, 그들 모두가 교육과정이 변화할 방향에 합의를 한 것은 아니다. 전술한 바와 같이 듀이와 보비트는 모두 개혁을 주장하였지만, 전자의 경우는 주로 학습자의 심리학적인 속성에 초점을 두었고, 후자는 주로 학교 밖의 사회적인 환경에 관심을 두었다. 이 둘 간의 이러한 의견의 차이는 역사 속에서 다양한 형식을 통하여 계속적인 논의로 이어져 왔는데, 그들의 입장은 교육목표의 원천을 무엇(심리 · 사회)으로 볼 것인지에 대한 의견의 차이였으며, 다른 시대에는 학교의 궁극적인 목적이 무엇인지에 대한 의견의 차이로 확대되었다.

결국 개혁에 관하여 역사적으로 가장 많이 되풀이되어 왔던 관점은 교육의 목적을 '개인의 발전'에 둘 것이냐, '사회의 발전'에 둘 것이냐였다. 20세기 초반 50년 동안, 진보주의라는 공통된 가치를 내걸었던 개혁주의자들은 이러한 두 관점을 어떻게 통합시킬 것인지에 대해 많은 연구를 하였다.

2. 이분법적 논의 이외의 견해

교육과정을 보는 관점에는 보수주의 입장과 앞에서 언급한 두 가지의 개혁주의 입장(개인 또는 사회) 등 세 가지가 있을 수 있으나, 여기에 몇 가지를 덧붙일 것이냐는 선택의 문제인 것이다. 우선 제4의 입장으로서, 학교교육의 목적에 관한 논의보다도 학습의 효율화 방안을 탐구하는 데 초점을 맞춘 입장이 있을 수 있다. 각 관점별 대표자와 그들의 입장을 살펴보면 다음과 같다.

1) 맥나일

맥나일(John D. McNeil, 1977)은 교육과정이 성취할 목표를 중심으로 하여 인본주의, 사회재건주의, 공학주의, 그리고 학문적 접근이라는 네 가지를 기본 개념으로 분류하였다.

첫째, 인본주의(humanism)는 인간성 회복과 자아실현을 중시하고, 교육과정이란 개인을 만족시킬 수 있는 경험을 제공하여야 하는 것으로 보았다.

둘째, 사회재건주의(social reconstruction)는 사회적인 필요성을 강조하며, 교육과정의 일차적인 목적을 사회 개혁의 효율성이라고 보았다.

셋째, 공학주의(technology)는 교육과정을 특정 결과를 만들어 내기 위한 공학적인 과정으로 파악하였으며, 주로 교육목표를 실현하기 위한 교수방법에 관심을 가졌다.

넷째, 학문적인 접근(academic approach)의 입장에서 보면, 교육과정이란 학습자를 교과 탐구의 장으로 이끌어 주는 바퀴와 같은 것이다. 맥나일은 이러한 네 가지 개념을 통하여 우리들이 교육과정의 목표, 내용, 방법, 조직, 평가 등에 대한 생각을 정리하는 데 도움을 받을 수 있을 것으로 보았다.

2) 아이즈너와 배런스

아이즈너와 배런스(Elliot W. Eisner and E. Vallance, 1974)는 교육과정을 연구방법론의 관점에서 인지적 과정, 공학적 접근, 자아실현적 접근, 사회재건주의, 그리고 학문적 합리주의인 다섯 가지로 파악하였다.

첫째, 교육과정을 인지적인 과정(cognitive process)으로 보는 입장인데, 인간의 한 가지 능력이 다른 능력을 개발시킬 수 있다는 형식도야 이론과 유사한 주장이다. 학교의 교육은 학생들이 지적인 문제 상황에 폭넓게 적응할 수 있도록 그들의 다양한 인지적 기능을 개발하며 발굴해야 하는 것이다.

둘째, 공학적(technology) 접근에서 교육과정이란 교육목표를 달성하기 위한 도구적 기능을 하는 것으로 본다. 그러므로 교육과정의 주요 강조 사항은 효율적인 교수학습 방법 및 적절한 교육기자재의 활용에 관한 것이다.

셋째, 자아실현적(self-actualization)인 접근 방법은 학교교육이 인간성을 회복하게 하는 데 기여할 수 있는 것으로 본다. 교육과정의 주요 내용은 학생들이 학교교육을 받음으로써 스스로 자신의 실체를 발견하고 개발하는 데 기여할 수 있는 내용에 관한 것이다.

넷째, 사회재건주의(social reconstruction)에서 학교교육은 사회를 변화시키는 주도적 역할을 해야 하는 것으로 본다. 이러한 입장에서 교육과정은 학생의 흥미와 사회의 필요를 모두 만족시키는 것들로 구성되어야 하는 것이다.

다섯째, 학문적 합리주의(academic rationalism)에서는 학생들이 다양한 아이디어를 사용하고 평가할 수 있도록 해 주는 것을 중시한다. 학생들은 교육과정을 통하여 여러 학문분야에서 지적이고 예술적인 원리를 파악해야 하며, 이러한 각 원리들은 학생의 안목을 높여 삶의 질을 향상하는 데 기여할 수 있어야 한다. 이러한 주장 중 두 번째부터 다섯 번째의 주장은 맥나일의 주장과 유사한 특성을 가진 것으로 볼 수 있다.

3) 클리바드

클리바드(Herbert M. Kliebard, 1987)는 앞의 두 사람과는 다르게 20세기 초반에 출현하여 독특한 행동 원칙을 가지고 있는 '이익집단'에게 관심을 보이면서, 역사적인 관점에서 교육과정을 이들을 3가지 유형으로 분류하였다.

첫째, 인간주의자(the humanist)는 인간의 사고 능력과 서구 문화유산의 정수를 찾고자 하며, 고대의 전통을 지키려고 한다.

둘째, 발달주의자(the development)는 교육과정에 존재하는 각종 문제들은 아동과 성인의 상이한 발달 단계와 학습의 속성 등에 관한 과학적인 데이터를 가지고 해결할 수 있는 것으로 본다.

셋째, 사회개선주의자(the social meliorist)는 학교를 사회 변화와 사회정의를 실현하는 가장 큰 세력으로 본다.

클리바드에 의하면 20세기는 이들 세 가지 집단이 각축을 벌이는 장이라고 할 수 있으며, 마지막에 가서는 어떤 입장의 확고한 승리보다는, 이들 모두가 느슨한 형태로 남게 될 것이라고 했다. 이러한 양상은 교육과정이 문화의 다양성과 각 개인의 개성을 신장하게 하는 데 이바지함으로써 학교교육의 질을 향상시켜 준다는 것을 나타낸다.

3. 교육과정 선택의 과제

1) 진보와 보수의 연속성

교육과정에 대한 여러 입장들은 현대에 와서는 그 모습을 달리하거나 사라져 가고 있으나, 예전의 입장과 현재의 입장 간에는 어느 정도의 연속성이 존재한다. 오늘날 우리가 유지하고 있는 관점은 '옛 술병에 담겨진 새로운 술'(new wine in old bottles)로 비유될 수 있다.

여기서 잠깐 앞에서 언급한 4가지 관점을 살펴보면, 첫째 보수주의 입장, 둘째 학습자 중심으로 교육과정이 개발되어야 한다는 입장, 셋째 교육과정은 사회의 변화를 중시해야 한다는 입장, 넷째 교육의 전반적인 과정에 대한 효율적인 운영을 중시하는 입장 등이었다. 여기에서 빠진 것은 아이즈너와 배런스가 제시했던 '인지적인 입장'이다. 이러한 견해는 학교가 정신을 훈련시키는 곳이라는 관점에서 옛날부터 논의되어 왔으며, 이들이 의미하는 '인지적인 입장'은 그러한 논의의 현대판이라고 할 수 있다. 이러한 입장은 주로 심리학자들에 의해 지지되고 있다.

많은 사람들(교육학자)은 앞에서 언급한 네 가지 관점 중 하나를 선택하여 지지하고 있으며, 사실 그 중 하나를 택일하거나 자신의 입장으로 만들어야 한다. 맥나일도 '견해', '전망' 등의 용어를 사용하면서 관점 선택의 필요성을 인정하였다. 여기에서 한 가지 관점을 선택한다는 것은 다른 관점을 배제한다는 것을 의미한다. 이는 의사결정자가 단순히 상호 배타적으로 언어를 표현하는 것이 아니고, 각 입장 간에 존재하는 논리적 부조화의 의미를 깨닫는 것이다.

예를 들어 학교교육이 변화해야 한다고 보는 사람들은 진보주의 입장에서 교육과정에 대한 생각을 한다. 즉 교육은 학습자와 사회 그리고 시대적 상황을 중시하며 이루어져야 할 것이고, 이러한 기능을 학교가 수행하기 위해서 교육과정은 학습자의 흥미, 사회적 요구, 그리고 시대적 변화에 관한 내용을 많이 포함하여야 한다. 이와는 반대로 인간이 살아가는 방법과 인간이 존재하는 방식은 옛날과 오늘날이 거의 비슷하다고 볼 수 있다. 이러한 입장은 보수주의 입장에서 교육과정을 생각하는 것이다.

교육은 과거의 전통과 조상의 '지혜'를 물려받는 것이고, 교육과정은 인간이 지향해야 할 영원히 변화하지 않는 '진리'에 관한 것을 포함해야 한다. 진리는 언제나 변화하지 않는 것이며, 인간은 절제와 미덕을 통해서 선현들의 올바른 삶을 깨닫고 답습해야 할 필요가 있는 것이다. 이와 같이 각 입장은 서로가 학교운영 방법과 교육과정 개발에 대한 상반된 견해를 가지고 있는 것이다.

2) 선택을 위한 갈등

사람들이 특정한 관점을 선택하는 '교육과정'에 대한 견해는 모든 사람에 의하여 만들어질 수 있고, 다른 사람들은 이미 자신들의 입장을 가지고 있으며, 이러한 상황에서 당신 자신도 어떤 하나를 선택해야 할 것이다. 이러한 맥락에서 볼 때, 특정한 이론적 배경이나 관점도 없이 하나의 관점을 선택한다는 것은 상당한 혼란을 일으키게 마련이다.

그러나 하나의 관점을 선택한 사람(학자)은 냉정하게 객관적인 태도를 보여야 하며, 독자들도 자신의 관점을 선택할 때 객관적인 태도를 견지해야만 한다. 또한 어떤 사람(학자)들은 자신의 입장을 내세우지 못하고 관점들을 나열하기만 하는데, 이러한 경우 독자들은 그 사람의 입장을 추측할 수밖에 없고, 이에 따르는 혼란은 더욱 가중될 것이다.

특정한 입장을 지지하는 사람들은 자기 스스로를 명명할 수는 없다. 왜냐하면, 단순하게 어떤 집단의 이름을 붙이는 것과는 다르기 때문이다. 이러한 명칭은 다른 사람들이 붙여 주는 것이다. 그런데 어떤 입장을 선택하고자 하는 사람이 그러한 명칭의 정확한 의미도 모르는 채 선택을 하게 된다면, 또 다른 혼란이 일어날 것이다.

이러한 입장에서 교사나 교육행정가는 각 관점들을 잘 활용할 수 있을 것이다. 처음 학교에 발령을 받은 교사는 학교 운영계획에 의거하여 실행되고 있는 교육과정을 전달받는다. 이때 대부분의 교사들은 그 곳에서 가르치는 교육과정은 수정할 것이 거의 없다고들 하는데, 그들은 판단을 유보하거나 교육과정과 연관된 논쟁에서 가장 중립적인 입장을 취하고 있는 것이다.

4. 교육과정 적용의 과제

1) 실제 상황과 교육과정

교사들에게 자신들 나름대로 신뢰하고 있는 교육과정에 대한 입장들을 설명하고, 어떤 입장을 선택하라고 하였을 때, 교사들은 한 가지의 관점을 선택하기 마련이고, 교사는 자신이 선택한 교육과정의 관점을 지지하게 된다.

그러나 지금까지 논의한 네 가지의 관점들은 너무 학술적이어서, 교육에 연관된 사람들 중에서 이를 진정으로 이해하면서 그 관점을 유지하는 사람은 소수에 지나지 않을 것이다. 이러한 상황에서 교사들이 자신의 관점을 바꾸고자 할 경우, 객관적인 입장보다는 교육과정을 사용하는 사람들의 편리성에 의해 그것을 변화시키려는 시도가 이루어질 수밖에 없는데, 이러한 시도는 교육과정을 잘못 변화시키는 요인 중에 하나인 것이다.

교육과정에 대한 각 관점들은 자신들의 입장에서, 교육과정의 문제를 상당히 자세하고, 제한된 범위에서 다루고 있다. 왜냐하면 자신들의 입장에서는 교육과정에 관해 상당히 많은 논지를 가지고 논의를 전개해 나가지만, 다른 사람(학자)들의 입장에 대해서는 거의 언급을 하지 않기 때문이다. 이러한 사실들을 통해 우리들이 얻을 수 있는 '어떠한 것에 관해 상호 갈등이 있는 견해라고 하여도 모든 면에서 충돌을 하는 것이 아니다.'라는 것이다.

이러한 점에 대해서는 클리바드(1977)도 비슷한 입장을 취했다. 이러한 상황은 처음으로 교직에 들어서는 교사들에게 많은 시사점을 준다. 즉 초임교사는 교육과정에 대해 어떤 관점을 선택할 것인지에 대해 고민을 할 필요가 없는 것이다. 오히려 그는 실제적인 교육상황과 보다 많이 접촉을 함으로써 교육과정을 더 잘 이해할 수 있기 때문이다.

교육과정을 바라보는 시각은 객관적이어야 하지만, 실제적으로는 그렇지 못하다. 단적으로 듀이와 보비트의 관점들을 실제적으로 교육현장에 적용하고 있는 사람들은 자신들의 입장에 치우쳐서 교육과정을 잘못 적용하는 우를 범하는 경우가 상당히 많이 있다.

대부분의 사람들은 교육과정에 대한 자신만의 관점을 가지려고 한다. 이들은 자신들이 선택한 관점에 근거해서 직업을 선택하게 된다(예 : 수학-교육평가자, 문학 · 문화-교사, 교수). 그러나 모든 사람이 자신의 성향에 맞는 직업을 선택한다고 볼 수는 없다. 이러한 점을 교육과정 분야에 적용해 보면, 교사, 행정가, 교수 등이 교육과정에 대해 가지고 있는 관점은 그 분야(직업)에 종사하게 된 이유와도 일치할 것이다.

이와 더불어 한 개인이 하나의 교육과정 관점을 선택하게 되는 이유로는 다양한 사회의 영향을 들 수 있다. 우리가 어떠한 관점을 선택하게 되면, 책이나 잡지 등의 정보매체를 통하여 거대한 사회의 네트워크 속에 자기 자신을 점점 빨려들게 하는 것이다. 다양한 정보매체들이 교육과정을 선택하는 데 효율적으로 영향을 미칠 경우에, 우리들은 교육에 대한 여러 가지 관점을 바라보는 시각을 더욱더 명료히 할 수 있다.

2) 정치적 의미의 교육과정

각자의 교육과정에 대한 관점이 확고해지면, 오히려 자신이 당면하고 있는 교육적 상황을 부적절하게 묘사할 수도 있다. 확고한 관점을 가진 사람들을 '해설적인 집단'(interpretive community)으로 보는데, 이들은 널리 인정된 믿음의 체계와 계보(parting line), 그리고 독특한 용어를 사용하고 있으며, 이러한 것 때문에 우리는 그들을 해설적인 집단이라고 한다.

'개관'(overview)은 해설과 같은 의미를 지니는 것이 아니다. 즉 개관은 어떠한 사실이나 사건에 대한 '특정 입장을 지지하는 관점'이 아니라, '사실적인 의미에서의 관점'을 의미하기 때문이다. 오늘날 사회과학자들은 해설의 의미를 더 중시하고 있다. 왜냐하면 개관은 각 개인의 주관적 의지가 아닌 피상적인 느낌일 수가 있고, 해설은 각 개인이 가지고 있는 실천적인 의지로 볼 수 있기 때문이다.

교육과정에 대한 관점을 '해설'의 입장에서 볼 때, 어떠한 견해를 가지고 있는 사람들은 자신의 주장을 타인에게 이해시키기 위한 노력을 부단히 계속해야 한다. 그러면 이러한 설득은 과연 누구를 위해 하는 것인가? 이러한 주장은 권력의 분배에 어떠한 영향을 미치는가? 이러한 문제들은 다분히 정치적이지는 않는가?

교육과정을 해석할 때, 듀이와 보비트 역시 이익(interests)과 권력(power)을 배경으로 하여 타인을 설득하였던 것이다. 그들은 각각 두 가지의 개념을 내세우기는 하였지만, 결국은 하나의 입장에서 자신의 논의를 전개하고자 하였다. 이러한 사실은 그들이 우리가 원하지 않는 방향으로 논쟁을 이끌어 갈 수 있다는 것을 나타낸다.

교육과정에 대한 '해설'과 '설득'의 정치적인 속성은 교육과정 분야보다 다른 곳에서 더 특별한 의미를 갖고 있다. 교육과정에 대한 모든 관점은 분명히 해설적이며, 설득적인 힘을 갖고 있다. 교육과정을 개혁하는 사람들은 이러한 것을 전면에 내세우고, 다수의 이익을 위한다는 결론을 내세우면서 어떤 과업을 추진한다는 점에서 분명히 정치적이다. 이러한 요인으로 인해 교육과정에 대한 여러 가지 다양한 입장들은 배타적이고 독선적이며 독특한 관점을 배제할 수가 있는 것이다. 왜냐하면 우리들은 서로 비슷한 공통의 관심사를 중심으로 서로를 설득시키는 작업을 계속하여야 하며, 이와 같은 부단한 노력을 통해 교육과정에 대한 어떠한 합의점을 찾아야만 하기 때문이다.

제 4 절 교육과정 이론의 원리

교육과정 이론은 크게 교육과정을 개발하는 절차에 관한 타일러의 이론, 학습경험의 성장과 민주주의 교육에 관한 듀이의 이론, 지식의 구조와 발견학습의 원리에 관한 브루너의 이론, 그리고 학교교육의 지식 생산 체제에 관한 보울즈와 긴티즈 등의 이론이 있다(조승제, 2007 : 93-105).

1. 타일러의 교육과정 개발 원리

교육과정 개발과 연관해서 세계적으로 가장 많이 언급되는 주장은 '타일러의 원리'(Rationale of Tyler)라고 지칭되는 4가지 질문이다. 타일러는 미국 사회에 풍미하고 있던 진보주의 교육사조와 보비트 이후에 제시된 과학적 관리론에 입각하여 교육과정을 개발하기 위한 원리를 다음과 같이 제시했다.

> "첫째, 학교는 어떤 교육목표를 달성하려고 노력을 해야 하는가? 둘째, 그러한 교육목표들을 달성하기 위하여 어떠한 교육적 경험들이 제공될 수 있는가? 셋째, 그러한 교육적 경험들은 어떻게 효과적으로 조직될 수 있는가? 넷째, 그러한 목표들은 달성되었는지 아닌지 어떻게 결정할 수 있는가?"(Tyler, 1949 : 1)

타일러의 질문은 교육목표의 설정, 학습경험의 선정, 학습경험의 조직, 그리고 평가라는 교육과정의 구성 요소를 나타내고 있으며, 또한 언급된 순서대로 교육과정을 개발하기 위한 절차를 제시하고 있다. 타일러가 제시한 교육과정의 구성 요소는 교육목표를 달성하기 위한 일련의 부수적인 절차로 볼 수 있다. 왜냐하면 위의 질문에도 나타난 것과 같이 '타일러의 원리'는 목표를 달성하기 위한 경험의 선정과 조직, 목표의 달성 여부를 점검하는 평가를 중시하기 때문이다.

타일러에 의하면(1949 : 4, 46), 교육은 인간 행동을 변화시키는 과정이고, 교육목표는 내용과 행동의 두 요소를 포함하여 진술되어야 하는 것이다. 이러한 주장은 '교육목표'를 중심으로 인간의 행동을 변화시키려는 것을 나타낸다. 타일러의 주장인 '목표를 성취하기 위한 행동 변화'에 근거해 볼 때, 그의 이론은 목표중심의 교육과정 이론인 것이다.

2. 듀이의 경험의 성장과 민주주의 교육이론

인간이 일생을 살아가면서 지향하고 추구하고 있는 물질과 정신 간의 본질 논쟁은 듀이에 의해서 새로운 관점이 제시되었다. 인간은 물질적 풍요를 상징하는 빵만으로 살아갈 수 없으며, 또한 인간의 정신적 풍요를 상징하는 명예만으로도 살아갈 수 없다. 이러한 견해는 인간 삶의 추구 방식을 일원론적으로 통합한 듀이에 의해서 제시되었다. 「민주주의와 교육」이란 저서 외에 수많은 저작활동을 통해 현대 교육에 가장 큰 영향을 준 듀이는 일원론에 근거한 교육과정의 사고체제를 제시하였다.

우리들은 일상생활에서 동전의 앞면과 뒷면을 구분하여 본다. 그러나 동전자체는 앞과 뒷면을 분리하면 그 자체의 가치를 상실하게 된다. 그러므로 인간의 삶 자체도 물질과 정신이 분리되지 않게 보는 일원론에 근거하여 살펴보아야 한다. 이에 근거하여 듀이는 좋은 교육목적의 특징을 다음과 같이 3가지로 제시하였다(이홍우 역, 1987 : 169–171).

첫째, 교육목적은 교육받을 특정한 개인의 내재적 활동과 필요(생득적인 본능과 후천적인 습관을 포함하여)에 기초를 두어야 한다. 만약 교육목적이 외부에서 부과되었다면, 수단과 목적에 괴리가 발생될 수 있다. 개인 활동의 내부에서 발생된 목적은 목적 자체일 뿐만 아니라 동시에 수단의 속성을 가지고 있다. 이를 보다 구체화하기 위해 듀이(1938 : 29)는 경험의 계속성(continuity)을 강조하였다. 실제로 어떠한 교육목적이 올바르게 성취되려면, 그 목적은 개인 활동의 내부에서 발생되어야 한다. 왜냐하면 이러한 목적은 개인의 흥미를 지속시키며, 또한 이러한 활동을 통해 경험의 질을 향상시킬 수 있기 때문이다.

둘째, 교육목적은 수업을 받는 학생들의 활동과 협동하는 방법을 직접적으로 시사해 주는 것이어야 한다. 교육목적은 학생들의 능력을 이끌어 내고, 조직하는 데에 필요한 환경이 어떤 것인지를 나타내 주어야 한다. 이러한 주장을 통해 듀이는 교육이란 민주사회에서 살아가는 삶의 방식을 습득하는 것이며, 자신을 성장시키는 것으로 보았다. 인간의 하루하루의 삶은 경험과 성장의 과정인 것이다. 특히, 인간의 성장은 환경과의 상호작용(transaction)을 통해서 계속적으로 삶의 질을 높여갈 수 있는 통제력을 증가시키는 것이다. 이러한 삶의 방식은 반성적인 사고(reflective thinking)의 과정이며, 과학적인 문제해결 과정인 것이다(Dewey, 1933 : 6). 즉, 듀이는 학습자들이 협동적으로 반성적 사고를 하고, 계속적으로 경험을 재구성함으로써 민주적인 삶의 방식을 습득할 수 있는 것으로 보았다.

셋째, 교육자는 이른바 일반적이고 궁극적인 교육목적을 경계하여야 한다. 즉 교육목적은 예견된 결과(ends in view)로 볼 수 있다. 올바른 교육목적은 언제나 활동 당사자가 그 결과를 예견할 수 있는 것이다. 이러한 예견이란 결과의 의미를 이해할 수 있다는 말이다. 여기에서 교육목적을 이해한다는 것은 그것이 어느 한 지점에 도달된다는 것이 아니다. 교육목적은 그 목적 자체가 어떤 좋은 방향을 향해 계속적으로 성장(growing)을 하는 것이다. 교육을 통하여 우리는 부단히 성장을 하고, 인간의 성장에 도움이 되는 교육내용과 방법은 경험을 통해 재구성된다. 그러므로 교육목적은 경험의 질을 향상시키는 경험의 동화 또는 창조과정인 것이다(Dewey, 1916 : 76).

3. 브루너의 지식의 구조이론

학습내용을 중시하는 견해는 기존의 '학습자 중심의 교육'과 '지식의 효율적

관리'에 대한 의문에서 제기되었다. 전자는 학습자의 필요와 흥미를 학교교육에서 과도하게 중시하였고, 후자는 새롭게 생성되는 수많은 지식들을 효율적으로 다루지 못했기 때문에 교육의 질이 저하된 것으로 본다. 미국 교육의 질 저하가 국가적 차원에서 문제가 될 수 있었던 또 한 원인은 1957년에 구소련이 미국보다 먼저 달에 인공위성을 발사했기 때문이었다. 미국 사람들은 냉전 체제의 분위기에서 '스푸트니크 쇼크'란 구소련 인공위성 발사의 충격을 받았다. 당시 미국 사람들은 인공위성 발사 사건을 구소련이 미국을 공격하기 위해 달에 전쟁기지를 만들기 위한 군사작전의 일환으로 보았다. 이 사건을 통해 미국 정부는 국가 안보적인 차원에서 과학기술을 발전시킬 수 있는 방안을 마련해야 했던 것이다.

과학기술을 발전시키려는 국가 안보적 요구는 즉시 과학교과와 수학교과를 중심으로 교육과정을 개혁하도록 하였다. 이를 보다 구체화하기 위한 시도가 우즈호울 회의인데, 여기에서 브루너는 '지식의 구조'를 제시함으로 해서 학습의 전이력(轉移力)을 높여 교육의 질을 향상할 수 있을 것이라는 제안을 하였다(Bruner, 1960; 이홍우, 1988). 이러한 주장은 학교에서 학생들에게 무엇을 가르칠 것인지에 대한 응답으로 교육목표가 아닌, 교육내용이 중시되어야 함을 시사해 주는 것이었다.

교육내용을 중심으로 학생들을 잘 가르치기 위해서, 교사는 학생들이 지식의 구조를 명확히 파악하도록 해야 한다. 지식의 구조는 흔히 자벌레의 향성(向性)이란 경향을 통하여 예시적으로 설명되고 있다. 우리가 자벌레를 관찰하게 되면, 자벌레는 선천적으로 위로 올라가는 향성이 있음을 알 수 있다. 이때 널판지를 30도 경사지게 하면, 자벌레는 직선과 45도의 각을 이루며 옆으로 기어간다. 또 널판지를 60도 경사지게 하면, 자벌레는 직선과 75도의 각을 이루며 옆으로 기어가고 있음을 우리들은 발견할 수 있다.

우리는 자벌레의 '향성 실험'을 통해, 자벌레가 항상 접지 표면에서 15도의 경사를 이루면서 기어 올라가는 것을 알 수 있다. 즉 자벌레는 생물학적 현상인 향성이란 고정된 본능적 성향을 가지고 있다. 향성은 외부 자극과 생물체의 운동을 통해 형성되는 근본적인 관계다. 산소는 산의 높이에 따라 다른 밀도의 상태로 존재하고, 곤충들은 종류별로 서로 다른 양의 산소를 찾아 이동을 한다. 그러므로 곤충은 종류별로 서로 다른 높이에 살게 되고, 또한 서로 다른 종류의 곤충들은 교접이 불가능하게 되며, 이를 통해 곤충들은 종족의 순수성을 유지하게 된다.

지식의 구조는 교과의 구조, 또는 학문의 구조와 동일한 의미를 갖는다. 교과의 구조를 파악하는 것은 한 가지 현상을 여러 가지 현상과 연관시켜서 이해하는 것이다. 또한 학습자가 구조를 학습하는 것은 사물이나 현상이 어떻게 연관되었는지를 파악하는 것이다. 구조를 이해하는 것은 학습자가 사물이나 현상에 대한 기본적인 원리를 이해하는 것이다. 이를 통해 학습자는 학습한 내용을 이해할 수 있고, 기억하기 쉬우며, 학습 이외의 일반적인 사태에 적용할 수 있을 뿐만 아니라, 고등지식과 초보적인 지식 사이의 간격을 좁힐 수 있다(이홍우, 1988 : 30). 다시 말해 지식의 구조는 한 학문에 들어 있는 개념과 원리의 상호 관련된 학문체계, 또는 학문의 전체, 그리고 한 교과를 이루고 있는 기본 개념의 상호 관련된 체계로 볼 수 있는 것이다.

4. 문화와 경제재생산 이론

학교교육은 기존의 사회체제인 경제구조를 형성하는데 어떠한 기능을 수행하는가? 학교교육은 기존의 사회체제를 유지하고, 또한 동일한 특성을 갖는 사회계층 창출에 어떠한 역할을 하는가? 학교교육은 기존의 기득권 집단의 이익을 보존하는데 어떠한 입장을 취하고 있는가? 위와 같은 사회 구조적 특성을 형성하는데 있어서, 교육과정은 과연 어떠한 역할을 하는지에 대한 의문이 제기됨으로 해서 교육과정에 관한 연구의 시각이 새롭게 창출되었다. 흔히 이러한 논의는 신교육사회학 또는 교육과정 사회학이라고 지칭되었으며, 학교는 교육과정을 통하여 기존의 정치 · 경제 · 사회 · 문화 구조를 재생산한다고 하여 재생산론이라고 한다.

재생산론의 논의는 경제 재생산론에서 문화 재생산론으로 발전되었다. 경제

재생산론은 보울즈와 긴티스(Bowels & Ginits, 1976)에 의하여 제시되었는데, 학교에서 가르치는 것들의 가치는 경제적인 요인에 의해 결정되며, 학교의 교육과정은 그것을 지키는 것으로 보았다.

경제 재생산론자들은 학교에서 가르치는 것과 공장에서 가르치는 것은 자본주의 체제를 영속화하는 동일한 맥락을 가지고 있는 것으로 본다. 학교의 벌과 교칙은 공장에서의 진급제도와 사원의 규칙과 매우 밀접한 관계를 갖고 있다. 학교에서 강조하는 생활규범은 공장생활을 하는데 필요한 조직규범인 것이다. 그러므로 학교와 공장 간에는 자본주의 체제를 영속화하기 위한 규범을 상호교신하는 것으로 본다.

문화 재생산론은 제도 교육과 사회문화 현상간의 연속된 관계를 설명한다. 즉 학교의 교육과정은 문화적인 요인에 의해 결정되는 것으로 본다. 이러한 현상을 설명하기 위해 부르디외(Boudieu, 1977)는 문화자본과 문화적 습성이란 개념을 제시하였다. 문화자본이란 어떤 사회구성원이 문화를 소유할 수 있는 능력을 갖추는 것을 자본으로 본다. 그러므로 사회구성원은 문화자본의 활용 정도에 따라 사회계급이 결정되는 것으로 본다. 그리고 재생산론은 생활 습관이나 개인의 의식 수준에서 문화가 계급구조를 재생산하고, 이러한 문화적 습성이 특정 계급의 문화를 창출해 내는 것으로 본다.

우리 사회에서 각 계급은 그들 나름의 문화생활을 영위하면서 살아가고 있다. 만약 상류계급의 자녀들이 골프를 치고 음악회에 가며 외국여행을 다닌다고 볼 때, 이들은 이러한 생활양식을 바람직한 것으로 고착화시키며, 이들이 소유한 문화자본과 문화적 습성에 근거하여 학교의 교육과정이 결정될 수 있다. 이러한 이유로 인해 학교 체육에서는 골프가 주요 종목이 될 것이고, 그 외에 음악 감상법이나 해외 여행기법 등이 학교교육에서 중요시될 수 있다.

Memo

교 육 평 가

Chapter
07

교육평가의 문제를 두고 학문적인 접근을 하기보다는 대중적인 관심의 해결에 매달리는 나라는 우리나라 밖에 없는 것 같다. 우선 대학입학시험제도에서부터 초·중등학교의 사교육 문제도 따지고 보면 교육평가의 문제에 있다. 그런가 하면 교사평가는 대한민국 교육의 초미의 관심사가 되어 가고 있다. 학교 내신 성적의 방법이나 비율에서부터 시험문제의 난이도에 이르기까지 어느 것 하나 모든 국민들의 관심에서 벗어나 있는 문제가 아니다. 그만큼 교육평가의 문제는 바로 교육 전체의 문제라고 해도 과언이 아니다. 일부에서는 경쟁을 피하기 위하여 시험을 기피한다거나 평가 자체를 거부하는 경우도 발견할 수 있다. 사실 교육평가의 문제는 교육 그 자체일 수 있다. 평가를 빼 놓고 교육을 논의할 수 없기 때문에 그렇다. 교육평가와 관련된 모든 문제를 이 책에서 논의할 수는 없겠지만 교육평가의 핵심적 문제를 중심으로 살펴보기로 한다.

제 1 절 교육평가의 의미

평가의 사전적 의미는 "어떤 사물의 가치를 판단하는 일"이라고 되어 있다. 이 말의 교육적 의미는 교육평가는 곧 어떤 교육의 가치 또는 질을 판단하는 일이라는 뜻이다. 문제는 어떤 교육의 질 또는 가치를 판단할 것인가 하는 점이다. 왜냐하면 세상에는 수많은 교육적 가치가 있을 수 있고, 교육의 유형도 수없이 많기 때문에 그러하다. Tyler는 "교육평가의 과정이란 본질적으로 교육과정 및 수업 프로그램에 의하여 교육목표가 실제로 어느 정도 실현되었는지를 밝히는 과정"이라고 규정하고 있다. 교육평가의 영역은 교육현장 그것도 학습의 전 과정을 떠나서는 의미가 없다는 이야기다. 이와 같은 관점에서 교육현장과 관련하여 교육평가가 가져야 하는 의미는 다음 몇 가지로 정리할 수 있다.

첫째, 개개 학습자들의 학업성취도를 평가하는 일이다. 교육이 궁극적으로 목표 지향적 활동이라면 교육을 통하여 주어진 목표가 어느 정도 달성되었는가를 확인해야 한다.

둘째, 교육평가는 개개 학습자 또는 집단별로 직면하고 있는 학습 곤란점을 진단해 낼 수 있어야 하고, 그에 대한 대비책을 분명하게 제시할 수 있는 기초자료를 찾아내야 한다. 이와 더불어 학습자 개개인의 특성을 파악하여 그들 각자에게 알맞은 학습 처방을 내려줄 수 있는 자료를 확보할 수 있어야 한다.

셋째, 교육평가는 교육과정, 수업자료, 수업절차 등 수업과 관련한 제반 처방의 교육적 효과를 평가할 수 있어야 한다. 즉 학습자들에 대한 일방적 평가보다는 처치에 관한 효율성을 측정해 낼 수 있어야 한다.

넷째, 교육평가는 교육의 전반적인 문제를 이해하고 건전한 교육정책 및 방안을 수립하는 데 도움을 줄 수 있는 역할을 수행할 수 있어야 한다. 어쩌면 국가적인 교육 정책의 전략을 수립할 수 있는 방안을 찾을 수 있도록 도움을 주어야 하는 것이다. 이는 단기적인 작업이라기보다는 장기적인 정책을 수립할 수 있는 근거가 되어야 한다.

제 2 절 교육평가의 유형

교육평가는 그 주장의 근거에 따라 여러 가지 형태 또는 유형이 있다. 과거의 경우에는 교육평가를 단순화하여 학습자들의 학업성취도에 관한 정보를 확인할 수 있는 정도로만 생각하였으나 요즈음의 경우에는 오히려 이러한 기능보다 훨씬 더 복잡하고 다양한 방안의 평가 유형을 요구하는 형편이다.

1. 평가시기에 따른 분류

수업장면에서 이루어지는 평가는 시기에 따라 다음 세 가지 형태로 나눌 수 있다. 즉, 진단평가(혹은 사전평가), 형성평가, 그리고 총합평가가 그것이다.

일반적으로 평가란 교육에 있어서 모든 프로그램의 적용이 끝나고 수업이 마무리된 후 이루어지는 것으로 알려져 왔다. 그러나 Scriven의 "The formative and summative evaluation" 이후 이러한 평가관은 급격하게 수정되기 시작하였다.

1) 진단평가(diagnostic evaluation), 혹은 사전평가(pre-evaluation)

진단평가의 중요 목적은 학습자들에게 최적의 수업을 전개하기 위하여 그들이 현재 상태를 명확하게 파악하는 것이다. 학습자들의 과거 학습의 정도에서부터 그들의 흥미와 적성, 준비도, 동기 등을 명확하게 파악할 수 있다면 개개인의 특성에 따른 맞춤형 학습이 가능해지고 학습의 효율성을 최대한으로 보장할 수 있기 때문이다. 교사들의 관점에서는 학습자들에게 적용할 수업이론이나 특정한 모델의 적용을 위한 자료들을 확인할 수 있다는 데에서 수업의 효율성을 높일 수 있는 가장 중요한 일의 하나가 될 수 있다.

2) 형성평가(formative evaluation)

형성평가란 수업활동이 실제 진행되는 도중에 학생들에게 그들의 학습이 제 경로를 따라 가는지를 확인해 주며, 교사들에게도 그들의 지도가 효율적이며, 제대로 진행되고 있는지를 확인시켜 주는 역할을 한다. 특별히 학습자들에게 그들의 학습 진도에 따른 강화를 제공해 줄 수 있으며, 그들의 약점을 보완해 줄 수 있는 방안을 그때 그때마다 적절하게 제공해 줄 수 있다는 점에서 효과적이다. 그러나 진단평가나 총합평가가 일반적으로 학습자들 편에서의 학습 효율성을 증진시키기 위한 중요한 수단이라면 형성평가는 오히려 교사들에게 그들의 지도가 적절한지를 판단할 수 있는 자료를 제공해 줄 수 있다는 관점에서 교사들에게 더 효율적인 평가의 한 방법이라고 할 수 있다.

3) 총합평가(summative evaluation)

총합평가는 학교교육에서 이루어지는 대표적인 평가의 방법으로 이제까지 가장 많이 활용되어온 평가이기도 하다. 일정 기간 동안 전개되어 온 수업활동이 모두 끝난 후 애초에 제시한 교육목표가 제대로 달성되었는지를 확인하는 평가활동이다. 이러한 총합평가를 통하여 학습자는 자신의 학습활동의 결과가 어떠하며, 상대적으로 자신의 학습 결과가 어느 정도의 달성도를 이루었는지 확인할 수 있다. 뿐만 아니라 교사의 입장에서도 자신의 교수활동의 결과가 학생들을 통하여 어느 만큼 달성되었는지를 확인할 수 있다.

2. 평가기준에 따른 분류

1) 교사 임의평가 (teacher-referenced evaluation)

교사는 교수-학습의 면에서 전문가다. 이러한 교사의 전문성을 인정하고 학습활동에서의 평가를 전문가인 교사의 판단에 맡기는 평가활동이 바로 교사 임의평가다. 객관적인 평가의 방법이 강조된 이후 누구나 인정할 수 있는 양적 평가 결과를 중시해 오게 되었지만, 사실 교육의 결과에 대한 평가는 단순하게 양적 평가의 결과에만 의존할 수는 없다. 어떤 면에서 주관적이고 오랜 기간 동안의 관찰에 의한 인간 행동의 변화가 더 정확한 평가의 결과를 도출할 수 있다는 가정이 임의평가에 대한 신뢰를 가능하게 한다. 교사 임의평가는 바로 이러한 점에서 전문가인 교사들의 종합적인 평가 결과를 더욱 의미 있는 평가의 기준으로 인정한다. 물론 이러한 평가의 결과에는 교사의 주관적인 평가가 절대적이므로 평가 결과에 대한 모든 당사자들의 신뢰가 우선적으로 보장될 수 있어야 한다.

2) 상대평가(norm-referenced evaluation)

상대평가는 흔히 규준지향평가라고 불려지기도 한다. 이는 어떤 집단 내에서 차지하고 있는 한 학생의 상대적 위치를 미루어 그 학생의 평가를 결정짓는 방법을 의미한다. 여기에서의 규준이란 원점수의 상대적 위치를 설명하기 위하여 쓰이는 척도로서 모집단을 대표하기 위하여 추출된 표본에서 산출된 평균과 표준편차로 만들어진다. 일반적으로 상대평가는 한 집단 속의 여러 개인이 보여주는 점수들의 평균치를 기준으로 삼고 이 기준으로부터 각 개인의 점수가 얼마나 이탈되어 있는가에 따라 점수를 부여한다. 따라서 집단의 성질에 따라 한 개인의 평가 결과는 얼마든지 달라질 수 있다.

3) 절대평가(criterion-referenced evaluation)

절대평가는 흔히 준거지향평가로 불려지는데 학습자의 현재 성취수준이나 행동목표의 도달 정도를 알아보기 위한 평가방법으로 다른 학습자와의 상대적인 평가를 하는 것이 아니라 주어진 교육목표의 도달 여부를 절대적으로 확인하는 평가방법이다.

3. 평가방법에 따른 분류

구체적인 평가를 실시하는 방법에는 다양한 방법이 활용된다. 가장 포괄적인 평가의 방법 분류로는 어떤 학습자의 특성을 그가 가지고 있는 능력(capabilities)으로 분류하느냐 또는 전체적인 그 인간의 인성을 볼 것이냐 하는 방식이 있을 수 있다. 능력평가는 다시 적성평가(aptitude evaluation)와 학력평가(achievement evaluation)로 나눌 수 있다. 즉, 한 개인이 가지고 있는 경향성, 어떤 잠재적 특성을 들어내 보이느냐 하는 면과 그 개인이 실제 나타내 보이는 능력발휘의 정도 그것도 학습과 관련한 면에서의 특성으로 분류할 수 있다는 것이다. 인성평가란 그 개인의 인간심리의 내면적 구조와 상태를 평가하는 것이다. 성격, 적응, 기질, 흥미, 태도, 가치관 불안감, 자아개념, 만족과 불만족도 등 다양한 인간적 특성의 현재 상태 또는 변화 경향을 평가하는 것을 의미한다.

4. 평가도구 제작자에 따른 분류

평가도구의 제작에는 다양한 전문적 기술과 기법이 활용된다. 그렇기 때문에 평가도구를 함부로 제작할 수도 없고, 또한 그러한 도구는 실제 평가 장면에서 활용되어서도 안 된다. 또한 평가 도구를 제작하는 사람은 전문적 훈련을 받아 신중하게 제작할 필요가 있다. 흔히 교사들의 경우 자신이 지도한 학습자들의 학습결과를 평가하는 도구를 제작하기도 한다. 그러나 이러한 경우에도 주어진 절차에 따라 신중하게 평가도구를 준비할 필요가 있다.

1) 교사 작성 평가도구

교사들은 적어도 자신이 가르치는 분야의 전문가라고 할 수 있다. 오랜 기간 동안의 훈련을 통하여 평가의 의미와 과정을 정확하게 이해하고 있다고 인정한다. 그러나 그러한 형편에서도 평가도구를 제작하는 데 있어서 여간 신중하지 않으면 안 된다. 아마도 교육평가 과목에서 이에 대한 분명한 기술이나 기법을 배우게 될 것이다.

2) 표준화된 평가도구

한 개인에 대한 분명하고 전문적인 평가를 위하여 전문가에 의하여 준비되고 여러 기준이 제시되는 평가도구가 있다. 특별히 이러한 평가도구의 경우에는 전국적인 단위나 특정한 집단에서 추출된 기술적 보고가 반드시 준비된다.

제 3 절 평가도구의 기본 조건

어떠한 평가도구이건 기본적으로 평가도구가 갖추어야 할 기본적 조건이 있다. 물론 이러한 조건들은 보다 정밀하게 준비되어야 한다.

1. 타당도(validity)

타당도란 검사 또는 측정도구가 본래 측정하고자 하는 내용을 충실히 측정하고 있는가 하는 문제와 연관되는 질문이다. 다시 말해 그 측정도구가 재려고 의도하였던 내용을 제대로 재고 있는가 하는 정도를 나타내는 것이다. 구체적으로 수학능력을 측정하려고 하는 도구는 수학의 능력을 충실하게 측정할 수 있는 것이어야지 문법이나 어휘력을 측정하는 쪽으로 잘못 준비되었다면 신뢰도에서 믿을 수 없는 결과를 잴 수밖에 없게 된다는 것이다. Gronlund와 Linn(1990)은 타당도를 이해하기 위하여 주의해야 할 점으로 다음의 네 가지를 제시하고 있다.

첫째, 타당도는 피험자 집단에 사용된 측정도구나 검사에 의하여 얻어진 검사 결과의 해석에 대한 적합성이지 검사 자체와 관련된 것은 아니다.

둘째, 타당도는 정도의 문제다. 따라서 타당도는 '있다 혹은 없다'로 표현될 수 없으며, 낮다, 적절하다, 높다 등으로 표현할 수 있다.

셋째, 타당도는 특별한 목적이나 해석에 제한된다.

넷째, 타당도는 단일한 개념이다.

이러한 타당도는 여러 가지 방법에 의하여 확인될 수 있는데, 일반적으로 내용 타당도(content validity), 준거관련 타당도(criterion-related validity), 구인 타당도(construct validity) 등이 있다.

2. 신뢰도(reliability)

교육의 평가를 논의함에 있어서 또 다른 중요한 준거는 바로 신뢰도이다. 신뢰도는 얼마나 정확하게, 얼마나 오차 없이 측정하고 있는가 하는 개념이다. 즉 신뢰도란 측정하고자 하는 내용을 얼마나 신뢰롭게 또는 정확하게 측정하느냐 하는 정도를 나타낸다. 한 검사가 일관성 없이 어제 측정한 결과와 오늘

측정한 결과가 다르다면 우리는 그 측정 결과를 믿을 수 없게 된다. 신뢰도의 검증 방법에도 여러 가지가 있으나 일반적으로 재검사 신뢰도(retest reliability), 동형검사 신뢰도(equivalent reliability), 반분검사 신뢰도(split-half reliability), 문항내적 합치도(inter-item consistency) 등이 있다.

3. 객관도(objectivity)

객관도란 측정의 결과에 대해 여러 검사가 혹은 채점자가 어느 정도로 일치된 평가를 하는 가하는 정도를 의미한다. 이는 결국 검사자의 신뢰도를 의미한다.

4. 실용도(usability)

실용도란 측정도구의 실용적 가치 정도를 의미한다. 즉, 측정도구가 경비, 시간 및 노력을 적게 들여서 측정의 목표를 충실하게 달성할 수 있어야만 실용성이 있는 것이다.

제 4 절 교육평가의 당면 문제

한국 교육의 여러 문제들과 마찬가지로 교육평가의 문제도 결코 간단하지 않다. 어쩌면 한국 교육에 있어서 교육평가의 문제만큼 모든 관련자들의 관심을 끄는 문제도 없을 것 같다. 물론 많은 사람들은 이 문제의 근원적 출발점이 대학입학시험제도라고 지적한다. 당장 한국 교육의 평가문제와 관련하여 논의되고 있는 그 반영비율과 가중치의 문제, 절대평가냐 상대평가냐의 논쟁을 일으키고 있는 학교 내신 성적의 문제에서부터 구체적인 성적 산출의 근거로서 수행평가의 문제, 그리고 수학능력 시험의 난이도와 그 범위, 출제형식, 심지어는 과목의 수와 어떤 과목을 넣을 것인가 뺄 것이냐의 문제, 그리고 요즈음 뜨겁게 논의되고 있는 입학사정관제도에 이르기까지 그야말로 수없는 문제를 만들어 내고 있는 분야가 바로 교육평가의 문제다. 이 문제 역시 모든 문제를 이곳에서 다룰 수는 없겠고, 우선 가장 큰 관심을 불러일으키고 있는 문제를 논의해 본다.

1. 수행평가의 문제

원래 수행평가란 개인의 심동적 행동특성을 평가하기 위하여 음악이나 체육, 실습, 실기 등과 같은 비지적 교과의 분야에서 주로 사용하던 평가의 한 방법으로 학습한 지식이나 습득한 기능, 기술을 얼마나 잘 수행할 수 있느냐를 판단하는 평가방법이었다. 이는 일반적으로 관찰에 의지하여 행위를 수행하는 모든 과정과 수행이 끝났을 때의 결과를 종합적으로 판단하는 지극히 주관적인 판단방법이다. 이러한 수행평가의 개념에 따라서는 학자들에 따라서 약간의 다른 정의를 살펴볼 수 있다. 조용기(1999)는 수행평가라는 개념 대신에 실행평가라는 개념이 더 적합하다고 주장하면서 "평가하고자 하는 내용을 실제로 행하게 함으로써 하는 평가"라고 정의하고 있다. 강현석과 주동범(200 : 393)은 수행평가란 평가자가 비평가자들의 학습과제의 수행과정이나 결과를 직접 관찰하고 그 관찰 결과를 전문적으로 판단하는 평가방식이라고 규정한다. 손충기(2006 : 380)는 "전통적인 선다형 평가에 대한 대안적 평가방법으로서 학습자가 실제 세계와 유사한 상황에서 자신의 지식이나 기능을 다양한 방법으로 수행해 보이는 것을 평가자가 직접 관찰하거나 교육적 판단을 위한 정보수집 과정을 통하여 수집한 정보를 기초로 교육적 의사결정을 하는 방법"이라고 정의하고 있다. 이와 같은 수행평가가 근래 학교 현장에서 널리 활용되는 이유는 여러 가지가 있다.

1) 21세기 지식, 정보화 사회에 대비하기 위하여
2) 학교교육의 정상화를 도모하기 위하여

3) 수업과 평가의 긴밀한 연계를 도모하기 위하여

4) 보다 의미 있는 평가 결과를 제공하기 위하여

5) 새로운 지식관과 학습관에 부응하기 위하여 등의 이유를 들고 있다. 구체적인 수행평가의 방법으로는

(1) 서술형 및 논술형 검사

(2) 구술시험

(3) 찬반토론법

(4) 실기시험

(5) 실험, 실습법

(6) 면접법

(7) 관찰법

(8) 자기평가보고서

(9) 연구보고서

(10) 포트폴리오(portfolio) 등이 있다.

2. 입학사정관제

한국 교육의 여러 문제 중에서 가장 중요하게 여겨지는 문제가 바로 대학입학제도와 관련된 내용이다. 해마다 되풀이되는 대학입학제도의 변화에 대한 논의를 통하여 해방과 정부수립 이후 벌써 15차례 이상의 변화가 있었고, 근래에 들어서는 새로운 정부의 출현으로 또 다시 같은 논의가 되풀이되고 있다. 일부에서는 실제 사람이 생각해 낼 수 있는 모든 가능한 방법이 한국의 대학입시제도에 반영되어 왔다고 주장하기도 한다. 이와 같이 해방 이후 여러 차례 바뀌어 온 대학입학제도의 변화 내용을 일정하게 정리하는 학자들도 있다. 정진곤(2006 : 150)은 이들 유형을 1) 대학단독 시험제(1945-53), 2) 대학입학 연합고사제 및 대학별 본고사 병행제(1954, 3), 대학별 단독시험제(1955-61), 4) 대학입학 예비고사와 대학별 본고사병행제(1969-80) 등으로 분류할 수 있다고 하였다.

박도순과 장석우(1993)는 이에 덧붙여 1981년 이후에도 부분적인 변화는 있었지만, '대학입학 학력고사와 대학별 본고사' 그리고 '고등학교 내신 성적'의 두 전형자료를 근간으로 학생을 선발하고 있다고 주장한다. 물론 더 자세하게 내용을 들여다 보면, 대학에 의한 고등학교별 등급제를 도입하여 선배들의 대학생활 적응 내용을 다음 해 신입생 선발에 활용한 경우도 있었고, 연합고사제나 예비고사제를 통한 사전 선발제도를 활용한 경우도 있었다.

1) 신뢰의 문제

결국 15회 이상이나 바뀐 대학입학제도의 변화 내용에는 근본적으로 두 가지의 극단적인 대립관계를 발견할 수 있다. 즉 시험 결과에 대한 신뢰냐, 불신이냐에 따라 대학의 자율적인 학생 선발권을 우선적으로 인정하느냐, 아니면 대학의 권위나 책임을 인정하지 않고 대학입학제도의 불신에 의한 사회적인 비난에 중점을 두고 정부가 개입하느냐의 문제인 것이다. 물론 사회적인 비난의 정도와 대학들의 반발에 따른 합의점을 찾기 위한 노력도 부단히 이루어져 오기는 했지만 결과적으로 어느 누구도 만족할 수 없는 결과만을 가져왔다. 이 와중에서 그 해에 대학에 입학하기 위한 준비를 하고 있었던 수험생들이나 그들의 학부모, 아니 수년 후에 대학입학제도의 영향을 받게 되는 초·중·고등학교 학생들과 대부분의 가정, 심지어 이들 고등학교 졸업생들을 직접 가르쳐 온 교사 누구도 만족할 수 있는 제도를 만들 수도 없었고, 대학의 입장에서 자신들의 학생을 선발할 수 있는 자율권도 확보할 수 없었다. 이러한 형편 속에서는 상호 불신만 커져 갔고, 과열된 경쟁을 통한 모두의 비극적 결과만이 초래되었다. 이러한 한국의 교육적 문제는 이제 누구도 한꺼번에 해결할 수 없는 문제가 되었고, 어떤 정부에서도 손쉽게 해결할 수 없는 문제로까지 이른 것이다. 2008년 새로운 정부가 들어서면서 의욕적으로 교육의 자율화를 강조하는 것도 이제까지 정부의 대학입학제도에 대한 과도한 간섭을 줄이고 대학에 선발권을 맡김으로써 한쪽으로 쏠렸던 제도가 가졌던 중점을 다른 한쪽으로 돌리고자 하는 의도적 변화나 개혁이 아닌가 하는 비판적 관점이 있을 수 있다는 점을 주의할 필요가 있다.

따라서 한국에서의 대학입학제도 변화는 이제 특정한 정부의 업적을 지나치게 강조하려는 노력에서 보다는 근본적으로 교육의 신뢰 회복이라는 가장 기본적인 관점에서 출발할 수 있어야 한다. 아마도 이번 정부에서는 지난 정부에서의 대학입학제도가 모두 새롭게 바뀔 정도로 혁명적인 개혁이 이루어질 전망이다. 소위 '대학 자율화'로 대변되는 제도의 변화가 그것이다. 이제까지 교육인적자원부가 주관하던 대학입학제도와 관련된 업무가 대학 자율기관인 대학교육협의회로 이관되면서 여러 방면에서 새로운 제도의 도입이 논의되고 있다. 대통령직 인수위원회는 지난 2008년 1월 22일 대학입시에 대한 규제를 단계적으로 완화하고 동시에 선진화된 전형방식으로 전환할 수 있도록 지원하겠다는 내용의 대입 3단계 자율화 방안을 발표했다. 1단계에서는 대학수학능력 등급제 보완, 대입자율화 조치, 대학 책무성 강화를 시행한 후, 2단계로 수능 응시과목을 축소하며, 3단계에서 학생선발권을 완전히 대학에 넘겨 자율화하겠다는 것이 주요 내용이다(교육마당 21, 5). 1단계의 수능 등급제 보완 조치는 수능 성적을 통지할 때, 현행 과목별 등급(9등급) 외에도 과목별 백분위, 표준점수가 모두 병기된다. 또한 대입 자율화 조치에 따라 학교생활기록부 및 수능성적 반영비율을 대학자율에 맡긴다는 것이다.

대학의 책무성 강화 방안에 따라 대학별 학생 다양성에 대한 정보의 공개를 강화하기로 하고 2009학년도부터 신입생의 출신고교 유형 및 특성, 신입생 소외계층의 비율 등 대학 신입생의 다양성을 보여줄 수 있는 정보를 공개하도록 하였다. 다음 2단계 수능 과목 축소 방침에 따라 2009년 중학교 3학년이 대입시험을 치르는 2012학년도 수능부터 현재 학생당 평균 7개인 수능 응시과목을 최대 5개로 축소·조정하였다. 탐구영역(사회, 과학, 직업)과 제2외국어, 한문영역을 합쳐 선택과목이 2개를 넘지 않도록 한다는 것이다. 또한 2013학년도부터는 영어 과목을 수능에서 분리하여 문제은행 방식으로 상시 응시 가능한 능력평가시험으로 대체해 수능 응시과목을 최대 4개로 축소하겠다는 방침이다. 이러한 제도는 2008년 현재 중학교 2학년들부터 적용하기로 하였다. 3단계에서는 법령의 정비를 통하여 2012년 이후 대학의 학생선발권이 보장된다는 주장이다.

그러나 이러한 예고된 대학입학전형 제도의 변화 내용도 6개월이 지나지 않아 또 다시 궤도 수정을 논의하고 있는 형편이다. 즉, 교육과학기술부는 교육평가원 주관으로 2008년 9월 24일 대학입학제도에 관한 공청회를 개최하면서 대통령직 인수위원회가 지난 1월 제시하였던 안의 내용을 크게 수정할 것을 제안하고 있다. 이는 수능 과목이 연초 대통령직 인수위원회가 제안한 것처럼 국, 영, 수 과목 중심으로 재편되면 학생들이 과학, 사회 수업을 외면할 것이고 이에 따른 학과 수업 파행이 불가피해 질 것이라는 우려 때문이다. 앞에서 설명했듯이 애초 초·중 3학년 학생들이 대입을 치르는 2012학년도 입시에서 국, 영, 수 3과목과 탐구영역 2과목 등 5과목만 치르겠다고 발표하면서 이렇게 하면 사교육비가 대폭 줄어들 것이라고 예상하였다. 그러나 실제 학부모를 대상으로 여론조사를 한 결과 수능 과목이 축소되어도 사교육비가 줄지 않고 학생들의 학력저하 현상만 나타날 수 있다는 분석이 제시되었고, 이러한 결과를 감안하여 국, 영, 수 과목은 그대로 두고 나머지 과목만을 최소한으로 줄여 보자는 안이 새롭게 제시되고 있는 것이다.

물론 이와 같은 변화가 대학입학제도와 관련한 여러 문제를 해결할 수 있는 방안이 될 수도 있다. 그러나 이러한 변화 역시 신중을 기하여 예상되는 여러 부작용을 줄일 수 있는 보완 방안도 함께 생각해 볼 필요가 있다. 개혁이나 변화만을 강조하여 미처 완전하게 준비되지 않은 안을 불쑥불쑥 내놓는 경우도 허다하고 그에 따른 여러 다른 반응이 나타나면 곧 손쉽게 원래의 안을 다시 수정하는 일이 되풀이되기 때문이다. 근자에는 사회적으로 또는 국회를 중심으로 이에서 한걸음 더 나아가 대학수능 시험성적 원자료까지도 공개하는 것이 좋겠다는 안이 제시되기도 하였다. 이 안은 많은 교육 관계자들로부터 수험생 개인의 인적 사항이 담긴 원자료를 공개하는 것은 개인정보 보호 차원에서 문제가 있고, 지나친 경쟁을 불러 올 수 있다는 비판에 직면하면서 개인별, 학교별 원자료 공개보다는 지역별 공개 범위를 정하는 것이 좋겠다는 수정안이 제기되기도 하였다(동아일보, 2008. 9. 19).

하지만 이러한 대학입학제도의 변화를 그대로 수용한다고 하여도 정부에서 의도한대로 모든 교육에서의 경쟁이 완화되고 수능시험의 지나친 경쟁이 완화될 수만은 없을 것 같다. 수능시험의 지나친 경쟁을 완화하기 위하여 내신 성적을 더 중요하게 여긴다고 했을 때, 또 다른 내신 성적을 잘 받기 위한 경쟁이 필연적으로 벌어질 것이고, 내신 성적의 결정 방법도 절대평가에서 상대평가로 전환한다고 했을 때 일어날 수 있는 한 학교 안에서의 더 치열한 경쟁을 불러올 수 있기 때문이다. 아울러 내신 성적의 신뢰성 확보 문제가 대두되면서 교사에 대한 신뢰문제가 자연적으로 발생하게 될 것이고 이는 근본적인 교육 불신 사태로까지 확대될 수 있다는 것이다.

결국 이제까지 한국의 대학입학제도의 변화에서 가장 중요하게 다루어졌어야 할 교육에의 신뢰성 확보가 우선되지 않는 한 어떠한 제도적 변화도 소용이 없게 된다. 1948년 정부 수립 이후 10여 년 동안 대학입학시험제도는 거의 전적으로 대학 당국에 맡겨졌었다. 대학들은 자신들의 대학에서 가르칠 학생들을 선발할 수 있는 권한을 가져야 하며 정부는 이러한 대학의 자율권을 존중하여 대학입학제도에 간여하지 않았던 것이다. 그러나 이러한 관행은 결국 일부 대학에서 입학시험 부정이 발생하고 사회문제화되면서 정부가 대학의 학생 선발권과 자율권을 제한한 것이다. 결과적으로 교육의 신뢰성에 치명적인 타격을 안겼고, 교각살우(矯角殺牛)의 우를 범하게 된 것이다. 당시에 보다 신중하게 교육적으로 문제해결의 방안을 선택하였다면 요즈음과 같은 혼란은 줄일 수 있었을 것이라는 때늦은 후회를 하지 않을 수 없다. 우리 모두가 인정하듯이 교육의 전제는 신뢰성이다. 교사를 믿고 따라야 하고, 교육적 처치의 가능성을 신뢰할 수 있어야 한다. 교사가 작성해 놓은 학생에 대한 평가의 결과를 믿을 수 없고, 대학에서의 선발 방식을 믿을 수 없다면 어떠한 새로운 제도를 가져와도 결코 성공할 수 없게 된다. 결국 이제부터라도 이러한 교육적 처치에 대한 신뢰성을 어떻게 담보할 수 있을 것인가의 문제에 초점을 맞추어 대학입학제도를 비롯한 모든 교육적 처방을 준비하여야 하는 것이다.

교육 선진국이라고 여기는 미국의 고등교육제도는 바로 이러한 사회구성원들의 신뢰가 여전히 작용하고 있고, 그러한 신뢰를 공고히 하기 위한 여러 제도를 도입하여 활용하고 있다. 이러한 교육 선진국에서도 때로는 교육적 결과에 대한 불신이 야기되기도 한다. SAT 만점을 받은 학생이 특정한 대학의 입학사정에서 불합격하였다는 이야기를 심심치 않게 접하게 된다. 그러나 어떠한 대학의 입학과 관련된 결정에도 이 문제를 법정으로 몰고 가서 해결하겠다는 시도는 그리 흔하지 않다. 그 만큼 미국의 대학입학 과정에서 각 대학이 가지는 자율권은 최대한 보장되어 있고 그에 대한 이의제기 역시 그다지 많지 않다.

2) 입학사정관제도의 고려

근래에 들어 이러한 미국 대학입학제도의 든든한 버팀목으로 지목되고 있는 제도가 바로 입학사정관제도이고 한국에서도 이러한 입학사정관제도의 도입이 조심스럽게 제기되고 있다. 교육과학기술부에서는 이미 여러 개의 대학에 입학사정관제도의 도입을 권장하고 있고, 그에 따른 예산지원까지 하고 있는 형편이다. 교육부에서는 한국대학교육협의회를 보조 사업자로 하여 2007년부터 3개년 계획으로 입학사정관제도 도입을 지원해 왔다. 2007년 교육부와 대학교육협의회는 입학사정관제도 지원 사업 대상자로 10개 대학(서울대, 경북대 : 이상 국립대, 가톨릭대, 건국대, 경희대, 성균관대, 연세대, 인하대, 중앙대, 한양대 : 이상 사립대)을 선정하여 18억 9000만원을 지원하기로 결정하였고, 대학교육협의회는 입학사정관제도와 관련된 2008년 예산을 128억 원으로 잡고 있다. 아울러 입학사정관제도를 정착시키기 위하여 평가위원 및 입학제도 전문가로 컨설팅 팀을 구성해 가동중이며, 또 입학사정관협의회를 구성해 각 대학이 정보를 교류할 수 있도록 하고, 다양한 세미나도 개최하고 있다(교육마당 21, 17).

그러나 이러한 새로운 대학입학제도의 시행이 제대로 가동되기 위해서는 보다 철저한 외국의 사례에 대한 분석은 물론 한국의 형편에 맞는 여러 변인들에 대한 고려가 뒤따라야 한다. 단순히 일반에서 주장하듯이 현재의 점수 위주 입학사정제도에 대한 보완 작업으로 학생들의 내신 성적을 합리적으로 수치화하기 위해 학생부에 기재할 내용에 대한 단순한 평가 작업 정도로 생각한다면 또 다른 실패를 가져올 것이 분명하기 때문이다. 이에 이곳에서는 미국 대학의 입학사정관제도에 관한 보다 분명한 이해를 돕기 위한 분석 내용을 제시하기로 한다.

3) 미국 대학의 다양성과 학생선발

미국의 3,300여 개 대학들은 그 설립과정에서부터 운영, 학생선발에 이르기까지 거의 무제한의 자율권을 누리고 있다. 미국 연방 정부는 물론이고 각 주 정부에서도 이제까지 대학의 학사문제에 대한 개입은 거의 없었다. 물론 최근 들어 대학입학을 원하는 학생 수가 급격하게 늘어나고 있고, 대학의 재정적 자립도가 급격하게 문제로 대두되면서 주립대학들에 대한 주 정부의 재정적 간섭이 늘어나고 있기는 하지만 여전히 학사문제에 대한 대학 당국의 독립성은 철저하게 보장되고 있다. 물론 3,000여 개가 넘는 미국의 대학 사정을 일목요연하게 하나의 잣대로 묶을 수 있는 방법은 없다. 이와 같이 각 대학들의 자율성이 철저하게 보장되어 있는 형편이기 때문에 입학사정을 비롯한 학사문제에 대한 다양성은 그야말로 천차만별이다. 그런 중에서도 미국의 대학 입학사정과 관련하여 대학을 몇 가지 유형으로 대별할 수는 있다.

우선 설립별 특성에 따라 연방 정부와 주 정부의 재정적 투자를 배경으로 설립된 각 주별로 규모가 큰 대표적 주립대학을 들 수 있다. 미국의 50개 주에는 한결같이 주 정부의 지원을 배경으로 하는 대규모 대표적인 주립대학들이 설립되어 있다. 이들 주립대학들은 19세기 중엽, 농업이나 기술공업 발전을 위하여 연방 정부에서 불하한 토지(land-grant)에 학교를 설립하면서 시작되었다. 따라서 현재에도 대부분 주 정부의 대학운영 예산지원을 받고 있으며, 이에 따라 학생 1인당 등록금도 사립대학에 비하여 상당히 낮은 수준이다. 더구나 당해 거주 지역에서 세금을 내고 있는 가정의 자녀들은 상대적으로 더욱 저렴한 등록금을 내고 있다. 대략 1년 등록금은 $15,000 내외다. 물론 외국 학생들이나 다른 주에서 진학한 학생들의 경우는 조금 더 많은 등록금을 내야 한다. 독특한 방식으로 중서부 일대의 주에 산재해 있는 주립대학들은 주변의 몇 개 주와 협약을 맺고 상대 주 정부의 승인 아래 다른 주에서 진학한 학생들에게도 동일한 등록금 혜택을 주는 제도를 시행하고 있기도 하다. 해마다 조금씩 그 순위의 변동이 있지만 2008년의 경우 US News World Report에 의한 미국 주립대학의

10위까지 순위를 보면 US Berkeley, US San Diego, Michigan, UCLA, Wisconsin, Texas, Washington, Illinois, Minnesota, North Carolina 순이었다.

이들 주립대학들도 1950년대 중반 이전까지는 대부분 점수 위주로 신입생들을 선발하여 왔었다. 그러나 2차 세계 대전 이후 늘어나는 인종적 다양성과 그들의 통합이 사회문제로 대두되면서 보다 다양한 방법으로의 대학생 선발 방식을 채택하기 시작하였다. 물론 설립자들의 의지, 동창들이 요구하는 사회적 배경이나 가정의 사회적 지위, 또는 인종적 편견 등에 따른 변인을 고려할 수밖에 없는 사립대학들의 경우와 달리 오히려 소수 인종이나 사회적 약자라고 할 수 있는 여성에 대한 우대정책 등이 입학사정 과정에 작용하기 시작하면서 보다 다양한 방법으로의 신입생 선발 방식이 고려되었던 것이다. 현재 이들 주립대학의 신입생 선발 방식은 대학마다 차이가 있기는 하지만 여전히 사립대학들과 달리 조금은 점수 위주의 객관적 지표를 활용한다. 이에 따라 SAT나 ACT 점수가 중요하게 작용하고 있으며, 고등학교에서의 성적도 비교적 비중 있게 다루어진다. 물론 일부 대학의 경우 신입 희망 학생들의 개인적 자질이나 활동상황, personal history, 수상경력 등이 고려되고 있기는 하다. 요즈음은 진학 희망자들의 고등학교 시절 자신이 꾸미고 활동하였던 각종 홈페이지나 그 외 컴퓨터 자료들을 중요한 선발 기준으로 삼아 전문가들로 하여금 확인하도록 하고 있는 학교들도 늘어나고 있다(Wall Street Journal, 2008, 9. 118).

많은 미국 대학들은 미국판 싸이 월드인 'face book'이나 'my space' 까지 점검하고 있다는 것이다. 보도에 따르면 미국 50여 개 대학의 입학사정관들이 응시생들을 다면적으로 평가하기 위해 이러한 자료를 참고하고 있으며, 이러한 자료에 과거 음란물이나 저질적인 글을 올린 경우 입학에 부정적인 영향을 미칠 수 있다고 발표하고 있다.

대규모 주립대학의 경우, 대학 나름대로 입학사정관제도가 활용되고 있기는 하지만 사립대학들과 달리 대규모 학생들을 선발해야 하는 문제 때문에 실제 활용도는 상대적으로 낮을 수밖에 없다. 이들 주요 주립대학의 재학생 수는 대략 2만 명에서 6만여 명에 이르는 대학도 있다. 당해 연도 신입생 선발 인원도 자연히 5천명 이상인 대학이 대부분이다. 따라서 이들 대학들의 신입생 지원자에 대한 합격비율은 사립대학들에 비하여 상대적으로 높은 편이다. 해마다 미국 주립대학 순위에서 거의 상위권에 올라 있는 University of California Berkeley의 경우 지난 2007년 가을 Acceptance Rate는 23.3%였고, University of Michigan AnnArbor의 경우는 50.3%, University of Wisconsin Madison의 경우는 56.2%, University of Illinois Urbana Champaign의 경우는 무려 71%였다(표 7-1 참조). 결국 응시생들의 반 수 이상이 합격하였다는 분석이다. 이는 입학사정관들에 의한 면밀한 사정도 중요하지만, 대부분의 대학에서 주관적인 판단 자료보다 객관적인 성적 위주의 평가를 하고 있다는 반증이기도 하다. 즉, 이러한 대규모 대학의 경우에는 입학사정관들에 의한 응시생 모두에 대한 정밀한 분석이 사실상 제약을 받을 수밖에 없고 따라서 일반적으로 객관화된 성적 위주의 입학 결정이 내려진다는 분석이다.

표 7-1 미국 주립대학 랭킹 및 Acceptance 비율

Universities	2007 Total Enrollment	Fall 2007 Acceptance rate
University of Chicago	12,336	34.7%
University of California Berkeley	34,953	23.3%
University of California-LosAngeles	38,896	23.6%
University of Michigan-AnnArbor	41,042	50.3%
University of Southern California	33,408	25.3%
University of North California-Chapel Hill	28,136	34.8%

* 출처 : US NEWS & WORLD REPORT, 2008.

결국 입학을 희망하는 학생들의 입장에서는 자신들의 성적이나 활동 경력 등에 비추어 비교적 입학이 용이하고 또한 입학사정과 관련되는 변인들의 예측이 가능하다는 장점 때문에 별다른 준비 없이 지원이 가능한 것이다. 고등학교 때의 성적이나 표준화된 시험 성적에 따라 큰 변동 없이 입학이 결정되는 것이다.

두 번째 유형은 대규모 사립대학이다. 2008년 현재 미국 내의 비영리 사립대학으로서 학사학위 이상의 학위를 수여하고 있는 사립대학 수는 1,541개다. 이들 중 950여 개의 사립대학들이 재학생 수 5천여 명을 넘기고 있는 대규모 대학인 셈이다. 이들 중 대표적인 대학으로 1636년 미국 최초로 설립된 Harvard 대학은 처음 종교와 관련된 소규모 사립학교로 출발하였다. 원래 이름은 Cambridge 대학이었으나 유산을 기부한 Harvard 목사의 이름을 따서 Harvard 대학으로 개칭하였으며, 초창기에는 주로 청교도 목회자들을 양성하기 위한 신학대학으로 출발하였다. 그러나 2007년 현재 재학생 수 19,257명의 대규모 대학원 대학으로 발전하였으며, 대학의 순위를 결정한 발표에서는 거의 상위권을 독차지 하고 있다. 비슷한 시기에 출발한 미국 Ivy League의 유명 대학들은 이제 재학생 수 2만여 명을 넘어서는 명문 사립대학으로 자리잡고 있으며, 세계 여러 나라의 수험생들이 입학을 희망하고 있다. 미국 대학의 랭킹을 살펴보아도 해마다 이와 같은 대규모 사립대학이 상위에 자리잡고 있다. 이들 순위는 Harvard, Princeton, Yale, Columbia, Stanford, Duke, Northwestern, Cornell, Johns Hopkins, Brown 등이다(표 7-2 참조).

표 7-2 US National University Rankings 1-30

Universities	2007 Total Enrollment	Fall 2007 Acceptance rate
Harvard University	19,257	9.2%
Princeton University	7,334	9.7%
Yale University	11,454	9.9%
Massachusetts Institute of Technology	10,220	12.5%
Stanford University	19,782	10.3%
California Institute of Technology	2,133	16.9%
University of Pennsylvania	18,916	16.0%
Columbia University	22,655	10.6%
Duke University	13,598	23.0%
University of Chicago	12,336	34.7%
Dartmouth College	5,849	15.3%

Northwestern University	18,028	26.8%
Washington University in St. Louis	13,382	17.3%
Cornell University	19,800	21.4%
Johns Hopkins University	19,737	24.3%
Brown University	8,167	14.0%
Rice University	5,243	25.1%
Emory University	12,570	27.2%
University of Notre Dame	11,733	24.5%
Vanderbilt University	11,847	32.8%
University of California Berkeley	34,953	23.3%
Carnegie Mellon University	10,493	28.0%
Georgetown University	14,826	20.8%
University of Virginia	24,257	35.2%
University of California-LosAngeles	38,896	23.6%
University of Michigan-AnnArbor	41,042	50.3%
University of Southern California	33,408	25.3%
Tufts University	9,758	27.5%
Wake Forest University	6,788	42.4%
University of North California-Chapel Hill	28,136	34.8%

* 출처 : US NEWS & WORLD REPORT, 2008.

이들 대학의 재학생 수는 대략 1만여 명에서부터 3만여 명에 이르기까지 다양하다. 2008년의 등록금 수준은 1년 평균 $35,000 이상으로 주립대학에 비하여 상당히 높은 편이다. 이들 대학의 신입생 선발과정을 자세히 살펴보면 주립대학과 마찬가지로 신입생 수가 비교적 많은 대규모 사립대학에서는 입학사정관제도를 철저하게 운영하지 않고 있다. 다만 주립대학의 경우보다 신입생들의 다양성을 보충하기 위하여 보다 다양한 변인들을 자세하게 살피고 있다. 〈표 7-3〉에서 살펴볼 수 있듯이 교과 성적 이외에 교사나 진학상담 교사의 추천서, 면접의 결과, 학생들의 특별활동 내용이나 관심 분야, 개인별 자기소개서, 심지어는 인종이나 가족 내의 동창 관계까지 고려의 대상이다. 특별히 가족 내의 동창 관계는 더욱 소중히 다루어지는 자료가 된다.

표 7-3 2005년 미국 대학 입학 결정에 영향을 준 요인

(단위 : %)

요약	아주 중요함	중요함	약간 중요함	중요하지 않음
대학진학 관련 교과 성적	73.9	15.6	6.0	4.6
수학능력시험	59.3	28.5	6.0	6.2
전체 성적	53.7	34.7	7.5	4.1
전체 석차	31.2	33.3	20.1	15.5
작문 샘플	23.3	34.8	21.0	21.0
진학상담 교사 추천	16.7	44.0	25.2	14.0
교사 추천	17.1	41.5	26.4	15.0
면접	8.6	28.9	29.3	33.2
특별활동	8.0	39.1	35.0	17.8
학생 관심	15.1	21.1	22.9	41.0
주 정부 졸업시험 성적	6.7	12.3	29.7	51.3
SAT Ⅱ, AP, IB시험	6.9	24.6	32.6	35.9
인종	2.3	15.5	19.9	62.3
지역거주	1.4	7.9	16.3	74.4
동창회 관계	2.1	19.5	43.8	34.6

지원서에는 반드시 가족 내의 동창 관계를 표시하도록 되어 있고, 가족 내에 그 대학 출신의 동창이 있는 경우 합격의 확률이 그만큼 오르도록 되어 있다. 해마다 역시 조금씩 차이가 있기는 하지만 이들 대학의 Acceptance 비율은 주립대학의 경우보다 현저하게 낮은 것으로 알려져 있다. 대략 10% 미만으로서 그만큼 합격 예측을 하기가 쉽지 않고, 입학에 작용하는 변수들이 많다. Harvard의 경우 2008학년도 합격률은 9.2%였으며, Princeton의 경우는 9.7%, Yale 9.9%, Stanford 10.3%, Columbia 10.6%였다. 입학사정관제도를 활용하고 있는 이들 대규모 사립대학들은 입학 지원자 수에 맞추어 그 수를 늘려 활용하고 있다. Harvard의 경우 해마다 거의 100여 명의 입학사정관을 활용하고 있으며, 그 구성도 매우 다양하여서 졸업생의 활용은 물론이고, 심지어 일반 회사의 신입사원 선발 요원들을 활용하기도 한다.

세 번째 유형으로 꼽을 수 있는 것이 재학생 수 2,500명을 넘지 않는 소규모

사립대학들이다. 이들 소규모 사립대학들은 미국 내에서도 다른 일반 대학들과 달리 학생 수가 적은 대신에 비싼 등록금을 요구하고 있다. 대체로 1년 평균 등록금은 $40,000을 넘어선다. 그 이유는 대학마다 독특한 교육을 진행하고 있으며, 교육 소비자들의 요구를 최대한 수용하고 있기 때문이다. 대학마다 독특한 교육적 특성을 자랑한다. 공과대학으로의 특성을 살리고 있는 MIT나 RPI 등이 있는 가하면 음악교육을 전문으로 하는 Julliard, Curtis 같은 대학도 있고, 건축학을 전문으로 하는 Webb, 디자인을 내세우는 Parsons, 여학생들만을 고집하는 Smith, Wellesley 등도 있다. 2007년 현재 이러한 미국 내 소규모 사립대학의 순위는 Amherst, Williams, Swarthmore, Wellesley, Middlebury, Bowdoin, Pamona, Carleton, Davidson, Haverford 순이다.

이들 대학의 교수 1인당 학생 비율은 5명을 채 넘지 않으며, 따라서 철저한 개인별 교육이나 상담이 가능하다. 대학 캠퍼스 내에 완벽한 기숙사 시설이 갖추어져 있으며, 심지어 교수들도 한 캠퍼스 내의 사택에 기거하는 것이 보통이다. 이러한 대학에서는 맞춤 교육이 가능한 고급, 명품교육을 진행하고 있다고 자부한다. 따라서 대학마다 독특한 학기 제도를 운영하고 있고, 대부분 다른 나라의 유명 대학들과 프로그램을 교환하고 있으며, 미국 내의 다른 대학들과도 활발한 학생 교환이나 프로그램 교환제도를 활용하기도 한다. 이들 대학에의 입학은 단순히 점수위주의 제한된 객관적 자료들만으로 신입생을 선발하지 않는다. 이들 대학에서 신입생을 선발하는 과정에서 철저하게 활용되는 제도가 바로 입학사정관제도다. 이들 소규모 사립대학의 Acceptance 비율은 대략 20% 내외다. Dartmouth가 15.3%, Williams 13.7%, Amherst 17.6% 등이다.

이렇게 소규모 사립대학 Acceptance 비율이 대규모 주립대학 수준보다는 현격하게 낮으나, 대규모 사립대학보다 높은 것은 다른 대규모 대학들에 비하여 비싼 등록금 때문에 애초의 지원자들 수가 적은 때문이기도 하고 또한 대학별 교육방침이 너무 독특하기도 하여서 지원자 수가 적기 때문이기도 하다. 그러나 입학사정제도의 다양성은 어떤 다른 대학들보다도 다양하며, 입학사정 과정에서 고려하는 변인들도 많은 셈이다. 이에 따라 이들 대학들은 입학사정에 있어서 일찍부터 객관화된 점수보다는 여러 유용한 자료들의 제출을 요구하고 있으며, 심지어 고교 시절의 활동 내용을 증빙할 수 있는 비디오 테이프나 기타 여러 자료들을 참고하기도 한다. Amherst 대학에서는 2009학년도 신입생 선발 공고를 하면서 적어도 2명 이상의 입학사정관(two admission deans)이 지원자의 모든 입학 서류를 최종 입학사정회의에 부의하기 전에 세밀하게 검토하게 되며, 대학의 입학 결정에 어떤 누구도 이의를 제기할 수 없다고 못박고 있다. 지원자들이 제출해야 하는 서류로 1) 중·고등학교 성적(secondary school transcript), 2) 표준화 검사 성적(SAT Reasoning Test plus SAT Subject Tests or ACT with essay recommended), 3) 교사와 상담교사의 추천서(teacher and counselor recommendations), 4) 자기소개서나 에세이(quality of writing as demonstrated in your essays, testing and recommendations), 5) 과외활동이나 자신의 특별한 자질을 증명할 수 있는 자료(extra-and co-curricular involvements and talents) 등이 있다고 명시하고 있다. Williams 대학에서는 거의 같은 수준으로 1) 학교성적 : 그중에서도 고등학교 2학년 또는 3학년 성적이 중요하며, 특별히 지원자가 선호하는 과목의 특별교실에서의 성적(academic preparation), 2) 표준화된 고사 성적(standardized Tests results; SAT or ACT plus any two SAT subject tests of the score), 3) 대학에서의 특별 수업 이수증과 성적(advanced placement or IB results), 4) 정규 교과 활동 내역(non-academic achievements)과 본인의 소질을 증명할 수 있는 모든 자료 등을 요구하고 있다. 그 중에서도 이들 대학에서는 다양한 입학사정관들을 통한 면접의 결과를 가장 중요시한다.

따라서 대부분의 소규모 사립대학에서는 미국 내의 각 지역별로 입학사정관을 사전에 임명 배치하고, 그들의 면접 결과를 절대적으로 신뢰하여 그 결과를 중시한다. Bowdoin 같은 대학은 미국 전국 50개 주는 물론이고 해외에도 입학사정관을 임명하여 신입생들이 세계 어느 곳에서건 면접을 볼 수 있도록 제도적 장치를 갖추고 있다. 이들 대학의 입학사정관들은 사전에 철저한 사전교육을 받고 있으며, 수시로 자신들의 역할에 대한 안내 및 교육을 받는다. 또한 대부분의 입학사정관들이 모교의 졸업생들로 사회적으로 존경받는 지역의 대표성을 갖춘 인물들이다. 물론 대학 내에는 입학사정을 전담하는 팀이 꾸려져 있으며, 이들 대부분은 Assistant Dean 또는 Associate Dean의 자격을 가지고 입학사정

업무를 담당한다.

4) 미국 대학 입학사정관제도의 의미와 특성

앞에서 살펴보았듯이 미국 대학의 유형이 다양하고 그 규모 역시 매우 다르기 때문에 각 대학에서 입학 업무를 담당하는 입학사정관이라고 하여도 모든 대학에서의 역할이 같지가 않으며, 따라서 각 대학에서 요구하는 입학사정관에 대한 요구도 매우 다양하다. 우선 입학사정관이라는 명칭도 미국 대학에서는 여러 가지로 다르게 쓰고 있다. 많은 대학에서는 보편적으로 입학업무를 다룬다는 의미에서 Admission Officer, Admission Director 또는 Admission Counselor, Admission Reviewer로 호칭한다. 그러나 일부 대학에서는 Admission Administrator라고 포괄적인 명칭을 쓰기도 하고 일부 소규모 사립대학에서는 Dean of Admission 또는 완전히 다르게 Professional Officer of Human Resources로 부르기도 한다. 그리고 이들 입학사정관의 업무에 대한 자격, 훈련, 급여, 조건 등을 다루는 전국적이고 종합적인 기관이 설립되어 있어서 전국적으로 교육 및 훈련을 준비하는 것은 물론 이 직업을 선택하려고 하는 지원자들에게 적절한 정보를 제공하기도 한다. 대략 다음의 3기관이 전국적으로 그러한 중요한 역할을 담당하고 있다.

(1) American Association of Collegiate Registrars and Admissions Officers
1. Dupont Circle NW, Ste. 520
Washington, DC. 20036
(202) 293-9161
http : //www.aacrao.org

(2) American Association of University Administrators
National Office
Roberts Hall 407

Rhode Island College
Providence, RI 02908-1991
(401) 456-2808
http : //www.aaua.org

(3) College and University Professional Association for Human Resources
2607 Kingston Pike, Ste. 250
Knoxville, TN 37919
(865) 637-7673
http : //www.cupa.org

이들 기관들에서 규정하는 입학사정관의 역할은 '학생들의 입학과정과 지원 활동 과정에서 각종 지원서 및 입학사정 자료들을 수합하여 살펴보고, 입학과 관련한 프로그램을 개발하는 일'이라고 규정하고 있다. 그리고 이러한 입학사정관의 역할을 원만히 수행하기 위하여 일정한 교육 및 훈련을 필요로 한다고 규정하고 있다. 아울러 이러한 역할을 잘 수행하기 위하여서는 학생상담, 교육재정문제, 고등교육행정 등에 관한 전문적 소양을 갖추어야 하고, 이외에 컴퓨터 활용, 자료 검색 및 통계에 관한 식견을 갖추어 석사 이상의 자격을 갖추면 좋다고 제언하고 있으며, 대학에서 언제나 대하게 되는 학생들에 대한 애정과 원만한 인격을 갖출 것을 권하고 있다.

미국 대학에서의 입학사정관 자리는 현재의 추세대로라면 2014년까지 지속적으로 늘어갈 수밖에 없는 유망한 직종으로 인정되고 있기는 하지만, 때로 지나친 업무과중을 겪을 수도 있다고 지적한다. 즉 매학기 새롭게 시작되는 시기에는 학생들의 선발과정이 집중되기 때문에 다른 직종에 비하여 업무량이 많아질 수 있고, 따라서 동료들이나 그 외 여러 다른 사람들과의 관계를 원만하게 이끌 수 있는 능력이 특별히 요구된다고 지적한다. 이는 미국 대학에서의 입학전형이 특정한 시기에만 이루어지는 것이 아니라 일년 내내 상시적으로 운영되고 있으며, 특별히 여름 방학 기간 동안에 고등학교 2학년 학생들을 중심으로도 준비되고 있어서 실제 대학입학 준비가 고등학교 3학년만의 문제가 아니라는 점을 상기시킨다. 미국 대학에서 입학사정관들의 급여는 역시 대학의 규모에 따라 많은 차이가 나기는 하지만, 이들 기관에서 집계한 내용으로는 2004년의 경우 연봉 $75,245이고 책임자급은 $114,400로 보고되고 있다. 물론 이 연봉 이외에 휴가와 건강보험 등이 제공된다.

실제 2007학년도의 신입생 선발과정을 위하여 미국 Duke 대학에서 Admission Officer 모집 공고를 내면서 제시한 조건들을 살펴보기로 한다. Duke 대학에서는 2년 이상 대학 입학사정관으로 일한 경험이 있거나 또는 직접적이 아니더라도 입학업무에 간여한 경험이 있는 사람으로서, 고등학교나 대학을 방문하여 학생들을 상담하거나 관계자들을 만나서 회합을 주선할 수 있고, 여러 입학 자료들을 수집, 분석하고 결정을 내릴 수 있는 능력을 지닌 사람, 아울러 Duke 대학에서 제시하고 있는 입학자격 조건이나 원칙, 기준 등을 이해하고 동창이나 동료들에게 이 내용을 충분하게 이해시킬 수 있는 사람을 자격요건으로 내세우고 있다.

결국 미국 대학에서의 입학사정관이란 대학마다 조금씩 그 내용이 다르기는 하지만 전국적인 전담기관의 도움을 통하여 비교적 제도적으로 안정된 기준을 적용하면서 운영되고 있다. 다만 현실적으로 대규모 신입생을 선발하여야 하는 대학에서 보다는 소규모 사립대학을 중심으로 신입생을 선발하는 방법으로 적극적으로 활용되고 있다는 점을 확인할 수 있다.

5) 한국의 입학사정관제도

모두가 인정하고 있듯이 그 동안 한국의 대학들은 스스로 필요한 신입생들을 자율적으로 선발하기 보다는 정부의 지시에 따라 그리고 객관적이고 상대적인 지표에 의해서 신입생들을 선발해 왔다. 이들 객관화된 지표의 설정도 대학 나름대로의 기준에 의해서 결정해 온 것이 아니고 어쩌면 정부 당국이나 고등학교 교사들에 의하여 만들어진 가공된 점수를 받아 순위만을 결정하는 방식으로 진행해 옴으로써 신입생들의 한 줄 세우기 선발 관행만을 고수해 온 것이다.

이로 인하여 결국 대학에서 요구하는 인재들의 선발을 위한 노력이나 연구 등은 사실상 없는 것이나 마찬가지였다. 다만 사회적 요구에 끌려 다니기 일쑤였고, 결국 대학 본래의 사명을 잊은 채 대학 경쟁력의 저하만을 가져온 것이다. 이러한 문제의 근본적 해결방안을 모색해 오면서 그 동안 여러 가지 방법을 동원하려고 시도하였지만 결과적으로 성공하지 못한 채 오늘에 이르렀다. 결국 앞에서도 지적하였듯이 교육적 결정에 대한 신뢰를 회복하지 못한 채, 우리나라 대학들이 투명하게 신입생 선발을 할 수 없다는 실망적인 평가만 받아온 셈이다. 결국 이러한 문제의 근본적 해결을 위하여 새로운 정부에서 시도하고자 하는 제도가 바로 입학사정관제도다.

신원동(2008 : 126)은 서울대학교의 입학사정관제도를 설명하면서 한국 대학에서의 입학사정관제도 도입의 의의를 다음 세 가지로 요약하여 설명하고 있다. 첫째, 점수위주의 획일적 평가에서 종합적인 평가로의 전환, 둘째, 교육환경의 격차를 해소하고 학생 구성의 다양성을 확보, 셋째, 공교육의 정상적인 운영에 기여 등이다.

이는 한국 대학들이 입학제도의 경직성과 더불어 일반 시민들이나 고등학교 교사와 학부모 그리고 전문가들이 지적하는 모든 문제를 한꺼번에 해결할 수 있다는 기대를 모을 수 있는 방안인 것처럼 보이기도 한다. 그렇기 때문에 여러 교육전문지 또는 일간지 등에서 대학입학사정관제도야말로 한국 교육 문제를 해결할 수 있는 만능 방안으로 소개되고 있다. 그러나 자세하게 검토해 보면 한국 대학에 입학사정관제도를 제대로 도입할 수 있을 것인가에는 여러 가지 회의적인 내용과 해결해야 할 과제들이 있다. 이를 몇 가지의 내용으로 구별하여 정리해 보기로 한다.

첫째, 한국 대학의 대내외적인 여건을 분명하게 확인할 필요가 있다. 앞에서 미국 대학에서의 입학사정관제도를 도입하고 있는 형편을 단편적이나마 살펴보았다. 물론 대부분의 대학에서 일부 입학사정 전 과정을 통하여 입학사정관을 활용하고 있다. 그러나 대학 응시생들의 규모가 아주 많은 주립대학이나 대규모 사립대학의 경우 입학사정관제도의 도입은 제한을 받고 있는 것이 사실이다. 비교적 활발하게 입학사정관제도를 활용하는 대학들은 한결같이 응시생들의 수가 적은 소규모 사립대학들이다. 그 이유는 입학사정관 한 사람이 다룰 수 있는 응시생들의 수가 한정될 수밖에 없다는 것이다. 대부분의 대학에서 입학사정과 관련한 자료를 모으고 응시생들을 면담하는 일들이 일년 내내 이루어지고 있어도, 응시생들에 대한 종합적인 판단을 위한 작업은 결코 쉬운 일이 아니며, 더욱이 많은 시간을 필요로 하기 때문에 응시생들이 수만 명을 넘어서는 한국의 대부분의 대학에서 얼마나 심도 있게 적용할 수 있는 제도인가를 먼저 고려할 필요가 있다. 더구나 시범 단계에서부터 일부 소규모 사립대학에 적용해 보는 것이 아니라 물론 농어촌 학생 특별전형이나 일부 수시모집 단계에서의 적용 가능성을 살핀다고 하지만, 대부분 대규모 대학에서의 적용 가능성을 살피는 일 자체가 잘못된 판단을 불러일으킬 수 있다는 점에서 충분하게 고려해야 할 문제일 것 같다. 결국 한국 대학에서의 입학사정관제도의 정착은 평가의 신뢰성 담보와 공정성 확보가 필수적인 일이 될 것이다. 그것도 적용 대학의 판단이 아니라 일선 고등학교 교사들이나 학부모들의 판단이 더욱 중요한 요소가 된다. 앞으로 지속적으로 입학사정관제도를 튼튼히 뿌리 내리기 위해서는 우선 소규모 대학에서의 신중한 적용을 통하여 그 문제점을 분명하게 파악하여야 하고, 그 이후 시간을 가지고 연차적으로 대규모 대학으로의 확산을 고려할 수 있다. 아울러 학부모들을 비롯한 교사들과 전문가들의 신뢰를 회복할 수 있어야 할 것이다.

둘째, 질 높은 입학사정관들의 확보 문제를 심각하게 고려해야 한다. 2008년 한국의 각 대학에서는 수시입학 과정에 입학사정관제도를 도입하여 활용하겠다는 의사를 적극적으로 나타내고 있으며 많은 대학에서 입학사정관을 모집한다는 광고를 제시하고 있다. 그러나 그 과정에서 입학사정관으로 활동할 수 있는 자격 요건에 대한 분명한 내용을 제시하지 못하고 있는 형편이다. 단순하게 교사경력을 요구하기도 하고, 통계에 익숙한 경력 또는 컴퓨터 활용 능력 등만을 제시하고 있다. 따라서 미국의 AACRAO 등에서 제시하는 것과 같은 분명한 Job Description이 제시되어야 하고 그 이전에 입학사정관으로 갖추어야 할 기능이나 역할이 무엇인지에 관한 분명한 기준이 제시되어야 한다. 그리고 이들 기준을 제시하고 유지하며 교육시킬 수 있는 전국 단위의 기관이 설립

될 필요가 있다. 뿐만 아니라 입학사정관제도와 관련한 연구 등이 지속적으로 계속될 수 있는 구체적 방안들이 마련되어야 한다. 현재 한국의 경우에는 대학교육협의회가 이 기능을 담당하는 것으로 되어 있으나 따로 독립된 기관의 설립이 절대적으로 필요하다.

셋째, 입학사정관들을 통하여 수집하고 입학사정 과정에서 판단의 근거로 활용할 수 있는 자료들에 대한 전국 단위 또는 대학별 유형 및 기준이 하루빨리 마련되어야 한다. 그리고 이들 자료의 선정에 관한 내용은 고등학교의 입학 담당 교사들과 활발한 논의가 우선되어야 한다. 특별히 학생들의 학업능력에 대한 객관적 검증 방법, 학교생활기록부의 준비에 대한 문제, 학생들의 잠재력, 직업적성과 전공과의 연관, 교사 및 다른 인사들의 추천서, 특기능력, 실제적인 봉사나 사회활동에 관한 평가, 자기소개서 등 다양한 자료들의 준비나 내용 등이 개발되어야 한다.

넷째, 미국의 경우 대학 입학과정에 대한 각 응시생들의 가정의 참여는 놀랄 만하다. 요즈음 미국의 대선 과정에서 소개되고 있는 hocky mom 등은 사실 대학입학사정과 깊은 관계가 있다. 미국의 부모들은 아이들의 대학 입학을 위하여 어렸을 때부터 적극적으로 간여한다. 아이들의 소질이나 개성을 살펴 과외활동을 소개하며 지원하는 것은 물론 고등학교 2학년부터는 학생들의 자기소개서 준비에서부터 누구에게서 추천서를 받을 것인지까지 항상 자녀들과 의논하며 준비한다. 단지 한국의 부모처럼 성적을 올리기 위하여 과외만을 준비하는 것이 아니라 전인적인 관점에서 장기적으로 자녀의 미래를 준비할 수 있도록 돕는 것이다. 미국의 부모들은 대부분 자녀들의 대학입학을 준비하기 위한 자기소개서 작성을 위하여 거의 일년 이상을 자녀들과 함께 노력하고 있다. 입학사정관제도를 한국의 대학에 적용하기 위해서는 교육당국이나 대학만이 나서서는 결코 성공할 수 없다. 전 사회적으로 준비하고 협력하는 것은 물론이고 특별히 각 가정의 학부모들이 앞장서서 제도의 정착을 위한 일에 앞장 설 수 있어야 한다.

다섯째, 각 대학에서는 입학업무를 지속적으로 연구하고 제도를 개선할 수 있는 상설적인 입학처를 설치 운영하여야 하고, 입학사정관의 활용을 특정한 시기에만 할 것이 아니라 일년 내내 유지할 수 있어야 한다. 아울러 전문적인 입학사정관들의 선발, 교육, 훈련을 실시할 수 있어야 하고 입학사정관들의 독특한 전문성을 고려한 처우개선은 물론 충분한 인력을 확보할 수 있는 여건을 갖추어야 한다.

6) 한국 대학입시에의 영향

한국의 여러 교육문제를 일으키고 있는 근본적 이유는 바로 대학입학시험제도라고 알려져 있다. 전 사회적으로 일류 대학에 진학하는 것이 바로 개인의 성공을 좌우할 수 있다는 의식이 널리 퍼져 있고, 바로 그러한 이유 때문에 모든 사람들이 다른 어떤 것보다 일류 대학에 진학할 수 있는 방법을 찾고 있다. 가계가 파탄날 정도의 과외열풍이 불고 있는 것도 대학입학시험제도 때문이고, 고등학교 이하의 각급 학교교육이 파탄나고 있는 것도 결국 대학입학시험 준비 교육 때문이다. 어린 학생들이 모든 시간과 역량을 집중하여 우수한 성적 올리기에만 몰두하는 것도 똑같은 이유 때문이다. 결국 한국에서 대학입학제도만 제대로 만들어질 수 있다면 모든 교육적 문제를 한꺼번에 해결할 수 있다고 많은 사람들이 믿고 있다. 이러한 한국의 교육문제를 해결할 수 있다고 주장하는 새로운 제도가 곧 대학 입학사정관제도다.

그러나 다른 어떠한 새로운 제도가 그러했듯이 철저한 준비를 갖추고 함께 나타날 수 있는 여러 부작용들을 제대로 해결하지 못한다면 이제까지 도입되어 왔던 여러 제도적 장치와 별다를 것이 없이 또 하나의 부작용만을 일으킬 수밖에 없는 것이 입학사정관제도다. 마치 모든 사람들이 '신기 도취증'에 빠지듯이 새로운 제도의 맹점을 분명하게 파악하고 그 대응 방안을 생각하지 못한다면 또 다른 실패를 경험할 수밖에 없게 된다. 이에 이 장에서는 일찍부터 대학 입학사정관제도를 도입하여 활용해온 미국 대학의 경우를 면밀히 분석하고 그에 대한 문제점을 제시해 보았다.

결국 새로운 제도라고 해서 별다른 검토 없이 섣부르게 무작정 도입하여서는 안 된다는 결론을 얻을 수 있었다. 우선 응시생 수가 적은 대학에서부터 실제적인 제도의 도입을 적용해 보고, 관계 당국과 대학 그리고 무엇보다 학부모들과 고등학교 담당 교사들의 의견을 들어 점차적으로 제도의 적용을 확대할 필요가 있다. 아울러 입학사정관들의 역할을 분명하게 제시하고 필요한 전문가들을 확보할 수 있는 구체적인 방안을 마련하여야 한다. 이를 위하여 입학사정관의 교육, 훈련 및 지속적인 적용 기준안을 마련하고 연구를 계속할 수 있는 제도적 장치로서 전문적인 독립기관의 설치가 필요하다. 그러나 무엇보다 중요한 것은 제도의 도입을 위한 선결 요건으로서 입학과정과 결과에 대한 교육적 신뢰를 확보할 수 있는 방안의 마련이 필수적이며, 대학입학 준비를 위한 내용들은 단 시일 내에 준비하는 것이 아니고 장기적으로 전 사회가 함께 지혜를 모아 나가야 한다는 데 대한 의견이 모아져야 한다. 이를 위한 전문가들의 준비 또한 필요하다.

교육방법 및 교육공학

Chapter

08

제 1 절 교육공학의 개념 및 영역

1. 교육공학의 개념

교육공학(education technology)이라는 학문영역에의 공학은 일반인들에게는 생소함을 느낄 수 있다. 공학(technology)의 어원을 살펴보면 그리스어 'teche'로부터 왔으며, 기예(art), 공예(craft), 기술(skill)이란 뜻을 가지고 있다. 공학이란 말은 과학적 지식, 실험 기술 등을 실제적으로 적용하는 과정과 그것에 의해 발생되는 지식을 의미한다.

나일주와 정인성(2006)은 공학을 자세히 표현하여 "공학이란 실제적 과제해결을 위하여 과학적인 또는 조직적인 지식을 체계적으로 적용함"을 뜻한다고 하였다. 이러한 정의에 의해 교육공학의 정의는 "교육공학이란 교육문제 해결을 위하여 과학적인 또는 조직적인 지식을 체계적으로 적용하는 것"이 된다고 하였다. 또한 교육학용어사전(서울대학교교육연구소 편, 1994)에는 다음과 같이 교육공학을 정의하였다.

"교육공학(educational technology)이란 교육에 있어서의 하드 · 소프트 공학을 총칭하는 말로서, 하드 공학이라 하면 교실 수업에 사용되는 각종 시청각 기자재, 텔레비전, 라디오, 컴퓨터, CD-1, 상호작용 비디오 등의 하드웨어를 교육에 도입 활용하는 것을 의미하며, 소프트 공학이라 하면 교육의 실제적인 문제를 해결하기 위하여 과학적인 지식을 교육에 적용하는 방식에 관한 학문을 일컫는다."

시청각 공학이 중요시되던 시절에는 교육공학은 하드 공학에 보다 더 가까운 개념으로 사용되었으나 현재는 소프트 공학이 중심이 되고 있다. 교육공학을 하드 공학적으로 분류하면 시청각 매체, 컴퓨터 매체, 방송 매체 등으로 매체의 특성과 활동의 범위를 중심으로 분류할 수 있을 것이고, 소프트 공학적으로는 교수공학, 교수체제개발, 교수개발, 교수설계, 필요분석, 코스웨어 설계, 메시지

설계, 프로젝트 관리 등으로 매체의 특성과는 직접적인 관련 없이 노하우를 중심으로 분류할 수 있을 것이다.

1994년 미국교육공학회(AECT)는 교육공학의 개념을 '학습을 위한 과정과 자원을 설계, 개발, 활용, 관리, 평가하는 이론과 실제'로 정의하였다(Seels & Richey, 1994 : 9). 이어 변화되는 시대의 흐름에 따라 2004년 AECT는 "교육공학이란 적절한 공학적 과정 및 자원을 창출, 활용, 관리함으로써 학습을 촉진하고 수행을 개선하는 연구와 윤리적 실천이다."라고 새롭게 정의하고 있다(AECT Definition and Terminology Committee, 2004).

AECT에서 정의한 교육공학의 정의에 대한 내용을 살펴보면 교육공학은 설계, 개발, 활용, 관리, 평가의 영역에 포함됨을 알 수 있다. 종합적으로 교육공학은 학습자에게 제공되어야 하는 학습과정과 자원을 설계해야 하며 설계를 기초로 하여 학습 자료를 개발하고 활용하며 학습활동에 대한 자원을 관리하여 다양한 방법으로 평가를 실시하는 학문영역이다.

2. 교육공학의 영역

교육공학의 영역은 일반적으로 설계, 개발, 활용, 관리, 평가의 다섯 가지로 구분한다. 각 영역에 대한 하위영역은 [그림 8-1]과 같다.

1) 설계영역

설계영역이란 학습에 대한 조건 및 환경을 분석하여 학습목표에 달성하고자 다양한 방법과 전략을 기획하는 영역이다. 설계의 하위영역은 교수체제설계, 메시지 디자인, 교수전략, 학습자 특성으로 구분된다. 교수체제설계(instructional systems design)는 교수의 분석, 설계, 개발, 수행, 평가 단계를 포함한다. 각각의 단계에 걸쳐 조직적으로 무엇을 학습하고 어떻게 학습이 이루어질지 구체적으로 설계하고 그에 맞는 교수자료를 개발하고 적용해 보고 교수가 제대로 이루어졌는지에 대한 평가의 단계를 거친다. 학습자 특성은 학습에 영향을 미치는 학습자가 지닌 특성으로 설계시 고려해야 할 과정이다.

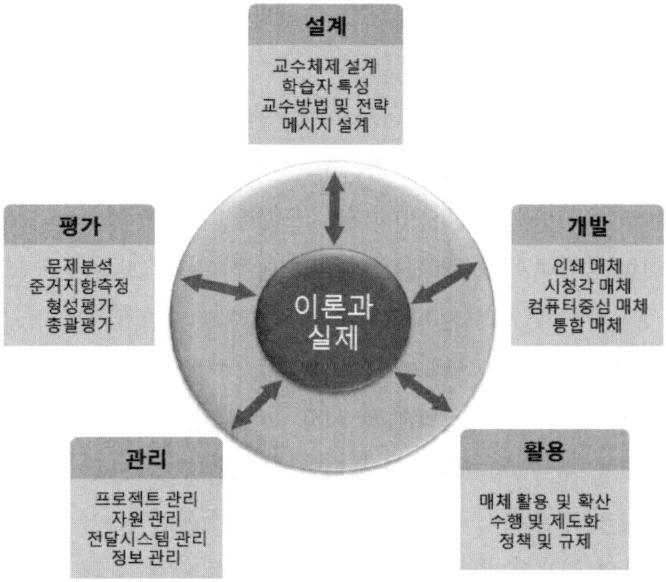

[그림 8-1] **교육공학의 영역**(Seels & Richey, 1994)

교수방법 및 전략은 학습과정에서 일어날 수 있는 다양한 학습활동과 체계적인 학습과정을 정하는 과정이다. 메시지 설계는 교수자와 학습간의 의사소통을 돕기 위해 물리적인 형태, 즉 시각기호, 서체, 편집, 색상, 구성 등을 결정하는 과정이다.

2) 개발영역

개발영역은 학습활동에 필요한 교수자료 등을 물리적인 형태로 만들어 가는 과정이다. 개발영역에서는 인쇄 매체, 시청각 매체, 컴퓨터중심 매체 그리고 이들을 통합한 매체 등을 활용하여 개발하는 것이다. 이중 인쇄 매체는 가장 보편적이고 오래된 형태로 책, 이미지 자료, 도표 등 정지된 문자나 시각 매체다. 시청각 매체는 문자를 포함한 동영상, 투사자료, 영화, 오디오, TV 등을 활용하는 매체다. 컴퓨터 매체는 정보를 디지털화하여 활용하는 매체로 교수유형은 컴퓨터 보조학습, 컴퓨터 관리학습, 컴퓨터가 자체인 학습 등으로 구분되며 다양한 설계이론과 전략을 이용한 매체다. 통합 매체는 컴퓨터를 제어장치로 이용하여 여러 매체를 통합하여 전달하는 방식이다. 최근에는 쌍방향 테크놀로지를 구현하는 유비쿼터스 형태의 교수매체를 개발하려는 다양한 노력들이 보여지고 있다.

3) 활용영역

활용영역은 교육공학의 5가지 영역 중 가장 오래된 전통을 가지고 있다. 교육공학의 체제적인 설계나 개발에 관심을 갖기 이전에 교수를 위해서는 이미 다양한 교육 자료들을 활용해 왔다. 활용영역에는 매체 활용 및 확산, 수행 및 제도화, 정책 및 규제 등 하위영역으로 구분된다. 매체 활용 및 확산은 교수설계시 채택된 매체의 선정에 따라 학습목표를 수행하기 위해 적합한 교수매체를 활용하고 매체활용의 체제변화에 따라 이를 확산시켜 보급하는 것이다. 수행 및 제도화는 교수설계에서 제시된 전략들을 교실상황에 따라 실행하는 것이며 제도화는 이러한 전략들을 정착하여 체계적인 수행을 하는 것이다. 정책 및 규제는 교육공학의 보급과 확산에 따른 사회의 규칙과 행위다.

4) 관리영역

관리영역은 교육공학과 교육공학자들이 역할을 수행하는데 있어서 매우 중요한 역할을 하는 부분이다. 관리영역은 프로젝트 관리, 자원관리, 전달시스템 관리, 정보관리 등 하위영역으로 구분된다. 프로젝트 관리는 개발프로젝트에 따라 계획, 조정, 감독하는 기능이다. 자원관리는 나머지 4가지 영역, 즉 설계, 개발, 활용, 평가와 관련된 각종 자원에 대한 지원체제와 서비스 제공을 감독하는 기능이다. 전달시스템 관리는 개발된 교수자료를 학습자에게 제공시키기 위한 과정과 방법을 계획하고 조정하는 기능이다. 정보관리는 설계, 개발, 활용, 평가영역의 정보를 저장하고 학습자원을 공급하기 위해 전달 및 처리하는 기능이다.

5) 평가영역

평가영역은 설계, 개발, 활용, 관리의 영역들에 대한 결과물 또는 과정의 가치를 측정하고 결정할 수 있도록 정보를 제공해 주는 영역이다. 평가영역에는 문제분석, 준거지향측정, 형성평가, 총괄평가 등 하위영역으로 구분된다. 문제분석은 교수 설계이전에 정보수집과 의사결정 전략을 수립하기 위해 문제가 제대로 설정되었는가를 평가하는 기능이다. 준거지향평가는 구체화된 학습목표에 학습자가 도달하였는지에 대한 기능이다. 형성평가는 개발 및 활용과정에서 이루어진 내용에 대한 질을 향상시키고자 하는 기능이다. 총괄평가는 개발된 결과물에 대한 활용 후 그 효과성을 총체적으로 평가하는 기능이다.

위에서 살펴본 교육공학의 영역은 학교, 기업, e-러닝, 평생교육 등 다양한 학문분야에 적용되고 있으며 교육공학이 추구하는 목표는 학습의 효과를 극대화하고 학습자 중심으로 학습을 이루어 나가는 것이다. 교육공학은 지원 및 수단으로 사용되지만 학문분야의 개념, 이론 등과 함께 조화롭게 형성될 때 학문적으로 그 가치를 더해 갈 것이다.

제 2 절 교육공학의 발달

1. 교육공학의 근원

현재의 교육공학의 이론과 방법에 영향을 끼친 것은 고대 그리스 시대부터다. 17세기는 자연과학의 발달이 시작되고 사회적, 정치적, 문화적 등 여러 측면에서 변화가 일어나기 시작했다. 이 시대에 경험주의 사상으로 유명한 코메니우스(Johann Amos Comenius, 1592-1670)는 「대교수학」(Didactica Magna, 1632)을 저술

하였고, 이후 그림을 삽입한 최초의 교과서인 「세계도회」(Orbis Pictures)를 통해 획기적인 교수방법을 사용하였다. 감각적 실학주의자 코메니우스는 학습능력을 향상시키기 위해서는 사물에 대한 규칙보다는 사례를 앞세우고 실물과 도해를 사용한 감각적 경험을 중요시하였다. 교육공학은 그 외 많은 학자들, 즉 페스탈로치, 프뢰벨, 몬테소리, 듀이, 손다이크 등 교육자들에 의해 영향을 받았다. 특히, 페스탈로치는 직관에 의한 교육을 중시하였고, 프뢰벨은 즉각적인 지식보다는 교구를 고안하여 감각경험을 통한 사물의 질적 특성에 의해 얻을 수 있는 상징적 지식을 강조하였다.

2. 시각교육 및 시청각교육

20세기 초반부터 본격적인 시각교육 운동이 전개되었다. 추상적인 개념을 구체화하기 위하여 시각자료를 수업의 보조물로 사용하기 시작하였다. 수업의 보조수단인 매체(실물교재, 영화필름, 그림, 도표 등)의 사용으로 많은 사람들로 하여금 경험의 관찰을 통한 교육을 증진시켜 수업적 가치를 인식하게 하였다. 추상화 개념을 구체화시킨 대표적인 학자인 호반은 그의 동료들과 함께 "교과과정의 시각화(Visualizing the Curriculum, 1937)"를 통해 추상성과 구체성의 정도에 따라 시각화된 자료를 분류하고 시각자료와 교과과정의 통합을 시도하였다.

이러한 시각운동은 미국에서 1923년에 시각교육부로 (DVI : Department of Visual Instruction) 통합되어 교육공학 분야의 공식기구가 되었다. 1947년에 시각교육국(DVI)은 시청각교육국(DAVI : Department of Audio-Visual Instruction)으로 확대 · 개편되어 시청각 교육이론을 발전시켜 교육공학이 더욱 구체적인 방법으로 연구 · 개발되었다. 제2차 세계대전 시기에 시청각교육은 군인에게 적극적으로 활용되었다. 각종 무기의 사용방법, 아군과 적군의 분별, 암호의 전송과 해독, 군사작전 등 많은 역할 등을 신속하고 정확하게 이루어져야 함으로 필요성을 더해 갔다. 이렇듯 군인들을 대상으로 적극 활용되어 시청각 자료의 효과성에 대한 연구는 활성화되었다(AECT, 1977).

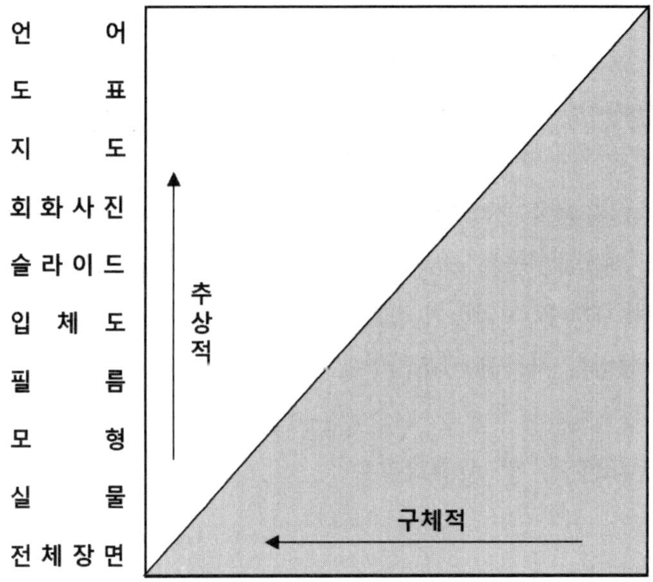

[그림 8-2] 호반의 시각자료 분류

학습과정에서 이론보다 구체적인 경험과 비언어적인 경험을 중시하여 시청각 자료를 유형별로 추상과 구체적으로 제시하였다. 이러한 개념은 데일(Dale)의 '경험의 원추(Cone of Experience)'에서 구체적으로 제시되었다.

데일은 호반의 개념을 확장시켜 구체적인 것에서 추상적인 것으로의 개념 형성을 강조하였다. 학습경험이 직접적인 경험에서 시작하여 관찰을 통한 언어적 경험 순으로 개념 형성 과정이 효과적으로 형성된다고 주장하였다. 한편, 데일의 '경험의 원추' 모형을 브루너(Bruner)는 지식의 세 가지 표상양식(mode of representation)으로 '경험의 원추' 개념을 보완해 주고 있다. 즉 학습자 유형을 행동에 의한 학습, 관찰에 의한 학습, 추상에 의한 학습으로 분류하고 있다. 시청각교육은 시청각 매체로 인한 경험으로 오는 풍부함에 동기가 유발되고 경험으로 얻어지는 추상적 학습을 통해 학습자들이 학습활동에서 적용 가능하도록 효과적인 학습이 이루어지기 때문에 시청각적 요소를 높이 평가하고 있다.

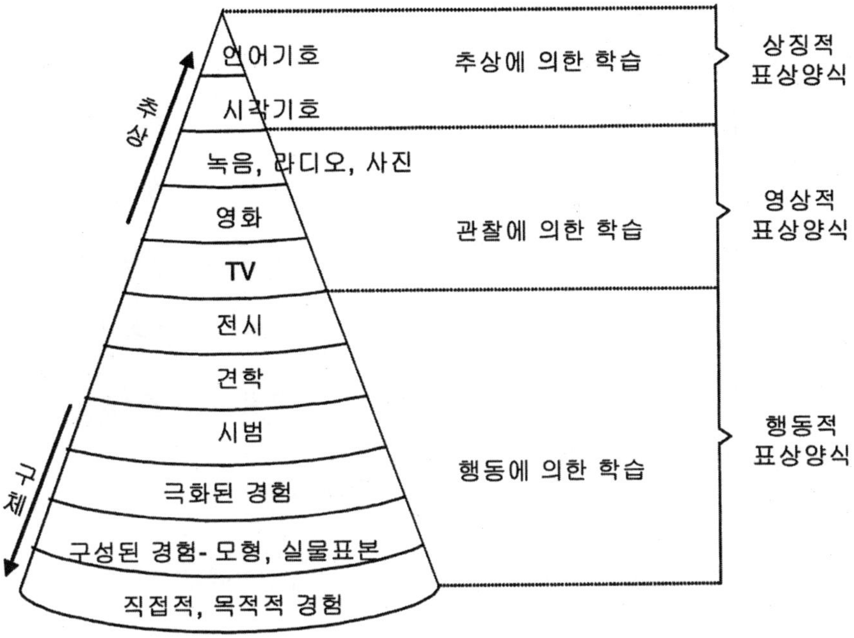

[그림 8-3] 데일의 경험의 원추와 브루너의 지식의 표상양식

3. 커뮤니케이션 과정

1950년대 들어오면서 교수-학습과정은 커뮤니케이션 과정으로 보는 새로운 관점이 시작되었다. 교사와 학생 사이에 이루어지는 학습내용을 커뮤니케이션으로 보고, 이때 통신 요소와 그 과정을 분석해 봄으로써 효과적 · 효율적인 학습 과정이 무엇인지 탐색하였다. 커뮤니케이션 분야의 대표적인 모형은 벌로(Berlo, 1960)의 SMCR 모형으로 교수-학습의 통신과정에 대한 새로운 분석을 시도하게 된다.

SMCR 모형은 송신자와 수신자가 가지고 있는 의미 체계에 대한 고려 없이 메시지를 보내고 받게 될 때 생기는 통신상의 오류를 지적하고 있다. 다음으로 메시지는 요소, 내용, 구조, 코드, 처리를 포함하며, 전달되는 내용이 일정한 형태로 부호화되는 과정을 보여주고 있다. 부호화된 메시지는 시각, 청각, 촉각,

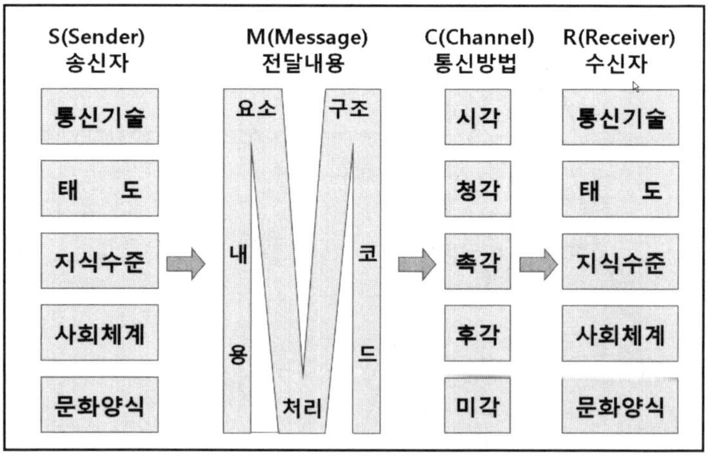

[그림 8-4] SMCR 모형

후각, 미각의 다섯 가지 감각 통로를 통하여 수신자에게 전달된다(박성익 외, 1999).

또 하나의 대표적인 모형으로 쉐논과 슈람(Schanmon & Schramm, 1964)의 통신과정 모형을 들 수 있다. 이 모형은 효과적인 커뮤니케이션을 위해서는 공통된 경험의 장을 확대하고 잡음(물리적, 심리적 잡음 등)을 최소화하거나 제거해야 한다는 시사점을 제공해 주고 있다.

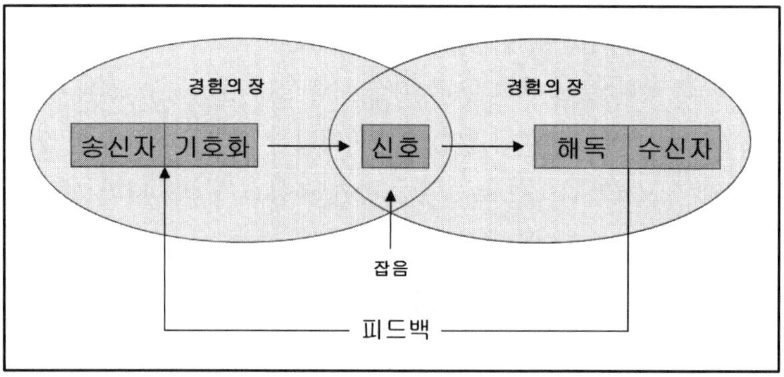

[그림 8-5] 쉐논과 슈람의 통신과정 모형

4. 교수공학과 교육공학

1) 교수공학

시청각교육 통신에서 행동과학 이론, 체제접근의 개념, 교수체제개발 이론의 도입으로 교수공학의 개념이 형성되었으며, 시청각교육국은 1970년 그 명칭을 미국교육공학협회(AECT : Association for Educational Communications and Technology)로 바꾸었다.

(1) 행동과학 이론

행동과학 이론은 행동주의 학습이론에 기반을 두었다. 행동주의의 대표적인 심리학자 스키너(B. F. Skinner)의 조작적 조건형성과 강화이론에 따라 나타나는 행동수정의 개념으로 교수목표와 학습자료 설계에 많은 영향을 끼친다. 이러한 행동과학 이론의 영향으로 학습자의 행동, 행동의 결과, 행동 수정이 중요하게 인식되고 학습과 행동에 대한 강화를 강조하여 특정한 행동을 이끌어 내는데 필요한 중요한 개념이 되었다.

그리고 학습 원리를 적용하여 순차적으로 제시되는 교수방법인 프로그램 학습에서의 소프트웨어는 학습자이고 하드웨어는 교수자다. 이러한 관계를 통합하여 학습자의 개별화 수업에 행동적 수업목표를 명확히 설정하고 학습과제와 교재를 분석해야 하며 행동기준에 대한 학습자의 현재 수행 정도를 확인하는 준거지향평가를 사용해야 한다고 주장한다. 또한, 학습내용을 프로그램화하는 것이다. 즉, 학습내용을 분석한 후 학습목표를 설정하여 그 목표에 도달할 수 있도록 절차와 단계를 고안해 내는 일련의 수업을 설계하는 과정이라고 할 수 있다.

(2) 체제접근

체제란 '상호 관련된 구성요소들의 집합체'를 말하며, 체제접근(system approach)은 이러한 구성요소들이 어떤 목표를 향하여 유기적으로 상호작용하는 과정을 말한다(Dick & Carey, 1996). 체제적 접근은 체제를 구성하고 있는 각 구성요소들이 어떤 목표를 향하여 유기적으로 상호작용을 한다고 본다. 또한, 각각의 요소들은 기능을 독립적으로 최대한 발휘하여 체제의 기능을 극대화하는 접근방법으로 과정을 강조한다. 즉, 각 구성요소들이 개별적인 작용으로 나타나는 결과보다 구성요소들이 서로 상호작용하여 하나의 목표를 향해 작용할 때의 결과가 더 나은 것을 창조해 낼 수 있다는 것이다.

교육공학에서 체제적 접근이 중요한 의미로 여겨지면서 교수공학위원회(CIT : Commission on Instructional Technology)에 의하면 교수공학은 특정한 매체나 장치를 넘어서서 수업을 구성하는 부분적 요소들의 집합체 이상이다. 즉 교수공학은 인간학습과 통신이론에 기초한 구체적 수업목표에 의해 교수-학습의 전 과정을 설계, 실행, 평가하는 체제적 방법이다. 이것은 보다 효과적인 수업을 전개하기 위하여 인적(human), 비인적(nonhuman) 자원을 적절히 결합하여 사용하는 방법이다.

(3) 교수개발

행동과학 이론과 체제접근 이론이 통합되어 교수개발이란 영역이 탄생되었다. 교수개발이란 교수시스템을 계획, 제작, 평가, 활용하는 체제접근을 의미하며 교수설계보다 포괄적인 개념이라고 할 수 있다(AECT, 1979). 교수개발은 체제접근에 의해 도출된 모형의 형태로 제시되곤 하는데 이들 모형의 기본적인 구성요소는 정의 → 개발 → 평가다(Twellker, 1972). 하지만 이러한 교수공학은 구성하는 요소들 간의 '복합적이고, 통합적인 조직'의 본질과 어떻게 서로 맞게 결합되는지에 대해 명확한 설명이 부족하다는 한계를 가지고 있다(AECT, 1977).

2) 교육공학

행동과학 이론과 체제적 접근 및 수업개발 이론으로 형성된 교수공학은 다양한 연구와 노력에 따라 교육공학으로 발전된다.

1977년 미국교육공학협회(AECT : Association for Educational Communications and Technology)에서는 교육공학의 새로운 정의를 내렸다.

즉 "교육공학이란 인간학습에 포함된 모든 문제점을 분석하여 이에 대한 해결책을 고안하고 실행하며 평가관리하기 위하여 사람, 절차, 이념, 장치 및 조직을 포함한 복합적이고 통합된 과정이다"(AECT, 1977)라고 하였다.

1977년 정의에 의하면 교육공학 영역은 네 가지 분야로 구성되어 있다. 즉, 교육관리기능(educational management function), 교육개발기능(educational development function), 학습자원(learning resources), 학습자로 구성되어 있다.

그 이후 1980년대의 행동주의 연구와 인지심리학의 영향을 받은 교수체제 설계모형이 1990년대에는 급격한 테크놀로지의 발전과 학습자 중심의 개념으로 바뀌었다. 새로운 공학적인 측면에서의 급격한 변화로 인해 미국교육공학협회는 1994년 학회에서 '정의와 용어위원회'와의 공동연구에 의해 다음과 같이 새로운 정의를 내렸다.

"교수공학이란 학습을 위한 과정과 자원의 설계, 개발, 활용, 관리 및 평가에 관한 이론과 실제다(AECT, 1994)."

AECT에서 주장하고 있는 교육공학에 대한 1977년과 1994년 정의를 살펴보면 1977년의 교육공학의 정의는 사람, 자원, 장치에 대해 동등한 것을 강조하였고 매체는 단지 교수의 보조물이 아니라는 관점에서 매체의 역할을 강조하였다. 1994년의 교육공학의 정의는 5개의 영역(설계, 개발, 활용, 관리, 평가)의 이론과 실제를 통합하고 교수는 학습목적을 달성하는 수단으로 여겨짐을 알 수 있다.

제 3 절 수업설계의 이론

1. 수업설계의 이해

수업설계는 학습자들의 요구와 문제를 밝혀 내고, 이를 토대로 목표를 명확히 설정하여 수업내용, 방법, 평가 등에 이르는 수업체제의 전 과정을 체계적이고 합리적으로 구성하고 조정해 가는 일련의 전략적 과정이다. 즉, 수업(instruction)을 학습목표의 달성을 위하여 상호 관련된 구성요소들이 유기적으로 상호작용하는 과정으로 규정하고, 규정된 학습목표의 달성을 위해 설계 · 개발하는 것을 말한다. 교수설계는 학습이론과 교육과정을 연결하는 '연계과학'(linking science)이며 수업목표를 달성하기 위하여 알맞은 교수활동을 처방하고 안내해 주는 지식체계이므로 교수의 질을 개선하고 이를 수행하기 위해서는 꼭 필요한 학문 분야다(Reigeluth, 1983). 수업설계를 더 구체적으로 말하면 수업을 하나의 체제로 보고 체제를 구성하는 다양한 요소들, 즉 학습자, 교사, 학습내용, 방법, 매체, 목표, 환경 등의 상호관련성에 기초하여 이러한 요소들을 수업목표에 따라 적절히 구성하여 계획하는 논리적 · 전략적인 과정이다. 따라서 수업설계의 가장 핵심적인 개념은 체제접근이며, 이는 수업을 구성하는 요소들을 상호의존적이며 상호작용적으로 통합시켜서 단계별로 수업활동을 전개해 나간다는 의미다(이칭찬 · 신민희, 2005). 이와 같은 수업설계의 전제조건을 살펴보면 다음과 같다.

첫째, 수업설계는 개인차를 고려한 학습자의 특성에 맞게 계획되어 학습이 효과적으로 일어날 수 있도록 해야 한다. 둘째, 수업설계는 인간학습 원리를 기초로 하여 달성하고자 하는 학습결과를 얻기 위해 요구되는 학습조건을 충분히 고려해야 한다. 셋째, 수업설계는 수업을 구성하는 모든 요소들이 학습목표의 성취를 위하여 가장 효과적이고 효율적인 방법으로 상호작용을 할 수 있도록 설계되어야 한다. 그리고 넷째, 수업설계는 각 수업단위 시간 계획, 단원 계획, 학기 계획, 학년 계획 등 단기적인 계획에서 중 · 장기 계획에 이르기까지 세밀한 일련의 학습계획을 준비해야 한다(Gagné & Briggs, 1992).

2. 수업설계 모형 및 이론

여러 학자들에 의해 수업설계는 효과적인 실행을 위하여 필요한 절차들이 포함되어 있는 적절한 수업설계 모형들이 개발되어 왔다. 수업의 효율성을 극대화할 수 있는 방안으로 많은 수업설계 모형이 있다. 다음은 그 중에서 가장 많이 사용되는 수업설계 모형이다.

1) Dick & Carey의 체제접근 모델

전통적인 교실 수업은 교사, 학습자, 교과서 등의 요소로 구성되어 있다. 교사가 교과서를 학습자에게 잘 가르쳐야 하는 책임을 가지고 그 내용을 학습자에게 잘 전달하여 평가에서 좋은 점수를 얻도록 하는 것이 일례이다. 하지만 최근의 교수방법에 대한 일반적인 견해는 학습목표, 환경, 방법, 매체 인프라, 도구 등 모든 요소들이 잘 결합하여 조직적인 과정을 통해 효율적인 학습에 기여한다는 것이다. 이러한 견해를 체제적 관점이라고 부르며 이 관점을 옹호하는 사람들은 교수설계시 보통 체제접근법을 사용한다(Dick & Carey, 2003).

체제(system)란 교수 과정 자체를 하나의 체제로 보며 이러한 체제는 교수목적에 도달할 때까지 수정되며 창조적으로 개발된다. Dick & Carey의 모델은 체제접근 모델이라고 하며 다른 모델들보다 다소 복잡하지 않은 편이나 다른 모델에 포함되어 있는 중요한 요소들은 거의 다 포함되어 있다. 체제접근에 의한 교수 설계 절차는 9단계로 제시되며 마지막 총괄평가는 교수설계자가 하지 않고 별도의 평가자에게 의뢰하게 된다.

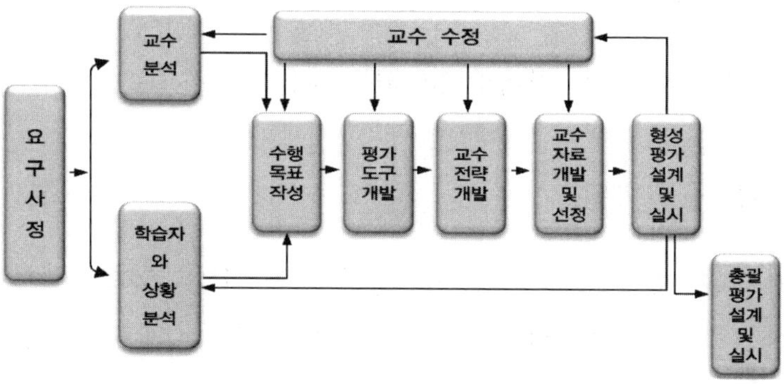

[그림 8-6] Dick & Carey의 수업설계모형

* 출처 : Walter Dick, Lou Carey & James O. Carey(2003), 「체계적 교수설계」, 최수영, 백영균, 설양환 공역. 서울 : 아카데미프레스.

그 열 가지의 교수설계 절차 단계는 다음과 같다.

(1) 목적 규명을 위한 요구 사정

학습자가 학습을 마친 후에 무엇을 할 수 있게 되는가를 결정하는 것이다.

(2) 교수 분석

교수 분석은 교수 목적에 적용될 때 목석 수행을 위한 적절한 단계와 학생이 목적성취에 필요한 하위 기능을 규명하는 일련의 절차다. 하위기능은 그 자체가 학습 결과로서 중요하지는 않겠지만, 다른 상위 기능의 학습을 위해 반드시 성취되어야 한다. 하위 기능의 습득은 상위 기능의 학습을 위해서 긍정적 전이를 촉진한다.

(3) 학습자와 학습 상황 분석

학습자들이 사전에 획득하고 있어야 하는 기능을 분석, 고려할 필요가 있는 학습자의 특성을 살펴보아야 한다.

(4) 수행 목표 작성

학습 종결 후에 학습자에게 기대되는 것을 구체적으로 진술하는 것이다.

(5) 평가도구 개발

가르치고자 했던 기능을 학습자가 성취했는지 여부를 알기 위해 검사문항을 개발하는 것으로 문항에서 측정하는 것과 목표에서의 성취행동이 반드시 일치해야 한다.

(6) 교수전략 개발

교수 프로그램의 최종 목표를 성취하기 위해서 이용하고자 하는 전략(교수 전 활동, 정보제시, 연습 및 피드백 등)을 설정하는 것이다.

(7) 교수 자료 개발 및 선정

교수전략에 따라 교수 프로그램(학습자용 활용지침서, 교수자료, 교사용 지침서 등)을 개발하고 선택하는 것이다.

(8) 교수의 형성평가 설계 및 실시

교수 프로그램의 초안이 완성되면, 프로그램을 효과적이고 효율적으로 만들기 위해 필요한 자료를 수집하는 평가를 의미(일대일 평가, 소집단 평가, 현장 평가)한다.

(9) 교수 수정

형성평가의 결과를 바탕으로 교수 프로그램이 가지고 있는 결점을 수정 · 보안하고, 교수 분석의 타당성, 학습자의 출발점 행동 및 특성분석의 정확성, 성취목표 진술의 적절성, 검사 문항의 타당성 등을 검토하여 수정한다.

(10) 총괄평가 설계 및 실시

교수 프로그램의 절대적 혹은 상대적 가치를 평가하기 위한 것으로 충분한 수정이 이루어진 후에 실시한다. 일반적으로 총괄평가는 교수 설계자가 직접 하지 않고 별도의 평가자에게 의뢰하는 것으로 교수설계의 절차에서 분리하여 생각한다.

2) ADDIE 모형

ADDIE 모형은 수업설계의 기본모형으로 분석(Analysis), 설계(Design), 개발(Development), 실행(Implementation) 및 평가(Evaluation)의 단계에 의해 설계된다. 첫 번째, 분석은 수업설계의 첫 번째 요소로써 학습과 관련된 요소(요구분석, 학습자 분석, 환경 분석 및 과제 분석)들을 분석하는 것이다. 두 번째, 설계는 분석의 결과로 얻어진 정보들에 기초하여 효과적인 수업 프로그램의 설계명세서를 만들어 내는 것이다. 행동적 수업목표 진술, 평가도구 개발, 계열화, 교수전략과 매체선정의 활동을 통해 프로그램의 청사진을 만들어 낸다. 세 번째, 개발은 설계명세서에 기초하여 수업 프로그램이나 교수자료를 개발하고 제작한다. 네 번째, 실행은 형성평가를 통해 완성된 자료를 제작해 낸다. 그리고 다섯 번째, 교육프로그램의 효과성 및 적합성을 측정하기 위해 총괄평가를 실시한다.

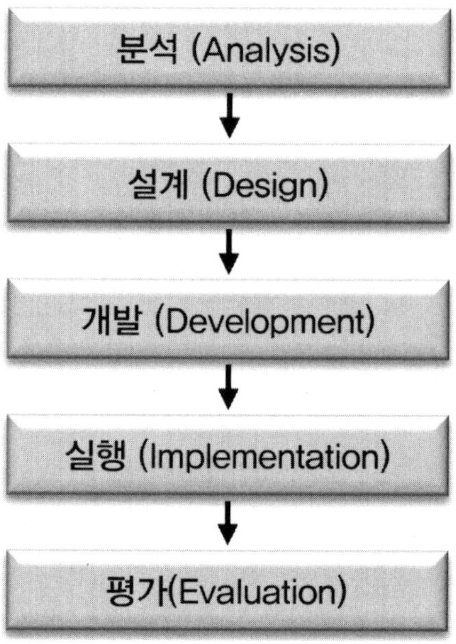

[그림 8-7] ADDIE 수업설계 모형

3) ASSURE 모형에 따른 수업설계

수업매체는 교수-학습과정에서 학습목표를 수행하기 위해 가장 효과적으로 사용되어야 한다. 하지만 현실은 갖추어진 매체의 종류와 획일적인 방식으로 선택하게 되고 활용하고 있다. 이러한 매체 선택은 학습활동의 저해뿐만 아니라, 학습의욕도 상실하게 할 수 있다. 따라서 학습목표에 맞는 적절한 매체를 선택할 수 있도록 많은 교육공학자들에 의해 모형이 제시되었다. 그 대표적인 모형이 Heinrich와 그 동료들에 의해 개발된 ASSURE 모형이다. ASSURE 모형은 매체활용을 돕기 위해 주로 사용되는 교수설계모형이다.

ASSURE 모형은 6단계로 나누어지며 각 단계별 요소들은 다음과 같다.

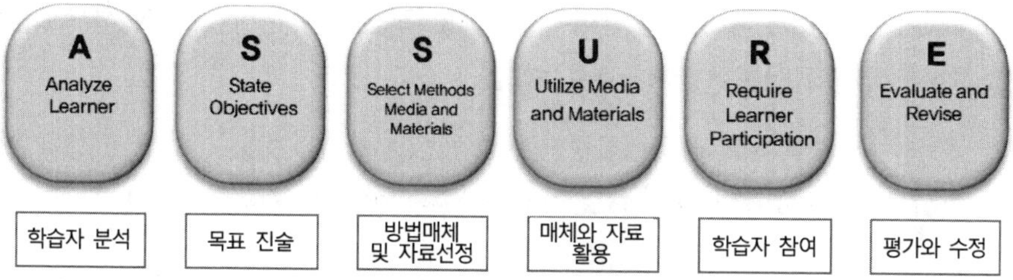

[그림 8-8] ASSURE 모형

(1) 학습자 분석(Analyze Learner)

수업매체와 공학이 효과적으로 사용하려면 학습자의 특성과 매체의 종류와 방법이 잘 어우러져야 한다. 그러므로 ASSURE 모형의 첫 단계는 학습대상의 분석이다. 일반적인 특성은 연령, 학력, 직업, 지위 그리고 문화적, 사회 경제적 요인 등으로 볼 수 있다. 교사가 생각하고 있는 수업매체와 방법에 대해 학습자가 준비가 되어 있는지 여부를 학업성적 이외의 다른 기록들을 살펴봄으로써 도움이 된다. 또한 학습자가 새로운 학습을 시작하기 이전에 학습자가 이미 알고 있는 지식, 기능, 태도를 의미하는 출발점 행동에 대해 분석해 봄으로써 적절한 교수방법과 매체를 선택할 수 있다.

(2) 목표 진술(State Objectives)

ASSURE 모형의 두 번째 단계는 목표 진술이다, 목표는 수업자가 수업에서 행할 계획에 대한 진술이 아니라 학습자가 수업에서 성취해야 할 것에 대한 진술이다(Sharon E. Smaldino 외, 2006). 수업목표를 진술해야 하는 이유는 첫째, 교사 자신이 무엇을 가르쳐야 할지를 명확하게 한다. 즉, 교사는 목표를 통하여 수업활동의 일관성을 유지할 수 있다. 둘째, 학습자가 목표에 도달하였는지를 확인하기 위한 평가의 내용, 절차, 방법에 준거를 결정할 수 있게 된다. 셋째, 교사가 목표에 도달하기에 가장 적합한 교육내용, 수업전략과 매체를 선정하는 데 지침이 된다. 넷째, 구체적이고 명확하게 진술된 목표는 학습자가 무엇을 배워야 하는지를 정확하게 인식하게 하고, 그에 대한 준비를 하게 하므로 결국 선행조직자의 역할을 수행하게 된다.

(3) 수업방법매체 및 자료선정(Select Methods Media and Materials)

매체와 공학이 어우러지는 세 번째 단계인 수업방법매체 및 자료의 선정이다. 교사는 학습양식이 다른 학생들에게 개인에 맞게 서로 다른 방법을 통해 개인적인 학습을 할 수 있도록 과제를 구성해야 한다. 따라서 학습자의 다양성 및 목표에 따른 상이한 많은 모형 등을 제안하고 선정해야 한다.

(4) 매체와 자료의 활용(Utilize Media and Materials)

네 번째 단계로 매체와 자료의 활용을 살펴보면 교사는 선정한 매체 및 자료 등을 사전에 검토하고 준비해야 하며 그것들을 사용하기에 알맞은 시설이 준비가 되어 있는지 여부를 확인해야 하며 학습경험이 학생중심이 되도록 제공해야 한다.

(5) 학습자 참여의 유도(Require Learner Participation)

다섯 번째로 학습자 참여의 유도다. 가장 효과적인 학습방법은 학습자가 참여하는 것이다. 따라서 수업과정에 학습자가 참여하는 내용이 중심이 되도록 해야 하고 바람직한 학습자의 행동에 계속적인 강화를 제공해야 한다.

(6) 평가와 수정(Evaluate and Revise)

ASSURE 모형의 마지막 단계는 평가와 수정이다. 학습의 성취 결과는 목표와 관련되며 평가 목표에 따라 학습자가 목표를 성취하는 데 매체들이 도움이 되었는지, 효과적인지, 또는 제시된 시간에 이루어졌는지, 학생들의 흥미를 높이는 데 도움이 되었는지, 의미 있는 학생 참여를 제공해 주었는지 평가해 본다. 이러한 평가를 통해 부족하거나 실패한 부분이 있으면 개정하고 수정하여 수업의 질을 향상시키는 데 사용해야 한다.

제 4 절 수업매체의 개념과 유형

1. 수업매체(instructional media)의 개념

매체(media)는 'medius'라는 라틴어에서 유래된 말로서 ~사이를 뜻한다. 일반적으로 매체란 송신자와 수신자 사이에 커뮤니케이션 과정에서 이루어지는 정보나 지식을 전달하는데 사용되는 매개수단으로 신문, 방송, 영화, 문자, 그림, 오디오, 비디오, 멀티미디어 등을 말한다. 이러한 매체를 수업(instruction)에 적용하여 수업목표를 극대화하기 위하여 사용되는 것을 수업매체라고 한다.

초기의 교수매체는 교재, 자료(software), 전달 매개체(hardware)를 의미했으나, 현재는 자료나 매개체의 이용방법과 활용을 위한 계획(planning), 설계(design), 실행(implementation), 평가(evaluation)의 방법론적인 측면이 포함된 광범위한 개념으로 변화되었다(권성호, 2002).

맥루한(Mcluhan)은 모든 매체와 기술은 인간의 능력 확장과 관련된다고 하였다(백영균 외, 2008). 교사의 수업활동에 있어서 매체를 통한 학생과의 효과적인 지식의 전달은 인간적 능력의 확장이라고 볼 수 있다. 예로, 실제사항을 확인하거나 경험하지 못하는 것 등을 시뮬레이션을 통해 간접경험으로 수업의 효과성을 극대화할 수 있다.

최근 학습자들이 활용하는 수업매체는 구성주의적 접근으로 하이퍼텍스트 또는 멀티미디어가 대표적이다. 수업매체 적용은 학습자와 학습과제가 최적의 상호적용 관계로 이루어질 때 학습효과는 극대화된다(권성호, 2002). 따라서 수업매체 선정시 매체 그 자체로만 보는 것이 아니라 수업설계 개발에서 적용되는 통합과정으로 매체의 종류와 효과성에 따라 선택되어져야 한다.

수업매체의 효과적인 사용을 위해 유형별로 알아보고 제작기능을 살펴보기로 한다.

2. 수업매체의 유형과 제작

1) 시각매체

(1) 비투사 자료

비투사 자료는 투사할 필요가 없는 시각매체로서 실물, 모형, 인쇄물, 사진, 그림 등이 이에 속한다.

① 실물과 모형

실물은 정보를 제공하고, 호기심을 일으킨다. 직접적인 경험을 하도록 도와주는 좋은 수업자료이다. 모형은 실물을 입체적으로 표현하고 복잡한 과정이나 장치를 간단하게 만들어 수업의 이해를 돕기 위한 자료다.

[2] 인쇄자료

인쇄자료는 교실에서 가장 오랫동안 사용해 온 수업매체로서 대부분 어떠한 내용을 보여주기 위해 사용된다.

[3] 사진

사진은 구체적인 형태를 그대로 나타내기 위해 적합한 형태다. 교사나 학생의 직접 제작이 용이하며 학습주제에 따라 실례로 사용되어 가르치는 데 큰 도움이 된다.

[4] 그림

그림은 사물이나 장소, 사람 등 어떠한 개념을 상징적으로 나타내는 2차원적인 자료다. 언어적 및 감정적인 것을 그림으로 도식화하여 사용한다.

[5] 다이어그램과 그래프

많은 숫자와 효과성에 대한 표현을 간단하고 명료하게 표현하는 것으로 기업의 성장고도 및 성과 등을 표현할 때 많이 사용되고 있다.

[6] 포스터

설득하고자 하는 메시지를 이미지, 선, 색, 단어 등을 사용하여 간단하게 전달하고자 하는 것이다. 효과적인 포스터는 강력하고 심플하며 역동적이어야 한다.

[7] 만화

사람 또는 사물을 풍자하여 제시함으로써 즐거움, 위트, 지혜 등을 표현할 수 있다. 이러한 만화를 이용하여 최근에는 만평(실제 인물이나 사건 등을 풍자하여 그린 그림)에 많이 사용되고 있으며 독자들의 이해와 해석에 따라 읽힌다.

8 전시판

교사가 사진이나 그림, 그래프 등과 같은 시각적인 자료를 사용하려면 그것을 보여줄 수 있는 전시판이 필요하다. 전시판에 다양한 매체들을 게시하기 위해서는 각각의 자료들을 각각 제작하여 전시한다. 최근에는 이러한 비투사 자료들을 스캐너 및 디지털 카메라를 활용하여 컴퓨터에 데이터를 입력한다. 입력된 자료들을 대형 플로터를 활용하여 한 장의 그림으로 출력 가능하다.

이와 같이 다양한 비투사적 자료는 주로 간단하고 큰 시각자료를 사용한다. 관련 없는 부분은 가려서 사용 가능하며 한 번에 하나씩 사용하고 그 자료에 대해 질문을 유도한다.

(2) 투사자료

투사매체는 주로 강한 빛을 이용해서 투명한 필름을 투사하여 정화상이 화면에 확대되어 제시되는 매체형태다. 실물화상기, TP, 슬라이드, DVD, CD-ROM 등이 이에 속하며 아날로그 형태와 디지털 형태로 시각자료를 저장하고 사용한다.

1 실물화상기

실물화상기는 액정 위에 비디오 카메라가 설치되어 실물, 책, 사진, 그래픽 자료 등을 비디오 카메라를 통해 스크린에 비춰지는 것이다. 실물화상기는 텔레비전 모니터 또는 디지털 투사기에 연결하면 작은 물체들을 교실 안의 모든 학생들이 잘 볼 수 있다. 보여주고자 하는 매체들은 가까이 가지 않아도 학생들에게 잘 관찰할 수 있도록 편리하게 사용된다. 문학, 자연과학, 사회과학, 예술, 경영 등 모든 교과에 사용되어 실제 자료들을 제시하여 토론하고 비평하며 제시 등에 적절히 사용되고 있다.

[그림 8-9] **실물화상기**

실물화상기의 장점은 별도의 제작이 필요 없고 모든 학생에게 동일한 관점에서 볼 수 있다. 주로 학생의 작품을 수업시간에 제시하여 유용하게 사용되고 일반 조명에서도 잘 보인다. 실물화상기의 단점은 장비가 크고 고가이며 실물화상기에는 반드시 대형모니터나 투사기가 필요하다.

2 OHP

액정판 안에 설치된 강력한 램프를 통해 나온 불빛이 프레넬(fresmel)렌즈로 모아져 TP를 비추어 스크린에 보여주는 것이다. OHP는 아날로그 투사매체의 종류로써 널리 수업현장에 많이 사용되고 있다. TP(Trans Parency)란 OHP (Overhead Projector)에 사용되는 8×10인치 크기의 투명한 필름이다.

[그림 8-10] OHP

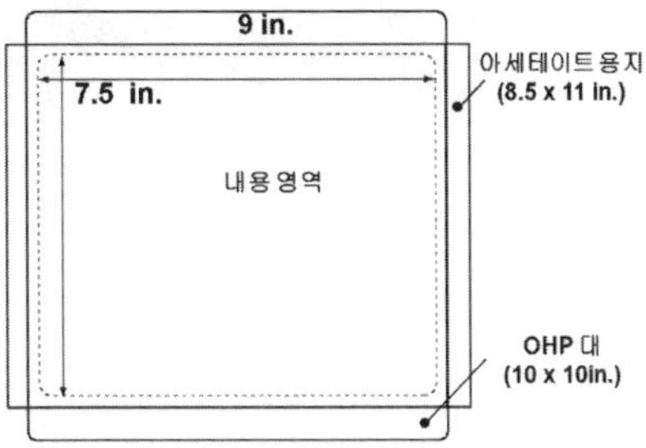

[그림 8-11] OHP 필름제작 영역

① TP 제작

◉ 직접 그리는 방법

직접 그리기는 색상펜을 사용하여 TP에 직접 그리는 것이다. 색상펜은 OHP 전용 색상펜이라고 표시된 제품을 사용하며 이 전용펜은 유성이지만 투명한 필름에 색상표현이 가능한 일반 유성펜하고는 다르다. 교사나 학생 누구나 손쉽게 제작이 가능한 것이 가장 큰 장점이다.

◉ 복사기를 이용하여 제작하는 방법

OHP 전용필름을 일반복사기에 넣어 인쇄하고자 하는 원본을 이용하여 필름에 복사하는 방식이다. 칼라복사기를 활용하면 칼라 OHP가 제작되는 것이다.

[그림 8-12] 일반복사기를 이용한 OHP

◉ 컴퓨터를 이용하여 제작하는 방법

컴퓨터에 제시된 모든 문서나 그림 등을 열전사 방식의 프린터에 특수 처리된 TP를 넣어 인쇄하는 방식이다. 파워 포인트 같은 전문적인 프레젠테이션 그래픽 프로그램을 활용하면 제시하고자 하는 수업자료를 효과적으로 사용할 수 있다. 칼라 프린터용 전용 TP는 특수 처리가 되어 사용시 거친 면을 인쇄면으로 설정하여 프린터하면 그림과 같이 멋진 칼라 TP가 제작되어진다(이해를 돕기 위해 TP 아래에 흰 종이를 부착시켰다).

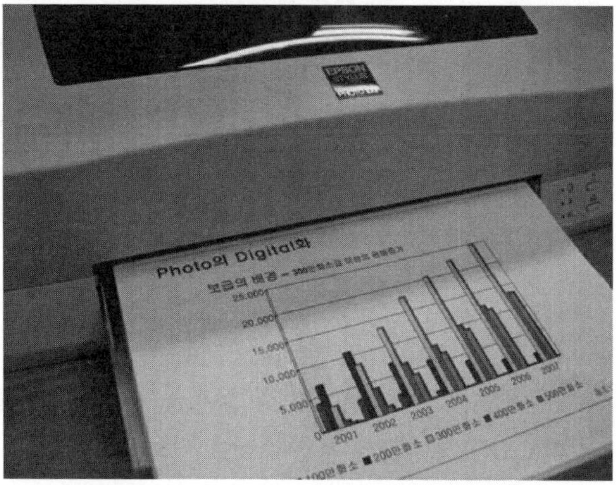

[그림 8-13] 칼라 프린터에서 인쇄되는 OHP

이와 같이 다양한 TP제작 방법을 자세히 알아보고 OHP 매체의 효과적인 활용도를 살펴보았다. OHP 활용에 있어서 장점은 암막커튼이 필요 없는 일반 교실에서 사용이 가능하며 교실의 학생들을 향하여 투사되어 모두 볼 수 있으며 조작성도 쉽다. 이와 반대로 단점은 발표자의 능력이 떨어지고 음성 정보가 함께 삽입이 불가능하고 TP의 보관 등이 힘들다. 또한, 보여주고자 하는 정보는 스크린에 비추어지는 일그러짐(keyston) 현상으로 변형을 유발할 수 있다.

② 슬라이드

슬라이드는 작은 사진의 형태를 필름으로 제작하여 낱개로 트레이에 탑재되어 사용되는 것이다. 35mm 슬라이드 전용필름으로 제작하여 5cm×5cm 마운트로 감싸는 것이다.

[그림 8-14] 슬라이드 프로젝트

슬라이드는 현장학습에서 볼 것을 미리 소개하기도 하며 어떤 조작에 대한 근접 촬영으로 이행되는 과정을 순서대로 보여주며 가르치는데 사용된다. 또한 예술적 경험을 슬라이드를 통해 세밀하게 관찰 또는 감상하기도 한다.

◉ **일반카메라를 사용하여 슬라이드를 제작하는 방법**

카메라에 35mm 슬라이드 전용필름을 넣어 물체를 촬영 후 현상한 다음 마운트에 장착하여 트레이에 각각의 슬라이드를 순서대로 나열하여 슬라이드 프로젝트에 투사하여 사용된다.

◉ **컴퓨터 전용카메라(슬라이드 레코더)를 활용하여 슬라이드를 제작하는 방법**

컴퓨터를 연결하는 전용카메라(슬라이드 레코더)를 사용하여 컴퓨터에 있는 그래픽 프로그램(파워 포인트 등)으로 제작되어진 수업자료들을 슬라이드 필름으로 옮겨 제작하는 형태다. 즉, 기기에 장착된 카메라에 35mm 전용 슬라이드 필름을 넣어 컴퓨터 화면에 제시된 화상을 프린터 인쇄하듯 카메라에 신호를 보내 촬영한 후 필름을 현상하여 트레이에 각각의 슬라이드를 나열하여 사용하는 것이다.

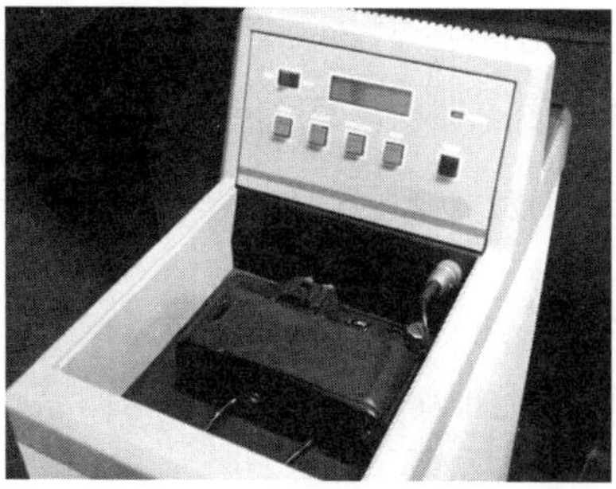

[그림 8-15] **슬라이드 레코더**

◉ 컴퓨터로 슬라이드를 제작하는 방법

컴퓨터를 이용하여 슬라이드를 제작하는 것의 대표적인 프로그램이 파워 포인트다. 파워 포인트는 편리하고 빠르게 슬라이드 제작이 가능하며 사용자가 편리하게 잘 만들어진 프로그램이다. 파워 포인트로 제작된 슬라이드는 LCD를 활용하여 수업현장에서 사용할 수 있으며 최대의 장점은 바로 그 수업현장에서도 수정이 가능한 점이다.

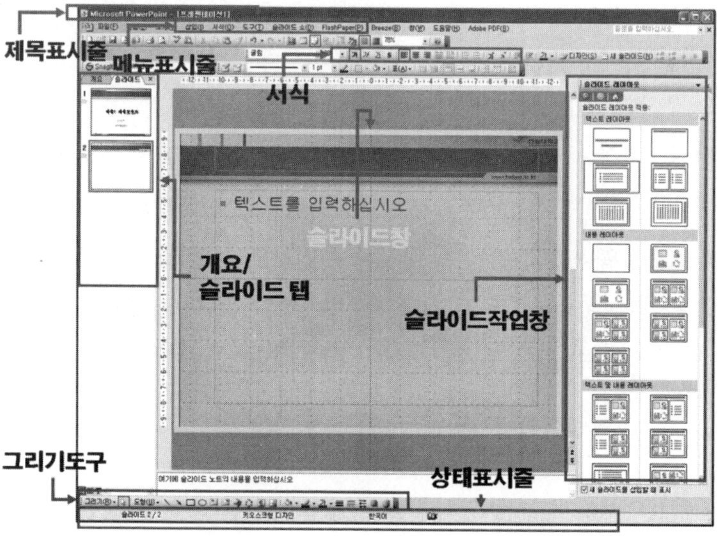

[그림 8-16] **프레젠테이션 그래픽 프로그램(파워 포인트) 화면**

슬라이드 활용법은 리모컨을 사용하며 화면 근처의 불은 어둡게 한다. 발표 시 적절한 속도를 유지하고 내용은 최대한 간단히 설명은 간략하게 처리한다.

최근 기업에서 요구되는 인재상은 유능한 프레젠터도 포함됨으로 이러한 슬라이드 매체의 활용법과 제작법은 잘 숙지하여 활용하도록 해야 한다.

③ 디지털 이미지 저장 매체

이미지 및 동영상 등을 저장하여 활용하는 매체는 CD-ROM, DVD-ROM, 디지털 카메라, 디지털 캠코더, 스캐너 등이 있다. CD-ROM(Compact Disc-Read-Only Memory)은 고품질의 오디오 및 동영상 정보뿐만 아니라 대량의 문자정보 및 시각자료들을 저장할 수가 있다.

DVD-ROM은 CD-ROM보다는 대용량으로 문자 및 시각자료, 애니메이션, 소리, 동영상 등 대량의 저장 공간을 필요로 하는 경우에 사용된다.

디지털 카메라는 사진필름으로 저장하는 대신에 메모리카드를 이용하여 저장하고 직접 컴퓨터에 연결하여 이미지를 제작 또는 활용할 수 있다. 디지털 캠코더는 동영상 촬영 시 동시 디지털 자료로 저장되어 편리하게 동영상 콘텐츠를 제작할 수 있다. 최근에 디지털 캠코더는 동영상 콘텐츠를 다루는 학습자나 기업에서 뿐만 아니라 UCC 개발에도 용이하게 사용되고 있다. 그러나 고가인 것이 단점이다.

스캐너는 기존의 아날로그 형태의 자료들을 디지털로 변화시켜 사용하는 것이다. 스캐너 사용법은 스캔 부분 위에 올려놓고 컴퓨터와 스캐너를 연결하여 스캐너 소프트웨어를 사용하여 디지털 이미지로 스캔한 후 저장하여 사용하는 것이다. 스캐너는 필름전용과 일반자료용 등이 있으며 필름전용 스캐너는 네거티브 및 포지티브 필름 모두 스캔이 가능하다.

④ LCD 프로젝터

LCD 프로젝트는 컴퓨터에 영상을 그대로 보여주는 기능을 한다. 프레젠테이션 전용 소프트웨어와 함께 사용하여 효과적으로 프레젠테이션을 할 수 있어 유용하게 쓰여 지고 있다. LCD 프로젝트는 시각정보 뿐만 아니라 오디오와 동영상이 포함된 멀티미디어 정보까지도 처리할 수가 있다. 또한, LCD는 컴퓨터, 비디오 플레이어, 또는 텔레비전 신호 등을 모두 받아들일 수 있다.

[그림 8-17] LCD 프로젝트

최근에는 LCD 프로젝터에 카메라 렌즈를 장착하여 실물을 그대로 보여주는 실물화상기 기능까지 추가된 멀티 프로젝터도 개발되어 활용되고 있다.

2) 오디오 매체

전달도구는 라디오, CD 플레이어, 테이프 플레이어, 레코드 플레이어 등이며 전달내용은 오디오를 활용한 방송 프로그램, 오디오 CD, 카세트테이프, 레코드판 등이다. 이 중 아날로그 형태는 테이프나 레코드판 형식이며 디지털 형태는 오디오 파일인 MP3, wav, rmj 등 파일이며 오디오 CD 등을 이용하여 저장하고 활용한다. 최근 대용량의 MP3 기기들의 발전으로 다양한 오디오 파일을 압축률이 높은 MP3로 파일을 변환하여 학습 자료로 많이 애용되고 있다. 오디오 제작 소프트웨어를 활용하여 파일 변환은 물론이고 오디오 편집 및 제작도 가능하다. 예를 들면, 용량이 큰 wav 파일을 압축률이 높은 MP3로 변환할 수 있고 오디오 녹음뿐만 아니라 잡음이나 잘못된 소리를 잘라 내고 편집이 가능한 오디오 제작 기능도 손쉽게 다룰 수 있다.

오디오 제작시 다음과 같은 요령으로 제작해야 한다.

- 배경 소음을 최소화
- 소리 크기의 일관성
- 목소리의 질을 명료화
- 표현의 명료화
- 대화의 어조
- 학습자 관여
- 유인물과의 조화
- 분명한 내용
- 적절한 길이

[그림 8-18] CD 플레이어

3) 비디오 매체

전달도구는 VTR, TV, 영사기, 컴퓨터, LCD 프로젝터, VCR, DVD 플레이어 등이며 전달내용은 비디오테이프(VHS 1/2inch, 8mm, 6mm 등), DVD, 동영상파일(AVI, MOV, MPG, WMV, ASF 등) 등이 있다.

학습자가 직접 경험하지 못하는 장면이나 현상은 비디오자료를 통해 쉽게 접할 수 있으며 시간적 소요가 많이 필요로 하는 관찰학습은 비디오 그래픽으로 처리함으로써 생생하게 빠른 속도로 접할 수 있다. 이렇듯 비디오 매체는 시공간을 조작이 가능하며 무엇보다도 현실감 있는 학습으로 이어질 수 있도록 하는 매체다.

(1) 아날로그 비디오

아날로그 비디오 활용 방법은 VHS 테이프를 사용하여 영화를 보거나 TV 프로그램 녹화 시 사용되며 VHS 비디오카메라를 활용하여 동영상을 촬영하여 사용한다. 아날로그 비디오 제작은 카메라, 레코더, 마이크, 그리고 편집기가 필요하다. 대부분 카메라는 뷰 파인더 형태다. 뷰 파인더 카메라는 작동하는 사람이 픽업튜브를 통해 받는 이미지를 작은 TV 장치로 모니터할 수 있기 때문에 뷰 파인더라고 이름지었다. 한 테이프에서 다른 테이프로 녹화할 때 패치 코드나 케이블을 이용해서 두 대의 VCR을 연결한 수 있는 여러분 자신의 비디오를 편집할 수 있다(그림 8-20).

[그림 8-19] **아날로그 캠코더**

[그림 8-20] **아날로그 비디오 편집기**

(2) 디지털 비디오

디지털 비디오의 화질은 아날로그 비디오 보다 두 배나 선명하다. 촬영된 동영상은 파일로 저장이 가능하며 컴퓨터를 활용하여 제작할 수 있다. 비디오 편집기인 Non-Liner 시스템을 사용하여 동영상 편집 프로그램으로 동영상 및 오디오를 캡처 및 편집하여 훌륭한 동영상 콘텐츠를 제작할 수 있다.

[그림 8-21] **디지털 비디오(Non-liner) 편집기**

(3) 비디오의 장점과 단점

1 장점

◉ 동작

움직이는 동영상으로 동작이 필요한 설명을 할 수 있고 시각자료보다 개념 정립을 확실하게 할 수 있다.

◉ 연속적인 과정 제시

식물의 성장과정이나 기계를 조립할 경우 연속적인 동작이 중요시되기 때문에 더욱 효과적으로 사용할 수 있다.

◉ 간접 경험을 통한 지식획득

직접 관찰하기 어려운 일식이나 화산 폭발, 전쟁 등과 같은 위험할 수 있는 현상을 관찰 가능하게 한다.

2 단점

◉ **조작의 한계**

단체 관람 시 논의 및 의견 개진을 위해 자유로운 조작을 하기 어렵다.

◉ **표현의 한계**

동작 개념은 유용하지만 평면도, 조직도, 지도 등과 같이 단면을 다루기에는 부적합하다.

◉ **추상적, 비시각적 수업의 한계**

개인의 감정이나 철학, 수학 등은 비디오로 표현하기는 힘들다.

제 5 절 컴퓨터와 멀티미디어의 교육공학적 활용

1. 컴퓨터의 교육공학적 활용

1) 컴퓨터와 교육

21세기의 정보통신 발달로 컴퓨터는 교수-학습활동에 있어 주요한 매체로 컴퓨터가 자리매김하고 있다. 컴퓨터의 교육공학적 활용 영역은 크게 3가지 영역인 도구로서의 컴퓨터, 교사로서의 컴퓨터, 컴퓨터 관리수업으로서의 컴퓨터로 구분되고 있다.

(1) 교수-학습과정의 도구로서 활용되는 컴퓨터(with computer)

컴퓨터의 OS, S/W 등을 활용하여 수업활동에 도구로 사용되는 것을 말한다.

워드, 한글 프로그램의 활용은 글쓰기 수업, 에세이, 학습내용 정리 등을 위한 도구로 사용된다. 스프레드 쉬트는 회계 관리용 s/w, 신속한 데이터 처리 등을 가능하도록 도구로 사용된다. 데이터베이스의 활용으로 데이터 관리 및 분류, 정리, 관리, 검색이 가능하며 통신프로그램, 즉 전자우편, 전자게시판, 채팅, 동호회, 자료 검색엔진 등의 활용으로 네트워크 환경을 통해 정보나 자료를 주고받는 것이 가능하다.

(2) 교사로서의 역할을 하는 컴퓨터 CAI(computer-aided instruction)

CAI는 컴퓨터를 직접 수업매체로 활용하여 지식, 태도, 기증의 교과내용을 학습자에게 가르치는 수업방법이다(권성호, 2002). 수업방법에 따른 CAI 유형은 반복연습형, 개인교수형, 게임, 시뮬레이션, 발견학습형, 문제해결형 등으로 구분된다. 교사로서의 역할을 하는 컴퓨터 활용에서 적용되는 학습의 원리와 그 장점, 단점은 아래와 같다.

1 학습의 원리

- 학습목표가 명확
- 학습내용의 세분화
- 학습자들의 자기 주도적 학습과 즉각적인 피드백
- 학습자의 속도에 맞추어 학습내용 진행

2 장점

- 개별화 수업 허용
- 상호작용적
- 풍부한 학습경험을 제공함으로써 학습자의 동기유발 및 학습효과 상승
- 반복적인 연습, 현실성 있는 경험, 실제상황 모의 및 게임 등의 다양한 형태로 학습경험을 제공

3 제한점

- 우수한 질의 CAI가 부족
- 하드웨어 구입비용 고가
- 개발비용 고가

(3) 컴퓨터 관리수업-CMI(computer-managed instruction)

학습자의 성취에 관한 정보를 관리하고 개인별 학습내용을 관리 및 처리하는데 컴퓨터 체제를 이용하는 것을 말한다. 학교현장에서 사용되고 있는 NEIS (National Education Information System)가 대표적인 예다. 컴퓨터를 이용한 시험, 학습활동 및 자료선정을 위한 역할, 자료 보관, 성적표 작성 및 보관 등에 활용되고 있다.

2) 컴퓨터 활용수업

(1) 반복연습(Drill-and-practice)

학습자가 지식이나 개념을 일정수준까지 도달할 때까지 반복적인 연습을 통해 얻어지는 학습유형으로 무한한 인내심이 요구된다. 예를 들어, 외국어영역일 경우 문장력이나 단어 외우기 등 여러 형태의 질문을 만들어 학습자가 정답을 맞히면 정답제시, 교정, 이벤트 효과 등으로 피드백을 제공한다.

(2) 개인교수법(Tutorials)

개인교수법 프로그램은 교수자가 컴퓨터가 되어 모든 상호작용을 학습자 사이에서 이루어지는 것을 말한다. 학습자의 분석에 따라 도입, 목표제시, 내용제시, 평가, 피드백 등을 설계하여 학습목표에 도달할 수 있도록 개발하고 평가하고 피드백을 주는 유형이다.

개인교수법은 다양한 형태와 복잡한 학습경로로 되어 있어 콘텐츠의 형태에 따라 학습자 개인차를 더 많이 반영할 수 있다. 이러한 콘텐츠는 교사가 직접 강의하는 형식으로 만들기 위해서는 콘텐츠 개발인력의 창조적 능력에 기대할 수 있다.

(3) 게임

게임유형은 수업구성 요소가 반드시 갖추어져 있지는 않다. 게임연습을 통해 컴퓨터의 활용 능력을 키우는 목적으로도 사용될 수도 있기 때문이다. 그러나 유용한 학습이라는 궁극적인 목적을 가진 콘텐츠라면 게임을 통해 특정학습 목표를 갖고 해결전략을 이용하여 과제를 완성하는 놀이용으로도 만들 수 있다. 게임에는 Logical Journey of the Zoombinis와 같이 특정학습 목표를 명확히 갖고 있는 프로그램으로 예를 들 수 있다.

(4) 시뮬레이션

시뮬레이션 방법은 학습자가 실제와 유사한 상황에 접하였을 때 실제 상황처럼 겪을 수 있고 비용이나 위험부담 없이 박진감 있는 경험을 할 수가 있다. 학습자들이 특정한 공간에 도시를 건설한다거나 가상의 현실을 만들어 문제해결을 해 나갈 수가 있다. 군대에서 훈련하는 과정에 실제 상황처럼 만들어 놓고 마치 실제로 전장에 있는 것처럼 전술과 전략을 짜서 진행할 수도 있으며 위험부담이나 비용부담도 적어 효과적으로 실제와 유사한 경험을 할 수가 있다.

(5) 발견학습

발견학습법은 학습자가 체계적인 접근방법을 통해 귀납적인 학습 방법을 통해 문제해결하는 학습활동을 말한다. 과학실험 같은 경우에 사용된다. 이러한 발견학습법을 통해 학습자는 기본 자료에서 정보를 얻고 그에 따른 정보처리 전략을 활용하기도 한다. 일례로 선거 관련하여 각각의 유권자의 데이터베이스를 분석하는 활동을 제공하기도 한다.

(6) 문제해결학습

문제해결학습은 주어진 과제를 학습자가 기존에 갖고 있는 지식과 정보를 동원해 문제를 해결해 나가는 유형이다. 주어진 문제에 정보나 자료를 탐색하고 문제를 명확히 파악한 다음 가설을 정립하고 실험대상을 정해 실험 후 실험결과에 따라 분석하고 정리하여 자료를 정리 유지 보관하며 적절한 상황에서 피드백을 해 주는 역할을 한다. 이 프로그램의 목적은 특정한 수업방법을 제시하지 않고 학습자가 스스로 창의력을 발휘하면서 해결해 나가는 것이 특징이다.

표 8-1 컴퓨터 기반 수업 방법의 활용 유형

방법	개요	교사의 역할	컴퓨터의 역할	학습자의 역할	적용 사례
반복 연습	· 이미 학습한 내용 · 기본적인 사실이나 용어 · 다양한 유형의 여러 질문 · 필요에 따라 반복되는 질의응답을 통한 연습	· 사전 학습에 필요한 수업을 계획, 준비 · 교수 자료 선택 · 해당 프로그램을 학습자에 맞게 배정 · 진도 점검	· 질문 제시 · 학습자 반응 평가 · 즉각적인 피드백 제공 · 학습자 진도 기록	· 피드백 제공 · 이미 배운 내용을 연습 · 질문에 응답 · 정답에 대한 확인이나 오답에 대한 교정을 받음 · 교육내용과 난이도를 선택	· 현미경의 구성 요소 · 대차대조표를 작성 · 단어 익히기 · 수학 개념 · 제품 지식
개인 교수	· 새로운 정보를 제시 · 개념과 원리를 가르침 · 교정 학습을 제공	· 교수 자료 선택 · 필요에 따라 적응적 수업(adaptive instruction) 실시 · 학습 상황 점검	· 정보 제시 · 질문 제기 · 응답 점검 · 교정 피드백 제공 · 주요 내용을 요약 · 기록	· 컴퓨터와 상호작용 · 학습결과를 인지 · 질문에 응답 · 질문 제기	· 직무 교육 · 은행 창구 직원 교육 · 과학 교육 · 의료 관련 절차 · 성경 공부
게임	· 경쟁 · 높은 학습 동기화 속에 반복 연습 · 개별 또는 모둠(조별)활동	· 제한 사항 결정 · 학습 과정 관리 · 학습 결과 점검	· 경쟁 상대, 심판, 기록자의 역할 동시 병행	· 사실적 지식, 전략, 기술 등을 학습 · 자유 선택 · 컴퓨터와 경쟁	· 분수 게임 · 계산 게임 · 단어 게임 · 타자 게임

시뮬레이션	· 실제 상황을 모사 · 실제적인 모형에 입각 · 개별 또는 모둠(조별)활동	· 배울 내용 소개 · 배경 설명 · 전체적인 사용 안내	· 역할 수행 · 학습자가 결정한 결과 통보 · 모형과 데이터베이스 관리	· 의사결정을 연습 · 선택 실시 · 결정한 사항에 대한 결과를 받음 · 결과에 대한 판단	· 문제 진단 · 역사 · 의로 진단 · 시뮬레이터(조종사, 운전자) · 업무 관리 · 연구소 실험
발견학습	· 데이터베이스를 통한 탐구 활동 · 귀납적 접근 방법 · 시행착오의 반복 · 가설을 검증	· 기본적인 문제를 제시 · 학습자의 진도를 점검	· 정보의 원천을 학습자에게 제시 · 자료 저장 · 검색 활동제공	· 가설 정립 추측 검증 · 원리나 법칙 개발	· 사회과학 · 자연과학 · 음식 섭취에 대한 분석 · 경력 선택
문제해결학습	· 문제 파악 · 가설 수립 · 자료 분석 · 해결책 제시	· 문제 배정 · 학습 지원 · 결과 점검	· 문제 제시 · 자료 처리 · 데이터베이스 유지, 보전	· 문제 파악 · 해결책 수입 · 변인 분석 및 처리 · 시행착오 반복 실시	· 회사업무 · 창조력 개발 · 문제 진단 · 수학 · 컴퓨터 프로그래밍

* 출처 : 설양환 외(2005), 「교육공학과 교수매체」, 서울 : 아카데미프레스.

2. 멀티미디어의 교육공학적 활용

1) 멀티미디어 활용수업

급속한 ICT의 발달로 컴퓨터를 활용한 교육의 범위는 더욱 확대되었다. 앞서 살펴본 여러 가지 매체들이 결합하여 종합적으로 다루어 다양한 형식으로 표현되는 것이 멀티미디어 매체다.

(1) 멀티미디어 클립 활용 유형

각각 수업유형에 맞추어 교사들이 제시할 수 있는 실물이나 모형, 비디오,

오디오, TP, 슬라이드 필름 등의 내용을 멀티미디어 클립을 통해 제공하는 방식이다. 멀티미디어 클립은 그림, 사진, 그래픽 자료, 소리, 동영상, 애니메이션, 모듈 자료로 구성되어 있으며 에듀넷에서는 멀티미디어 클립 라이브러리를 구축하여 무료로 제공하고 있으며, 야후나 네이버 등과 같은 일반 엔진과 마이크로소프트웨어(http : //office.microsoft.com/clipart), 디그(http : //www.dig.co.kr) 등과 같은 전문 검색 엔진을 이용하여 멀티미디어 요소들을 찾아 수업에 제시할 수 있다

(2) Tutorial 활용 유형

교수자가 수업내용을 학습자에게 전달하는 방식으로 수업에 필요한 기본자료, 즉 수업계획서, 개요, 수업방식, 수업내용, 수업평가, 정리 등의 요소들이 다 갖추어져 있는 유형이다. 드림위버, 나모, 웹에디터, 플래시, 디렉터, 파워포인트와 같은 멀티미디어 저작도구로 제작된 프로그램들이 여기에 속하며 최근에는 기업체들이 연구·개발하여 제작된 저작도구들이 있으며, 교수자가 직접 콘텐츠를 저작할 수 있도록 만들어진 툴(간진숙 외 5인, 2006)인 LCMS기반으로 개발되어 있다. 학습형태는 각 과목별, 단원별, 주차별로 구분되어 있어 교수자가 온라인상에서 쉽게 검색하여 제시할 수 있다.

최근에 개발된 강의 저작도구들을 살펴보면 다양한 기능과 많은 자료들을 포함한 콘텐츠를 저작할 수 있도록 제작되었다. 텍스트 기반에 음성 자료, 동영상 자료, 그래픽 자료, 시뮬레이션 자료, 웹탐색 자료 등이 모두 포함된 형태를 Tutorial 방식이라고도 부른다.

(3) 상호작용 매체 유형

상호작용 매체는 멀티미디어 요소와 컴퓨터 기반 수업의 특성을 적용해서 학습 환경을 제작할 수 있다. 멀티미디어 요소가 담긴 컴퓨터 기반에서 사용자가 보고 들을 수 있고 제시하는 속도와 순서에 영향을 미칠 수 있는 적극적인

반응을 유도하는 교수매체다. 상호작용이 가능한 멀티미디어(텍스트, 오디오, 동영상, 애니메이션 등) 매체자료는 CD-ROM, DVD, 인터넷을 통해 제공되며 CD-ROM과 DVD는 여러 종류의 디지털 정보를 저장할 수 있고 학교, 도서관 등 컴퓨터가 있는 어떤 장소에서도 학습이 가능함으로 많이 활용되고 있다. 이 수업 유형은 개별화 수업을 위해 효과적으로 반복학습이 가능하고 예습, 복습을 돕기 위한 보충·심화형 프로그램이다. 또한 하이퍼미디어 출현으로 교사와 학생이 이러한 상호작용 매체를 좀 더 쉽고 사용하기 편리하게 개발할 수 있게 되었고 학습자의 시청각 정보를 제시하고 학습자의 피드백을 기다려 주며 피드백에 대한 결과를 바탕으로 적절한 학습 포인트로 안내해 주고 있다.

그리고 상호작용 매체 유형은 의학, 기계운전, 대인관계, 실험과정, 지형 표기 등과 같은 영역에서 실제상황과 유사한 경험을 제공해 주는 시뮬레이션 경험을 학습자에게 제공하여 기술 습득을 위해 다각적은 측면에서 간접적으로 체험이 가능하다.

(4) 가상현실 유형

컴퓨터 기술의 발달로 가장 최신의 멀티미디어를 적용한 유형이라고 볼 수 있다. 가상현실에서 학습자가 긴장감 있고 박진감 넘치는 상황을 체험할 수 있는 복합적인 형태와 pc의 가상 "창(window)"을 통해 가상현실을 경험하는 형태가 있다. 복합적인 수준에서 가상현실은 3차원 환경을 능동적으로 참여하는 형태이며, 사용자는 3차원 액정 비디오 화면과 헤드폰을 장착한 특별 헬멧을 쓰고 조이스틱(joystick)을 조작하거나 특별히 제작된 장갑을 통해 3차원 세계를 경험하게 된다. Illinois 대학교에서 개발한 "CAVE"는 사용자가 이러한 방에 들어가서 가상 세계를 경험하는 최초의 프로그램이라고 할 수 있다(설양완 외, 2007).

(5) 탐구, 협동학습 유형

학습관리 시스템이나 개별학습자 공간에서의 멀티미디어 환경은 문제해결

학습이나 발견학습, 탐구학습, 협동학습에 필요한 다량의 학습자들과 상호작용 환경을 제공한다. 특히 온라인 기반에서 이루어지는 멀티미디어 환경에서 주어진 과제를 해결하기 위해 멀티미디어 정보를 탐색하고, 발견하고, 학습자들의 활동은 보다 공개적이며 적극적인 방식으로 서로간의 교류를 시작하고 심화된 질문도 제기할 수 있다. 또한 학습자가 스스로 웹을 통해 문제에 대한 해답을 발견하는 계기를 만들어 주어 보다 적극적인 학습활동을 제시할 수 있는 유형이다. 최근 연구에서 멀티미디어 교육공학적 활용 유형은 여러 가지로 제시되고 있다.

표 8-2 학자들의 제시한 멀티미디어 교육공학적 활용 유형

박성익 외(2001)	백영균(1998)	Bitter & Pierson(2002)	Heinich 외(2002)	Alessi & Trollip(2001)
· 교수적 활용 - 연습 및 훈련형 - 개인교수형 - 모의실험형 - 문제해결형 - 게임형 · 도구적 활용 · 피교수적 활용	· 정보 제공원 · 교수-학습 보조도구 · 탐구학습 촉진자 · 사회적 상호작용 협동 학습도구 · 학습평가도구	· 반복연습 · 통합학습 시스템 · 문제해결 · 정보자료 제공 · 시뮬레이션 · 도구형(Tool) · 교수형(Tutorial) · 웹기반형	· 멀티미디어 모음 · 하이퍼미디어 · 상호작용 매체 · 가상현실 · 전문가 시스템	· 교수형 · 하이퍼미디어 · 반복 · 시뮬레이션 · 교육용 게임 · 도구형 · 평가 · 웹기반 학습

* 출처 : 백영균 외(2008), 「유비쿼터스 시대의 교육방법 및 교육공학」, 서울 : 학지사, p. 273.

2) 멀티미디어 프로그램 개발

멀티미디어 프로그램 개발은 개발단계에서 투입되거나 수행되는 일들에 대해 면밀히 검토해야 하는 것이 일반 프로그램 개발과는 다른 점이다. 개발단계는 개발계획 수립, 사용자 및 미디어 분석, 설계, 개발, 평가 및 수정으로 5단계로 나누어진다.

(1) 개발계획 수립

개발계획 수립 단계는 개발에 필요한 개발 목적 및 방향, 개발 기간, 인력구성, 소요예산, 개발환경 구축 등을 구체적으로 계획하는 단계다. 특히, 인력구성은 PM(프로젝트 관리자), 교수설계자, 내용전문가, 웹 프로그래머, 웹 디자이너, 오디오 및 동영상 전문가, 운영자 등으로 해야 한다.

(2) 사용자 및 목표 분석

개발 목적이나 방향에 따라 요구되는 사항에 대해 분석하는 단계다. 멀티미디어 콘텐츠의 개발 방향에서 결정된 학습자들에 대한 일반적인 특성 분석, 그림, 그래픽, 웹 프로그램, 오디오, 동영상 등 미디어를 분석하여 어떤 형태의 멀티미디어로 개발될 것인가를 결정하는데 도움을 줄 수 있다. 이러한 분석은 효과적인 콘텐츠 개발을 위해서는 가장 필요한 단계다.

(3) 설계

멀티미디어 프로그램 설계 단계는 의도된 학습목표를 수행하기 위해서 개발 내용과 순서 등을 제시하는 단계다. 개발하고자 하는 유형을 결정하고 유형에 따른 콘텐츠 개발 전략을 세운다. 개발 후 실제 사용할 강력한 사용자 인터페이스로 설계한다. 스토리보드를 작성하여 각 장면마다 화면설계가 구체적으로 표현되어야 한다. 작성된 스토리보드는 개발인력들 간의 원활한 의사소통의 역할을 하며 의도된 개발 방향으로 개발되는지 한눈에 파악할 수 있는 중요한 자료가 된다.

(4) 개발

멀티미디어 프로그램 개발 단계는 스토리보드를 중심으로 멀티미디어 제작

소프트웨어를 활용하여 개발된다. html, 플래시, 나모, 드림위버, 오소웨어 등 저작도구를 활용하여 개발되고 각각의 제작된 요소들은 프로그래밍과정으로 통합되어진다. 이렇게 개발되어지는 단계에서 반드시 살펴보아야 할 것은 안정된 인터페이스, 의도된 시간 소요, 일관성 있는 구성을 지닌 학습자 버튼, 각 화면에서 제시되는 그림, 그래픽, 동영상 자료들의 적시적소에 실행되고 있는 것을 확인해야 한다.

(5) 평가 및 수정

멀티미디어 개발 과정은 각 단계별로 평가를 수행해야 한다. 평가에 따른 수정 및 보완을 통해 멀티미디어 품질 개선을 향상시킬 수 있다. 이러한 과정을 거쳐 완성된 프로그램은 웹 서버를 통해 공급하고 CD-ROM이나 DVD-ROM으로 저장하여 배포한 후 개인학습을 한다. 이때 멀티미디어를 CD-ROM이나 DVD-ROM에 저장할 때는 학습목표에 맞는 이미지를 도안하여 CD 또는 DVD 표면에 인쇄하는 것으로 마무리해야 한다.

3) 멀티미디어의 선정과 평가

다감각적을 이용한 경험으로 학습을 증진시키기 위하여 멀티미디어 자료를 개발 · 선정하여 학습자에게 제공하고 있다. 멀티미디어 자료를 교수-학습활동에서 사용하기 위해서는 기술적인 측면과 교육적인 측면에 대해 선정하고 평가해야 한다. 기술적인 측면을 살펴보면 학습자가 사용 가능한 컴퓨터 환경에서 잘 구동이 되는가, 예를 들면 그래픽 카드, 사운드 카드 등 제시될 자료들이 제대로 보여주고 들려오는지 살펴보아야 한다. 또한, 온라인 콘텐츠로 제공될 경우는 웹 환경의 구축이 잘 갖추어져 학습자의 안정화된 학습이 되는지 확인하고 제공해야 한다.

교육적인 측면에서 살펴보면 교사는 학습목표와 필요한 학습경험에 대해 가장 적합하고 유용한 자료가 무엇인지, 학습자에 맞는 명료한 용어의 사용 등

각 요소에 대해 지혜롭게 결정해야 하며 이를 선정한 후의 학습과정에서는 학습자와의 상호작용, 동기 유발 및 흥미, 학습자의 적극적인 참여 등 효과적인 수업이 이루어지는지에 대한 다각적인 방면으로 살펴보아야 한다.

제 6 절 정보통신기술 활용교육

최근 성인교육, 평생교육의 필요성이 대두되면서 교육공학적 발달은 정보통신기술(ITC : Information Communication Technology) 활용교육으로 가속화되어 가고 있다. ITC 활용교육이란 교수-학습과정에서 달성해야 할 학습목표를 위하여 테크놀로지 기반으로 지식을 전달하고 의사소통하는 교육을 말한다. 원격교육, e러닝, 블로그, m러닝, u러닝, 에듀테인먼트 등이 그 예로 들 수 있다.

1. 원격교육과 교육

원격교육이란 라디오, 전화, TV(방송케이블, 위성 TV) 등 다양한 원격통신 미디어를 활용하여 교육에 적용하는 것을 의미한다. 학습자와 교사 간 물리적인 공간처리, 체계화된 교육프로그램, 공학적인 교육매체, 일 방향 및 쌍방향 통신 등의 형태를 말한다. 일반적으로 원격교육은 방송, 케이블, 위성 전송 등을 통하여 학습내용이 전달되며 학습자들은 그에 따른 전송 시스템을 이용하여 교육을 받게 된다. 이러한 교육을 받을 때 학습자들이 자료를 접할 수 있는 기회의 제공이 중요하다. 정보의 양이 급격히 증가되고 또 그 수명이 단축되는 현 시대에 학습자들의 적합한 시기에 관련 자료를 활용할 수 있도록 제공되어져야 한다.

Merrill(1999)은 적절한 연습의 기회가 제공되지 않는다면, 또한 적절한 지식구조가 제공되지 않는다면, 그리고 적절한 가이드가 제공되지 않는다면, 사람들은 학습하지 않는다고 하였다. 따라서 교육공학적 이론을 통해 개개인의 학습자들에게 많은 관심을 가지며, 교육프로그램에 다양한 상호작용적 특성을 포함시키고 교육과 환경의 맥락을 제대로 반영하여 역동적인 학습과정을 추구한다. 효과적인 원격교육을 진행하기 위해서는 양질의 교육프로그램을 설계, 개발, 평가하며 지속적인 학습관리와 학습자 환경 분석, 교수자의 역할 등이 중요시되어야 한다. 이인숙(2002)은 원격교육에서의 확산전략을 논의하면서 콘텐츠 설계와 평가를 위한 준거를 제시했는데, 여기에는 상호작용 설계, 인터페이스 설계, 멀티미디어 설계와 관련된 것을 포함하였다. 이렇듯 원격교육을 위한 교육공학적 연구는 대체로 개발과정, 설계원리, 평가 및 운영방법 등으로 이루어진다.

원격교육은 지식정보화 사회의 도래에 따른 교육적 활동이라는 점과 시간과 공간의 제약을 받지 않고 지속적으로 학습이 가능하다는 점에서 앞으로의 교육의 발전에 많은 영향을 미칠 것으로 볼 수 있다.

2. 이러닝과 교육

이러닝의 중심적 개념은 "학습자 주도적 학습"이라는 점이다. 종래의 전통적 교육이 교사의 교수(Teaching) 행위에 초점이 놓여 있는 것이라면, 이러닝은 교수보다는 학습(Learning)에 초점이 있다. 따라서 e-Teaching이 아니라 이러닝인 것이다. 전통적인 면대면의 교육이 교사가 제시하는 정보를 학생이 받아들이고 그 정보를 소유하는데 강조점이 놓여 있다면, 이러닝은 자기 주도적 학습을 통해서 스스로 지식을 창출할 수 있는 능력을 배양시키는데 강조점이 있다. 따라서 과거의 교육에서 교사가 지식의 전달자로서의 역할을 한다면, 이러닝에서는 지식창출의 촉진자 역할을 하고, 과거의 교육에서 학생이 지식의 수용자 역할을 한다면 e러닝에서는 지식의 창출자 역할을 한다고 할 수 있다. 또한 비용을 절감하고 일관성 있는 커리큘럼을 제공하며 교육기회를 시간과 공간의 제약 없이 제공한다는 것이다.

이러닝에서 학습이란 디지털화된 정보를 매개로 학습 주체의 적극적인 정보수집, 취사선택, 편집가공, 평가판단의 과정을 통해 자신에 필요한 지식으로 전환하고 이를 다른 학습자와 공유하는 학습활동을 지칭한다. 'e'는 학습자 스스로 학습활동에 적극적으로 관여하는 과정(engagement)을 지칭하며, 학습결과를 스스로 표현(expression)할 수 있는 기회를 제공하고, 장려(encouraging)함으로써 재미있고 유익한 에듀테인먼트(education+entertainment)를 추구해 오프라인과 구분되는 독특한 학습경험(experience)을 제공하는데 주력함을 의미한다. e러닝은 단순히 정보를 일방적으로 전달하는 것이 아니다. 학습자에게 적합한 방식으로 필요한 정보를 제공함으로써 가치를 향상시킬 수 있다.

표 8-3 Off-line 교육과 On-line 교육의 비교

구 분	Off-Line	On-Line
교육형태	면대면 강의	인터넷 및 멀티미디어 등의 활용
교육장소	강의실	어디서나 가능
교육과정	교수 주도적	학습자 주도적
교육내용	획일적이며 강의 중심	학습자 맞춤형 무한한 정보 습득 가능 온·오프라인 통합서비스 가능
교육매체	책, 인쇄물 중심	e-book, 멀티미디어 등 다양한 매체 활용
교육기간	교육과정, 과목별로 고정	수준별로 학습 기간 조정
교육효과	일방적, 획일적 교육으로 개인에 따라 습득 방식 다름	맞춤형 학습으로 교육효과 높음

이러한 이러닝을 통해 교수자가 제시하는 정보를 학습자는 일방적으로 받아들여 보다 많은 정보를 암기하거나 소유하기보다는 스스로 부가가치 높은 지식을 창출할 수 있는 능력을 배양시켜 주어 능동적인 지식창출자를 양성한다. 즉, 물고기를 잡아 주는 것이 아니라 '물고기 잡는 법'을 익히도록(learning how to learn) 이끌어 주는 것이다. 이러한 이러닝의 장점을 다음과 같이 몇 가지로 제시할 수 있다.

1) 정보 및 자원의 공유

이러닝의 장점으로 정보의 공유 및 이를 통한 다양한 사고의 배양과 양질의 학습을 들 수 있다(이인숙, 2002). 사이버 공간은 학습자와 교수자가 최신의 정보에 접근할 수 있는 기회를 제공한다.

정보의 공유와 교환의 용이함은 공동 작업을 촉진시켜 팀 과제, 프로젝트 기반 학습, 문제기반 학습 등을 손쉽게 구현해 줌으로써 사이버공간은 아이디어의 협력, 대화, 토론, 교환, 커뮤니케이션의 매체라고 할 수 있다. 많은 연구결과는 대부분의 학습자가 자원 공유 가능성이 학습의 동기 부여 역할을 하는 것으로 인식하고 있음을 보여 준다.

2) 상호작용의 용이성

이러닝은 동시적 교류, 비동시적 교류, 하이퍼 링크, 다양한 인터넷도구와 저작도구, 교수설계 등을 통해 학습자와 학습자, 학습자와 교수자, 학습자와 학습내용 간의 상호작용이 용이하게 이루어질 수 있다. 상호작용의 용이성은 대화, 의사소통, 협상, 협력학습 등을 기반으로 하거나 이를 향상시키는 교육을 가능하게 한다. 교수자는 학습의 촉진자로서 실시간과 비실시간 커뮤니케이션으로 학습을 지원하고, 피드백과 가이드를 제공할 수 있다.

3) 학습자 중심 학습의 용이성

사이버공간에서 하이퍼텍스트 구조는 비선형적인 내용의 파악과 관련 자료로 신속하게 건너뛰어 접근하는 것을 가능하게 하여 개인 사용자의 통제력을 한층 높여 주며 손쉽게 소화할 수 있게 정보를 구성하고 한층 신속하고 손쉬운 정보 검색을 가능하게 하는 이점을 지닌다. 다양한 인터넷도구, 저작 프로그램, 하이퍼 링크, 교수설계 등의 요소를 최대한 사용하여 학습자들에게 학습내용, 학습방법, 학습순서, 학습시간, 자신이 이해한 것을 표현할 매체의 선택 등을 스스로 결정하는 통제권을 제공한다면, 민주적인 학습 환경이 가능하다. 높은 학습자 통제는 학습에 대해 주인의식을 가질 수 있도록 하여 학습자가 책임감을 가지고 솔선수범하도록 하며 도전을 즐기고 호기심이 많은 학습자들에게는 이점이 될 수 있는데 반해, 소극적인 학습자들은 오히려 훨씬 더 많은 교수적 지원이 필요할 수도 있다.

4) 컨텐츠 개발과 유지의 용이성

자원을 빠르고 손쉽게 최신화하고 보관하며 사용자들이 손쉽게 접근할 수 있게 해 주는 특성은 교수자들이 정보자원을 역동적으로 활용하게 해 주어 학습자들이 접하는 정보자원의 역동성을 보장해 준다. 사이버공간은 교육과정의 개발과 유지의 용이성, 이를 통한 비용효과성을 한층 높여 준다.

3. 블로그

블로그는 사용자간 지식과 정보를 인터넷상에 기록하여 서로 다른 지식이나 의견을 공유하고 반응하며 학습하는 웹 환경으로 정보를 공유하는 시스템이다. 독서토론방이나 PBL(Problem Base Learning) 등으로 활용하면 효과적인 수업활동을 할 수 있는 학습형태다.

블로그를 만드는 방법은 웹 서버에 호스팅 공간과 계정이 있다면 개인 홈페이지를 만들어 사용하는 방법과 포털 사이트에서 무료로 제공하는 서비스를 이용하는 것이다. 일반적으로 많은 사람들은 관리의 부담이나 기술적 어려움에 따라 포털 사이트에서 제공하는 블로그 서비스를 이용한다. 이러한 공간을 수업에 적용하기 위해서는 의도하는 학습목표와 다양한 학습활동, 서로의 상호작용을 통하여 다양한 반응으로 공유할 수 있도록 교사와 학습자 간 체계적인 계획이 수립되어야 한다.

4. m러닝

m러닝은 노트북이나 개인휴대단말기(Personal Digital Assistant : PDA) 등의 휴대용 컴퓨터와 휴대폰과 같은 모바일 기기를 활용한 학습이다. 시간과 장소에 구애를 받지 않고 무선 인터넷을 통해 학습이 가능한 형태를 말한다. 특히 우리나라와 같이 핸드폰이 청소년까지 널리 활용되는 상황에서는 전 계층에게 핸드폰을 통해 언제 어디서든지 간편하게 원격교육이 가능함을 시사하는 것이기도 하다. 모바일 러닝의 특징은 학습자가 학습자체를 주도적으로 이끄는 자기주도성이 강하다. 이러닝과 비교하였을 때 이동 중에서도 학습 환경이 쉽게 연결할 수 있다는 것이 장점이다. 또한, 학습자의 상황에 적절한 학습콘텐츠를 선택할 수 있는 개인화이다. 하지만 아직까지 핸드폰과 무선인터넷의 한계점을 벗어나기 어려운 문제점을 가지고 있다. 핸드폰의 작은 화면과 낮은 화상도를 통해 학습을 하는데 어려움이 따르게 된다든지, 다운로드 시간과 용량의 문제점 등이 학습 진행에 방해요소가 될 수 있다. 모바일 장치에 따른 제약성, 즉 하드웨어, 소프트웨어의 제약성, 네트워크 용량의 제약, 예측하기 어려운 단절 등으로 안정된 학습 환경을 구축하기 위해서는 여러 가지 제약이 따른다. 따라서 향후, m러닝은 핸드폰과 무선인터넷의 발전에 따라 활용범위와 내용이 크게 발전할 것으로 예상된다.

5. u러닝(Ubiquitous + learning)

유비쿼터스는 세상 모든 것에 존재하는 네트워킹 시스템이다. 전화기, 전자제품, 게임기, 모바일, 자동차의 네비게이터 등 어떠한 장치에도 컴퓨터 칩이 내장되어 대용량의 통신망과 이를 통한 커뮤니케이션을 할 수 있는 환경을 말한다. 유비쿼터스 컴퓨팅과 네트워크 환경은 사람을 중심으로 구체적으로 조화를 이루며 미래교육 시스템으로 제시하는 새로운 교육환경이다.

u러닝은 유비쿼터스와 러닝의 합성어로 누구나 언제 어디서나 존재하는 통합적인 학습체제를 말한다. 앞서 살펴본 이러닝, m러닝, 블로그 등과 같이 한정된 정의에서 학습하는 협소한 개념과는 달리 광범위하고 개방적인 매체다. u러닝은 언제 어디서나 어떤 내용에 상관없이 어떤 기기로도 학습할 수 있는 교육환경을 조성해 주며 학습자 개인별 특성에 맞는 원하는 학습을 할 수 있다.

유비쿼터스 네트워크는 모든 단말기에 컴퓨팅과 통신 기능이 부가되어야 한다. 이를 위해서는 모든 단말기에 고유주소를 가져야 이를 통해 광대역 네트워크가 이루어진다. 이로 인해 IPv6*) 기술이나 홈 네트워크 기술이 등장하게 된다(백영균 외, 2008).

유비쿼터스 컴퓨팅 도입으로 다양한 정보매체의 융복합이 이루어지며 지속적인 디지털 기술의 발달로 새로운 정보통신기술의 개혁이 필요하다. 유비쿼터스 기반의 미래교육 비전과 로드맵 수립이 필요하며 맞춤형 서비스를 구현하기 위한 우수한 콘텐츠 확보 방안을 모색해야 한다. 또한 정책추진과 관련한 부처, 즉 교육과학기술부, 지식경제부 등 유기적인 협력과 산학연 협력체계를 구축하여 다양한 공동프로그램을 추진해야 한다.

---

*) IPv6는 인터넷의 주소 부족으로 타개하기 위해 만들어진 새로운 인터넷 주소체계다. 32비트의 주소체계로 이루어진 현재 인터넷은 주소의 고갈 상황에 직면했다. IPv6는 기존 주소 IP의 4배인 128비트로 주소를 구성하여 주소의 숫자가 사실상 무한대에 가깝기 때문에 지구상의 모든 기기에 독립적인 주소를 부여할 수 있도록 해 준다.

교육과 교직

Chapter

09

제 1 절　교직의 매력

제 2 절　교직의 이해

제 3 절　교직의 복합성

제 4 절　가르치는 형태

제 5 절　교육연구가 교사의 교수행위에 어떻게 도움을 주는가?

교육발전에 관심을 가지는 사람들은 누구나, 학교 교육문제에 영향을 주는 결정적인 요인은 수없이 많지만, 그 중에서도 가장 중요한 요소는 역시 교원이라고 서슴없이 주장한다. 그렇기 때문에 그 동안 교육발전과 관련한 문제가 제기될 때마다, 교원의 양성 및 임용, 연수에 관한 논의가 계속되어 왔다. 그리고 기회가 있을 때마다 현재 한국의 교원과 관련한 정책은 양성과정에서부터 모든 면에서 문제를 지니고 있어서 이에 대한 분명한 변화가 없이는 한국 교육의 발전이 없다는 점을 지적하고 있다. 적어도 현재의 교원양성정책은 초등교육이든, 중등교육이든 근본적으로 문제 투성이어서 빠른 시간 안에 해결책이 제시되어야 한다는 것이다. 그러나 교원 관련 정책 당국은 내용을 모르는지, 아니면 알면서도 뚜렷한 대안을 제시할 수 없어서 그러는지 손을 놓고 있는 형편이다. 당장 교원 수가 절대적으로 남아서 더 이상 임용이 불가능한 초등교원의 문제가 그렇고, 마찬가지로 목적대학으로서의 사범대학 졸업자가 차고 넘쳐서 임용대기자의 수가 수십만을 넘어서고 있는 형편에서도 당국에서는 남의 문제라는 입장이다. 전국의 사범대학은 어떠한 경우에도(교수의 사망, 퇴직, 일반 대학으로의 이동 등에 따르는 경우) 가르치는 교수 결원의 보충이 쉽지 않아서 교수의 절대수가 모자라고 이에 따라 교육이 파행적으로 운영될 수밖에 없고, 교육과정의 편성 · 운영도 제대로 될 수 없는 형편이다.

전국의 초 · 중등학교에 정보화 사업이 파급되고 새로운 세기에 걸 맞는 교육을 이룰 수 있도록 지원한다고 하면서도 정작 그러한 학교를 운영해야 하는 교원을 양성하는 교육대학과 사범대학의 시설이나 교육환경은 어느 다른 대학보다 낙후되어 있는 실정이다. 이러한 문제점은 그 동안 여러 차례에 걸쳐서 전문가들에 의하여 정책 당국에 개진되었고, 이에 대한 분명한 대처 방안이 마련되어야 한다는 점이 강조되었다. 하지만 우리의 정책 당국은 이와 같은 교원 문제를 한꺼번에 해결할 수 있는 교직발전을 위한 종합 방안을 마련 중에 있고, 조금만 기다리면 획기적인 대처 방안을 제시하겠다는 약속만을 남발해 왔다. 정부가 들어선 이래 지금까지 무려 60년여가 지나고 있고, 교육부 장관이 바뀐 것도 수 차례이며, 드디어는 부총리급의 교육인적자원부가 출범하기도 하였고, 다시 정부 직제가 바뀐지도 한참이 지났지만, 아직도 "교직발전 종합

방안"은 검토 중에 있다.

근래에 들어와서 세계 각국에서는 국가발전과 교육의 관계를 중요하게 여기면서 새로운 세기에 국가간의 첨예한 경쟁에서 살아남기 위한 방안으로 교육문제를 들고 있고, 그것도 지금까지와 같은 구태의연한 방안으로서가 아니라 획기적인 교육의 변화, 즉 교육개혁을 통하여 경쟁력 있는 교육을 구현할 수 있도록 노력하고 있다. 한국의 경우도 예외가 아니어서 그 동안 여러 정권에서 교육개혁을 위한 구체적이고 실천적인 방안을 제시해 왔다. 물론 그 와중에서 덜익은 정책도 제시되었고, 때로는 적용하기가 힘든 이상적인 방안도 발표되었다. 하지만 변화를 요구하는 시대 상황 속에서 교육의 문제도 새로운 관점을 가져야 한다는 데는 교육계의 사람들 뿐만 아니라 국민들 모두가 동의를 하고 있다. 그들은 이제까지와 똑같은 방안을 가지고는 변화하는 학습자들과 변화하는 사회의 모습을 교육에 담을 수 없다고 믿고 있다. 따라서 비록 기존의 입장에서 볼 때 조금은 불이익을 받을 수밖에 없으며, 어쩌면 더 많은 수고와 노력을 필요로 하지만, 우리의 미래를 위하여 참고 노력할 수밖에 없다는 점을 이해하고 있는 것이다.

그러나 이와 같은 현장에서의 변화를 요구하는 소리를 듣지 못하고, 의지도 없이 그저 막연하게 개혁을 미루고, 세월만 죽이는 한국의 교육 정책 당국자들에게 많은 사람들은 실망하고 있다. 과연 우리의 미래를 생각하면서 현재의 교사들의 모습을 가지고 미래를 충분하게 대비할 수 있을는지 누구나 의심하지 않을 수 없다. 심지어 일반 교사들이나 또는 교직을 준비하는 많은 교사 예비생들의 경우 교직에 관한 그들의 미래 전망이 어떠한지 확인해 볼 필요가 있다.

제 1 절 교직의 매력

사람들이 교직에 매력을 느끼는 데는 많은 이유가 있다. 어렸을 때부터 교사가 되길 원한 사람도 있을 것이고 아동기에 경험한 교사에 대한 좋은 인상 때문에 그렇기도 할 것이다. 그리고 교사는 다른 사람들의 행복과 발전을 도와 줄 뿐만 아니라 사회발전에 유익한 기여를 한다고 믿기도 한다. 일반적으로 많은 사람들은 교사의 생활이 흥미롭고 다양하기 때문에 매력적이라고 생각한다.

한국교육개발원(2002)이 전국 중·고교 교사 1,066명을 대상으로 설문조사한 것에 의하면, 교직의 매력으로 "직업의 안정성"(91.9%), "학생들을 깨우친다는 점"(89.8%), "시간적 여유"(89.3%), "학생지도 및 학급경영"(82.1%) 등을 들었다. 요즈음 들어 경세가 어려워지고 청년실업의 문제가 심각하게 진개되면서 우수하고 열정이 넘치는 대학 졸업자들이 교직으로 몰려들고 있다. 그러나 교사는 아무나 할 수 있는 평범한 직업은 결코 아니다.

1. 교직에 대한 사랑

많은 교직 지망자들은 교사가 되는 것이 꿈이었고, 교사가 된다는 일에 보람을 느낀다고 응답하고 있다. 수많은 설문조사에 의하면, 한결 같이 조사대상 교사들의 대다수가 교직을 매우 사랑한다고 응답하고 있다. 이때 교직을 사랑한다는 것은 학생에 대한 사랑(love of students), 교과목에 대한 사랑(love of subject), 교직생활에 대한 사랑(love of the teaching life), 교수-학습과정에 대한 사랑(love of the teaching-learning progress) 등 복합적인 내용에 대한 일반적인 반응을 의미한다.

1) 학생에 대한 사랑

교직에 대한 사랑은 학생들에 대한 사랑을 의미한다. 비록 교사들이 열악한 환경에 놓여 있더라도, 대부분의 교사들은 학생에 대한 관심을 가지고 있다는 단순한 이유 때문에 교직에 대해 애정을 느낀다. 어느 초등학교 교사는 설문지에 대해 다음과 같이 기술하였다.

"나는 아이들을 사랑한다 ; 나는 아이들을 사랑한다 ; 나는 아이들을 사랑한다. 나는 아이들로부터 많은 것을 배우고 있다. 나는 아침에 일어나고, 밤에 잠들어야만 하는 명백한 이유가 있다.”

교사와 학생들 사이에는 일상적인 접촉을 통하여 강한 결속력이 형성되어 있다. 이러한 일상적인 접촉은 교사들로 하여금 학생들과 친밀한 관계를 유지하게 하며 그들의 학습욕구를 북돋기도 한다. 학생들의 성장과 복지에 대한 교사들의 애정 어린 관심은 가르치는데 있어서 나타나는 어려움을 보다 가치 있게 생각하게 한다. 학생들이 교사를 필요로 하고 있다는 것을 느끼는 교사들은 교직을 쉽게 떠날 수가 없다. 많은 교사들 역시 학창시절의 경험 때문에 학생들을 사랑한다. 그들은 생활, 호기심, 신선함, 개방성 그리고 아동들의 순수성 혹은 능력, 재치, 영혼, 독립성 그리고 이상을 즐긴다.

아동의 발달단계가 어느 정도이든 간에 그들과 함께 생활한다는 것은 교사들이 교직에 매력을 느끼거나, 계속 남게 되는 중요한 이유가 되는 것이다. 실제 매학년 초, 교실 속에 들어와 조용하게 앉아 있는 아이들을 한번 상상해 보자. 또랑또랑한 눈망울을 굴리며 호기심에 가득 찬 표정으로 새로 맞게 되는 선생님의 입이 열리기를 기대하는 아이들 말이다. 교사의 말 한 마디에 자신들의 일생이 결정된다는 생각은 감히 상상도 못하지만, 교사들의 입장에서는 당연히 이 중요한 매순간에 그러한 일이 일어날 수 있다는 가능성을 믿어야 한다.

2) 교과목에 대한 사랑

교직을 사랑하는 교사는 교과목을 사랑한다. 교직에서 자신의 교과지식을 가르칠 수 있다는 것은 확실히 매력적인 일이다. 비록 학생들이 따라 주지는 못하지만, 자신의 교과목에 대해 열정적인 교사들이 있다. 교과목에 대한 사랑이 너무 커서 이 둘을 분리해서 생각할 수가 없다. 비록 교사의 직무에는 다른 일들이 포함되지만, 교과목에 대한 사랑은 그 많은 직무 중 최우선적인 일이다. 초등학교의 담임교사는 많은 수의 교과목에 대한 정통한 지식을 갖추고 있어야 한다. 중등학교의 교사라면 자신이 맡게 되는 교과목의 전문가가 되어야 한다. 이는 결코 쉬운 일이 아니다. 적어도 자신이 가르치는 과목에 대한 열정적인 애정이 없으면 이룰 수 없는 일이 되어 버린다. 매일매일 같은 과목의 같은 내용을 가르친다는 점에서 싫증을 낼 수도 있지만, 시간에 따라 변화하는 내용을 따라가야 하고 새로운 내용으로 무장해야 하는 이유가 바로 여기에 있다.

3) 교직생활에 대한 사랑

학교생활에 성실한 교사들은 정신생활이나 교육에 대해 높은 관심을 유발시키는 환경 속에 있다. 소설가이자 영어교수였던 미국인 죤 바스는 가르치는 생활에 대한 그의 사랑을 다음과 같이 감동적으로 전하고 있다.

> 내 영혼의 소매에
> 분필가루가 묻혀 있다.
> 오십년 전 유치원 시절부터
> 나는 교실에서
> 거의 떨어져 본 적이 없었다.
> 서재의 가구에서 편안함을 느끼듯이,
> 교실에 놓여진 책상, 교탁, 세미나 탁자에서도
> 친밀감을 느낀다.
> 이 모두는 내 영혼의 장식물이다.

교사의 생활리듬은 학교의 생활리듬과 거의 같다. 즉 해가 질 때쯤, 다음날 학교생활을 준비하는 교사도 있기 때문이다. 교직생활은 때로 드라마에 비유되기도 한다. 새로운 학급이나 학년을 맞게 되면 처음 상영되는 영화와 같이 교사들은 흥분에 젖게 된다. 교사들은 자신이 최소한 학생을 청중으로 설정하여 연기를 하는 배우와 같다고 생각한다. 교직에서의 연기자는 청중이나 관중을 감동시키고 극의 내용을 완전하게 전달해야 할 책임이 있다. 은퇴를 하게 될 나이에 일생을 지켜 온 교단을 내려서며 감회어린 소감을 이야기하는 정년퇴임식에서는 한결 같이 교직에 대한 보람과 애정을 이야기하는 선배들을 대하게 된다. 어느 누구도 일생 동안의 교직생활을 후회하는 말을 들어 본 적이 없다. 우리 모두는 가르치는 일에 대한 무한한 애정을 가져야 한다.

4) 교수-학습과정에 대한 사랑

교직을 사랑한다는 것은 교수와 학습행위를 사랑한다는 것을 의미한다. 특수교육 교사와 같이 대다수의 교사들은 교과과목보다 심지어 학생보다도 가르치는 과정, 그 자체에 흥미를 느끼고 초점을 두기도 한다. "나는 무엇을 하고 있다는 것을 좋아한다. 나는 오랫동안 가르쳐 왔으며, 만일 가르치는 과정이 즐겁지 않으면 교직을 그만 두어야 한다. 나는 스물네 살부터 육십이 지난 지금까지 가르쳐 왔으며 하루하루가 흥미롭고 새롭기만 하다." 이런 유형의 사람들은 교직의 자율성과 생활에 매력을 느끼고 있으며, 또한 가르치려는 적극적인 욕구에 의해 활기차게 생활하고 있다.

그들은 학습기회가 주어질 때마다 "가르치는 행위의 동질성"을 느낀다. 그들은 새로운 통찰력으로 학생을 지도하려고 계속적으로 노력한다. 따라서 그들은 교수-학습과정 그 자체를 좋아하고 있다.

2. 교사의 영향력

교사가 되는 과정은 인생의 초기에서부터 시작된다. 교사가 되기 위해 태어난 사람은 없다 할지라도, 많은 사람들은 어린 시절의 경험으로 인해 교사가 된다. 어린 시절은 교사에게서 많은 영향을 받기 때문이다. 대부분의 경우에 있어서 아동기에 부모 이상으로 큰 영향력을 미치는 사람은 교사들이다. 아동에게 있어서 교사는 神 다음 가는 존재다.

교사교육을 받고 있는 예비교사들은 다른 어떤 요소보다도 학창시절의 교사에게 긍정적인 감정을 느끼고 있다는 증거가 있다. 예컨대 벤자민 라이트와 실리 투스카는 거의 4,500명을 대상으로 한 예비교사에 대한 연구에서 예비교사들은 비교사집단들보다 교사를 존경하고 있으며, 교사들을 영향력을 행사하는 존재로 보고 있다. 반면 비교사집단은 자신들을 가르친 교사에 대해 부정적인 입장을 가지고 있다. 이 점은 교사들이 자신을 가르친 교사를 내면화의 모델로 보고 행동하고 있다는 것을 의미한다. 이런 내면화의 모델은 항상 훌륭한 교사에게만 초점을 두는 것은 아니다.

3. 교직생활의 애환과 보람

어느 직업이건 직업에서의 애환과 보람은 있기 마련이며 교사 또한 예외가 될 수는 없을 것이다. 분명 교사라는 직업은 가르치고, 설명하고, 과제를 부여하는 일보다는 훨씬 더 많은 일을 수행하고 있다. 교사는 자료를 설계하고, 과제를 할당하며, 학생들의 수행을 평가하고, 활동을 조직하며, 사려 깊고, 독창적인 방식으로 규율을 유지해야 한다. 또한 끊임없이 기록하고, 교실을 정돈하고 학습활동을 개발하며, 학부모와 대화하고, 학생과 상담해야 한다. 이처럼 교사는 다양한 역할을 해내야만 한다.

교사는 이처럼 다양한 일상의 일들을 처리하면서 자신의 직업에 만족하고 있는가? 또 교사는 어떠한 보람과 애환을 느끼고 있는가?

교직은 흔히 외적인 보상은 적지만 내적인 보상은 많은 직업이라고 말한다. 교사들은 교직을 통해 학생의 성장을 지켜보며 보람도 얻지만, 그 안에서 갈등과 좌절도 겪는다. 그 갈등과 애환의 원인은 교직을 수행하면서 요구받는 여러 역할들, 맺어지는 인간관계 등 여러 각도에서 조명될 수 있다.

1) 교사의 스트레스

오늘날 교사들이 학교 현장에서 겪게 되는 여러 스트레스는 과거와 달리 그렇게 단순하지가 않다. 이제까지는 상상할 수도 없었던 다양한 문제들이 새삼스럽게 논의되어야 하는 형편이다. 우선 당장의 눈앞에서 해결하여야 할 문제들만 하여도 한두 가지가 아니다.

(1) 교육과정 요구의 증가
(2) 전문적 진보의 요구

(3) 부적응 아동에 대한 대처
(4) 학부모들과의 어려운 관계
(5) 교사의 긴장을 유발하는 기타 조건 등 다양한 문제들이 있다.

1986년~90년 동안 미국 공립학교의 인식에 대한 갤럽의 여론조사에서는 교사들이 받는 스트레스 중에서 학생들의 약물남용이 가장 중요한 문제로 부각되었다. 교사들이라고 해도 학생들의 약물남용 문제를 항상 감시할 수는 없다. 학생들의 낮은 생산성, 학습에 대한 무능력 그리고 그들의 불량한 태도 등이 교사들의 많은 관심을 요구하고 있다. 그러나 교사들은 이 어려운 문제를 인식하지 못하고 있는 것이 아니다. 약물남용 문제를 심각하게 인식하고 있지만, 문제해결을 위한 자원이나 전문적 조력을 받을 수 없는 실정이다. 따라서 교사들은 이러한 학생들을 바라보면서 좌절감을 느낄 뿐이다. 그리고 약물남용 문제에 대해 대중적 압력이 학교에 가해질 때 교사의 스트레스는 더운 가중된다. 이 문제는 한국의 교육적 실정과 동떨어진, 전혀 별개의 문제로 생각하기 쉬우나 현실적으로 본드흡입, 부탄가스, 각종 환각제 남용 등에서 알 수 있듯이 결코 간과할 문제가 아니다.

요즈음은 더구나 인터넷 중독이나 왕따 문제 등 이제까지 생각하지 못했던 여러 새로운 문제들이 부각되고 있는 실정이다. 이로 인해 교사들이 받게 되는 압력은 결코 작은 것이 아니다. 우선 한국의 교육현장에서 겪게 되는 여러 문제들 중에서 몇 가지 중요한 내용에 관해 살펴보기로 한다.

(1) 교사 1인당 학생의 높은 비율

우리나라 대도시 학교는 교사 1인당 학생의 비율이 높으며, 어떤 교사에게는 이것이 스트레스의 근원으로 작용한다. 학생 수가 많다는 것을 느끼거나, 가능한 모든 학생들의 요구를 들어 주어야 한다고 생각하는 교사들은 학생들에게 가능한 가장 좋은 교육을 제공하기 위해 신속하게 업무를 처리하고, 더 많은 시간을 근무에 투자하여야 한다. 그러나 대부분의 교사는 이 문제를 회피한다.

그렇지 않으면 많은 학생들을 매일 형식적으로 대할 뿐이다. 교사와 학생의 높은 비율은 대부분의 학교에서 학생들의 전학률이 높을 때 복잡해진다. 이런 상황에서 교사들은 모든 학생들의 요구를 수용하고 그들의 이름을 기억해야 한다는 압박 때문에 스트레스를 받게 된다.

(2) 긴 근무시간

교사의 공식적 근무시간은 비교적 양호한 편이다. 그러나 실제 근무시간은 그렇지 못하다. 학부모 면담이나 학생들의 클럽 지도 등과 과외 활동에 이르기까지 모든 교직행위에서 발견되는 과외업무에 대한 특별한 계약 조건은 없다. 수업준비를 위해 주말이나 밤늦게까지 일한다는 것 또한 문서로 표시되어 있지 않다. 하지만 교사라면 무관심할 수 없는 수많은 일들이 기다리고 있는 것이다.

교직과 관계없는 일상 잡무에 대한 요구는 실제로 교사들에게 무거운 짐이 되고 있다. 즉 교사들은 운동장이나, 식당, 학생회관 등에서 학생을 지도하고, 과외활동을 담당하며, 학부모와의 면담을 하고 매일 새롭게 요구되는 공문을 처리해야 하는 등 교직과 직접적으로 관계없는 일에 매달리고 있다는 것이다. 개인적으로는 그런 일들이 즐거울 수도 있다. 그러나 대부분의 교사들은 무거운 짐으로 인식하고 있으며, 그들의 귀중한 시간을 소비한다고 생각한다.

(3) 학교조직에 대한 좌절

비록 교사들이 학생들의 요구를 인식하거나, 교수방법, 교실경영 전략 그리고 교수자료를 선택할 수 있는 가장 좋은 위치에 있지만, 그들은 일반적으로 이런 문제에 관한 의사결정 과정에서 소외되고 있다고 생각한다. 실제 교실 생활이나 교사와 학생의 관심사와는 거리가 먼 행정가, 법률가, 건축가 등이 교사들에게 깊은 영향을 미치는 제반 사항을 결정한다. 즉 교사들의 즉각적인 관심사를 충족시키지 못하는 데서 오는 좌절감을 들 수 있다. 교사들은 의사결정자가 그들을 전문가로 대우하지 않았을 때 심리적 좌절감을 느낀다. 미국교사협의회

총재인 A. Shanker는 “비록 교사가 학교 이사회나 행정가에 의해 조정되는 자유인일지라도…… 미국의 대부분 교사들은 지나친 간섭을 경험하고 있다. 오늘날 이러한 온정적 간섭주의가 교사들의 직업적 삶에 큰 영향을 미치고 있다.”고 주장한다. 한국의 형편에서는 모든 조직과 관련된 일들이 통제 일변도다. 새로운 교육개혁안의 내용이 학교의 자율적 운영이라는 관점에서 출발하고 있다는 점이 바로 그러한 형편의 반증이다. 뿐만 아니라 교사들의 모든 행동은 그것이 비록 전문적인 교육적 결정이라고 하여도 학교 안의 교장을 비롯한 행정가들과 지역 교육청의 장학사들, 그리고 교육 관료들로부터 자유로울 수가 없고, 심지어는 학부모들의 감시망을 벗어날 수도 없다. 요즈음에는 인터넷을 통한 학생들의 간섭도 결코 적다고 할 수 없을 정도다.

2) 기타 스트레스 원인

앞서 기술한 스트레스 요인과 같이 명백하지는 않지만, 또 다른 문제가 스트레스를 유발시키는 원인으로 작용하고 있다. 예컨대 다음과 같은 문제가 스트레스를 일으키는 중요한 요인으로 작용하고 있다.

- 고립감
- 행정가와 교사의 갈등
- 교육문제에 대한 지원 부족
- 교사들 간의 교류 부족
- 계속적인 교육적 방해
- 자아 존재에 대한 스트레스
- 예산 부족
- 열악한 제반시설

다행히 이 모든 스트레스는 교사생활을 절대적으로 규정하는 것 같지는 않다. 하지만 이런 유형의 스트레스나 교직의 다른 문제점을 다룰 수 있는 전문전략을 고안해야 할 필요가 있다. 다음의 교사들은 스트레스를 해결하는 자신들의 경험을 들려주고 있다.

> 나는 가능한 말을 많이 하고, 웃음을 잃지 않으려고 노력하며 긍정적으로 사물을 보려고 한다. 나는 시끄러운 음악을 듣고, 열심히 집안일을 돕는다. 나는 성심성의를 다해 강의를 준비한다. 스트레스 극복은 교직업무와 관계없는 행위들과 근무시간과 관계없는 시간에서 도움을 받는다. 근무에 대한 압박이 있으면, 스트레스가 생기고 갑작스런 스트레스 그 자체는 긴장감을 완화시킨다. 주말과 같이 근무시간과 관계없는 시간을 가질 때는 학교에서 멀리 떨어지거나, 업무를 나중에 처리한다.

제 2 절 교직의 이해

우리들 대부분은 어렸을 때부터 읽기, 쓰기, 셈하기, 말하기와 같은 기초과목을 배웠던 시절을 아련히 기억할 것이다. 또한 지리, 과학, 역사와 같은 과목도 기억에 남을 것이다. 덧붙여 학교 운영위원회, 교사, 교과과정위원회 그리고 관련 집단들이 제시한 교과 외의 지식과 기술을 습득하기도 하였다. 음악, 미술, 체육, 타이핑, 국내경제 그리고 외국어는 우리가 초등학교, 중학교, 고등학교에서 경험했던 교과과정을 더욱 풍족하게 하였다.

우리를 가르쳤던 교사들은 그 성격과 교육방법이 서로 달랐지만, 그들의 생활이 학생으로서 우리의 생활과 별 차이는 없는 것 같았다. 유능한 교사와 그렇지 못한 교사, 편안한 느낌을 주는 교사와 깐깐한 교사 등, 다양한 형태의 교사들에 관한 기억은 서로 비슷하다. 이 때 이런 경험의 보편적 동질성은 우리에게 "교사가 하는 일은 무엇인가?, 가르치는 것은 무엇인가?"를 이해하는데 도움을 준다.

교사들은 학생들의 행동을 통제한다. 교사들은 숙제를 내주고, 방향을 제시해 준다. 그들은 학생들의 대답 중 좋은 점과 잘못된 점을 지적하며, 학생들이 해야 할 행동이 무엇인지를 알려주고, 시범을 보여주기도 한다. 또한 그들은 교과서의 일정한 분량에 대한 읽기 숙제를 내주고, 암송을 시키거나, 퀴즈문제를 내기도 한다. 대답을 잘하거나, 숙제를 잘해 온 학생들에 대해 칭찬을 해 주기도 한다. 그들은 그들의 직무가 개선되어야 한다는 점을 다른 사람들에게 촉구하기도 한다. 물론 그들은 학기가 끝나갈 무렵 그 과정을 통과한 학생과 실패한 학생들을 결정한다.

표면적으로 보여지는 교사의 직무는 가르치는 것이 전부인 것처럼 보일지는 모르지만, 가르치는 행위는 이보다 더욱 복잡하다. 즉 가르치는 행위는 학생집단 앞에서 확실한 행동을 성취하는 것 이상이라는 것이다. 교사직무의 중요한 부분은 정신적인 것과 관련이 있으며, 교육목적과 적절한 행동에 관한 내적인 대화가 계속 이루어진다는 것을 강조하고자 한다. 순수한 직업적 교사의 능력은 내적인 대화를 유지하는 기술과 감성에 달려 있다.

제 3 절 교직의 복합성

"교직이란 무엇인가?"라는 제목이 이상하게 보일지도 모른다. 이는 교직이 무엇이고, 교사의 역할이 무엇인지에 대해 완전히 이해하지 못하였기 때문이다. 우리에게 교직에 관한 지식이 없다는 점을 전제하고 이 절을 시작하기로 한다. 직업적인 교사가 되기 위한 가장 중요한 단계 중의 하나는 교직의 복잡성을 먼저 인정해야 한다는 점이다. 비록 교사교육을 통해 교사가 되지만, 학생이 배우는 데 영향을 주는 모든 요인을 배워서 알 수는 없다.

1. 직업에 대한 도전

교직을 개혁한다는 것은 쉬운 일이 아니다. 이는 매우 어려울 뿐만 아니라 자칫하면 오히려 상황을 악화시킬 수 있다. 그래서 이 일은 거의 불가능에 가깝다고도 할 수 있다. H. Ginottsm은 "교사들은 부적합한 도구를 가지고 달성할 수 없는 목적에 도달하려고 한다. 이러한 불가능한 일이 달성된다면 그것은 기적에 가까운 일이다."라고 말하였다.

모든 교사들은 어려움에 놓여 있다. 그럼에도 불구하고, 우리는 다음과 같은 것을 명심할 필요가 있다. 즉 학생들이 알아야 할 모든 것을 제대로 학습하지 못하는 불만족스런 결과가 나오더라도, 그와 다른 교육적 경험은 우리를 만족시킬 수 있다는 것이다. 다른 직업과 비교해서, 교사의 가르치는 일은 매우 중요하다. 무엇보다도 세계의 본질을 탐구하고, 교육한다는 것은 인간과 다른 생물체를 구별하는 조건이 된다. 다른 직업 이상으로 교사는 인간의 가장 높은 욕구를 고양시키는 데 주로 관심이 있다.

2. 비전과 헌신(commitment)의 중요성

유능한 교사가 되길 원하는 사람들은 가치롭고, 실행 가능한 비전을 가지고 있어야만 한다. R. Barth는 학교 내부 개혁의 관점을 통해, 목적에 대한 비전과 감각이 학교생활의 복잡한 실체를 이해하는데 도움을 준다고 하였다. 이에 대해 그는 다음과 같이 말하였다.

> 교사, 교장 그리고 학생의 생활은 간결, 분열 그리고 다양성으로 특징지을 수 있다. 예컨대 일반적으로 평균 근무기간 동안, 교사나 교장은 수백 번 대면관계를 가진다. 개인적인 비전은 다른 것에 대한 많은 규범과 개념을 사용하거나, 응답할 수 있는 일정한 틀을 제공한다. 비전이 없다면, 우리의 행동은 굴절되고, 불일치되며, 단견에 얽매이게 된다. 이는 전구를 가장 빨리 켜야만, 다음 것을 켤 수가 있다고 생각하는 것과 같다. 우리가 목적을 잃고 있다는 것을 인식하지 못하면, 학교에서의 생활은 불만족스러울 것이다.

헌신은 전문적 직업의 효율성을 결정짓는 중요한 요인이다. T. Peter와 N.

Austein은 교사에게 가장 잘 팔리는 책이 「수월성을 위한 열정」이라고 주장한다. 이 책은 수월성을 실행하는 것이 어렵다고 말하고 있다. 구체적인 내용은 다음과 같다.

> 일억 달러의 주식회사이건 혹은 단 3명으로 구성된 회계부서이건 간에, 수월성은 의심, 두려움, 직무기술에도 불구하고…… 신경을 집중시키거나 열정적인 사람들에 의해 성취될 수 있다. 이런 사람들은 뒤로 물러서지 않는다. 이것을 알면 훌륭한 결과를 성취할 수 있다. 그들은 최고를 위한 불타오르는 열정 때문에 애정을 가지고 종사한다. 최근에 어떤 사람이 말한 바와 같이, 일반적인 인식은 최악의 상황에도 굴복하지 않는다는 것이다.

교사의 직무수행척도

가르치는 일을 훌륭하게 수행한다는 것을 어떻게 알 수 있는가? 당신의 직무수행 수준을 알기 위해서, 다음과 같은 직무수행척도를 제시해 본다. 당신이 현재 교사라는 전제하에 당신이 교사로서 어떻게 느끼는지를 알기 위해 16개의 항목을 구성하였다. 각 항목에 대해 아래에 설명된 일치와 불일치 정도의 척도를 표기해 보라. 그리고 점수를 합산할 때, 6, 8 그리고 16번의 항목 점수는 거꾸로 합산해야 한다. 가장 높은 점수는 64점이고, 가장 낮은 점수는 16점이다.

전혀 그렇지 않다-1점, 그렇지 않다-2점, 그렇다-3점, 매우 그렇다-4점

1. 내게 일어나는 중요한 일의 대부분은 교직과 관계가 있다.
2. 근무시간이나 방과 후에도 교직과 관계된 일로 많은 시간을 소비하고 있다.
3. 교사로서의 직무를 잘 수행하지 못하며, 불쾌감을 느낀다.
4. 근무하지 않을 때에도 교직에 관해 생각한다.
5. 내가 근무를 하지 않는다고 하여도, 가르치는 일은 착오 없이 진행될 것이다.
6. 교직이 다른 생활에 영향을 주지 않을 것이라고 생각한다.
7. 교직을 잘 수행한다는 것은 내게 있어서 아주 중요한 일이다.
8. 내 생활은 가르치는 일보다 중요하다.
9. 교직에 대한 책무성과 직무 외의 의무적인 일에 대해서는 회피할 것이다.
10. 다른 어떤 일보다 가르치는 일을 좋아한다.
11. 업무를 마치기 위해 퇴근 후에도 근무한다.

12. 간혹 다음 날의 교직생활에 대한 생각 때문에 잠에서 깨기도 한다.
13. 가치 있게 하는 능력을 사용할 수 있다.
14. 가르치는 일이 제대로 되지 않았을 때, 우울해진다.
15. 잘 가르쳤을 때, 기분이 좋아진다.
16. 가르칠 능력이 없다면, 가르치는 일을 포기할 것이다.

3. 직무에 대한 교사의 인식

교장이 추천한 성공적인 2, 3학년 고등학교 교사 4명을 대상으로 그들의 직무관을 검사하였다. 그들에게 가장 잘 가르쳤다고 생각하는 순간을 기술하게 하였다. 그들의 개인적 고백을 통하여 손쉬운 관찰과 측정의 결과를 넘어선 그 "어떤 것"을 기술하는지를 주의 깊게 살펴볼 필요가 있다. 그들은 가르치는 과정이 전반적으로 논리적이고, 연속적인 과정은 아니라고 말한다.

교사 1 : 가끔 당신은, 특별히 수학에서 거의 흥미를 유발시키지 못하는 것 같습니다. 당신은 어떤 것을 설명한 후, 학생들이 당혹스러워하는 것을 보게 될 것입니다. 그리고 당신은 "오 맙소사, 학생들은 어느 것도 이해하지 못하고 있어"라고 속으로 생각합니다. 그때 갑자기 그러한 생각이 아이들을 자극시킵니다. "오 알겠어." 그들은 정말로 할 수 있을거야…….

교사 2 : 아이들에게 언제 접근해야 좋을지를 잘 모르겠습니다. 이 점이 이 직업을 어렵게 만드는 일이라 생각합니다. 그리고 그들이 대답할 때……그 대답을 어떻게 측정해야 할지를 모르겠습니다. 이것은 솔직한 감정입니다. 그렇지만 나는 아이들에게 좋은 감정을 가지고 있습니다.

교사 3 : 글쎄요, 때때로 전구 불빛처럼 환해지기도 합니다. 분위기 상승…… 바로 거기에 있습니다. 여러분들도 그 점을 볼 수 있습니다. 애들은 정말로 대답을 하고, 실제로 학습하고 있습니다. 저는 여러분들이 학생을 이해하는 방법에 대해서는 알지 못하지만, 여러분들이 그것을 알고 있다고는 생각합니다.

교사 4 : 나는 전혀 수학을 좋아하지 않는 아이들을 휘어잡습니다. 그리고 어느 정도 수학을 하게 합니다. 그런 방법의 효과를 확신하지는 못합니다. 그러나 아이들은 학급 내에서 수학을 잘 하길 원합니다. 몇 가지 불가사의한 이유 때문에, 나는 아이들이 정말로 수학을 잘 하길 원하고 있을까? 라는 이유에 대해서는 관심이 없습니다.

몇 가지 이유 때문에 가르치는 일을 기술하기란 쉽지 않다. 물론 우리는 효율적인 교사와 학생들 간의 관계를 자세하게 기술할 수도 있고, 그러한 내용이 교사 교육프로그램에 중요하게 포함된다는 점도 알고 있지만, 그렇다고 교사가 가르치기 위해서 행하는 모든 활동의 내용을 세세하게 기술할 수는 없다. 교사와 학생들 간의 감정적인 역동작용까지를 확인한다는 것은 불가능하다. 물론 가장 효율적인 교사는 이러한 감정적인 작용까지를 학습의 장면에 활용한다. 하지만 그러한 교사들마저도 가르친다는 작용의 정의를 분명하게 내리기가 힘들다고 고백한다. David Denton이 지적하듯이 가르치는 작용을 그럴듯하게 정의할 수 있을지는 몰라도 그 실체는 여전히 마술적인 요소를 가지고 있고, 그 영향은 대단하지만, 명확하지는 않다.

제 4 절 가르치는 형태

우리가 좋은 교사라는 사람을 생각할 때, 교사의 수많은 역할을 고려하기보다는 그저 특별한 사람이라고 인식한다. 그들은 다른 사람과 구별되는 독특한 면이 있다. 그들의 독특한 능력은 그들을 가치롭게 하는 본질적인 특성이다. 그들 자신에게 충분하게 있는 능력이 우리가 교사를 그렇게 가치롭게 여기는 이유의 본질적인 부분이 된다.

교사의 역할에 대한 논의보다 중요한 것은 "가르치는 것은 무엇인가?"라는 것을 이해하는 것이다. 이 점에 대해 교직생활을 반성하는 재능 있는 교사들의 모음집에서 가르치는 유형을 발견할 수 있다. 심지어 당신이 교직생활을 선택한 이유보다 그들은 더 깊은 이유를 가지고 있다는 것을 보여주고 있다. 그들의 글은 교사가 되었을 때, 어떻게 생각하고, 어떻게 행동하는지에 미묘하고, 강한 영향을 미치기 때문에, 여기서는 이러한 가르치는 유형을 논의하고자 한다. 일반적으로 가르치는 유형은 5가지로 나누어 볼 수 있다.

1. 교사라는 존재를 강조하는 형

가르친다는 것은 일정한 형식을 갖춘 제복을 입는 것과 유사하다. 일단 이 옷을 입으면, 그것에서 떠나기가 쉽진 않을 것이다. 즉 여행을 할 때, 책을 읽을 때, 그리고 무엇을 배울 때, 제복이 가지는 일반적인 의미를 생각하지 않을 수 없게 만든다. 그 옷의 무게는 당신의 사고를 증진시키며, "내가 학급에서 이 가운을 어떻게 이용할 것인가?"를 고민하게 한다는 것이다. 이 옷은 학교 외부의 일상생활에도 영향을 미치며 언제나 당신과 함께 있을 것이다. 당신이 학생, 학부모 그리고 지역사회 주민을 만날 때에도, "나는 학급생활에서 이 가운을 어떻게 이용할 것인가?"라는 것을 상기시켜 준다. 좋든, 나쁘든, 당신은 역시 "무슨 과목을 담당하고 있는 교사"인 김 아무개일 뿐이다. 신임교사인 신은정 양은 그저 우리 아들의 6학년 담임교사다. 남편, 아내, 보모가 된다는 것이 당신을 변화시키듯이, 교사가 되어도 역시 그러하다. 거기에 맞는 역할을 해야 하기 때문이다. "나는 교사다. 그것은 내가 무슨 행동을 해야 하는지를 의미하는 것이 아니고, 내가 누구라는 것을 뜻한다. 내가 가르치지 않을 때도 가르치는 것을 생각하는 존재라는 것이다." 정말로 교사라는 존재는 맡은 역할을 수행하는 존재 이상이다. 그래서 교사는 종합적인 경험을 하게 된다.

2. 창조적 노력형

가장 창조적인 교사 중의 한 명인 Wigginton은 20년 동안 영어교사로 재직하였다. Foxfire의 경험으로 알려진 창조에 대한 그의 지도는 전국적인 관심과 찬사를 받았고, 영예로운 상도 수여받게 하였다. Wigginton이 그의 학생들을 동기화하는데 실패함으로써 느끼는 좌절감으로 시작되는 〈Foxfire〉라는 책은 학생들의 공부에 도움을 주는 잡지로 잘 알려졌다. 완전히 성공한 학생들 사이에서도, Foxfire는 이들 학생의 재능과 기술에 대한 표현과 개념 등으로 인하여 많은 인기를 얻고 있다. 교직에 대한 저자의 개인적 회고와 Foxfire의 경험에 대해 설명한 「때로 희망은 있다.」라는 책에서, 그는 가르치는 행위의 창조적인 측면을 언급하고 있다. "나는 잘 하는 재주가 있었기 때문에 가르칠 수가 있었다. 즉 나는 호기심을 자아내게 하거나, 사람을 즐겁게 하는 기술이 있다. 일을 하는데 있어서 특정한 경계선 내에서 수많은 다양성과 융통성의 여지를 가지고 있다. 싫증이 나면, 가르치는 일이 따분해진다. 이 점에 대해서는 비난을 받아야 한다."

가르치는 행위는 교사가 학생들의 학습과 경험을 계속적으로 형상화하거나, 재형상화하는 창조적인 노력이다. A. Lieberman과 L. Milller는 그들의 책 「교사, 교사의 세계, 교사의 직무」에서 가르치는 영역에 관해 언급하였다. 중요한 것은 기능인으로서의 교사와 기능으로서 교수행위에 관한 것이다.

> 교사들은 일상적인 일이 적합한지 생각하고, 재조정하며, 새로운 욕구와 비전을 실현시킬 수 있는 형태를 만드는 데 많은 노력을 한다. 그래서 가르치는 행위의 실체는 현장에서 배우는 기교일 수 있다. 가르치는 행위가 기교로 간주될 때, 가르치는 행위는 장황하고, 고도의 사적인 기획으로 이해될 수 있다. 왜냐하면 가르치는 행위는 창조적인 교사의 표준을 충족시킬 때까지 그 대상을 새롭게

하는 그 자체에 관심을 두기 때문이다.

가르치는 행위에 대한 창조적인 노력은 오랫동안 교직에 몸담고 있는 사람들의 생활 근원이 될 수 있다. 창조적인 노력은 영혼을 살찌우게 한다.

3. 활기찬 직무수행형

가르치는 행위는 예측할 수 없는 일을 포함하여, 매일매일 학급에서 활기찬 직무수행을 하는 것이다. 더욱이 교사들은 그들의 학급학생과 개인적으로 아는 학생들과 활기찬 대화를 한다. 그래서 가르치는 경험은 강렬하고, 관심을 가지려는 노력, 즉 순간순간 도전을 제공하는 것과 상호작용하는 것이다.

진실한 학습에서 어떤 교사는 다른 교사보다 가르치는 데 있어서 활기찬 측면을 포함시키고 있다. 이 점을 강조하는 교사 중의 한 사람인 S. Marshall은 영국에서 교실 하나만 있는 학교에서의 경험을 토대로 쓴 책인 「교육실험」에서 교수의 효율성과 과정에 대해 논의하였다. "그녀는 자유 속에서 학급을 통제하고, 수동적인 수업 대신, 개인에게 맞는 수업을 실시한다. 그리고 학생들에게 호스로 물을 끼얹는 대신에 하루 종일 깨끗한 물에 적시게끔 관심을 둔다는 것은 교직을 행하는데 있어서 가장 어려운 일이다." 이런 교수유형은 실제 경험을 통해서만 잘 이해될 수 있다. 실제 교수상황, 즉 토요아침 코치, 캠프 상담원, 일요학교 교사, 참관교사 등에 참여하면 할수록, 당신의 활기찬 교직수행이 더욱 편해질 수 있을 것이다. 라고 강조한다.

4. 권한 남용형

초임교사에게 가장 즉각적으로 나타나는 교수영역은 권한의 사용이다. 저학년 학생들은 "새로운 선생님은 좋은 분일까?"라는 점을 생각하고, "시험문제지를 얼마나 많이 셀 수 있을까?"라는 점은 고학년 학생들의 관심거리가 된다.

관습적으로 교사들은 최소한 존경을 받는다, 왜냐하면 학생들의 학업성적과 학급생활에 영향을 미치는 권한이 있기 때문이다.

심지어 민주적인 분위기를 가진 교실에서도, 교사는 학생 당락의 결정, 교육목표의 설정, 수업방법의 선택, 수업진도의 평가 그리고 학생과 함께 있을 때 일어난 일에 대한 책임을 지기 때문에, 실제 일어나는 것보다 많은 영향을 학생들에게 미친다. 따라서 교사의 권위에는 신성함이 깃들어 있다.

5. 봉사의 기회라고 생각하는 형

교사가 된다는 것은 학생, 학교, 지역사회 나아가 전 국가에 봉사하는 기능을 한다. 교사가 된다는 것은 애타주의적 이유를 가지고 있다. 오래 전 「36명 어린이들」로 전국적인 관심을 불러일으킨 바 있는 도시학교 교사인 H. Kohl은 최근에 다음과 같이 말하였다.

> 가르친다는 것은 근본적으로 애타적이며, 타인들을 가치롭게 하는 성격을 지니고 있다. 물론 모든 교사가 애타적이라는 말은 아니다. 어떤 교사는 타인을 지배하거나, 단순히 생활을 영위하기 위하여 가르친다. 심지어 어떤 교사들은 약물을 남용하는 등의 비도덕적 면을 가지고 있다. 이런 모습들이 비록 어느 곳에서도 환영받지 못하고, 그들의 직무가 학교를 대표하지 않지만은 내가 아는 대다수의 교사들은 교직에 대한 소명의식을 가지고 자신의 직무를 성실히 수행하고 있다.

교직의 애타적인 성격은 가르치는 동기에 있어서 가장 중요한 요소다. 급여문제, 대중적 관심, 방학 등과 같은 기타 문제는 봉사기회와 비교해서 큰 매력을 가지는 것은 아니다. 교사가 이렇게 말한다면, 교직에 남는 이유는 명백해진다.

교직에서 애타적인 보람이 어떻게 나타나든, 그것은 교사의 직업을 더욱 고귀하게 하고, 또한 인간적 중요성을 깨닫게 한다. 조심할 필요는 있겠지만, 애타주의 자체는 학생을 가르치는 것을 의미하지 않는다. 필요한 지식과 기술이 없이도, 교사의 잘 정련된 노력은 효과를 발휘할 수 있다. 그렇지만 타인에게 봉사할 기회는 교사들이 그들 학생을 더욱 잘 이끌도록 계속적으로 배우게 하는 중요한 요인이 된다.

제 5 절 교육연구가 교사의 교수행위에 어떻게 도움을 주는가?

1970년 이래, 교육학자들은 교사와 학생의 행동을 분석하고 관찰하는 정교한 방법을 끊임없이 개발하여 왔다. 교사 효율성 연구라고 알려진 이러한 연구조류는 우리가 교수행위의 예술적 영역을 완전히 이해할 수 없지만, 학생들의 학습을 증대시키는 교육의 특별한 행동이 있다는 것을 보여 준다. 교실에서 행해지는 많은 연구들은 학생들의 태도와 성취를 측정하는 등의 효용성을 가지고 있다. 예컨대 교육학자들은 다음의 내용들이 학생들의 학습과 밀접한 관련이 있다고 주장한다.

- 교사의 칭찬과 강화
- 학생의 과제부담을 해결하는 시간의 양
- 교사들의 사고과정
- 교사들의 학생들에 대한 학습기대
- 학생들의 학습 시간량
- 교사가 교수행위에 소비하는 시간량
- 교사가 교실을 경영하고 조직하는 방법
- 교사가 낮거나 높은 학업성취 수준의 학생들에게 대응하는 방법
- 교사가 사용하는 수업 전략

비록 이러한 연구가 교사들에게 그들의 교수행위를 분석하는 데 유용한 도구로 작용한다고 하더라도, 특별한 문제를 해결하는데 있어서 언제나 유용한 처방의 역할을 한다고는 생각되지 않는다. 대신, 교사가 따라야 하는 일반적 규칙을 제공하는 교육연구를 생각하는 것이 더 정확하다. 결국 전문적인 역할은 학생들을 지도하는 효과적인 연구의 결과를 사용하는 방법과 시기를 결정하는 능력이라고 할 수 있다. 가르치는 일은 매우 복잡한 활동이다. 교사들이 수행하는 장면을 생각하지 않고 연구결과를 현장에 적용할 수는 없다. 문화적 요소를 고려하지 않은 채, 도시 학교의 3학년 교실에서 실시한 연구결과를 시골학교에 적용할 수 없다는 것을 명심할 필요가 있다.

1. 학생과 교사에 대한 연구

앞으로 한국의 교사들은 상이한 배경을 가진 학생들을 가르치는데 필요한 이론과 연구에 대해서 더 많이 알아볼 필요가 있다. 교사들은 상이한 사회계층, 인종, 외국어, 종교, 가치관을 가진 학생들을 한 교실에서 더 자주 볼 수 있을 것이다. 더욱이 교사들은 다양한 연령의 수많은 장애인에게 평등한 교육기회를 제공해야 하는 프로그램을 수행해야 할 것을 기대받게도 될 것이다.

1990년 「Handbook of Research on Teacher Education」의 한 장에서, C. Grant와 W. Secada는 교사가 미국의 교육장면에서 다양성을 준비해야 하는 데에는 이유가 있다고 지적했다. 즉 "학생과 교사에 관한 현 인구구성과 미래를 위한 프로젝트를 비교해 보면 교사와 학생의 다양성 문제에서 미국 교육이 간과하고 있는 뚜렷한 문제가 있다. 미국의 학교를 점유하고 있는 인구구성은 29%가 비백인이고, 반면에 교사는 12~14%가 비백인이다. 더욱이 교사의 나이는 점점 고령화되고 있으며(교사의 평균 나이가 1976년 33세에서 1983은 39세), 이런 교사들은 백인 여교사로 대치되고 있다. 따라서 더욱 동질화되어 가는 교사의 모습을 볼 때, 점점 다양해져 가는 학생에 대한 준비가 요청된다."고 주장한다. 이 문제는 한국의 경우도 예외일 수 없다. 교사의 연령은 더욱 고령화되어 가고 있고, 여교사 일변도의 교단풍토가 이루어져 가는데 비하여, 학생들은 도농간의 생활환경 차이뿐만 아니라 같은 지역의 경우에도 그 경험의 양상이 더욱 다양화되어 가고 있는 형편이다. 뿐만 아니라 다문화의 배경을 가진 학생들이 점점 늘어 가고 있다.

2. 연구보고 자료

소위 양적 연구와 질적 연구에 의존하는 교육학자들은 교수행위를 더욱 완전히 이해하려는 노력을 계속할 것이다. 그들의 연구결과는 교육연구 저널에 계속 발표되고 있다. 부언하면, 거기에는 직업준비를 하는 동안 친밀하고 훌륭한 몇 개의 연구관점이 있다. 이 점에서 가장 인상적인 연구물은 미국교육연구협회에서 후원한 「Handbook of Research on Teacher Education」의 제3판을 들 수 있다. 1천쪽으로 구성된 이 책은 다음의 5가지 영역을 종합했다. ① 교수에 관한 연구방법과 이론, ② 교수행위와 교사에 관한 연구, ③ 교수행위에 관한 사회적 · 지적 특성, ④ 학습자들의 차이점에 적합한 교수행위, ⑤ 다양한 교과영역과 학년수준에 적합한 교수에 대한 연구가 그것들이다. 교수행동에 관한 훌륭한 다른 연구관점은 교육학자인 Good과 Brophy에 의해 씌어진 교실관찰의 제4판을 들 수 있다. 이 책은 교사기대, 교실에서 벌어지는 교실경영의 방해요소, 효과적인 경영문제의 극복방법, 그리고 학생들의 학습 동기화에 관해 훌륭하게 논의하고 있다. 교수행위에 관한 광범위한 관점은 Kindsvatter, Wilen 그리고 Ishler가 지적한 「효과적인 교수행위의 역동성」이 있다. 이 책은 몇 개의 교사의 의사결정 방법, 수업기술, 교실 훈육 그리고 학업성취 평가에 관한 교사 효과성 연구의 영역을 요약하고 있다.

3. 연구 적용을 위한 정부 자료

미국의 경우 연방 정부에서는 교사가 여러 가지 연구결과의 적용을 통하여 그들의 교수행위를 개선하도록 도와 주기 위하여 다각적인 지원을 하고 있다. 1966년에 3개의 새로운 기관이 연구를 지원하거나 보급하기 위해 설립되었다. 즉 교육자료정보센터(Educational Resources Information Center : ERIC), 연구개발센터(Research and Development Centers), 그리고 지역교육연구기관(Regional Educational Laboratories)이 그것들이다.

ERIC은 16개의 ERIC Clearinghouses(자료 검색실)로 구성된 국가정보체제다. 대부분의 대학이나 종합대학 연구에서 이용하는 ERIC 체제는 교육을 발전시키는 대중, 학자, 행정가, 교사들에 의해 이용되어지는 관련 정보와 연구결과 그리고 표본(모범) 프로그램을 전시하고 있다.

워싱턴에 있는 교육연구개발실(Office of Educational Research and Improvement : OERI) 내에서, 연구기관(공식적으로 국가 교육기관)은 대학에 14개의 연구센터를 유지하고 있다. 이 센터들은 교육에 관한 모든 영역에 대해 높은 수준의 연구와 기초연구에 기여하고 있으며, 주요 대학의 학자들에 의해 연구가 수행되고 있다. 이 센터들의 주요 관심영역은 교수와 학습과정, 학교조직과 개선, 교육내용 그리고 교육을 발전시킬 수 있는 요소에 집중되고 있다.

OERI 역시 주나 지방에서 표본 프로그램을 지원하는 실제 개발프로그램개발기관(Programs for the Improvement of Practice : PIP)을 운영하고 있다. PIP 역시 연구결과의 적용을 강조하는 9개의 교육연구소(교사 Resource Guide에 있는 지역의 교육연구소)를 유지하고 있다. 각 연구소는 지역에 봉사하고, 대학과 관계없는 비영리 법인단체다. 연구소 직원은 직접적으로 학교체제, 주 연구기관 그리고 교육발전을 위한 다른 기관 내에서 근무한다.

이 기관을 이용하는 모든 사람들은 전문적인 교사교육 프로그램을 통해서, 교육연구가 어떻게 교수행동의 이해를 도모하는지를 인식하게 될 수 있을 것이다. 그리고 역시 그것이 어떻게 교실에서 교수 효과성을 증진시키는 지침을 제공하는지를 알게 될 것이다.

Memo

교직실무

Chapter

10

제 1 절　교직의 이해

제 2 절　교육운영

제 3 절　교육지원

교사는 학생을 잘 가르쳐야 한다. 교사가 학생을 잘 가르치기 위해서는 교육이론을 충분히 알고 있어야 할 뿐만 아니라 교사가 알고 있는 교육이론을 학생들에게 적법한 절차와 방법을 통해 교육적으로 적용할 수 있어야 한다. 결국 교직실무에 관한 이해와 실천은 학생을 잘 가르치기 위한 방법이며 수단이라 볼 수 있다. 따라서 교사는 교직실무에 관한 지식과 수행능력 모두를 갖추고 있어야 한다.

제 1 절 교직의 이해

교직의 이해는 먼저 교사가 무엇을 하는 직업인가를 생각해야 한다. 교직은 사전적 의미로서 학생을 가르치는 직업이라고 한다. 학생을 가르친다는 것은 현장교육을 의미한다. 현장의 교육은 가르치는 행위와 더불어 규범적 측면에서 교사의 권리와 의무 그리고 교사의 전문적인 책무도 함께 실천해야 한다. 교사는 이러한 직무를 수행하기 위한 최소한의 표준적 기준을 이해하고 실천해야 하는 직업이라는 것을 이해해야 한다.

1. 교직의 의미

교직에 대한 의미를 생각함에 있어 잘 가르치기 위한 교사의 지식과 능력, 즉 교수행위의 효율성을 먼저 생각해 볼 필요가 있다. 그러나 불행하게도 교수행위의 다양성과 복합성으로 인해 이에 대한 대답은 쉽지 않다. 결과적으로 교수행위의 효율성은 무엇을 알고 있어야 하며, 무엇을 어떻게 실천해야 한다는 구체적이고, 전문적이며, 과학적인 것에서부터 추상적이고, 예술적인 것에 이르기까지 광범위하고 다양한 특성을 지니고 있기 때문이다.

1) 교직의 전문성 논의

교사들이 종사하는 직무를 교직이라고 하며 교직은 일반직종과 달리 전문적 성격을 띠고 있다. 교직의 전문적 성격은 교육의 의미를 어떻게 규정하느냐에 따라 다양하게 정의될 수 있다. 요컨대 교직 역시 개인적인 차원에서는 생계유지의 수단으로 혹은 자아실현의 과정으로 또는 사회 구성원으로서 져야 할 일종의 사회적 책무가 있다. 그리고 계속적인 과정 속에서 연속되는 일정의 노동성을 수반하는 일반적인 직업의 특성을 지니고 있다(안창선 외 2인). 그러나 교직은 이러한 직업의 특성을 거의 대부분 공통적으로 가지고 있으면서도 일반 직업과는 달리 다음과 같은 전문적 특성을 더 지니고 있다. ① 인간을 대상으로 하고 인간의 성장과 발달을 돕는 직업이다. ② 미성숙자를 대상으로 하며, 그들을 이상적인 전인(全人)으로 성장하고 발달할 수 있도록 도와 주는 직업이다. ③ 교직은 주로 인간의 정신적인 생활영역을 대상으로 하는 직업이며, ④ 봉사직이라는 점이다. ⑤ 교직은 국가와 민족의 발전은 물론 인류 사회 발전에 헌신적으로 봉사하는 사회적 혹은 공공적 직업이다(김재우, 1996).

이와 같이 교직은 일반 직업과 다른 특수성을 가지고 있으며, 교사에게는 일반 직업 종사자들보다 더 많은 학문적 지식과 훈련, 장기간의 교육, 더 높은 도덕성, 더 강한 사회적 책임감 등을 가져야 한다.

그렇다면 교직의 전문성은 무엇일까? 교직의 전문성은 교사가 전문화된 지식기반을 어느 정도 구축하고 있으며, 교육 수혜자인 학생의 교육 실천을 위한 지도 기술 수준이 어느 정도여야 하는지, 전문성 기준을 얼마나 수행하고 있느냐에 따라 특정지어진다(Darling-Hammond, 1993).

따라서 교직의 전문성 확보를 위해서는 교사와 교육전문가들 스스로 전문성 확보에 대한 노력을 게을리하지 말아야 한다. 그리고 학교와 교육전문기관은 교직의 전문성 확보라는 목적을 달성할 수 있도록 기본 환경을 조성해 주고 전문성에 대한 높은 규범들을 정확히 정의하고 기준을 마련한 다음, 예비교사들과 현직교사들에게 그러한 규범과 기대를 실천할 수 있도록 주의 깊게 도와 주고 여건을 만들어 주어야 한다(Imig, 1991).

2) 교사의 역할

역할은 어떤 행위나 태도에 대한 포괄적인 경향을 의미하고, 자주 접하게 되는 상황을 어떻게 처리할 것인가에 대한 전략의 수립이며 사회적으로 명확하게 인정되는 행위다. 그리고 여러 사람들에 의해 의식적으로 수행되어야 하는 과정으로, 어떤 개인의 사회적 지위를 결정하고 확인하여 주는 주요 근거로 작용하는 개념이다(Sills, 1968).

역할의 개념에는 ① 사회적 지위, ② 그 지위에 관련된 행동유형과 경향성, ③ 기대되는 직업적 활동이라는 세 가지 요소가 포함된다(안창선 · 남경현 · 이욱범, 2001). 이에 따라 교사의 역할은 교사의 자리를 어떤 관점으로 보느냐에 따라 역할이 달라진다. 교사의 역할은 ① 공식적 역할 대 비공식적 역할, ② 표면적 역할 대 잠재적 역할 등으로 구분하고 있다(남정걸, 1998). 또한 교사는 학부모를 비롯한 지역사회 인사들과 상호작용하고 때로는 지역사회에서의 관계자 역할을 한다. 학부모와 학생의 교육문제를 상담하기도 하고 지역사회의 교육적 여건을 조성하는데 의견을 내기도 한다(조주연, 2003).

교사의 역할은 ① 학급에서의 역할, ② 학교에서의 역할, ③ 사회에서의 역할로 분류하기도 한다. 여기에서 말하는 학교에서의 역할은 교과와 학습지도자로서의 역할, 생활지도자, 평가자, 학급경영자, 학교 경영참여자, 행사교육자, 직장인 등을 말하며 사회에서의 역할은 모범인, 변화촉진자, 교권 신장의 주체, 연수 및 연구자 등을 말한다. 학급에서의 역할은 학습지도면, 생활지도면, 학습관리면, 인간관계면에서의 역할을 들 수 있다(한국교원단체총연합회, 1997).

위에서 살펴본 것처럼 교사의 역할은 너무나 다양하기 때문에 한 마디로 단순하고 쉽게 정의할 수 없다. 교사는 각자 서로 다른 지적 능력과 개성을 지닌 많은 학생을 가르친다. 이 학생들은 때로 학업에서나 생활에서 또는 성장과정에서 각종 다양한 고민을 가질 수도 있다. 교사는 학생들의 이러한 개성과 문제에 적극적으로 대응해야 한다. 그러므로 교사의 역할은 학생의 문제나 요구에 따라 학습지도자, 상담자나 조언자, 그리고 훈육자 등 다양한 형태로 바뀌게 된다.

또한 교사는 학생들이 사회를 이해하는데 있어서 중요한 사례가 되고 학생들이 한 사회인으로서 살아가는데 있어서 중요한 모델이 된다. 그 밖에도 교사는 학교의 교직원으로서 자신의 역할을 수행해야 하고, 교장, 교감 등 교육행정가와 함께 보다 나은 교육 방법에 대해 협의하기도 해야 하며, 교직원으로서 자신에게 주어진 공무도 수행해야 한다.

3) 학교의 관료적 성격

학교는 Paula Silver(1983)가 이야기한 ① 권위위계, ② 규칙과 규정, ③ 분업 전문화, ④ 몰인정성, ⑤ 절차의 명세화, ⑥ 기능적 능력, ⑦ 자원의 통제를 학교조직에 적용하여 볼 때, 관료제적 성격이 매우 강함을 알 수 있다. 보직 교사는 선임되지 않고 임명되며 이러한 임명의 기준은 능력으로 판단한다. 봉급은 능력에 의한 차등 지급이 아니고 호봉에 따라 일정한 지급방식에 의해 직접 지급되고, 교장, 교감, 부장교사의 직위는 인정되고 존중된다. 승진은 경력과 여러 경험들의 기준에 의하며 학교생활 방식은 조직 중심적으로 운영되고 있다.

교사는 전문직이라고는 하나 전문직다운 자율성을 인정받기 전에 공무원 신분으로서 수행해야 할 법적 측면들을 우선적으로 요구받는다. 이에 따라 업무상의 자율성은 다소 제한받는 대신 교사라는 신분상 권익은 국가로부터 보장받는다. 학교 경영측면에서도 자율성보다는 법규 우선의 원칙이 적용되어 학교 경영의 경직성을 면치 못하고 있다. 이에 따라 학교는 문서와 증거를 중요시하고 있다.

교육조직의 내용을 좀 더 구체적으로 살펴보면 다음과 같은 관료제의 특성을 지니고 있다. ① 직위가 2급 정교사, 1급 정교사 또는 교사, 부장교사, 교감, 교장으로 서열화되어 있고, ② 근무시간, 교사의 책무, 학생 품행 등에 관한 여러 가지 규칙과 규정이 있으며, ③ 과목별, 학년별, 행정, 서무 등 학교의 업무는 분업화되어 있으되 타 분야를 서로 간섭하지 않는다. ④ 사람의 인성과 성격에 따라 달라지지 않도록 몰인정성이 강조되고, ⑤ 학생의 학업성취, 출결 상황, 제반 평가 기록 등이 문서화되어 있고, ⑥ 모든 교사의 능력은 기술적 면이 강조되며, ⑦ 교육조직은 목표 달성을 위해 인적 혹은 물적 자원을 관리하고 통제한다. 여기에서의 일곱 가지 특성 중, ③번의 과목별, 학년별, 행정, 서무 등은 '분업에 의한 전문화'가 이루어져 있으며, ⑥번의 교사능력은 기술적인 면이 강조되고 있다는 것은 '기술적 능력'과 일치하고 있다. 이외의 5가지 다른 특성은 관료제의 성격을 강하게 나타나고 있다(서울특별시중부교육청, 1996).

그러므로 학교는 상당부분 관료적 성격에 의해 운영되고 있다. 관료제가 학교의 운영을 획일적으로 순응시키는 데는 일단 성공을 거두게 될지는 모르나, 결국엔 교육이 추구하는 자기 책임과 창의적 사고를 위한 장기적인 목표들을 거두는 데는 실패하게 된다. 학교는 교직의 전문성과 개별성 그리고 복합성, 자율성, 민주성에 따라야 한다. 그리고 가르치는 데 제한받지 않은 열린 사고로 전문성과 책무성을 수행하고 강화해 나가야 하며 교직의 본질적 의미를 고려해야 한다. 특히 교직은 변화의 요구를 수행해야 하는 직업이므로 교직의 폐쇄성을 밀어내고 개혁을 위한 다양한 전략을 수립하고 실천해 가야 한다.

4) 교직의 이완 결합체제

이완 결합체제란 단위(unit), 과정(process), 행위(action) 및 개인(individuals) 등의 조직 구성요소들이 전형적으로 느슨하게 연결된 체제를 일컫는다. 이는 각 구성요소들이 서로 연결은 되어 있으나, 각자가 독자성을 유지하면서 어느 정도 분리되어 있는 모습을 보이는 학교 조직의 특성을 묘사한다. 결합된 체제들이 상호 반응하지만 각 체제는 그 자신의 주체성과 그것이 물리적 또는 논리적으로 분리되어 조직의 하위체제와 활동들이 느슨하게 결합되어 있는 상태를 의미하고 또한 학교 조직은 그러한 특징을 가지고 있다(Weick, 1976). 학년, 학급, 교사 등 조직 구성요소들이 서로 연결은 되어 있으되 각자가 독자성을 유지하면서 어느 정도 분리되어 있는 모습을 보이는 학교 조직의 특성이 그 증거가 된다.

교육조직의 느슨한 연결체제는 다음과 같은 특성을 가지고 있다. ① 교육조직은 단위들 사이에 상호의존적이라기보다는 독립적이며, ② 과정은 연결되어 있기보다 분절되어 있는 것처럼 보인다. ③ 그리고 결과로부터 행동이 분리되어 있으며, ④ 개인은 거의 혹은 전혀 감독역할을 하지 않는다(Clark, 1981). 이와 같은 설명이 교육조직의 느슨한 연결체제가 갖는 장점이라면, 이것과는 다르게 느슨한 결합체의 단점을 지적하고 있다. 즉 교육조직의 특성으로 구조적 구성요소들 상호간의 관계와 활동은 단지 느슨하게 연결되어 있으며 규칙들은 종종 위반되어지고, 기술은 그 능률에 문제가 있다. 평가 및 조사체계는 아예 바뀌어졌거나 너무 애매하여 조정을 거의 할 수 없을 정도라는 것이다(Meyer & Rowan, 1991). 이러한 지적은 교육조직이 느슨한 결합체제를 유지하기 때문에 그에 따른 단점도 있다.

교육조직 내에서 이루어지는 다양한 과업과 활동들은 약하게 연결되어 있어서 각 단위들은 독자적인 영역과 기능 및 주체성을 지닌다는 것을 의미하며, 교사의 교수활동에 대한 특정하고 분명한 감독 및 평가방법이 없으므로 그들의 임무수행에는 상당한 자유재량권이 행사될 수밖에 없고, 교육조직에서의 권위체제는 미약하고 복합적임을 나타낸다. 또 복합적 이해관계 및 이질적인 타인들로 집단이 구성되어 있고, 특히 필요한 자원을 자체 산출하지 못하고 외부환경에 의존해야 하기 때문에 복합적 이해관계를 지닌 외부환경의 요구들을 수렴해야 한다. 따라서 외부환경의 영향을 받지 않을 수 없게 된다.

한편 교육조직은 과업의식이 불분명하여 결과를 예측하기가 어렵다. 교육목표에 대한 인식자체가 추상적일 수밖에 없기 때문에 추상적 목표에 따른 결과 또한 당연히 예측하기 어려울 수밖에 없는 것이다. 아울러 교사와 학생과의 관계는 공식적이면서도 동시에 비공식적인 관계에 있으므로 느슨한 연결이 될 수밖에 없다. 그러나 교육조직의 업무는 문서화되어 있으며 학생의 진급, 졸업제도, 학급편성 등은 매우 밀접하게 연결되어 있다. 한 마디로 행정적 측면의 업무들에서는 단단한 결합성을 보이므로 교육조직을 전적으로 느슨한 연결체제라고 규정할 수만은 없다. 따라서 학교조직이 가지는 이완 결합성으로 인해 야기되는 몇 가지 문제점들은 교육조직 내의 구성원들 간에 상호 신뢰와 이해의 바탕에서 극복되어야 한다.

5) 조직화된 무질서

교육조직의 문제들 중 한 가지인 특히 조직화된 무질서의 문제에 대해 생각해 보자. 조직화된 무질서란 조직 내에 강한 개성과 전문성으로 인해 자율적 견제와 조정이 이루어지므로 의도적 통제가 적용되지 않는다는 뜻이다. 조직화된 무질서의 특성으로는 목표의 모호성과 불분명한 기술(記述), 그리고 유동적 참여를 들고 있다(Cohen & Olsen, 1972). ① 목표의 모호성은 교육조직의 목적이 구체적이지 못하며 또 분명하지도 않다는 것이다. 사실상 교육조직의 목표는 추상적인 단어 또는 구술로 진술되어 있고, 그 뜻이 모호하여 분명한 방향 제시, 즉 역할을 제대로 하지 못하고 있다. ② 불분명한 기술은 교사, 행정가, 장학요원들이 사용하는 기술(記述)이 명확하지 못하고 또 적용하는 사람에 따라 개인차가 있다는 것이다. ③ 유동적 참여는 학교 조직에의 참여가 유동적이고 간헐적이라는 것이다. 학생, 교사, 행정가 등이 고정적이지 못하고 일정기간 머물다가 그 학교를 떠난다. 따라서 구성원들이 학교에 투입하는 시간과 노력의 양은 천차만별이다. 이런 점에서 학교는 유동적인 구성원들로 구성되어 있으며, 구성원 자격도 불확실하다. 이와 같이 학교는 하나의 조직으로서의 체계는 갖추고는 있으나 그 내부는 목표, 목표기술, 참여의 측면에서 매우 혼란스럽고 무질서한 양상을 띠고 있다. 이러한 관점에서 학교를 조직화와 무질서 상태라는 서로 모순되는 두 개념을 통해 은유적으로 묘사하고 있다.

그러나 이 이론을 통하여 교육조직을 해석할 때는 몇 가지 문제점이 따른다. 교육과정을 편성하고 운영하는 부분, 즉 학사일정, 수업진행, 진급 등의 교육과정은 매우 명확하고 예측가능하기 때문에 불확실성과 불예측성과는 거리가 멀다. 또한 교육조직을 주로 의사결정의 차원에서 분석하려 하므로 의사결정과 직접적으로 관계되지 않은 조직 내의 여러 요소들을 소홀히 다루고 있다는 점이다(고광민, 2006).

지금까지 논의된 교육조직의 특성을 통해 얻는 시사점은 교육조직의 구성원들은 조직 내 목표를 인식하고 책임 있는 역할수행을 해야 한다는 점이다. 조직 구성원인 교사들이 능동적이고 주체적으로 활동할 때 교육조직의 목표는 효과적으로 달성될 수 있다.

2. 교육과 관련된 중요 법규

교육과 관련된 주요법규들을 살펴보면 다음과 같다. 교육의 법규에는 '헌법', '교육기본법', '초 · 중등교육법', '지방교육자치에 관한 법률', '사립학교법', '국가공무원법', '교육공무원법' 등이 있다. 그리고 교육과 관련된 내용은 교육의 제도적인 면, 교육과정, 학업성취도 평가 및 기관평가, 학교의 설립과 운영, 학사 및 회계 관리, 사무, 교원의 인사와 자격, 복무, 장학, 교육과 관계되는 자 등을 이야기한다.

첫째, 주요 교육법규에 따라 규정된 내용들을 살펴보면, ① '헌법'에는 교육의 기회균등, 초등교육의 의무와 무상교육, 교육의 자주성 · 전문성 · 정치적 중립성 · 자율성 보장, 평생교육 진흥, 교육제도와 운영, 교육재정 및 교원의 지위에 관한 사항 등 교육제도 뿐만 아니라 교육권이 헌법에 보장되어 있다. ② '교육기본법'의 목적은 교육에 관한 국민의 권리, 의무, 국가 및 지방자치단체의 책임, 교육제도와 그 운영에 관한 기본사항을 규정하고 있다. 그리고 교육의 이념, 학습권, 교육의 기회균등, 교육의 중립성, 의무교육, 학교교육, 또한 교육 당사자인 학습자, 보호자, 교원, 교원단체, 학교 등의 설립 및 경영자에 대한 내용을 명시하고 있고 아울러 국가와 지방자치단체는 교육의 진흥을 위한 남녀 평등정신, 특수, 영재, 유아, 직업, 학교체육, 과학, 정보화 교육과 국제교육 진흥의 내용들과 학술 문화 진흥 및 사학육성, 학생 및 교직원에 대한 복지, 장학제도, 국제화 교육에 관한 내용들이 포함되어 있다. 또한 평생교육제도에 따른 사회교육, 직업교육, 성인교육 등과 재외교육에 관한 사항들을 포함하고 있다. ③ '초 · 중등교육법'에는 학교교육의 제도, 즉 유치원, 초등학교(공민학교), 중학교(고등공민학교), 고등학교(고등기술학교), 특수학교, 각종학교 등에 관한 내용들이 명시되어 있다. 국가가 설립하여 운영하는 국립학교, 지방자치단체가 설립하여 운영하는 공립과 시·도립, 그리고 법인 또는 개인이 설립하여 운영하는 사립학교에 대한 종류와 내용 등이 규정되어 있고 학교의 지도·감독 내용과 의무교육, 취학의 의무 등을 포함하고 있다. ④ '지방지치에 관한 법률'에는 교육위원회와 교육감에 관한 사항 등이 명시되어 있으며, ⑤ '국가공무원법'에는 공무원의 구분 기준, 교육공무원의 법적 위치 등을 규정하고 있다. ⑥ '교육공무원법'에는 교장, 장학관, 교감, 장학사, 교사 등의 임용 그리고 초빙교원, 기간제 교원의 임용과 교육공무원 정년 등이 규정되어 있다. ⑦ '사립학교법'에는 설립과 법인 구성·운영, 교원의 자격·임용·보수·징계 및 신분보장, 복무에 대한 내용 등이 명시되어 있고 교장 임면과 교원의 임면 사항, 그리고 이를 관할청에 보고하는 내용 등이 규정되어 있다.

둘째, 교육의 분야별 교육 법규를 알아보면, ① 교육의 제도적인 면에서는 국가 교육제도의 기본이 되는 '헌법', '교육기본법', '유아교육법', '초·중등교육법', '고등교육법' 등이 있다. 여기에는 학교교육제도, 평생교육제도, 국제교육 등을 함께 포함하고 있다. ② 교육과정과 관련된 법규는 '초·중등교육법' 등에 명시되어 있으며 그 내용으로 단위학교는 이 법의 규정에 의하여 학교교육과정을 개발하고 운영해야 하며 교육과학기술부 장관은 이 법에 따라 교육과정의 기본사항과 기준 그리고 내용을 정하여야 하고 교육감은 이에 따른 지역의 실정과 수준에 맞는 내용과 기준을 정해야 한다고 명시하고 있다. ③ 학업성취도 평가 및 기관평가에 관한 사항은 '교육기본법'과 '초·중등교육법' 그리고 '사립학교법시행령' 등에 규정되어 있다. ㉮ 여기서는 국민의 학습 성과 등이 공정하게 통용될 수 있도록 하기 위한 학력평가 및 능력인증에 관한 제도를 수립·실시할 수 있고, ㉯ 학업성취도와 기관평가는 교육과학기술부 장관이 실시할 수 있으며 대상이나 기준 그리고 절차, 평가 결과의 공개는 '대통령'으로 정한다고 하였다. ④ 학교의 설립과 경영은 '교육기본법'과 '초·중등교육법', '사립학교법' 등에 명시되어 있으며, ㉮ '교육기본법'에는 국가, 지방자치단체, 법인, 사인은 학교나 사회교육 시설을 설립·운영할 수 있으며, ㉯ '초·중등교육법'과 '사립학교법'에는 설립하고자 하는 자의 설립·경영, 설립기준, 인가,

폐지, 변경, 학교규칙 등과 학교운영위원회, 학생자치, 학생징계 등이 규정되어 있다. ⑤ 학사의 실무, 즉 교과, 학년도, 수업일수, 학기, 휴업일, 임시휴업, 학교생활기록부 작성 및 관리, 국정 · 검인정 교과용도서의 사용, 학습부진아의 체험학습 등의 필요 교육이 규정되어 있으며 위탁교육은 '초 · 중등교육법'과 '초 · 중등교육법시행령' 등에 명시되어 있다. ⑥ 학교회계는 '초 · 중등교육법' 등에 규정되어 있으며 특히 학교회계의 세부 지침은 '학교회계규칙'에 상세히 기술되어 있다. 여기에는 학교회계의 설치, 세입과 세출, 예비비 운영 등이 규정되어 있으며 통합재정회계 시스템으로 운영되어야 한다고 하였다. ⑦ 사무관리는 '사무관리 규정'이나 '사무관리규정 시행규칙', '공공기관의 기록물 관리에 관한 법률' 등에 규정되어 있으며, ㉮ 사무관리규정에 사용되는 용어, 공문서 관리, 공문서의 작성 · 처리 및 심사, 사무관리의 원칙, 정책설명, 사무보고, 문서보존, 관인관리 등은 '사무 관리' 등에 규정하고 있다. ㉯ 기록물관리 및 기록물관리의 표준화와 전문화, 벌칙 등은 공공기관의 '기록물관리에 관한 법률'에 명시되어 있다. ㉰ 사무관리규정의 위임사항과 시행, 사무 인수와 인계, 공문서 관리, 서식관리, 업무편람 등은 '사무관리규정 시행규칙' 등에 규정하고 있다. ⑧ 교원의 인사복무는 '교육공무원법'과 '국가공무원법' 그리고 '교육공무원승진규정', '교육공무원인사관리규정' 등에 규정되어 있다. ㉮ 여기서 자격이나 임용, 보수, 연수, 신분보장 그리고 특례 등은 '교육공무원법' 등에 규정되어 있고, ㉯ 교육공무원 임용령 및 승진규정, 교육공무원의 적용범위 등은 '교육공무원인사관리규정' 등에 명시되어 있다. ㉰ 그리고 승진후보자 명부작성 및 연수성적 등은 '교육공무원승진규정' 등에 규정하고 있다. ⑨ 장학실무에 관한 사항은 '초 · 중등교육법'과 '초 · 중등교육법시행령' 등에 규정되어 있으며, ㉮ 특히 국립학교는 교육과학기술부 장관, 공립과 사립학교는 교육감의 지도와 감독을 받아야 하고, 교육과학기술부 장관 및 교육감은 학교에 대하여 교육과정 운영과 교수 · 학습 등에 대한 장학지도를 실시할 수 있다고 명시하고 있다. ㉯ 교육과학기술부 장관이나 교육감은 장학지도의 대상이나 절차 그리고 항목과 방법, 결과처리 등에 관한 계획을 수립하여 장학지도 대상학교에 미리 통보해야 한다고 하였다. ⑩ 교육관계자는 '교육기본법'과 '초 · 중등교육법 '등에 규정되어 있다. ㉮ 여기서는 학습자에 관한 사항과 부모 등 보호자에 관한 사항, 그리고 교원에 관한 전문성, 책무, 교원의 정치적 중립사항, 교원단체, 학교 등의 설립과 경영, 국가, 지방자치단체 교육은 '교육기본법' 등에 명시되어 있다. ㉯ 그리고 교원의 자격은 '초·중등교육법' 등에 규정하고 있다.

3. 교사의 윤리 및 권리와 의무, 복무

첫째, 교사의 윤리는 학생에 대한 윤리며 교사 자신에 대한 윤리다. 그리고 교사 상호간에 대한 윤리며 학부모에 대한 윤리다. 또한 사회에 대한 윤리다. 교사는 이러한 윤리적 성격을 가지고 있으므로 높은 인격과 폭넓은 교양, 건전한 생활태도와 투철한 국가의식을 반드시 갖추어야 한다(한국교원교육학회, 2001; 기순신, 2001, 재인용).

이에 따라 교사는 교실이나 학교에서 일상적으로 윤리적 딜레마에 빠진다. 모든 사실을 알리지 못하거나, 한 가지 행동이 '옳다', '그르다'고 할 수 없는 상황에서 특정 행동을 취해야 할 경우가 있다. 이런 경우 윤리적 대응이 무엇인지를 판단하는 것은 매우 어려울 수 있다. 가르치는 일에서 윤리적 딜레마를 만족스럽게 해결하기 위해서는 단기적인 결과를 벗어나 장기적인 결과를 고려하는 능력이 필요하다.

둘째, 교사의 권리는 교사로서 교직을 수행하는데 얻는 이익, 즉 자기를 위해 주장할 수 있는 법률상의 힘이라고 할 수 있으며 이러한 권리는 적극적 권리와 소극적 권리로 나눌 수 있다. 그리고 모두 법적인 측면에서 강조되고 있다. ① 적극적 권리는 '교육기본법', '공무원법' 등에 명시되어 있고 그 내용으로 자율성 신장, 생활 보장, 근로조건 개선, 후생복지 확충 등을 들 수 있다. ② 소극적 권리는 교사의 신분 보장, 쟁소제기권, 불체포 특권, 교직단체 활동권 등이 있다. 이러한 권리는 '국가공무원법', '공무원법', '교육기본법', '사립학교법', '소청절차' 등에 명문으로 규정하고 있다. 적극적 권리와 소극적 권리에서 보장받고 있는 교사의 권리가 현재 어느 정도 수준에 머물고 있는지 그리고 이에 대한 문제점은 어디에 있으며 그 해결 방법은 무엇인지 찾아보아야 한다.

먼저 적극적 권리 면에서 살펴보면 ① 자율성 신장의 측면은 교육적 범위를 벗어난 학부모의 부당한 간섭, 담임선택권 요구, 관료적 성격에 의한 획일적 지시 · 통제 일변도 등으로 자율성이 크게 손상되고 제한받고 있는 실정이다. ② 생활보장의 면에서는 교사의 봉급 수준이 타 전문 직종에 비해 상대적으로 낮은 편이며 아울러 근무 연수가 늘어날수록 봉급의 상승률이 낮아 장기근속 교원일수록 생활의 어려움을 겪게 된다. 그리고 교사의 고학력 우대책이 마련되어 있지 않아 상급학교의 진학이 무의미한 상태며, 더구나 연금 급여액의 기준은 본봉으로 되어 있고 수당은 포함되지 않아 연금액이 적다는 것이 문제로 대두되고 있다. ③ 근무조건 개선 면에서는 과밀학급, 과대규모학교, 교육활동 외적인 일, 과다업무, 주당 수업시수 과다, 생활지도의 어려움 등이 근무조건 개선의 저해 요인으로 작용하고 있다. ④ 후생 · 복지 측면에서는 연금액의 부족 및 연금체제의 불합리성, 자녀장학금 및 학비 지원체제 미흡, 무주택 교원을 위한 지원 대책 미흡, 학교 안전사고 결과에 대한 책임과 불이익 등이 교사라는 직업을 매력 없게 만들고 있어 이를 위한 대책이 시급하다.

다음으로 소극적 권리 측면은 ① 신분보장 면은 법규상으로 완벽하게 보장되었다고 할 수 있으나 현실적으로는 학교 안전사고에 대한 교사들의 법적 책임성, 각종 교권침해사건 등의 교사 신분을 위협하는 사건 관련 피해 사례가 감소 추세는커녕 오히려 증가하고 있는 실정이다. ② 교권침해사건은 꾸준히 발생하고 있는 바 그 양태와 원인을 찾아보면 ㉮ 교원이 신분상 불이익의 처분을 받을 경우와 ㉯ 무상재해 발생시에 연금법 등에 의한 충분한 구제를 받지 못하는 경우가 있다. ㉰ 그리고 학생에 대한 징계권 행사에 관련하여 발생하는 책임문제가 불분명하고 ㉱ 교원의 생활보장권과 사회보장에 관한 문제를 들 수 있다(김종철, 1994). ③ 징계제기권의 소청은 징계처분대상자의 재심청구가 징계처분권자의 재심청구보다는 다소 빈도가 높다고 할 수 있다. ④ 불체포특권은 학교에서 현행범을 학원 내에 은폐하려는데 목적이 있는 것이 아니다. 어디까지나 학교장이 소속 교사의 범죄 사실을 인정할 때는 이에 적용되지 아니하므로 학원 내 소속직원의 교육 및 연구 활동 수행에 권력기관의 부당한 압력을 배제하려는 데 목적이 있기 때문이다. 이와 같은 특권은 교원과 국회의원 그리고 선거관리위원회의 위원에게만 적용되는 것으로 타 공무원에게는 적용되지 않는 특별한 권리다. ⑤ 교원단체 조직권은 단체행동권을 법으로 인정한 것이지만 정치적 활동을 목적으로 하는 정치 단체 또는 정당과는 구별되며 파업과 같이 극단적인 쟁의수단이 허용되지 않는 점에서 노동조합과는 구별된다(김낙운, 1974).

셋째, 교사는 당연히 교직과 관련된 의무를 지닌다. 교사들은 법률적으로 명령이나 행위에 따라야 하는 강제적 성격의 법률적 의무가 있는가 하면 자신이 가르치고 있는 학생들의 교육활동 전반에 대한 교사의 과실과 과오에 관해서도 책임을 져야 하는 의무도 있다. 그리고 교사의 법률적 의무는 교사의 법률적 권리와 마찬가지로 법률상으로 주어진 일을 적극적으로 행사하는 의무와 해서는 아니 되는 소극적 의무 두 가지 형태로 이야기할 수 있다. ① 적극적 의무는 교사가 주어진 일을 수행해야 하는 선서 · 성실 · 복종의 의무, 친절 · 봉사의 의무, 교육 및 연구 활동의 의무, 교사로서의 품위 유지 의무, 비밀엄수의 의무 등이 포함된다. 이러한 적극적 의무는 '국가공무원법', '교육공무원법', '국가공무원복무규정' 등에 명시하고 있다. ② 소극적 의무는 해서는 아니 되는 의무 혹은 금지하고 있는 의무를 이야기한다. 즉 공무원은 '헌법', '국가공무원법', '교육기본법' 등에 정당 기타 정치 단체의 결성에 관여하거나 이에 가입을 금지하는 행위, 집단행위의 금지, 영리업무 및 겸직의 금지를 말한다.

교육의 특수성이 감안된 교사의 의무 규정이 교사의 전문성 확보와 자율성 신장이란 측면에서 볼 때는 양립될 가능성이 있다. 그렇다면 긍정적인 면과 부정적인 면의 양립성이 얼마나 존재하고 있는지 한번 살펴보자.

먼저 적극적인 의무 면에서의 ① 선서 · 성실 · 복종의 의무에서 교원의 중요한 직무는 가르치는 데 있다. 가르친다는 내용은 교과지도, 특별활동, 재량활동 등에 있기 때문에 다른 직업의 직무와는 달리 자율적이고 창의성이 존재되고, 경험이나 지식을 나누고 공유하는 직업이므로 이것은 곧 상 · 하 관계라기 보다는 협력관계 또한 동반자 관계로 보는 것이 바람직하다. ② 교육 및 연구 활동의 의무는 법규적 해석의 관점으로 보기 보다는 자기연찬과 수양, 즉 전문적 교양의 원리와 방법을 익혀 바람직한 교육활동을 해 나가는데 필요한 본연의 임무로 생각해야 한다. ③ 교원으로서의 품위 유지 의무는 교육자다운 인격과 품성에 힘쓰고 사표가 되라는 의미로 받아들여야 한다. 그리고 품위 유지의 의무는 공적 임무뿐만 아니라 개인생활 혹은 가정생활까지 포함한 임무로 생각해야 한다. ④ 비밀엄수의 의무는 국가 안전보장상의 유해 사항 차원에서 해석되어야 하고 나라사랑의 의미로 보아야 한다.

다음으로 소극적 의미에서의 ① 정치활동의 금지에서 공무원의 정치적 중립성을 보장하는 이유는 직업공무원제의 확립에 따라 행정기술의 향상과 능률을 기하며 아울러 국민 전체의 봉사자로서 공평성을 유지해야 한다. 정권 교체에 따른 행정의 혼란을 억제하고 행정의 지속성을 유지하는데 그 목적이 있다고 할 수 있다(김낙운, 1974). ② 집단행위의 금지에서 교원노조의 행동권을 유보시킨 것은 교원의 태업, 파업, 직장 폐쇄 등으로 인하여 정상적인 교육 본연의 활동을 저해할 우려가 있기 때문이지만 근무조건 개선이나 임금 등에 관한 교섭권 행사가 실질적으로 가능해지려면 향후 행동권이 어느 정도 인정되어야 할 것으로 사료된다. ③ 공무원이 영리업무에 종사할 경우 공직 수행에 지장을 초래할 가능성이 크기 때문에 이를 금하는 것은 무리가 있다, 직위 및 직무내용이 유사하고 담당직무수행에 지장이 없다고 인정되는 경우나 관련 교과나 업무를 담당할 전문 인력의 확보를 위하여 필요한 경우에는 가능하도록 규정하고 있으며 초빙교원, 기간제 교원 그리고 산학겸임교사를 임용할 경우 겸직이 가능하기 때문에 비영리 업무와 관련된 부분에서는 기존의 교사에게도 영리나 비영리 부문의 겸직이 보다 확대될 필요가 있다(안창선 · 남경현 · 이욱범, 2001).

넷째, 교사의 복무관리를 살펴보면, 공무원으로서의 의무와 책임 그리고 근무 또한 휴가, 출장, 파견, 공무 외 국외여행 등을 이야기할 수 있으나 여기서는 출장에 관한 내용은 생략한다. 공무원의 복무관리는 '국가공무원법'과 '교육공무원법' 그리고 '국가공무원복무규정' 등에 명시되어 있다. ① 공무원의 의무는 크게 세 가지로 나누어 설명할 수 있다. ㉮ 소속 기관장 앞에서 선서를 하는 선서의 의무, ㉯ 직무상의 의무가 있다. 직무상 의무는 법령에 의한 성실의 의무, 소속 상관의 직무상 명령에 복종하는 복종의 의무, 국민전체의 봉사자로

친절 · 공정의 의무, 비밀 엄수의무, 청렴의 의무, 품위 유지의 의무, 연찬의 의무가 있다. ㉰ 그리고 직무전념의 의무는 직무전념의 직장이탈 금지의 의무, 영리업무 및 겸직금지 의무, 정치운동금지의 의무, 집단행위 금지의 의무가 있다. ② 공무원의 책임으로는 ㉮ 전체 국민의 봉사자로서 창의와 성실로 자기 책임을 완수해야 하고, ㉯ 행정상의 책임으로 징계책임과 변상의 책임이 있으며, ㉰ 그리고 형사상의 책임이 있다. 이와 같은 복무상의 의무와 책임은 공무원으로서 지켜야 할 신분상의 사안으로 복무이탈은 물론 책무를 강요받고 있다. 그 외에도 복무이탈 금지가 있다. ③ 교사의 근무는 학생을 교육하는 기관이므로 일반직 공무원과 다른 면이 있다. 즉 교사는 근무시간 조정이나 근무상황 관리 그리고 방학 중 근무면에서의 융통성이 부여되어 있다. ④ 학교는 다른 기관과 다른 하절기, 동절기, 학기말 방학이 있다. 교원의 방학기간 중 근무는 '국가공무원법', '교원휴가업무처리요령', '교원 등의 연수에 관한 규정' 등에 의한다. 방학은 학생들의 수업과 등교만 정지되었을 뿐, 휴가가 아니므로 근무의무가 면제되는 것은 아니다. 따라서 교원신분의 특성상 근무 장소 이외의 시설이나 장소에서 개인별 혹은 집단연수가 허용되고 있다. 학교의 장은 방학 중 교원의 연수를 위한 개인별 혹은 집단별 연수와 장소를 지정하여 주고 있다. 그러므로 방학기간 중 교원이 학교 내 · 외의 시설 또는 장소에서 학생을 지도하고자 할 때는 학교장의 허가를 받아야 한다. 그리고 교원의 공무 외의 국외 여행은 방학기간 중 연가범위 내에서 실시하여야 하고 이 때에는 학교장의 연가 허가를 받아야 한다. 또한 교원이 연수 목적으로 국외 여행을 할 시는 '연수계획서'와 '연수보고서'를 제출하고 학교장의 허가를 받아야 한다. ⑤ '국가공무원복무규정'에 의한 출장의 절차는 근무상황부에 의하여 기관장의 허가를 받아야 하며 출장 후 귀청 시에는 지체 없이 복명서(경미할 경우는 구술)를 제출해야 한다. ⑥ 휴가는 '국가공무원법', '국가공무원 복무규정' 등에 의하며 종류는 연가, 병가, 공가, 특별휴가로 구분하고, 부모 생신일 또는 기일 등을 제외하고는 특별한 사유가 없는 한 학교교육활동에 지장이 없는 기간, 즉 수업 결손 등이 발생하지 않는 기간에 실시하여야 한다. 휴가 기간의 계산에서 휴가기간 중의 휴무, 토요일 또는 공휴일은 그 휴가일수에 산입하지 아니하나, 휴가일수가 연속하여 30일 이상 계속되는 경우와 경조사 특별휴가는 그러하지 아니하다. 반일연가는 13 : 00시를 기준으로 오전 · 오후로 구분하여 각각 4시간으로 계산하며 교원의 토요일 연가는 반일연가로 처리한다. 특히 법정연가 일수 범위 내에서 연가 · 외출 · 조퇴 등의 방법으로 대학 또는 대학원 수학이 가능하다. 단 연가 이외의 병가 · 공가 · 특별휴가는 1일로 처리하며 법정휴가 일수를 초과한 휴가는 결근으로 처리한다. 특히 교원은 주 5일제가 실시될 때까지는 종전의 규정에 의한다. 재직기간이란 공무원 연금법상 재직기간이며 휴직기간, 정직기간, 직위해제 기간은 근무기간에서 제외한다. 육아휴직의 경우는 최초 1년, 법령에 의한 의무수행이나 공무상 질병이나 부상으로 인한 휴직은 근무기간에 산입한다. 특히 연도 중 임용되어 1년 미만 근무한 경우는 해당되지 않는다. 질병 또는 부상 외의 지참 · 조퇴 · 외출 및 반일연가 1회는 구분 없이 누계하여 8시간이면 연가 1일로 처리한다. 그러나 누계 8시간 미만의 잔여 시간은 계산하지 않는다. ㉮ '국가공무원복무규정'의 근거에 의한 연가는 1년 단위, 즉 당해연도 1월 1일에서부터 12월 말로 계산하며 재직 기간별 연가일수는 다음 〈표 10－1〉과 같다.

표 10－1 재직기간별 연가일

근속기간	연가일수	근속기간	연가일수
3월 이상 6월 미만	3일	3년 이상 4년 미만	14일
6월 이상 1년 미만	6일	4년 이상 5년 미만	17일
1년 이상 2년 미만	9일	5년 이상 6년 미만	20일
2년 이상 3년 미만	12일	6년 이상	21일

㉯ 병가는 일반병가와 공무상병가의 두 종류가 있으며 특히 병가일수가 연속 7일인 경우와 연간 누계 6일을 초과하는 병가는 의사의 진단서를 첨부해야 하나 이를 제출하지 못한 병가는 연가일수에서 공제하고 병가일수에는 산입할 수 없다. 일반병가는 연 60일의 범위 안에서 병가를 허가하며 일반병가는 1월 1일부터 12월 말일까지 1년 단위로 실시한다. 공무상 병가는 공무상 질병 또는 부상으로 직무를 수행할 수 없거나 요양을 필요로 할 경우, 연 180일의 범위

안에서 허가한다. 공가는 '병역법' 기타, 다른 '법령'에 의한 징병검사 · 소집 · 검열점호 등에 응하거나 동원 또는 훈련에 참가할 때, 공무에 관하여 국회, 법원, 검찰, 기타 국가기관에 소환된 때, 그리고 '법률'의 규정에 의하여 투표에 참가할 때, 원격지간의 전보 발령을 받고 부임할 때, '국민건강보험법시행령'에 의한 건강진단을 할 때, '교원연수에 관한 규정'에 의한 외국어 능력시험에 응시할 때, 또한 올림픽 · 전국체전 등 국가적인 행사에 참가하는 때, 천재지변, 교통차단 등 기타의 사유로 출근이 불가능할 때, '혈액관리법'에 의한 헌혈에 참가할 때, 혹은 '교원의 노동조합 설립 및 운영 등에 관한 법률'에 의한 단체교섭위원으로 참석할 때와 '교원의 노동조합 설립 및 운영 등에 관한 법률 시행령'에 의한 교섭관련 협의를 위해 지명된 자로 참석할 때, '교원지위향상을 위한 특별법'에 의한 교원단체의 교섭 · 협의 위원으로 단체교섭 및 협약체결을 위해 참석할 때다. 구속된 경우 기소 전까지의 경우, 징계 · 소청 · 행정소송 등에 있어서 업무 담당 공무원의 출석은 출장 처리하고 당사자 및 참고인은 공가 처리한다. 그리고 민사 소송의 당사자로서 출석할 때에는 연가를 사용하여야 하며 업무와 관련하여 참고인으로 출석 요구에 응할 때는 공가로 처리한다. ㉰ 특별휴가는 경조사 휴가와 기타 특별휴가로 구분할 수 있다. 경조사 휴가에서 '국가공무원 복무규정 부칙'에 의거 주 5일제가 실시될 때까지는 종전의 규정을 적용한다. 특히 입양휴가를 제외한 특별휴가 중 원격지일 경우 2일 범위 내에서 왕복소요일수를 가산할 수 있으며 휴가기간 중에 포함된 공휴일은 휴가일수에 포함된다. 그리고 경조사 특별휴가 일수에도 공휴일이 포함되므로 경조사별 휴가일수 외에 공휴일이 추가되지 아니한다. 경조사별 휴가일수는 〈표 10－2〉와 같다.

표 10－2 경조사별 휴가일수

구분	대상	일수		구분	대상	일수	
		개정전	개정후			개정전	개정후
결혼	본인	7	7	사망	본인 및 배우자의 형제 자매와 그 형제 자매의 배우자	3	삭제
	자녀	1	삭제				
	본인 및 배우자의 형제 자매	1	삭제				
회갑	본인 및 배우자	5	삭제		본인 및 배우자의 부모의 형	3	삭제

	본인 및 배우자의 직계존속	1	삭제		제 자매와 그 형제 자매의 배우자		
출산	배우자	3	3				
사망	배우자, 본인 및 배우자의 부모	7	5	탈상	배우자, 본인 및 배우자의 부모	2	삭제
	본인 및 배우자의 조부모 · 외조부모 · 증조부모 · 외증조부모	5	2		본인 및 배우자의 증조부모 · 조부모 · 외증조부모 · 외조부모	1	삭제
	자녀와 그 자녀의 배우자	3	2		본인 및 배우자의 형제 자매와 그 형제 자매의 배우자	1	삭제

기타 특별휴가는 출산휴가, 여성보건휴가, 육아시간, 수업휴가, 포상휴가, 장기재직휴가, 재해구호휴가, 퇴직준비휴가가 있다. 이는 2006. 1. 1.부터 시행하고 있으나 교원의 경우는 주 5일제가 실시될 때까지는 종전의 규정을 적용한다. 그 내용은 〈표 10－3〉과 같다.

표 10－3 기타 특별휴가

종류	대상	시기	일수	비고
출산휴가	· 임신 중의 여자공무원	· 출산 전후	90일	
여성보건휴가	· 여자공무원	· 매 생리기(무급)와 임신한 경우 검진(유급)	1일	· 주 5일 근무제 실시부터 시행
육아시간	· 여자공무원	· 생후 1년 미만의 유아	1일 1시간	
수업휴가	· 한국방송통신대학 재학 공무원으로 연가일수를 초과하는 출석수업을 받는 공무원	· 출석 수업시간	연가일수 초과출석 수업시간	
재해구호휴가	· 재해 · 재난 피해공무원 · 재해 · 재난 발생지역에서 자원봉사 활동을 희망하는 공무원	· 재해 복구상 필요시	5일 이내	
포상휴가	· 훈 · 포장, 국무총리 이상 표창, 모범 공무원 등	· 수상일 3개월 이내	6일 이내	· 주 5일 근무제 실시될 때까지 한시적

입양휴가	· 입양	· 입양 시	14일	신설
퇴직휴가 준비	· 퇴직자 및 명예퇴직자	· 퇴직되는 날부터 퇴직 예정일 전 3월이 퇴직 예정일 전일까지 · 명퇴 결정 통보를 받는 날부터	3개월	· 주 5일 근무제 실시될 때까지 한시적

공무 외 국외여행 및 자율연수는 여름 · 겨울 및 학기말 방학 이용을 원칙으로 한다. 그러나 본인 또는 친인척의 경조사 및 본인의 긴급한 질병치료 등 특별한 경우는 제외한다. 특히 공무 외 국외여행은 본인의 법정연가일수 안에서 필요한 기간 자율적으로 실시한다. 공무 외의 국외여행을 위한 휴가를 신청할 때는 근무상황부에 또는 근무상황 카드의 '사유 또는 용무' 란에 '공무 이외의 해외여행' 임을 표시한 후 학교장의 허가를 받아야 한다. ⑤ 파견근무는 파견받는 기관의 장의 지휘 · 감독을 받아야 하고 징계사유가 발생할 시는 파견받는 기관의 장이 원 소속기관의 장에게 사실을 통보하여야 한다. ⑥ 겸임근무의 복무와 겸임업무는 본직기관의 장의 지휘 · 감독을 받아야 하고 겸임업무와 관련된 징계사유 발생시는 겸임 기관장이 본직기관의 장에게 그 사실을 통보하여야 한다.

4. 학교운영위원회

학교운영위원회는 학교운영의 자치성과 자주성 그리고 민주성에 바탕을 두고, 학교운영의 효율성을 도모하기 위한 풀뿌리 자치를 실현하기 위한 기구며 법적 근거에 의한 심의기구다.

1) 학교운영위원회의 의미와 구성

학교운영위원회의 구성은 어떻게 이루어지고 있으며 그 의미는 어디에 있는지 알아보는 것이 매우 중요하다.

첫째, 학교운영위원회는 학부모, 지역사회, 교직원 등이 자발적으로 책임을 지고 학교를 운영하는 제도적 장치로서 학교교육자치가 갖는 자주성과 민주성의 가치를 넘어 학교경영의 효율성을 도모하자는 적극적인 가치를 담고 있다. 특히 학교운영과 관련된 중요한 의사결정에 참여함으로써 학교의 정책결정에 민주성과 합리성 그리고 투명성을 확보하는 데 의미가 있다.

둘째, 근거와 성격은 '초 · 중등교육법', '초 · 중등교육법시행령', '학교운영위원회 설치 · 운영에 관한 조례(공립학교)', '학교법인 정관(사립학교) 등에 근거를 두고 있다. 이는 곧 법정위원회, 심의 · 자문기구, 그리고 독립된 위원회의 성격을 지니고 있다.

셋째, 권한은 학교운영의 참가권과 중요 사안 심의 · 자문권 그리고 보고 요구권 등이 있다 ① 학교운영위원은 학교운영위원회를 통하여 자신이 대표하는 학부모, 교원, 지역사회 구성원들의 다양한 요구를 수렴하여 그 요구를 학교운영위원회에 제안하고 건의할 수 있는 권한, 즉 참가권이 있다. ② 중요 사안 심의 · 자문권은 법과 조례에서 정해진 사항을 학교운영위원회에서 심의 · 자문할 권한이 있다. ③ 운영위원회의 심의 · 의결 결과와 다르게 학교장이 시행하거나 또는 운영위원회의 심의 · 자문을 거쳐야 할 사항임에도 불구하고 심의 · 자문을 거치지 않고 운영하는 경우에는 운영위원회는 관련사항과 그 사유를 지체 없이 학교운영위원회에 보고하도록 요구할 수 있는 권리, 즉 보고요구권이 있다.

넷째, 의무는 회의 참여의 의무와 지위 남용 금지의 의무가 있다.

다섯째, 구성 면에서 ① 학교운영위원의 자격은 학부모위원은 당해 학교에 자녀를 둔 학부모이어야 하며 교원위원은 당해 학교에 재직하고 있는 교원이어야 한다. 그리고 지역위원은 당해 학교가 소재하는 지역을 생활근거지로 하는 자로서 교육행정에 관한 업무를 수행하는 공무원이나 당해 학교의 소재 지역을 사업 활동의 근거지로 하는 사업자로 한다. 또한 당해 학교를 졸업한 자나 기타 학교운영에 이바지하고자 하는 자는 자격을 가질 수 있다. ② 특히 조례를 근거로 학교운영위원으로 선출될 수 없는 자는 '국가공무원법'에서 규정하고 있는 결격사유에 해당하는 자와 정당의 당원인 그리고 타 학교의 운영위원을 겸하고 있는 자는 선출될 수 없다. ③ 학교운영위원의 임기는 2년이며 1차에 한하여 연임이 가능하다. 다만, 보궐선거에 의해 당선된 학교운영위원의 임기는 전임자의 잔임 기간으로 한다. ④ 학교운영위원회의 위원장과 부위원장의 임기는 1년이며 연임이 가능하다. ⑤ 학교운영위원의 선출은 '초·중등교육법 시행령' 등에 따른다. ㉮ 학부모위원의 선출은 학부모전체회의에서 직접 선출하되 서신 또는 우편투표, 전자투표도 병행 가능하다. 선출 시기는 '조례'에 근거하여 임기만료일 이전에 선출한다. ㉯ 국·공립학교의 교원위원 선출은 당연직 교원위원을 제외한 교원위원은 교원 중에서 선출하되 교직원 전체회의에서 무기명 투표로 선출하며 선출 시기는 조례에 근거하여 임기만료일 10일 이전에 선출한다. 여기에서 교직원이란 교원과 정규공무원을 이야기하며 시행령에 따라 일반직 정규 공무원은 피선거권은 없고 선거권만 있다. 또한 기간제 교원은 당해 학교운영위원회 규정으로 선거권은 부여할 수 있으나 피선거권은 부여할 수 없다. 사립학교의 교원위원 선출은 당연직 교원위원을 제외한 교원위원은 정관이 정한 절차에 따라 교직원 전체회의에서 추천한 자 중 학교장이 위촉한다. 기타 사항은 국·공립과 같다. ㉰ 지역위원 선출은 학부모위원 또는 교원위원의 추천을 받아 학부모위원 및 교원위원이 무기명투표로 선출하며 선출 시기는 임기만료일 전일까지 선출한다. ㉱ 위원장 및 부위원장 선출은 교원위원이 아닌 위원 중에서 무기명투표로 선출하되 조례에 의한 과반수의 득표로 당선된다. 재적위원 과반수 득표자가 없을 때는 2차 투표를 실시하여 최고득표자를 당선자로 한다. 이 경우, 최고득표자가 2인 이상인 경우에는 연장자를 선출한다.

2) 학교운영위원회의 기능

'초·중등교육법'에 근거한 학교운영위원회의 기능과 내용은 '초·중등교육법'에 의한 ① 국·공립학교의 학교운영위원회는 다음 사항을 심의한다. ㉮ 학교헌장 및 학칙의 제정 또는 개정에 관한 사항, ㉯ 학교의 예산안 및 결산에 관한 사항, ㉰ 학교교육과정의 운영방법에 관한 사항, ㉱ 교과용도서 및 교육자료의 선정과 교복·체육복·졸업앨범 등 학부모가 경비를 부담하는 사항,

㉤ 정규 학습시간 종료 후 또는 방학기간 중의 교육활동 및 수련활동 사항, ㉥ '교육공무원법'의 규정에 의한 초빙교원의 추천에 관한 사항, ㉦ 학교운영지원비의 조성 · 운영 및 사용에 관한 사항, ㉧ 학교 급식에 관한 사항, ㉨ 대학입학 특별전형 중 학교장 추천에 관한 사항, ㉩ 학교운동부의 구성 · 운영에 관한 사항, ㉪ 학교운영에 대한 제한 및 건의 사항, ㉫기타 '대통령령'과 '시 · 도의 조례'로 정하는 사항, ㉬ 학교발전기금의 조성 · 운용 및 사용에 관한 사항을 심의한다. ② 그리고 사립학교의 장은 다만, 학교헌장 및 학칙의 제정 또는 개정에 관한 사항에 대하여는 학교법인의 요청이 있는 경우에 한한다.

3) 학교와 학교운영위원회의 노력

학교운영위원회 구성의 본래 취지는 단위학교의 교육 자치를 활성화하고 지역의 특성과 실정에 맞는 다양한 교육을 실천하여 학교교육의 효과를 극대화하는 '풀뿌리 교육자치'를 실현하게 하는 데 있다.

이 같은 '풀뿌리 교육자치'의 실현은 학교와 학교운영위원회 간의 수평적 의사소통과 협동적 구조로의 전환이 요구된다.

첫째, 학교와 학교운영위원회 간의 관계를 정립해야 한다. 학교운영위원회가 구성되기 전까지는 학교운영에 대한 모든 책임은 학교가 책임져 왔다.

이 때까지 학교는 학교교육과정을 구성하고 운영하는 주체를 크게 보아 '가르치는 사람'과 '배우는 사람', 즉 교수자와 학습자 간의 관계에서 교수자 쪽에 비중을 두어 왔다.

그러나 오늘날의 학교는 정보화 사회로 인해 자율성과 창의성 그리고 다양성 교육을 요구받고 있다. 이에 따라 학교는 이제 교육이란 범주 안에서 학생, 학부모, 지역사회, 교사의 다양한 요구와 의견이 조직적으로 혹은 체계적으로 반영될 수 있도록 노력해야 하고 그 방안을 강구해야 한다. 이를 위해서는 무엇보다도 먼저 '풀뿌리 교육자치'인 학교운영위원회와의 관계를 정립하고 노력해 가야 한다.

둘째, 학교의 사고 전환이 요구된다. 학교는 학생과 학부모, 지역사회, 교원들이 모여 서로의 삶과 의미를 함께 나누어 가지는 사회적 기회의 장소 혹은 삶의 장소로 변해야 한다. 삶의 장소로서 학교는 결과보다는 과정이 존중되고 삶으로서의 공동체 의식과 함께 서로의 가치를 심어 주고 가꾸어 가야 한다. 아울러 미래교육에 대한 진지한 의견들을 나누어 가지는 상호작용의 틀을 마련해야 한다. 이에 따라 학교는 사회적 가치로서의 장소는 물론, 변화에 능동적으로 대처해 가는 학교의 기능을 다하게 될 것이다. 그리고 교육하는데 필요한, 그리고 관련된 모든 자원들을 효율적으로 활용하고 유용하게 이용하는 학교교육의 혁신을 가져와야 한다.

셋째, 학교운영위원회와 학교는 토론문화를 정착시켜 나가야 한다. 학교운영위원회는 학교구성 주체자들로부터 학교교육에 관한 의견에 귀를 기울이고 이들에게 자유로운 의견이 표출되도록 토론문화를 정착시켜 나가야 한다. 그리고 이들에게 얻은 바람직한 문제들은 학교교육에 반영되도록 앞장서야 한다. 또한 학교운영위원들은 학교구성 주체자들과 인격적 교감을 통해 신뢰를 구축하는 데도 노력을 게을리하지 말아야 한다. 그리고 학교도 지난날의 닫혔던 문화를 털고 열린 자세를 가져야 한다.

이상과 같은 모든 행동들은 교육의 가치가 실현되고 교육공동체를 구축해 가는데 매우 중요한 역할을 한다(주상덕, 2000).

5. 교직단체

우리나라의 교원단체는 전문적 교원단체인 한국교원단체총연합회(한국교총)와 노동조합의 전국교직원노동조합(전교조), 한국교원노동조합(한교조), 자유교육조합(자교조), 대한민국교원조합(대한교조)이 설립되어 활동하고 있다.

첫째, 설립근거를 살펴보면 한국교원단체총연합회(한국교총)는 '교육기본법'에 의하여 설립되었고 전국교직원노동조합(전교조)과 한국교원노동조합(한교조) 그리고 자유교육조합(자교조), 대한민국교원조합(대한교조)은 '교원의 노동조합설립 및 운영 등에 관한 법률'에 의해 설립되었다.

여기에서 특히 한국교원단체총연합회(한국교총)의 가입회원은 법에 의해 유·초·중등·대학교원을 대상으로 하며 전국교직원노동조합(전교조)과 한국교원노동조합(한교조), 자유교육조합(자교조), 대한민국교원조합(대한교조)은 교장과 교감, 대학교원을 제외한 유·초·중등 교사만 가입 대상으로 하고 있다. 전국교직원노동조합(전교조)과 한국교원노동조합(한교조), 자유교육조합(자교조), 대한민국교원조합(대한교조)의 법리 성격상 교장과 교감은 사측으로 보고 있어 가입이 불가능하다.

둘째, 교직단체 활동권은 교사가 교사로서의 권리를 확보하고 교사로서의 직업을 효과적으로 수행하기 위한 단체 활동을 할 수 있음을 뜻한다. 그런데, 이 단체 활동권은 정치적 활동을 목적으로 하는 것은 허용되지 않으며 극단적인 쟁의 수단도 허용되지 않는다. 교사들이 단체를 조직하고 적극적인 운영을 통하여 회원들 간의 상호 유대를 강화하고, 복지를 향상시키며 자질을 향상시키는 것을 공동목표로 추구하는 것이다.

교원단체와 관련하여 정부는 1998년 12월 교원노조 결성과 활동을 위한 법안을 마련하였고 이 법안은 1999년 1월 6일 국회 본회의를 통과하였다. 그 동안 교원들이 상호 협동하여 교육의 진흥과 문화의 창건에 진력하며 경제적·사회적 지위를 향상시키기 위해 각 지방자치단체 및 중앙에 교육단체를 조직할 수 있도록 규정한 '교육기본법'에 의해 조직된 한국교원단체총연합회와 '교원노조법'이라는 새로운 입법에 기초한 교직원노동조합과는 활동범위와 성격이 다소 차이가 있을 것으로 보인다.

교직단체활동권은 교육의 발전과 교원의 사회 경제적 지위 향상을 위하여 교직원 단체들은 교원정책 형성에 있어서 상호 협력하고 노력하는 자세가 필요하다(안창선·남경현·이욱범, 2001).

제 2 절 교육운영

교사들은 교육과 관련된 지식과 정보를 수집하고 정리하여 체계화된 지식으로 축적하여야 한다. 교사들은 교직수행에서 얻어지는 각종 정보나 지식은 물론, 교육이론에도 밝아야 하고 교직수행 능력이 높아야 한다. 여기서는 학급경영, 교육과정 개발, 가르치는 기술과 수업분석, 정보화, 생활지도, 학사실무 등을 알아본다.

1. 학급경영

학급담임들은 학급경영을 합리적으로 운영하고 효율성과 생산성을 높이기 위해서는 학급문화를 먼저 이해하고 학급담임의 역할을 이해해야 한다.

1) 학급문화의 이해

한 집단의 사람들에게 공통된 생활양식을 문화라고 한다. 같은 방식으로 각급 학교의 각 학급은 그들 자신의 문화를 발전시킨다. 학급의 문화는 교사와 학생이 공동 활동에 참여하는 방식에 따라 결정된다. 여기에서 특히 빼놓을 수 없는 것이 교실풍토다. 교실풍토는 교실 안에서 서로 상호작용하는 방식이다. 이러한 범주는 ① 개방성 대 폐쇄성, ② 높은 기대, 즉 가능성 대 낮은 가능성, ③ 자신감 대 두려움, ④ 질서 대 혼돈, ⑤ 수용 대 거절, ⑥ 통제(자제) 대 좌절, ⑦ 소유 대 양도, ⑧ 신뢰 대 의심으로 분류할 수 있다. 교실풍토의 특징은 교사의 영향력 권내에 있으며 의식적으로든 무의식적으로든 교사와 학생간의 의사소통 방식과 교사가 학생들을 다루는 유형에 의해 각기 다르게 조성된다. 특히 교사와 학생 간의 수업에서 행하는 의사결정 방법에 따라 조성되는 상호작용들의 세 가지 유형이 있다(Johnson, 1984). ① 협조적 혹은 적극적인 상호의존과, ② 경쟁적 혹은 소극적 상호의존, ③ 그리고 개인적 혹은 비상호의존이다. 교사들은 수업 목표에 의하여 세 가지 유형의 상호작용을 모두 촉진할 수 있는 전략을 사용해야 하나 이상적으로는 협조적인 상호의존을 심화시켜야 한다.

또한 교실집단의 이상적인 교실풍토를 R. Schmuck과 P. Schmuck은 ① 학생들 상호간은 물론 교사와도 높은 잠재적 영향력을 공유하는 곳이며, ② 전체로서 혹은 학급 친구들 간 집단화를 위한 고도의 매력이 존재하는 곳이다. ③ 그리고 개성신장 뿐만 아니라 학문적으로 잘 조화될 수 있는 규범이 뒷받침되는 곳이며, ④ 의사소통이 개방적이고 대화에 의해 특징지어질 수 있는 곳이다. ⑤ 또한 집단으로서의 공동작업과 발전의 과정이 학습을 위해 자신에게 적절하다고 생각되는 곳이라고 하였다.

교사들은 학급문화를 이해하기에 앞서 교실의 풍토를 주의 깊게 관찰하고 그 결과를 분석하여 바람직한 방향으로 학급문화를 이끌어 가고 안내해야 한다. 학급조직의 연대감과 결속력은 학생들이 훌륭한 경험들을 쌓는데 매우 중요하다.

2) 학급담임의 역할

우리가 알고 있는 담임교사의 역할은 매우 어렵고 복잡할 수밖에 없다. 담임교사의 임무가 어떤 것이며 어느 관점에서 보느냐에 따라 담임의 성격과 임무가 달라지기 때문이다.

담임교사의 역할은 여러 가지로 나누어 살펴볼 수 있다. 초등학교 교사의 학급담임으로서의 역할은 ① 교육과정을 계획하는 일, ② 교수활동을 실천하는 일, ③ 생활지도를 담당하는 일, ④ 교육활동을 평가하는 일, ⑤ 특수아를 지도하는 일, ⑥ 학교 · 학급의 사무를 처리하는 일, ⑦ 학교경영 및 학교행정에 참여하는 일, ⑧ 지역사회와 협조하는 일, ⑨ 학급의 환경을 정리 정돈하는 일들이라고 하였으며, 이와 같은 역할 중에서 교수 · 학습지도가 담임교사의 가장 핵심이 된다고 하였다(서울교육대학교부설초등학교, 1999). 또한 학교 급별 구분 없이 학급담임의 역할은 ① '교육과정 편성 및 평가'를 실천하는 일, ② '교과를 지도'하는 일, ③ '교과 외 활동'을 지도하는 일이다. 이것은 특별활동과 재량활동을 의미한다. ④ 그리고 생활지도 이론 및 상담이론의 정립, 올바른 가치관 정립과 인성상담, 진로지도, 건강지도, 여가지도, 학교생활 부적응 학생 및 문제아 지도 등의 '생활지도'가 포함되며, ⑤ '학교 · 학급 경영 직무 수행'으로 청소, 게시물, 채광, 통풍, 난방, 방음 관리 등의 학급 학습 환경조성과 출석부 그리고 학교생활기록부 및 건강기록부 관리, 교육평가의 집계, 통계, 통지표 작성, 학급 경영록, 수업연구안, 연수물 기록, 일기장, 학습장, 회의록 등의 학생 기록물 관리, 기타 학생에 대한 일체의 사무 담당의 학사 및 각종 사무와 시설 및 비품 관리가 포함된다. ⑥ 또한 '사안 처리'로 학생 사안 발생시 1차적인 책임자로서 사안발생 예방을 위한 사전교육을 해야 한다. ⑦ 마지막으로 직원 간 인화 단결 및 업무 협조와 지역사회 및 교육 관련 기관과의 유대 형성, 그리고 바람직한 학부모와의 관계 형성 및 교사의 품위 유지에 대한 '대외관계 및 기타 사항'을 수행해야 한다(서울특별시교육연구정보원, 2006).

이와 같은 학급 담임교사의 임무를 살펴볼 때, 담임교사의 임무는 매우 중요하고 책임이 따른다. 담임교사는 학급담임으로서의 임무를 이해하고 수행해야 하며 지도 능력을 최대한 발휘하여 학급교육 목표를 달성하려는 노력과 태도를 가져야 한다.

2. 학교 교육과정 개발

'학교중심' 혹은 '학교수준'의 교육과정 개발이란 의미는 국가 수준의 교육과정이 아닌 단위학교 수준의 교육과정을 말한다. 제7차 교육과정이 요구하고 있는 교육과정 중심 학교교육 체제로의 전환을 위해서는 무엇보다도 가장 중요한 것이 직접 학습지도를 담당하고 있는 현장교사의 역할이다(교육인적자원부, 2001).

1) 학교 교육과정 개발과 교사

학교 교육과정 개발은 교사들에 의해 개발되어야 한다. 교사들은 교육과정 구성의 구체적 측면들에 대한 실험과 연구를 실천하고 이를 기반으로 한 틀이 제공되면 교육과정 개발은 새로운 역동성을 갖게 된다. 또한 교육과정 개발은 외부 전문가에 의해 작성된 교육과정이나 하향식 교육과정의 적용보다는 교사들에 의해 만들어지는 현장 지향적인 교육과정이어야 한다(Taba, 1962).

아무리 훌륭하게 개발된 교육과정이라 하더라도 현장에서 혹은 교실에서 개발된 교육과정이 제대로 실천되지 않으면 아무런 의미가 없다. 결국 교육과정 개발에서 가장 중요한 요소는 직접 학습지도를 담당하는 현장교사의 수업개선 의욕과 실천의지에 달려 있기 때문이다. 수업개선 의지와 실천은 곧 교사가 지니고 있는 본질적인 임무임과 동시에 전문적인 업무영역이다. 교사는 단순하게 주어진 교육과정을 비판적인 안목 없이 그대로 실천하는 로봇이 되어서는 안 된다. 개인적인 소신을 가지고 전문가로서의 역할을 다해야 한다.

그러므로 교사들은 자신이 소속된 학교의 학교 교육과정 개발의 전 과정에 적극적으로 참여하고 전문성을 담긴 바른 의견들을 제시하여야 한다. 이러한 전문성의 발휘는 무엇보다도 교사 상호간에 의견교환을 통한 민주적 절차와 방법에 따른 합의에 의해 이루어져야 한다. 학교는 모든 교사들이 학교 교육과정 개발에 함께 동참할 수 있는 여건과 환경을 만들어 주어야 한다.

2) 학교 교육과정 개발

학교마다 지역사회의 사회적, 문화적, 환경적 특성과 학생들의 사전 경험들의 특성이 다르기 때문에 국가 수준의 교육과정과 시 · 도 교육청에서 제시하는 교육과정 편성 · 운영 지침이 아무리 이상적이라고 하더라도 이를 적용하는 데에는 한계가 있다. 그러므로 학교는 학생들의 교육경험과 내용들을 바탕으로 학생들의 수준과 환경에 맞는 학교 · 학년 · 학급 교육과정을 개발하여 학생들의 적극적인 학습 참여를 유도하려 노력하고 있다. 이처럼 교사가 주체가 되어

행하는 학교 교육과정 개발은 많은 장점들을 가지게 된다.

첫째, 교육내용 선정의 한계와 제한된 틀에서 벗어날 수 있다. 교사가 교육과정 개발의 주체가 되어 개발된 교육과정은 단위학교의 교육내용 선정과 조직면에서 다양성과 융통성을 확보할 수 있다. 지역과 지방의 특성, 요구 등을 교육내용에 포함할 수 있으며 학교는 각기 다른 교육 목표 아래 다른 교육내용으로 다른 방법에 의해 가르쳐 지게 되고 다른 방법으로 평가되는 장점을 가지게 된다.

둘째, 교육과정 구조의 획일성을 극복할 수 있고 재구성이 용이하다. 학교 교육과정 개발의 주체가 교사라면 획일성을 면할 수 있다. 학생들의 적성, 능력, 진로 등에 적합한 이수과정 및 교과목 선택을 자유롭고 쉽게 할 수 있다. 특히 교사가 개발한 교육과정은 운영과정에서 시행착오가 발견되면 즉시 그리고 쉽게 재구성이 이루어질 수 있다.

셋째, 교육과정 내용의 적합성 확보다. 학교 교육과정 개발의 주체가 교사라면 시대적, 사회적 변화, 학문의 발전, 학생의 변화에 따른 교육내용의 개선이 적절히 이루어지고 실제 생활 및 문화 내용을 수용하게 된다. 또한 학생의 전인적 발달에 필요한 내용이 균형 있게 정선되며 학습량과 수준이 적정하게 된다. 특히 변화로 인한 영향이 그 학교 내에서만 미치기 때문에 쉽게 대처할 수 있다.

마지막으로, 교육과정에 대한 교사들의 관심을 이끌 수 있다. 주어진 교육과정은 지침에 따라 지시된 대로만 행하면 되기 때문에 현장교사들의 교육과정에 대한 관심을 낮게 하고 연구를 게을리하는 원인으로 작용하게 된다. 교사들의 참여와 관심 증대는 학생들에 대한 관심과 이해로 연결되어 있으므로 학습자 중심의 교육과정이 만들어지게 된다는 장점이 있다.

3. 가르치는 기술과 수업분석

교사의 역할은 전문가 혹은 형식적인 권위자 그리고 사회화의 촉매자, 조장자, 평범한 인간으로서의 모습 등 여러 가지로 비유할 수 있다. 그러나 교사들의 여러 역할 가운데서도 교과내용 중심의 교수성향, 즉 교수·학습과정의 실천에 비중을 두고 있다.

1) 가르치는 기술

교사들은 필수적으로 교육에 대한 지식을 가지고 있어야 한다. 특히 두 가지 형태의 지식과 기술을 가지고 있어야 한다. 가르치는 기술과 기교 그리고 개인 상호간의 관계 형성을 위한 기술이 그것이다.

불행히도 가르치는 방법의 복합성과 복잡성 그리고 학교와 학급의 다양한 문화와 형태로 인하여 교사들이 가르치는 방법을 정확하게 알거나 필요로 하는 기술을 찾아내기란 매우 어렵다. 이러한 어려움을 간파한 B. O. Smith는 '현실 세계를 추구하는 교사(Teacher for the Real World)'라는 글에서 가르치는 기술에 대한 명백하고 유용한 관점을 다음과 같이 제시하고 있다. ① 자극하는 작용을 해야 한다. 질문이나 구조, 학생들의 주의를 끌 방법을 찾고 배움을 자극하며 높은 관심과 수준을 유지하는 방법을 조사해야 한다. ② 여러 종류의 지식을 다루어야 한다. 사실과 개념의 이해와 전수학습 뿐만 아니라 비판적이고 창조적인 생각을 하게 해야 한다. ③ 강화작용을 해야 한다. 즉, 칭찬하고 격려하며 보상을 주는 강화, 즉 긍정적인 강화를 실천하고 광범위하게 활용해야 한다. 그리고 혐오를 제거하고 감해 주는 부적 강화를 통한 행동수정 기술도 배워야 한다. ④ 개인적인 관계를 통해 상호작용하는 방법을 찾아야 하며 갈등 해결전략을 가르치고 협동적인 배움을 촉진해야 한다. ⑤ 학생들의 요구와 학습의 어려움을 진단해야 한다. ⑥ 학생, 학부모와 의사소통을 통한 감정이입을 시켜야 한다. ⑦ 작고 큰 집단과 함께 모든 것을 다 같이 수행해 가는 협동교수·학습방법을 익혀야 한다. ⑧ 수업에 필요한 기술적인 도구를 이용해야 한다. ⑨ 학생의 학업 결과를 평가해야 한다. ⑩ 단위 시간에 사용될 수업자료가 적당한지를 파악해야 한다. 교사는 이 열 가지의 가르치는 데 필요한 방법과 조직 그리고 수업기술 또한 평가와 의사소통 능력을 획득하고 가지고 있어야 한다.

2) 수업분석

수업관찰은 교수 · 학습방법의 개선을 위하여 수업과정에 관한 자료를 수집하여 분석하고 평가함으로써 교사 자신은 물론, 학생에 대한 양질의 교육을 제공함과 동시에 다른 교사들에게도 수업의 질을 향상시킬 수 있는 가장 보편적인 평가 수단의 방법이다(주삼환 외 4인, 1999). 이와 같은 내용들은 관점과 견해에 따라 다룰 수 있으나 현장중심으로 살펴보겠다. 크게 수업분석은 ① 수업안 구조 분석, ② 수업목표 분석, ③ 학습준비 상황 분석, ④ 수업모형 적용 분석, ⑤ 수업매체 활용 분석, ⑥ 교사발문 분석, ⑦ 판서분석 등으로 나눌 수 있다.

첫째, 수업구조 분석의 내용들은 수업안의 창의성, 단원의 성격개관 조명, 지식, 이해, 기능, 태도 등을 반영한 목표 진술, 학습과제의 성격에 따른 심화 · 보충형의 수준별 구성, 진단평가에 의한 단원목표 및 학습내용의 일치, 분절에 따른 시간배정의 적절성, 교수 · 학습 활동란의 학습문제나 학습방법보다 행동(활동)용어로의 진술, 학습과정 수정 · 보완을 위한 융통성과 탄력성 부여, 단원 평가계획의 합리성, 지도상의 유의점에 대한 상세진술 등을 분석하여야 한다.

둘째, 수업목표 분석은 시간 내에 학습할 내용과 학습 후에 할 행동 용어로의 진술, 학습자가 도달할 수 있는 분명한 목표, 기대되는 성취행동, 조건, 수락기준의 3요소가 포함된 진술과 한 개의 수업목표 속에 두 개 이상의 성취행동이 포함되지 않는 진술, 정의적 영역의 수업목표는 외연적 행동의 포착을 위한 진술여부 등을 살펴보아야 한다.

셋째, 학습준비 상황 분석은 아동의 출발점 행동 진단 상태 및 판정결과 반영, 지적인 면과 정의적인 면의 포함 여부, 단계형 문제해결 학습모형 구성과 심화 · 보충형의 수준별 교육과정으로의 구성, 다양한 사전 준비 수립여부 등을 분석하여야 한다.

넷째, 수업모형 적용 분석에서는 교과 단원과 학습주제의 특성에 알맞은 수업모형 구성, 도입－전개－정리과정에서의 사고형성과 문제해결학습 정착을 위한 방법으로 작성, 호기심과 흥미 유발을 위한 학습모형 작성, 학습준비도와 연결된 학습활동 전개, 학습결과에 대한 강화나 교정의 효율성과 실천성 여부, 수업자의 수업목표 달성 확인 및 단계형, 심화·보충형의 수준별 교육과정으로 구성되었는가를 분석해야 한다.

다섯째, 수업매체 활용 분석은 선정절차, 선정조건, 경험, 정확성, 다양성, 효과성 등을 알아보아야 한다.

여섯째, 교사의 발문분석은 교과, 학습주제의 특성에 맞은 발문계획 수립, 도입·전개·정리 단계에 따른 수준의 발문, 재생·추론·적용적 발문, 발문은 간결하고 명확한 억양의 발문 수준, 사고를 높여주는 확산적 발문, 호기심·흥미를 자극하는 발문, 선행조직자적 발문 등을 살펴보아야 한다.

일곱째, 판서분석은 수업목표와 학습주제에 알맞은 판서, 명료하고 간결한 판서, 내용, 판서의 양, 판서시기 등이 적절한 판서, 발전적 사고로 이끌 수 있는 판서·문자·지도·도해 등을 조화롭게 활용한 판서 등을 알아보아야 한다.

여덟째, 평가분석은 수업성취도를 반영한 평가·지적·정의적·행동적 면을 조화롭게 선택한 평가, 개인차를 고려한 평가, 수업종료 후 심화·보충 수준별 평가, 학습자의 창의력·문제해결력·사고력 신장을 위한 평가, 자기 주도적 학습능력을 높일 수 있는 과제제시인가를 알아보아야 한다.

4. 정보화 교육

정보화는 국가 또는 사회 발전에 강한 동기가 된다는 것을 누구나 인식하고 있다. 이 또한 시대·사회적 요구며 필요 요소로서 거부할 수 없는 요인으로 등장하고 있다,

이에 따라 학교는 교육체제를 정보화에 맞게 새롭게 구축해야 할 필요와 전망을 예측하고 이를 추진하고 있다.

1) 교육정보화의 필요와 전망

정보화는 교육에 어떤 의미와 필요를 가지고 있는가 한번 생각해 볼 필요가 있다. 교육정보화란 정보화 사회에서 국민 교육체제의 변화를 일컫는 말로 교육의 내용, 방법, 대상 등에 대한 총체적인 변화를 의미한다(교육인적자원부, 1998). 이 말은 교육하는 방법을 놓고 잘 가르치기 위한 구체적인 방법이며 잘 배우기 위한 실제적 방법이다. 이것은 곧, 교육내용의 특성과 방법에 따라 여러 가지 요소들과 내용들이 통합적으로 사용되는 교육의 방법이라고 할 수 있다.

이러한 교육정보화의 모습을 다음 [그림 10－1]과 같이 요약할 수 있다(조규락 · 김선영, 2006).

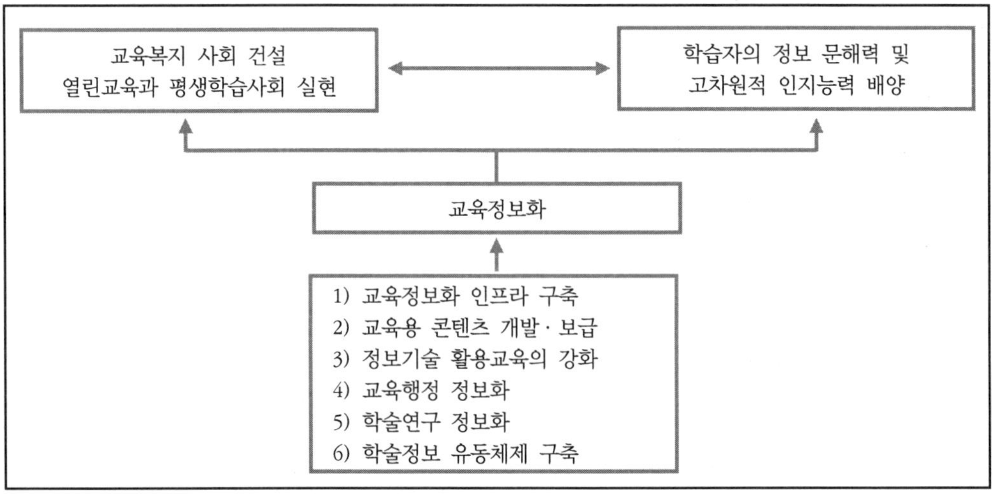

[그림 10-1] **교육정보화**

특히 정보통신 기술의 발전은 학교교육에 많은 영향을 주고 있다. 종전의 학교교육은 제한된 물리적 공간에서만 주로 이루어졌으나 오늘날은 학교의 네트워크화가 구축되면서 시 · 공간의 한계를 초월하고 있다.

이러한 학습방법은 종래의 인쇄매체를 통한 정보전달의 방식에서 벗어나 문자나 음향, 그림 등을 통합한 멀티미디어 정보전달 방식에 의한 교육이 가능해졌다.

지식정보사회에서 학교교육은 과거의 교육내용과 교육방법의 답습에서 탈피하여 지식정보사회에 걸맞는 총체적 교육시스템으로 변화해야 한다. 따라서 교육정보화는 새로운 사회에 적합한 교육을 재구성함에 있어, 정보통신기술을 기반기술로 활용하여 교육의 내용과 방법, 교육의 형태를 다양화하고 개선해 나가서 언제, 어디서, 누구나 원하는 교육을 받을 수 있는 열린 교육사회, 평생학습사회, 이른바 새로운 교육복지사회(edutopia) 건설의 초석이 되고 있다(교육인적자원부, 2000).

2) 정보통신기술(ICT) 활용교육

ICT(Information & Communication Technology)란 정보기술과 통신기술을 합성한 단어로 기존의 IT에 의사소통 및 정보공유의 과정 · 방법 · 도구 · 기술 등을 강조하는 개념이다. 좁은 의미로는 정보를 검색, 수집, 전달하기 위한 하드웨어와 소프트웨어를 의미하며, 넓은 의미로는 하드웨어와 소프트웨어를 이용하여 정보를 검색 · 수집하고 분석 · 생산 · 가공 · 처리 · 저장 · 전달 · 활용하는 모든 방법을 의미한다(조규락 · 김선영, 2006).

ICT 활용교육의 잠재력은 자기 주도적이면서도 유연한 학습활동을 제공해 주고 학생들의 창의력과 문제해결력 향상에 도움을 주기 때문이다. 그리고 다양한 교수 · 학습 활동의 촉진과 함께 교실의 벽을 넘어 교육의 장을 확대시킬 수 있기 때문이다.

그리고 ICT 활용교육의 목적은 학생들로 하여금 미래사회를 살아가는데 필요한 사고능력과 학습능력, 의사소통 능력을 향상시키고자 하는데 있다. 이를 통해 궁극적으로는 학생들이 창의적이고 능동적인 삶을 영위할 수 있도록 하는데 그 목적을 두고 있다.

ICT 활용교육 방법은 교과와의 유기적 통합과 학생중심으로 이루어지는 것이 바람직하다. 통합(integration)은 말 그대로 합쳐서 하나가 된다는 의미로, ICT가 교과에 부가적으로 붙어 있는 것이 아닌 교과의 교육과정 속으로 녹아 들어가

일체가 되어야 한다는 것을 의미한다. 즉 교과목표 달성을 위해 ICT가 자연스럽게 활용되는 형태가 되어야 한다는 것을 의미한다(이칭찬 · 이의길, 2007).

여기서 학생중심이라는 이야기는 학생이 주도적으로 역할을 담당하는 학생중심의 ICT 활용수업을 의미한다. 이것은 곧 학습자 스스로가 학습문제를 설정하고, 당면한 문제를 직접 창의적으로 해결해 가는 문제해결력 향상에 두고 있다는 것이며 또한 ICT 활용교육은 각 교과수업의 특성에 따라 다양한 모습으로 전개될 수 있다는 것이다.

특히 교사는 필요한 부분이나 적절한 수준에 이를 효과적으로 활용할 수 있도록 도와 주고 실천해야 하기 때문에 교사에게는 ICT 활용에 대한 현명한 판단과 아이디어가 제공되어야 한다(교육인적자원부, 2001).

5. 생활지도

생활지도는 '교도한다, 안내한다, 향도한다, 지도한다'는 뜻을 포함하고 있다. 교육의 어원적 의미와 같이 '밖으로 끌어낸다, 추출한다, 이끌어 낸다'와 같은 유사한 개념도 지니고 있다. 그러므로 교사는 학생 생활지도를 함에 있어 과거와 다른 역할, 즉 안내해야 하는 위치에 있어야 하며 생활지도는 치료의 개념보다는 예방적 차원이 우선되어야 한다는 뜻이기도 하고 모든 영역에서 생활지도가 포함되고 지도되어야 한다는 의미가 있다.

1) 생활지도의 필요

현대사회의 학교교육은 생활지도가 필수적인 교육활동으로 요구되고 있다. 이것은 전인을 육성한다는 관점에서 볼 때, 현대사회가 안고 있는 청소년 문제해결을 위해서도 매우 필요하다고 할 수 있다.

첫째, 민주주의 교육에서 강조되는 이념의 하나는 모든 개인이 지니는 기본적 가치를 존중하는 것이며 나아가서는 모든 개인의 성장을 최대한으로 신장하여 인적 자원을 개발하고 활용하는 민주교육의 이념에 따른 요구다.

둘째, 교육은 항상 사회적 요구와 개인적 요구를 수용해 가면서 이 양자를 절충하고 발전시켜 나가야 한다. 따라서 교육의 실제에 있어서는 항상 변천하는 사회의 정당한 요구를 중시하고 이를 교육의 목표, 내용 또는 방법에 충분히 반영시켜야 한다.

셋째, 개인으로서 생활지도의 필요다. 생활지도는 자아실현의 방법으로 요구되며 아울러 개성을 신장시키는 성공적인 방법으로서 필요하게 된다. 그리고 개인 인권의 존중과 삶의 즐거움을 누릴 수 있는 새로운 교육을 요구하며 기대를 하기 때문이다(김종서 · 황종건 · 김신일 · 한숭희, 2005).

앞에서 이야기한 생활지도의 필요는 일반적이고 포괄적인 내용중심이었으나 좀 더 구체적이고 사실적인 관점에서 조명해 보면 ① 바람직한 학습활동을 위한 필요며, ② 또한 건전한 직업의 선택, ③ 그리고 여유 있는 여가선용의 요구일 것이다. ④ 그리고 올바른 인생관을 위한 성격형성, ⑤ 자유민주 시민양성을 위한 올바른 사회인을 양성하고, ⑥ 아울러 건강과 순결 등 현대인이 안고 있는 문제해결을 위해서도 필요하다고 할 수 있다.

2) 생활지도를 위한 교사 조건

학생의 생활지도를 담당하는 교사가 갖추어야 할 자질은 크게 두 가지로 나누어 볼 수 있다. 하나는 인성적 자질이고 다른 하나는 전문적 자질이다. 이들 두 자질을 구체적으로 살펴보면 다음과 같다(박재황 외 3인, 1993).

첫째, 교사의 인성적 자질 가운데는 ① 교사 자신이 정신적으로 건강해야 하며, ② 그리고 학생을 대하는 태도가 중요하다. ③ 또한 생활지도에 대한 교사의 태도가 중요하다. 학생의 생활지도를 맡은 교사는 기본적으로 학생을 가르치고 지도하는 일, 즉 교직을 사랑하고 또한 교직에 대한 자긍심을 가지고 있어야 한다.

둘째는 전문적 자질이다. 생활지도 교사의 자질이라 함은 생활지도를 하는데 필요한 제반 지식과 기술을 습득하고 있음을 의미한다. 지식으로는 청소년 개인, 사회문화, 생활지도 이론 및 기법, 심리검사, 진단 및 평가, 생활지도 교사로서의 윤리, 연구, 행정사항 등에 관한 지식을 들 수 있으며 기술과 관련해서는 개인상담, 집단상담 등을 효과적으로 진행하는데 필요한 다양한 대화 및 상담기술 등을 들 수 있다.

이에 더하여 인성적 자질을 좀 더 구체적으로 이해하기 위해서는 Corey, M. S., Corey, G.(1992)가 제안하고 있는 내용을 참고해 볼 만하다. 이들은 학생생활지도의 맥락에 맞도록 다소 변형하여 간략히 제시하였다(한국교원교육학회, 2001). ① 교사는 학생의 실수나 불완전성을 인정하는 용기가 필요로 하고(courage), ② 자신을 포기하지 않고 꾸준히 노력하는 사람으로 학생들에게 기꺼이 보이는 모델이 되어야 한다(willing to model). ③ 그리고 학생들의 고통, 슬픔, 죄의식, 분노와 같은 부정적인 정서뿐 아니라 즐거움이나 행복감과 같은 긍정적인 정서를 함께 느끼고 나눌 수 있는 정서적 감정을 지녀야 하며(presence), ④ 학생의 복지에 관한 진정한 관심과 존중, 신뢰 그리고 학생을 가치로운 존재로 수용하는 선의와 보살핌을 가져야 한다(goodwill and caring). ⑤ 또한 교사의 조력행동이 학생의 행동변화에 분명히 기여할 것이라는 믿음과 상담, 즉 생활지도의 효과에 대한 확고한 신념을 가져야 하며(belief in guidance). ⑥ 교사 자신의 모습과 경험, 삶을 학생들에게 내 보이는 개방성이 있어야 한다(openness). ⑦ 아울러 학생의 비판이나 부정적인 피드백에 대하여 너무 민감하게 반응하거나 위협감을 느끼지 않고 의연하게 대처하는 태도를 가져야 한다. 즉 저항에 대해 방어적이지 않아야 하고(nondefensiveness in coping with attacks), ⑧ 교사는 자신에 대한 신뢰감이나 일종의 카리스마적인 내적 힘을 가져야 한다(personal power). ⑨ 또한 교사는 신체적 · 심리적 지구력을 길러야 하고(stamina), ⑩ 학생의 입장에 들어가 새로운 경험을 하면서 배워가는 새로운 경험에 대한 추구하는 노력이 있어야 한다(willingness to seek new experiences). ⑪ 이와 더불어 교사 자신의 자아정체, 목표, 동기, 욕구, 제한점, 강점, 가치관, 감정 등에 관하여 이해하고 통찰하는 자각이 있어야 하며(self-awareness), ⑫ 학생들과의 관계에서 긴장감이 돌 때 유머나 위트를 활용하여 대처할 수 있는 유머감각 능력이 있어야 한다(sense of humor). ⑬ 교사는 신선하고 창의적인 아이디어를 가지고 학생들과 관계할 수 있는 창조성이 있어야 한다(inventiveness).

특히 생활지도의 방향은 당시의 당면 문제해결에 목적이 있는 것이 아니라 학생들이 보다 효율적이고 자율적인 방법으로 학생 문제를 자기 스스로 해결할 수 있도록 자기 주도적 능력을 길러 주는데 주안점을 두어야 한다.

6. 장학활동

장학의 성격은 과거와 다르게 많이 변화하고 있다. 지난날의 지시, 감독, 평가, 통제의 의미에서 지도하고 조언하며 협조하는 동반자적 관계로 변하고 있다. 이것은 곧 학교의 범주 안에서부터 교육전반이란 새로운 발전 방향으로 전환되어 가는 증거라고 할 수 있다.

1) 개념 정리를 위한 접근방법

다원적인 접근방법에 의한 장학의 개념 정리와 근거를 알아보면 다음과 같다.

첫째는 법규적 접근방법에 의한 측면에서 찾을 수 있다. 이것은 현행법규 해석에 기반을 둔 계선조직에 의한 행정활동으로 장학은 전문적 · 기술적 조언을 통한 참모활동이다.

둘째는 기능면에서의 접근으로 장학의 기능을 분석하고 검토하는 측면에서 출발한다. 이것은 교사의 전문적 성장과 발달 그리고 교육운영의 합리화와 학생의 학습 환경 개선을 위한 전문적 · 기술적 보조 활동이다.

셋째는 이념면에서의 접근으로 교육이론과 이념의 토대에 근거한다. 이는 곧 교수, 즉 학습지도의 개선을 위하여 제공되는 지도 · 조언활동이다(김종철, 1982).

넷째는 교사의 교수행위 개선을 위해 교사에게 직접 혹은 간접으로 제공되는 지도성과 교사의 전문성 신장, 그리고 지도 · 조언, 정보제공 등을 이야기할 수 있다.

이상의 내용을 종합하면 장학의 개념은 교사의 전문적 성장, 교수행위의 개선, 전문적 · 기술적 활동, 지도조언, 지도성, 자원봉사, 정보제공, 조정 등의 중심단어를 발견할 수 있다. 이와 같은 단어 중심에서 장학의 의미와 개념을 찾아야 한다(이윤식, 1994).

장학활동은 크게 세 가지 분야에서 행해지고 있다. ① 장학활동은 교사의 전문적 성장을 돕는 제반활동이며, ② 교육운영의 기획과 평가를 돕는 제반활동이다. ③ 그리고 장학활동은 학생들의 학습 환경을 개선하기 위한 활동이다. 학습 환경은 교사의 태도와 관련된 심리적인 측면을 내포한다(김종서 · 이영덕 · 정원식, 2005).

다섯째, 장학의 법적 근거는 국가나 지방자치단체가 학교 및 사회교육시설을 지도 · 감독하도록 '교육기본법'에 명시하고 있다. 교육과학기술부장관이나 교육감은 학교에 대한 장학지도와 학교 평가를 실시하도록 하고 있다는 점에서 그 근거를 볼 수 있다. 이와 더불어 교원의 장학임무에 관한 내용들도 '초 · 중등교육법'에 명시되어 있어 이를 의무적으로 실천하게 되어 있다.

2) 장학의 형태

장학은 여러 형태가 있다. 여기서는 몇 가지 주요 장학 모형에 대하여 살펴보면 다음과 같다.

첫째, 일반장학과 수업장학을 들 수 있다. 일반장학은 모든 형태의 장학을 모두 포괄하는 개념으로 쓰인다. 장학의 목적은 궁극적으로 수업개선에 있기 때문에 가능한 한 수업개선을 위한 직접적인 안내를 하려는데 중점을 두고 있다. 이와 같이 수업개선에 중점을 둔 장학을 수업장학이라고 한다.

둘째, 임상장학과 마이크로티칭(micro-teaching)이 있다. ① 임상장학은 교실 현장에서 장학사와 교사가 일대일의 친밀한 관계 속에서 교사의 교수기술 향상과 계속적인 전문적 성장을 모색하는데 있으며 교사중심 장학이라고 할 수 있다. ② 마이크로티칭도 임상장학과 비슷한 과정을 거치는데 정식수업이 아닌 축소된 연습수업이라고 할 수 있다.

셋째, 발전장학은 교사의 발전 정도에 따라 다른 장학방법을 적용하고 장학에 의하여 발전수준을 높여 나가는 장학을 말한다. 낮은 수준의 교사에게는 지시적 장학을 적용하고, 중간 정도의 교사에게는 협동적 장학을 적용하고, 높은 수준의 교사에게는 비교적 수준 높은 장학을 적용한다.

넷째, 협동적 동료장학은 교직도 전문직이므로 전문 동료교사끼리 장학적 기능을 할 수 있다.

다섯째, 자기장학은 동기유발이 잘된 유능한 교사가 자기 혼자서 교수기술 향상을 위해서 노력하는 것으로 장학적 기능을 발휘할 수 있다. 즉 수업을 녹화 또는 녹음 분석하고, 다른 사람으로부터 피드백을 받을 수도 있으며 대학원 과정 수강, 그리고 각종 세미나와 학회참석, 전문서적 탐독 등의 방법을 들 수 있다.

여섯째, 전통적 장학은 장학사나 교장, 교감이 잠깐 교실에 들려 수업을 관찰하고 평을 하는 형식을 취한다.

일곱째, 선택적 장학은 교사들의 개인차에 의해서 개별장학을 실천하는 것이다. 교사들로 하여금 자신에게 알맞은 장학법을 선택하게 하는 장학방법이다. 장학 선택대안으로 ① 임상장학, ② 협동적 동료장학, ③ 자기장학, ④ 전통적 장학 등이 있다.

여덟째, 인간자원 장학은 장학의 관점과 철학을 의미하는 것으로 보아야 한다. 교사의 능역을 최대한 발휘하게 하여 교사를 행복하게 하고 교사를 수단시 하지 않고 목적시하자는 데 초점을 맞춘 장학이다(이윤식, 1994).

아홉째, ① 과학적 학습과정에 따른 과학장학, ② 교사의 교수행위에 대한 장학자가 책임을 져야 하는 책임장학과 예술장학, ③ 그리고 교사나 교장의 요청에 의하여 이루어지는 요청장학 등이 있다(주삼환 외 6인, 1998).

앞에서도 이야기하였듯이 장학의 개념을 규정하는 데는 광범위하고 포괄적인 의미를 지니고 있고 학자들 간에서도 다소간의 의견차를 나타낼 수 있어 개념을 정확히 규정하기에 매우 어려우므로, 여기서는 일반적인 형태를 중심으로 설명하였다.

7. 학적관리

학적이란 교육 관리상 필요한 기록이며 학생에 관한 모든 기록을 이야기한다. 다시 말해서 학교생활의 모든 상황을 기록한 적(籍)에 관한 사항을 의미하며 학적에 있어서 중요시되는 것은 바로 학생을 대상으로 한다는 것이다. 학적은 곧, 학교에서 이루어지고 있는 학생의 모든 경험과 교육 활동들을 살펴보고 기록한 내용들을 일컬어 말한다.

① 초 · 중등학교의 입학, 전(편)입학, 출결상황, 학업중단 학생의 재입학 및 편입학, 휴학, 졸업 등은 '초 · 중등교육법', '초 · 중등교육법시행령', '소년원법' 등에 의하며, ② 가정폭력 피해 학생과 학교폭력은 '초 · 중등교육법시행령'과 '가정폭력 범죄의 처벌 등에 관한 특례법', '학교폭력 예방 및 대책에 관한 법률' 등에 엄격히 규정하고 있다. ③ 그리고 소년원학교 입교생 학적관리에서 소년원학교의 입교는 '초 · 중등교육법'과 '소년원법', '교육과학기술부의 학업성적관리지침' 등에 따르며 소년원 과정 이수학생의 학적 및 학업성적은 '소년원법' 등에 의해 처리한다. ④ 대안교육의 학적관리 및 위탁학생 학적관리는 '초 · 중등교육법시행령' 등에 의하며, ⑤ 직업교육위탁학생 학적 처리는 '초 · 중등교육법시행령'과 '고등학교학업성적관리지침'과 '일반계고교생 직업교육운영지침' 등에 따른다. ⑥ 또한 귀국자녀 학력인정 및 합법 · 불법유학 처리요령은 '초 · 중등교육법' 및 '동시행령', '국외유학에 관한 규정', '고등교육법시행령' 등에 명시되어 있고, ⑦ 조기진급 및 조기진급자는 '초 · 중등교육법', '초 · 중등교육법시행령'의 의한다. ⑧ 특히 '외국인 학교 등의 설립 · 운영' 등에 관한 규정에 따라 한국에 체류 중인 외국인 자녀를 위해 운영되는 외국인 학교에서 일정요건을 갖춘 후 졸업을 하게 되면 우리나라의 상급학교에 진학할 수 있다. 한국인 자녀가 외국에서 3년 이상 거주한 학생도 외국인 학교에 입학할 수 있다. 또한 시 · 도 교육감에 의해 '학력인정 학교'로 지정받은 외국인 학교를 졸업한 경우, 국어 · 국사 수업을 1년에 국가가 요구한 시수를 이수하면 국내 상급학교에 진

학할 수 있다. 그 동안 외국인 학교 졸업생들은 내국인이나 외국인을 막론하고 상급학교 진학을 위한 학력을 인정받지 못하였기 때문에 상급학교 진학을 위해서는 본국이나 외국으로 떠나야 했다. 하지만 국내인의 국내 외국인 학교 입학은 외국에서 이중국적 보유자와 관계없이 외국에서 3년 이상을 살아야 국내 외국인 학교에 입학 자격을 얻게 된다.

8. 학교생활기록부 작성 및 관리

학교생활기록부는 '학교생활기록부의 작성 및 관리에 관한 규칙'에 의해 처리해야 한다. 특히 생활기록부는 준연구보존 문서이므로 주의를 기울여야 하며 문서관리는 '대통령령의 사무관리 규정' 등에 따른다.

1) 처리 요령과 입력방법

학교생활기록부의 처리 요령과 입력방법은 '학교생활기록부의 작성 및 관리에 관한 규칙' 등을 따라야 한다.

첫째, 학교생활기록부의 모든 자료입력 및 정정 업무는 당해 업무를 담당하는 '사용자'가 수행함을 원칙으로 하고 글자는 한글로 써야 하며 모든 숫자는 아리비아 숫자로 입력하여야 한다. 생활기록부에 입력하기 전의 '학교생활 세부상황 기록부'는 학교 실정에 맞게 작성하고 활용하여야 한다. 전학할 때는 입력한 전산자료 그리고 출력물, 향후 생활기록부 작성에 필요한 자료를 전학하는 학교로 이송하고 원적학교는 사본만 보관한다.

둘째, 학교생활기록부의 입력 항목은 다음과 같으며 전산처리 요령과 유의사항을 준수하여야 한다. ① 인적상황의 '학생'란에 성명, 성별, 주민등록번호와 입학 당시의 주소를 입력하되, 재학 중 주소가 변경된 경우에는 변경된 주소를 누가 입력한다. 그리고 '가족상황'란에는 부모의 성명, 생년월일을 입력하고 인적상황의 '특기사항'란에는 학생의 이해에 도움이 될 사항이 있는 경우 본인 또는 보호자의 동의를 얻어 입력한다. ② '학적사항'에는 학적변동시 전출학교와 전입학교에서의 학적변동, 즉 학적변동 발생 일자와 학교, 학년변동 내용을 입력한다. 그리고 학적사항의 '특기상황'란에는 학적변동의 사유를 입력한다. ③ 출결상황의 '수업일수'는 학교장이 정한 학년별 연간 총 출석해야 할 일수를 입력하고 결석일수, 지각, 조퇴로 구분하여 입력하며 '결과'에는 사유, 즉 질병·무단·기타로 구분하여 입력한다. 그리고 학적변동 학생은 원적학교의 것과 변동 이후 학교의 출석을 합산하며 출결상황의 '특기사항'란에는 특기할 만한 내용을 입력한다. ④ '수상경력'의 전산 입력은 재학 중 교내·외에서 수상한 상의 명칭과 등급(위), 연월일, 기관명을 입력한다. 특히 교외에서 수상한 상의 입력 범위는 교육과학기술부와 시·도교육청이 주최 및 주관한 대회 그리고 학교장의 추천으로 참가한 대회만 인정한다. 또한 표창도 이와 동일하게 처리한다. 또한 동일한 내용으로 수상한 경우에는 최고 수준의 수상 경력만을 입력한다. ⑤ '자격증 및 인증 취득 상황'은 국가기술자격증, 국가자격증, 국가공인을 받은 민간자격증에 한하며 자격증의 원본 대조 후 취득한 순서대로 입력한다. ⑥ '진로지도 상황'의 전산입력은 학기 중에 진로에 대한 지도를 실시하여 그 상황을 파악한 후 특기 또는 흥미 그리고 학생과 학부모의 진로 희망을 종합한 후 입력한다. 진로지도 상황의 '특기사항'란은 진로지도와 관련된 사항을 종합하여 학년말에 담임교사가 입력한다. ⑦ '행동특성 및 종합의견'란에는 담임교사가 학생을 수시로 관찰하여 누가 기록된 행동특성을 바탕으로 총체적으로 학생을 이해할 수 있는 종합의견을 입력한다. ⑧ 기타 상황으로 '졸업대장 번호'란은 졸업대장의 번호를 입력하고 '구분'란은 학생의 학과, 반 그리고 번호와 담임 선생님의 성명을 입력하며 변경사항이 있을 경우에는 변경 전후의 내용을 함께 입력한다. '사진'은 입학년도에 상반신 사진을 입력하고 졸업학년도에는 이를 교체 입력한다.

2) 특별, 재량활동 및 조기진급과 졸업자 학적관리

특별활동과 재량활동 그리고 조기진급과 졸업자 학적관리의 영역은 미래사회 대비교육을 위한 내용이므로 이의 중요성을 감안하여 소홀히 다루어서는 안 된다.

첫째, 특별활동은 자치활동, 봉사활동, 계발활동, 적응활동, 행사활동의 5개 영역으로 구성되어 있으며, 교육과정의 내용 및 평가방법 그리고 기준은 학교별로 창의성 있게 자율적으로 구성해야 한다. 그리고 평가는 5개영역이 균형 있게 평가될 수 있도록 하고 활동상황 입력은 영역별 이수시간 및 특기사항을 교육과정 기준에 따라 기록하여야 한다. 그리고 봉사활동 영역의 실적은 구체적인 내용을 별도의 '봉사활동 실적' 란에 실시일자 순으로 모두 입력하여야 한다. 특히 여기에서는 개별학교의 교육과정 운영계획에 의한 행사활동, 수련활동 및 학년·학급 단위로 이루어지는 체험활동도 이에 포함한다.

둘째, 재량활동은 학교장이 자율적으로 교육과정 기준과 학교의 실정에 따라 계획을 수립하고 실시하며 그 결과는 계획에 따라 평가되어야 한다. ① 창의적 재량활동의 평가는 활동영역 또는 주제에 대한 특기사항을 문장으로 기술한다. ② 교과활동 중 중학교 선택과목의 평가는 교과학습 발달상황 평가 및 관리에 의하여 시행하고 교과, 과목, 성취도, 석차(동석차순)/재적수를 산출하여 입력한다. ③ 고등학교 선택과목과 전문계 고등학교에서 교과재량활동을 전문교과로 이수하는 경우의 평가는 교과, 과목, 단위수, 원점수/교과평균(표준편차), 석차등급(이수자수)을 산출하여 입력한다. ④ 중·고등학교의 국민공통기본 교육과정의 심화·보충학습의 이수여부는 학기말에 '세부능력 및 특기사항'란에 이수단위(시간) 및 이수과목 등을 입력한다. ⑤ 교외 체험학습의 활동유형, 인정절차, 인정범위, 인정기간 등은 학칙으로 정하여 시행하고 학칙이 정하는 범위 안에서 학교장이 수업으로 인정한 교외 체험학습을 입력한다. 그리고 학교 이외의 기관이나 단체에서 주최하고 주관한 체험학습에 참여한 실적이나 개인적으로 실시한 교외 체험학습 내용은 '교외 체험학습 상황'란에 입력한다. ⑥ 장애학생의 결함을 보상하고 생활기능을 회복시키기 위한 치료활동은 치료활동의 8개영역 중 개별학생의 필요에 적응하는 교과목의 교육내용, 평가방법 및 기준에 따라 교육내용, 발달변화 등을 간략하게 문장으로 입력한다. 학년별 치료교육활동 영역은 8개 교과목 중 1개 교과목 이상 이수할 때에는 이수하는 과목별로 입력하고, '특기사항'란에 치료교육활동과 관련하여 학생교육에 지속적으로 반영되어야 할 사항을 입력한다. ⑦ 2007학년도 입학자부터 고등학교에만 적용되는 개인별 · 교과별 독서활동 상황은 독서활동에 특기할 만한 사항이 있는 학생을 대상으로 '독서활동 상황'란에 독서분야, 독서에 대한 흥미, 이해 수준 등을 종합서술형으로 교과지도교사가 입력하는 것을 원칙으로 하되, 담임교사도 입력할 수 있다. 독서활동의 내용이 특정 교과에 해당되지 않을 경우, 인문, 사회, 과학, 예술 · 체육의 4개영역으로 구분하여 입력한다.

셋째, 조기진급자 및 조기졸업 대상자는 차상급 학년의 교육과정에 편성된 전 교과목을 이수하고 인정받아야 한다. 그리고 조기진급 또는 조기졸업 학생의 학적상황, 교과학습 발달상황, 특기상황, 종합의견 등의 해당란에 1학년에서 3학년 진급이면 2학년란에, 2학년이 졸업이면 3학년란에 '조기진급' 혹은 '조기졸업'이라고 기재한다. 특히 교과목별 조기이수 대상자의 생활기록부 정리 및 성적처리 등의 모든 사무는 조기졸업 학생 대상자의 현 소속 담임이 기록한다.

제 3 절 교육지원

본 절에서는 교육의 질 향상을 위한 지원체제는 어떻게 구성되고 있는가를 살펴보는 것도 매우 중요하다. 그러므로 여기서는 인사, 공문서 관리, 재무, 시설, NEIS에 대해 알아보도록 한다.

1. 인사

인사의 근거는 각종 법규, 즉 '국가공무원법', '교육공무원법', '교육공무원임용령', '교육공무원승진규정', '초 · 중등교육법시행령', '유아교육법시행령', '교육공무원인사관리규정', '교원 등의 연수에 관한 규정', '승진규정' 등에 따른 인사업무 처리요령', '각 시 · 도교육공무원평정업무처리요령', '각 시 · 도 계약

제임용지침', '교육공무원인사기록 및 인사규칙' 등에 의해 구체적으로 명시되어 있다.

1) 임용 및 호봉, 승급과 연수

임용은 일반적으로 어떤 사람에게 임무를 맡기고 쓰는 것을 뜻하며, 승급은 직계나 연공을 기초로 하여 정해진 급여체계인 호봉이나 등급 혹은 급료가 오르는 것을 뜻한다. 또한 교원의 연수는 현장 교육활동에 참여하는 교원의 자질 향상을 위한 활동으로 교사들에게는 매우 중요한 관심거리며 이것은 곧 여비규정을 들 수 있다.

첫째, 임용은 '국가공무원법'과 '교육공무원법' 그리고 '교육공무원임용령' 등에 의하고 있다. ① '국가공무원법'에는 공무원 임용의 결격사유, 즉 공무원이 될 수 없는 사람을 규정하고 있다. 금치산자와 한정치산자, 파산자로서 복권되지 아니한 자, 그리고 금고이상의 형을 받고 집행 종료된 후, 법이 정한 연도가 경과되지 않은 자와 집행을 받지 않기로 확정된 후, 법이 정한 기간이 미경과된 자이다. 또한 금고이상의 형을 받고 집행유예가 완료된 후, 법이 정한 기간을 경과하지 않은 자와 금고이상형의 선고유예기간 중인 자와 법원의 판결 또는 다른 법률에 의하여 자격 상실 또는 정지된 자 그리고 징계에 의한 파면 처분을 받은 때로부터 법이 정한 기간을 경과하지 않은 자와 징계에 의한 해임 처분을 받은 때로부터 법이 정한 기간의 미경과자는 공무원으로 임용될 수 없다. ② 교사의 신규채용 및 절차는 '국가공무원법'과 '교육공무원법' 그리고 '교육공무원임용령' 등에 의한다. 그 방법은 공개전형에 의하여 선발하며 필기시험과 실기 그리고 면접시험 등의 방법에 의하며 응시연령은 제한이 없다. 응시자격은 채용 예정직에 해당하는 교사자격증 취득자 또는 교사자격증을 취득할 당해 학년도 졸업예정자는 응시할 수 있다. 그리고 공개전형에 합격한 자는 '교육공무원임용령'과 '교사임용후보자명부작성규칙' 등에 의하여 '교사임용후보자 순위명부'를 작성하여 비치한다. ③ 교사의 전보와 승진, 전직 및 파견에서, ㉮ 전보는 동일 직위 또는 자격 내에서 근무기관이나 부서를 달리하는 것을 말하며 이는 '교육공무원임용령', '교육공무원인사관리규정', '중등학교교원 및 교육전문직인사관리원칙' 등에 따른다. 전보시 보직 교사겸임은 면하여 전보하며 정기전보시 전보유예는 시 · 도교육감이 결정한다. ㉯ 승진은 '국가공무원법'과 '교육공무원법' 등에 의하며 이는 교사에서 교감(원감)으로, 교감(원감)에서 교장(원장)으로, 장학사(교육연구사)에서 장학관(교육연구관)으로 직무의 책임도와 곤란도가 낮은 하위직급에서 높은 상위직급으로 인사이동되는 것을 이야기한다. ㉰ 전직은 승진과 같이 '국가공무원법'과 '교육공무원법' 등에 의하며, 교사나 교감(원감), 교장(원장)이 교육전문직으로의 이동이나, 교육전문직에서 교사, 교감(원감), 교장(원장)으로의 이동을 이야기한다. 그리고 교육연구사(관)가 장학사(관)로, 또한 장학사(관)가 교육연구사(관)로, 또는 초등학교 교원이나 특수학교 교원, 중등학교 교원의 상호이동이나 유치원 교원이나 초등학교 교원, 중등학교 교원의 상호이동이 이에 포함된다. 이것은 교육공무원의 종별과 자격 또는 직렬을 달리하는 임용을 말한다. ㉱ 파견은 '국가공무원법'과 '교육공무원임용령', '교육공무원법', '재외국민의 교육에 관한 규정', '해외파견공무원인사관리규칙' 등에 의한 파견근무를 이야기하며 국내 파견은 서울대학교 대학원과 교원대학교 대학원 그리고 교육대학교 대학원의 연수 파견과 교육청 및 기타 기관의 업무파견이 있다. 국외파견은 유학파견과 연수파견 그리고 업무파견이 있다. 유학파견과 업무파견은 교원 및 교육전문직이 대상이 되며 연수파견은 교원이 해당된다.

둘째, 호봉획정 및 승급은 '공무원보수규정' 등에 의하며 대상은 신규채용일을 기준으로 한 신규채용되는 교육공무원과 기존 교사들로 구분된다. ① 호봉획정에서 신규채용 교사의 호봉획정 방법은 학력에서 16년을 뺀 후 가산연수를 더하면 가감연수가 된다(가감연수=(학령-16)+가산연수). 여기에서 기산호봉과 환산경력연수를 모두 합하면 획정된 호봉이 되며 다음과 같이 계산한다. '기산호봉(1급 정교사 9호봉, 2급 정교사 8호봉, 준교사 5호봉, 1급 전문상담교사 9호봉, 2급 전문상담교사 8호봉, 실기교사 5호봉, 1급 보건교사 9호봉, 2급 보건교사 8호봉, 1급 영양교사 9호봉, 2급 영양교사 8호봉, 1급 사서교사 9호봉, 2급 사서교사 8호봉)+가감호봉+환산경력연수'로 환산한다. ② 호봉을 재획정하고자 할 때는 크게 두 가지로 나눌 수 있다. ㉮ 자격, 학력, 직명의 변동으로 새로운 경력을 합산하여야 할 사유가 발생한 경우와 ㉯ 징계나 휴직 등 승급 제한 기간을 승급기간에 산입하는 경우다. 징계처분자는 징계처분 집행이 종료된 날로부터 징계기간 말소기간이 경과한 날이 속하는 달의 다음 달 1일에 재획정하며 휴직이나 정직, 직위해제 중인 자는 복직일에 재획정하고 징계기록이 말소된 경우는 처분 기간을 제외한 승급 제한 기간을 산입한다. 특히 특별승급 또는 승급제한 등의 사유가 있을 시는 이를 가감한다. ③ 교육공무원 등의 경력 환산은 '공무원보수규정의 경력 환산율 표'에 의하며 특히 경력증명 조회시 확인할 사항은 정규직원인가의 여부와 담당업무, 경력기간 등 경력인정과 관련된 사항을 확인해야 한다. ④ 교육공무원의 호봉승급에 필요한 기간은 1년이며 정기 승급일은 본인이 승급한 달 1일자로 정기승급을 한다.

셋째, 연수 및 여비기준은 '교원 등의 연수에 관한 규정' 등에 의해서 연수기관의 종류와 설치가 규정되어 있다. ① 연수는 ㉮ 연수원장이 교육과학기술부장관의 승인 하에 연수의 일부를 다른 연수기관·교육기관·교육행정기관에 위탁하여 실시하는 '위탁연수'와 ㉯ 연수원이 실시할 수 없는 특수 분야에 대한 연수는 특정기관을 지정하여 연수를 할 수 있는 '지정연수'가 있다. ㉰ 교원연수의 종류는 ⓐ 먼저 '기관중심연수'가 있으며 여기서는 교원의 1, 2급 정교사, 교(원)감, 교(원)장 자격연수, 부전공 자격연수, 비교과의 전문상담, 사서, 보건, 영양교사의 자격취득을 위한 '자격연수'가 있다. ⓑ 그리고 교과, 생활지도, 정보화, 교양 관련 등을 위한 '직무연수'가 있다. 여기에는 자녀양육 휴직 후 복직하고자 하는 교원, 그리고 배우자의 국외근무로 인한 동반휴직 후 복직하고자 하는 교원, 또한 해외유학과 연수, 연구사유로 휴직 후 복직하고자 하는 교원들이 포함된다. ⓒ 또한 학위취득 대학 위탁, 교원장기 해외유학, 해외 장기 체험 연수 방법인 '특별연수'가 있다. ㉱ 다음으로 연구수업, 동학년 협의회나 교과연수, 직원연수, 전달강습 등의 '학교중심연수'와 국내외 교육기관 학위취득, 연구수행교과연구회, 학회, 개인별 연구 등을 위한 '개인중심연수'로 크게 나눌 수 있다. ② 연수여비의 지급기준은 '공무원교육훈련비지급기준(중앙인사위원회예규)'과 '공무원여비규정' 등에 의한다. 근무지 내 연수여비는 공무원여비규정을 적용하여 근무지 내 출장여비로 지급한다. 근무지 내 출장이란 특별시 및 광역시를 포함한 동일 시 · 군 및 제주도 제외한 도서 안에서의 출장이나 여행거리가 12km 미만인 출장을 이야기하며 정액지급 방식을 유지한다. ⑤ 부임의 명 또는 청사이전에 따라 국내에서 거주지를 이전하는 경우에 지급하는 국내 이전 지급 기준을 현실화한다.

2) 휴직 및 복직, 징계

교사들에게는 직무수행 중 피할 수 없는 상황 그리고 필요조건이 발생할 시는 어쩔 수없이 휴직과 복직 그리고 휴직의 연장, 휴 · 복직의 사유별 업무처리와 방법 그리고 절차에 따라 정리하여야 한다.

첫째, 휴직은 '교육공무원법'과 '공무원보수규정' 등에 의하며 여기서는 본인의 의사에 반함에도 불구하고 휴직을 명하여야 하는 직권휴직과 본인이 원하는 경우에 휴직을 명하는 청원휴직의 두 종류가 있다. ① 직권휴직의 절차는 휴직사유가 발생하면 임용권자는 휴직여부를 판단하여 임용권자가 휴직을 발령한다. 직권휴직의 종류에는 신체 · 정신상의 장애로 장기요양을 요할 때는 질병휴직, 병역의 복무를 위하여 징집 · 소집되었을 때는 '병역휴직', 천재 · 지변, 전시 · 사변, 기타의 사유로 생사 · 소재가 불분명할 때는 '생사불명휴직', 기타 법률상 의무수행을 위해 직무를 이탈하게 된 때는 '법정의무 수행 휴직", 교원노동조합 전임자로 종사하게 된 때는 '노조전임자 휴직'이 있다. ② 청원휴직의 절차는 본인이 휴직사유와 관련서류를 갖추고 휴직을 신청하면 임용권자는 휴직여부를 판단하여 임용권자가 휴직을 발령한다. 청원휴직의 종류에는 ㉮ 학위취득을 목적으로 해외유학을 하거나 외국에서 1년 이상 연구 · 연수하게 될 때는 '유학휴직', ㉯ 국제기구나 외국기관 그리고 국 · 내외의 대학 · 연구기관 · 다른 국가기관 · 재외교육기관 또는 대통령으로 정하는 민간단체에 임시로 고용되었을 때는 '고용휴직', ㉰ 만 6세 이하의 초등학교 취학전 자녀를 양육하기 위하여 필요하거나, 여자교육공무원이 임신 또는 출산하게 된 때는 '육아휴직', ㉱ 교육과학기술부 장관이 지정하는 국내의 연구기관 · 교육기관 등에서 연수하게 될 때는 '연수휴직', ㉲ 부모, 배우자, 자녀 또는 배우자의 부모의 간호를 위하여 필요할 때는 '간병휴직', ㈓ 배우자가 국외근무를 하거나 유학휴직을 할 때에는 '동반휴직'을 할 수 있다. 특히 휴직자는 공무원의 신분은 보유하고 있으나 직무에는 종사하지 못한다. 그러나 휴직 중이라 할지라도 공무원의 신분은 보유하므로 신분상의 의무를 위반하였을 시는 징계처분의 대상이 된다.

둘째, 휴·복직에 관한 사항은 '국가공무원법'과 '교육공무원법', '교육공무원 임용령' 등에 의한다. 복직은 휴직·직위해제 또는 정직 중인 자의 직위복귀를 이야기한다. 휴·복직에 대한 일반 사항으로 복직자는 휴직기간 중 휴직사유의 소멸기간 전에 법이 정하는 날 이전에 임용권자 또는 임용제청권자에게 신고하여야 하고 임용권자는 복직이 소멸되면 지체 없이 복직조치를 취하여야 한다. 만약 휴직기간이 만료 또는 휴직사유가 소멸되었음에도 불구하고 직무에 복귀하지 아니하거나 직무를 감당할 수 없는 경우 관할 징계위원회의 의견을 들어 휴직기간 만료일 또는 휴직사유 소멸일을 임용일자로 소급하여 직권 면직시킬 수 있다. 특히 여자교원인 경우, 90일 이내의 출산휴가를 사용한 후 즉시 또는 일정기간 근무하다가 양육휴가는 가능하다.

표 10-4 휴직사유 기간

휴직 종류	휴직관련 호와사유	휴직조건	휴직기간	승급	경력 평정	봉급
직권 휴직	1호 질병휴직	· 신체 · 정신상의 장애로 장기요양	1년 이내	제한	불인정	7할 (결핵성 : 8할)
	(공상)	· 공상으로 장기요양	1년 이내	인정	인정	전액 지급
	2호 병역의무	· 병역복무를 위한 징집 또는 소집	복무기간	인정	인정	지급 안함
	3호 생사불명	· 천재 · 지변 · 전시 · 사변 기타 사유로 생사 · 소재 불명	3월 이내	제한	불인정	지급 안함
	4호 법정의무 수행	· 법률의 규정에 의무수행을 위하여 직무이탈	복무기간	인정	인정	지급 안함

	11호 노조 전임자	· 교원의 노동조합 설립 및 운영 법률	전임기간	인정	인정	지급 안함
청원 휴직	5호 유학휴직	· 학위 취득목적 해외유학, 1년 이상 외국에서 연구하는 연수	3년 이내 (3년 연장 가능)	인정	인정 (5할)	5할
	6호 고용휴직	· 국제기구 · 외국기관 · 국내외 대학 · 연구기관 · 다른 국가기관 · 재외 교육기관 또는 대통령령이 정하는 민간단체에 임시고용	고용기간	인정 (상근 10할 비상근 5할)	(상근 10할 비상근 5할)	지급 안함
	7호 육아휴직	· 자녀 6세 이하의 초등학교 취학전 자녀를 양육하기 위하여 필요하거나 여자 교육공무원이 임신 또는 출산하게 된 때	1년 이내 (여자 교육공무원 2년 연장 가능)	최초 1년 인정	최초 1년 이내 인정	지급 안함
	8호 연수휴직	· 교육과학기술부 장관이 지정하는 국내 연구기관 · 교육기관 등에서 연수	3년 이내	제한 (학위 취득시 10할 인정)	인정 (5할)	지급 안함
	9호 간병휴직	· 사고 · 질병으로 장기요양을 요하는 부모, 배우자, 자녀 또는 배우자의 부모 간호	1년 이내 (재직기간 중 3년 이내)	제한	불인정	지급 안함
	10호 동반휴직	· 배우자가 외국근무 또는 제5호에 해당된 때	3년 이내 (3년 연장 가능)	제한	불인정	지급 안함

셋째, 징계란 '자신의 허물을 뉘우치도록 주의를 주고 나무람을 뜻하며 또한 부정이나 부당한 행위를 되풀이하지 못하도록 제재를 가함'이라고 사전에서 이야기하고 있다. 징계란 부정, 부당, 허물 등으로 인해 가해지는 결과의 산물이라고 할 수 있다

① 이러한 징계는 '국가공무원법'과 '교육공무원징계령', '국가공무원임용령', '공무원보수규정', '공무원연금시행령', '교육공무원징계양정', '교육공무원징계', '기록말소시행지침', '교원지위 향상을 위한 특별법' 등 여러 법규에 명시되어 있다. 징계의 종류는 '대학의 장 징계위원회', '특별징계위원회', 교원에게 해당

되는 '일반징계위원회' 등으로 구성되어 있다. 일반징계위원회는 시 · 도교육청과 지역교육청으로 나누어져 있다. ㉮ 시 · 도교육청의 징계심의 의결대상자는 공립의 학교의 각급 교장(원장)과 교감(원감) 그리고 시 · 도교육청 관할기관의 장학관, 교육연구관, 장학사, 교육연구사 또한 공립 고등학교교사, 또는 중학교, 초등학교, 유치원교사 등의 중징계를 대상으로 하며, ㉯ 지역교육청은 공립유치원, 초 · 중학교 교사 등의 경징계를 대상으로 한다.

'국가공무원법' 등에 의한 징계의 사유는 '국가공무원법'에 의한 명령위반, 직무상의 의무위반, 직무태만, 다른 법령에서 공무원의 신분으로 인하여 부과된 의무에 대한 직무태만, 직무의 내 · 외를 불문하고 공무원으로서의 체면 또는 위신의 손상행위 등이다. 징계사유 발생일로부터 일정기간 경과 후는 징계의결요구가 불가능하다. 그러나 금품향응이나 수수 그리고 공금횡령의 경우는 긴 시효를 두고 있다.

징계의 종류와 효력은 〈표 10－5〉와 같다.

표 10－5 징계의 종류와 효력

종류 (국가공무원법, 교육공무원징계령)		기간 (국가 공무원법)	신분 (국가공무원법, 공무원임용령)	보수, 퇴직급여 등 (국가공무원법, 공무원보수규정, 공무원연금법시행령)
중징계	파면	–	· 공무원 관계로부터 배제 · 5년간 공무원에 임용될 수 없음	· 재직기간 5년 미만자, 퇴직급여액의 1/4, 5년 이상인 자 1/2 감액 지급
	해임	–	· 공무원 관계로부터 배제 · 3년간 공무원에 임용될 수 없음	· 퇴직급여 전액 지급. 다만, 금품 및 향응수수 · 공금횡령 · 유용의 경우 재직기간 5년 미만자 1/8, 5년 이상인 자 1/4 감액지급
	정직	1월~3월	· 신분은 보유하나 직무에 종사 못함 · 18월＋정직처분기간 승진 제한 · 처분기간 경력평정에서 제외	· 18월＋정직처분기간 승급 제한 · 보수의 2/3 감액
경징계	감봉	1월~3월	· 12월＋감봉처분기간 승진 제한	· 12월＋감봉처분기간 승급 제한 · 보수의 1/3 감액
	견책	-	· 6월간 승진 제한	· 6월간 승급 제한

② 징계양정의 기준은 '교육공무원징계양정에 관한 규칙' 등에 의하며 비위의 유형, 즉 성실의 의무위반이 있다. 이것은 직무태만이나 회계질서 문란, 시험지를 유출하거나 학생 성적을 조작하는 등 학생 성적과 관련된 비리 등을 들 수 있다. 그리고 복종의 의무위반, 직장이탈의 금지위반, 친절 · 공정의 의무위반, 또한 비밀엄수의 의무위반, 금품수수 등의 청렴의 의무위반이 있으며 성희롱, 성폭력, 학생에 대한 상습적이고 심각한 신체적 폭력 등의 품위유지의 의무위반, 영리업무 및 겸직금지의 의무위반, 정치운동 및 집단행위의 금지위반을 하였을 경우다. 여기에서는 비위 정도에 따라 파면, 해임, 정지, 감봉, 견책의 징계를 결정한다.

특히 각급 학교 교원의 징계처분은 그 의사에 반하여 불리한 처분에 대한 재심은 처분이 있는 것을 안 날로부터 법이 정한 기간 이내에 청구하여야 한다. 이는 '교원지위향상을 위한 특별법'과 '교원소청에 관한 규정' 등에 명시되어 있다.

3) 교육공무원 평정업무

교육공무원 평정은 '교육공무원법', '교육공무원승진규정' 등에 근거한다. '교육공무원법'에 교육공무원의 '경력평정'과 '근무성적평정' 그리고 '연수성적평정' 또한 '연구실적평정', '가산점' 등의 평정과 승진후보자명부의 작성에 관한 사항을 규정함으로써 교원 승진임용에 있어 인사행정의 공정성을 기함에 있다. 특히 이는 개정의 주기가 잦은 반면, 가산점 부여 등에 대한 일부 내용들은 시 · 도별 자율적 결정에 따라 차이점이 있으므로 1년에 한번쯤은 '교육공무원승진규정'의 내용을 살펴보는 것이 바람직하다.

첫째, 경평정의 기준은 당해 교육공무원의 직위별로 담당직무 수행과 관계되는 정도를 기준으로 하며 당해 교육공무원의 인사기록카드에 의한다. ① 평정의 시기는 매년 12월 31일을 기준으로 하며 경력은 '기본경력'과 '초과경력'으로 나누어 계산한다. ② 현재의 기본경력 20년과 초과경력 5년, 총 25년을 2008년부터 연차적으로 1년씩 줄여 기본경력을 15년으로 하고 초과경력은 기본경력이전 5년으로 하여 총 20년으로 계산한 경력의 등급별 평정은 다음 〈표 10-6〉과 같다(경력평정에 관한 특례에 의해서 2012년 12월 31일 기준경력평정임).

표 10-6 경력의 등급별 평정점

구분	등급	평정만점	근무기간 1일에 대한 평정점
기본경력	가 경 력	64.00	0.0118
	나 경 력	60.00	0.0111
	다 경 력	56.00	0.0103
초과경력	가 경 력	6.00	0.0033
	나 경 력	5.00	0.0027
	다 경 력	4.00	0.0022

둘째, 연수성적평정은 '교육성적평정'과 '연구실적평정'으로 나누며 평정은 12월 31일을 기준(정기평정)으로 실시하거나 또는 승진후보자명부 조정 시기에 실시한다. ① 교육성적평정은 '직무연수성적'과 '자격연수성적'으로 나누어 평정한 후 합산한 성적으로 한다. 직무연수는 당해 직위에서 지정된 연수기관에서 10년 이내에 이수한 60시간 이상의 직무연수성적 및 직무연수이수실적을 포함하여 평정하며 교장·장학관·교육연구관 승진후보자명부 작성대상자는 직무연수이수 실적을 제외 한 6점으로 한다. 그리고 교감승진 후보대상자 및 자격연수대상자는 직무연수 성적 1회와 직무연수이수 실적 2회를 포함한 3회(18점)로 평정한다. 자격연수는 승진후보자 및 자격연수대상자인 교장, 교감 모두 9점으로 평정한다. ② 연구대회 실적평정은 연구대회 입상실적과 학위 취득실적으로 나누어 평정한 후 이를 합산한 성적으로 하되, 평정점은 3점을 초과할 수 없으며 입상실적은 1년에 1회의 입상실적에 한하여 평정한다. 그 중 학위취득실적 평정점은 2점을 초과할 수 없다. 연구대회 입상실적 평정은 국가나 공공기관 또는 공공단체가 개최하는 교육에 관한 연구대회로서 교육과학기술부장관이 인정하는 전국 규모의 연구대회에서 입상한 연구실적 그리고 시·도교육청, 지방공공기관 및 공공단체 등이 개최하는 교육에 관한 연구대회로서 시·도교육감이 인정하는 시·도 규모의 연구대회에서 입상한 연구실적으로 한다. 연구

대회 입상실적 평정의 대상은 당해 직위 또는 전직 이전의 직위 중의 입상실적으로 한다.

연구대회 입상실적은 다음 〈표 10－7〉과 같다.

표 10－7 연구대회 입상실적표

<table>
<tr><th colspan="2">구분</th><th colspan="2">개정 전</th><th colspan="2">개정 후</th><th>비고</th></tr>
<tr><td rowspan="4">연구대회</td><td>입상등급</td><td>전국규모 연구대회</td><td>시·도 규모 연구대회</td><td>전국규모 연구대회</td><td>시·도 규모 연구대회</td><td rowspan="8">'09년 1월 1일부터 시행</td></tr>
<tr><td>1등급</td><td>1.00점</td><td>0.50점</td><td>1.50점</td><td>1.00점</td></tr>
<tr><td>2등급</td><td>0.75점</td><td>0.375점</td><td>1.25점</td><td>0.75점</td></tr>
<tr><td>3등급</td><td>0.50점</td><td>0.25점</td><td>1.00점</td><td>0.50점</td></tr>
<tr><td rowspan="4">학위</td><td rowspan="2">박사</td><td colspan="2">직무와 관련있는 학위 2점</td><td colspan="2">직무와 관련있는 학위 3점</td></tr>
<tr><td colspan="2">기타의 학위 1점</td><td colspan="2">기타의 학위 1.5점</td></tr>
<tr><td rowspan="2">석사</td><td colspan="2">직무와 관련있는 학위 1점</td><td colspan="2">직무와 관련있는 학위 1.5점</td></tr>
<tr><td colspan="2">기타의 학위 0.5점</td><td colspan="2">기타의 학위 1점</td></tr>
<tr><td>비고</td><td colspan="6">· 연구대회 입상실적은 1년에 1회의 연구대회 입상실적에 한해 평정함.
· 직무와 관련이 있는 학위의 인정기준은 승진후보자명부 작성권자가 정함</td></tr>
</table>

③ 가산점은 '공통가산점'과 '선택가산점'으로 구분한다. 공통가산점은 각 시·도에서 반드시 반영하며 선택가산점은 시·도별로 그 항목 및 점수를 다르게 정할 수 있다. 그리고 교육공무원은 당해 직위에서 가산점을 합산하여 가산하되 전직된 경우에는 전직 이전의 직위에서 취득한 가산점을 포함한다. ④ 가산점이 중복된 경우는 유리한 것 1개만 평정하며 기간 계산은 월수단위로 계산하되 15일 이상이면 1월로 계산하고, 15일 미만은 계산하지 않는다. 다음의 〈표 10－8〉은 전국 시·도가 공통으로 부여한 가산점과 시·도가 자율적으로 항목과 점수를 다르게 할 수 있는 내용을 예시로 제시한다.

표 10-8 공통가산점 및 선택가산점 내용

구분	평정항목	평정점	
		월평정점	상한점
공통 가산점	· 교육과학기술부장관 지정연구학교(시범 · 실험학교, 개방형자율학교 시범운영학교) 교원으로 근무한 경력	0.021점	1.25점
	· 재외국민교육기관 파견 근무한 경력	0.021점	1.25점
	· 교육공무원승진규정의 직무연수이수 실적	1학점당 0.01점	1년 0.04점
선택 가산점	· 1급정교사, 전문상담교사의 보직교사 경력	0.021점	1.75점
	· 장학사, 교육연구사 경력	0.021점	1.25점
	· 도서, 벽지지역 근무경력	가 지역 0.042점	'98.1.1 이후 불인정
	· 한센병환자 자녀학교 근무 또는 학급담임 경력	0.021점	1.25점 '98.1.1 이후 불인정
	· 특수학교 근무(특수학급 담당경력)	0.021점 (0.0105)	1.25점 '2006.1.1 이후 불인정
	· 교육감 지정 연구 · 시범 · 실험학교 근무 경력	0.01점	1.25점
	· 국가기술자격법에 의한 기술기능계 및 서비스계의 자격증	0.3~0.5 자격구분에 따라	0.75점 (유리한 것 하나만 인정)
	· 귀국학생 특별학급을 직접 담당한 경력(특별학급 담임근무)	0.0105점	1.25점 (2002.3.1 이후 인정)
	· 교육실습 지도교원(초등)	0.01점	1.25점 (2004.3.1 이후 인정)
	· 교육감이 지정한 「좋은 학교만들기 자원학교」에 근무한 경력	0.01점	1.25점 (2006.7.1 이후 인정)
	· 방과후학교 시범학교 연계협력학교 유공교원	0.01점	1.25점 (2006.7.1 이후 인정)
	· 청소년단체활동 지도교원	0.005점	0.75점 (2007.3.1 이후 인정) 2010년부터 평정

※ 선택가산점은 서울특별시 내용이므로 시 · 도가 자율에 따라 2009. 1. 1 이후부터 내용이 다르게 적용할 수 있음.

그리고 공통가산점과 선택가산점의 평정점을 개정 전과 개정 후로 나누어 다음 〈표 10-9〉와 같이 비교한다.

표 10-9 공통가산점과 선택가산점 평정점

구분	개정 전	개정 후	비고
공통가산점	· 총점 3.5점	· 총점 3점	'09년 1월 1일 이후 평정시부터 적용
선택가산점	· 총점 15점 범위 내에서 교육감이 기준 결정 · 기준은 평정기간이 시작되기 전에 공개	· 총점 10점 범위 내에서 교육감이 기준 결정 · 기준은 평정기간이 시작되기 6개월 전에 공개 · 가산점의 중복인정 기준 권한을 교육감에게 위임	
기간 계산	15일 이상은 1월로 계산, 15일 미만은 미산입	1월 미만은 일단위 계산	

* 근거 : 서울특별시교육연구정보원 제공, 2007 교육공무원 평정업무 처리요령(2007. 12. 31기준).

셋째, 교사의 근무성적평정 등은 매년 12월 31일을 기준으로 하여 해당 교사의 근무실적 · 근무수행 능력 및 근무수행 태도에 관한 자기평가를 참고한 근무성적평정과 다면평가를 정기적으로 실시하여 각각의 결과를 합산한다. 그러나 앞으로 시행예정인 '교원평가'의 결과를 승진, 연수 등 인사에 반영할 예정이므로 다소의 변화가 예상된다.

교사근무성적 평정과 다면평가의 평정사항은 다음 〈표 10-10〉의 내용과 같다.

표 10-10 평가사항

평가사항	평가요소	평가내용
자질 및 태도	교육자로서의 품성(10점)	· 교원의 사명과 직무에 관한 책임과 긍지를 지니고 있는가?
		· 교원으로서의 청렴한 생활태도와 예의를 갖추었는가?
		· 학생에 대한 이해와 사랑을 바탕으로 교육에 헌신하는가?
		· 학부모 · 학생으로부터 신뢰와 존경을 받고 있는가?
	공직자로서의 자세(10점)	· 교육에 대한 올바른 신념을 가지고 있는가?
		· 근면하고 직무에 충실하며 솔선수범하는가?
		· 교직원간에 협조적이며 학생에 대해 포용력이 있는가?
		· 자발적 · 적극적으로 직무를 수행하는가?

근무실적 및 근무수행 능력	학습지도(40점)	· 수업연구 및 준비에 최선을 다하는가?
		· 수업방법의 개선 노력과 학습지도에 열의가 있는가?
		· 교육과정을 창의적으로 구성하며 교재를 효율적으로 활용하는가?
		· 평가계획이 적절하고, 평가의 결과를 효율적으로 활용하는가?
	생활지도(20점)	· 학생의 인성교육 및 진로지도에 최선을 다하는가?
		· 학교행사 및 교내외 생활지도에 최선을 다하는가?
		· 학생의 심리, 고민 등을 이해하기 위하여 노력하고 적절히 지도하는가?
		· 교육활동에 있어 학생 개개인의 건강 · 안전지도 등에 충분한 배려를 하는가?
	교육연구 및 담당업무(20점)	· 전문성 신장을 위한 연구 · 연수활동에 적극적인가?
		· 담당업무를 정확하고 합리적으로 처리하는가?
		· 학교교육 목표의 달성을 위한 임무수행에 적극적인가?
		· 담당업무를 창의적으로 개선하고 조정하는가?

2. 공문서 관리

공문서 관리는 사무관리에 포함되는 내용으로 '사무관리규정'과 '사무관리규정시행규칙' 등에 따라 실천된다.

문서란 도면, 사진, 디스크, 필름, 슬라이드, 전자문서 등 특수기록을 통해 행정기관 내부 또는 상호간이나 대외적으로 공무상 작성 또는 시행되는 문서나 행정기관이 접수한 모든 문서를 말한다. 공문서 성립 요건은 당해 기관의 의사표시가 명확하게 표현되고 위법 · 부당하거나 시행 불가능한 사항이 없으며 법령에 규정된 절차에 따라 형식이 정리되어야 한다.

문서의 종류는 작성 주체에 따라 공문서와 사문서로 나눌 수 있고 유통대상에 의해 대내문서와 대외문서, 전자문로 분류한다. 그리고 문서의 성질에 의해서도 구분하고 있다(서울특별시교육연구정보원, 2006). 문서의 성질에 의해 분류되는 문서로는 법규문서, 지시문서, 공고문서, 비치문서, 민원문서, 일반문서 등이 있다.

특히 공문서는 기관 내의 공문서와 외부 공문서로 구성되며 이들 모두 공무상으로 작성되고 시행되는 문서이나 작성방법은 일반시행 공문서와 다소 차이가 있다.

1) 공문서의 일반적 내용

여기서는 문서의 내용과 기안에서부터 마지막 시행 단계까지 살펴본다.

첫째, 문서의 종류에서 문서는 정당한 권한이 있는 공무원이 자기 직무의 범위 내에서 공무상 작성하여 해당문서에 대한 결재권자의 서명이나 혹은 전자문서 서명, 전자이미지 서명, 행정전자 서명에 의해서 성립되며 이에 따라 그 효력이 발생한다.

성질에 의한 종류로는 ① '헌법', '법률', '대통령령', '총리령', '부령', '조례', '규칙' 등에 의한 법규문서가 있고, ② '훈령', '지시', '예규', '일일명령' 등 행정기관이 그 하급기관 또는 소속 공무원에 대하여 일정한 사항을 지시하는 지시문서가 있다. ③ 또한 '고시', '공고' 등 행정기관이 일정한 사항을 일반에게 알리는 문서, 즉 '입찰공고'나 '시험시행공고,' '도시계획시설결정고시' 등의 공고문서가 있으며 이는 고시나 공고 일정기간이 경과한 날로부터 효력이 발생한다. ④ 그리고 대장이나 카드 등의 행정기관 내부에 비치하는 '비치문서'가 있으며, ⑤ 허가, 인가, 기타 처분 및 그 처리 등의 민원인이 행정기관에 요구하는 '민원문서'가 있다. ⑥ 아울러 법규문서, 지시문서, 공고문서, 비치문서, 민원문서에 속하지 않은 '일반문서'가 있다. 이는 수신자에게 도달한 때부터 효력이 발생한다. 그리고 전자문서는 수신자의 컴퓨터 파일에 기록된 때부터 효력이 발생한다.

둘째, 문서작성의 일반사항은 일반문서 중심이 되겠다. ① 공문서는 쉽고 간단명료하게 한글로 작성하며 필요한 경우 괄호 안에 외국어 사용이 가능하며 한글 맞춤법에 따라 가로로 써야 한다. ② 용지의 규격은 가로 210mm, 세로 297mm의 A4 용지를 사용하여야 하고 여백은 위로부터 3cm, 왼쪽에 2cm, 오른쪽에 1.5cm, 아래로부터 1.5cm를 띄어야 하며 문서의 편철 위치나 용도에 따라 여백을 달리 할 수 있다. ③ 용지는 흰색용지며 글자의 색깔은 검은색 또는 청색으로 하고 특별한 경우, 즉 수정이나 혹은 주의환기, 도표작성이 필요할 때에는 예외로 한다. ④ 숫자는 아라비아숫자 (1, 2, 3 ……)를 사용하고 날짜는 연, 월, 일을 생략한다(예 : 2007. 2. 18). 시 · 분은 24시간제에 따르며 시 · 분의 글자는 생략하고 그 사이에 쌍점(:)을 찍어 구분한다(예 : 14 : 25). ⑤ 문서의 수정은 원안의 글자를 알아볼 수 있도록 글자의 중앙에 두 선을 그어 수정 또는 삭제하고 서명 또는 날인한다. 중요한 내용을 수정 혹은 삭제하는 경우는 여백에 수정 또는 삭제한 자수를 표시하고 서명 또는 날인하며 시행문을 정정한 경우는 여백에 정정한 자수를 표시하고 관인으로 날인한다. 전자문서인 경우는 수정한 내용대로 재작성하여 시행하되 수정 전의 문서는 기안자나 검토자 또는 결재권자가 보존할 필요가 있다고 인정하는 경우에는 이를 보존한다. ⑥ 중요한 문서가 2장 이상으로 이루어진 경우에는 간인을 해야 하며 문건별 면 표시는 중앙 하단에 표시하고 또한 전후관계를 명확히 할 필요가 있는 문서가 2장 이상일 때는 문서 아래 중앙에 전체 면수와 그 면의 일련번호(3-1, 3-2, 3-3…….)를 기입한다. 또한 첨부물은 따로 일련번호(1, 2, 3…….)를 부여한다. ⑦ 금액을 표시할 때에는 숫자로 표시하고 반드시 (   ) 안에 한글로 띄어 쓰지 않고 표시한다. 예시; 금 234,000원(금이십삼만사천원) ⑧ 문서의 기안 · 검토 · 협조 · 결재 · 등록 · 시행 · 분류 · 편철 · 보관 · 이관 · 접수 · 배부 · 공람 · 검색 · 활용 등 문서의 모든 처리와 절차는 전자문서시스템으로 처리되도록 하여야 한다.

2) 공문서의 구성 및 처리요령

문서는 어떻게 구성되며, 기안자는 어느 곳에서, 어떻게 협조를 구해야 하며, 시행문의 발송은 어떤 절차와 순서를 거쳐야 하는지 혹은 수신된 문서는 어떻게 처리해야 하는지를 알아본다. 그리고 학교에서 자주 사용되는 간이 기안문서의 작성은 어떻게 이루어지며 또한 어떤 과정과 절차를 거쳐 시행되는지 알아본다.

첫째, 문서의 구성은 두문, 본문, 결문으로 구성되며, ① 두문은 행정기관명, 수신자(   ), (경유)를 말한다. 여기에서의 행정기관명은 그 문서를 기안한 부서가 속한 행정기관을 이야기한다. 그리고 수신자는 수신자명 또는 수신자기호를 먼저 쓰고, 이어서 괄호 안에는 처리할 사람, 즉 보조기관 또는 보좌기관의 직위를 쓴다. 그러나 처리할 자의 직위가 분명하지 아니한 경우에는 OO업무담당과장 등으로 쓰며, 수신자가 많아 본문의 내용을 기재할 란이 줄어들어 본문의 내용을 첫 장에서 파악하기 곤란한 경우는 두문의 수신자란에 "수신자 참조"라고 쓰고, 결문의 발신명의 밑의 왼쪽 기본선에 맞추어 수신자란을 설치하여 수신자명 또는 수신자기호를 표시한다. 공문서가 경유할 곳이 있는 경우에만 (경유)란을 쓰게 된다. 경유기관의 장은 제목란에 '경유문서의 이송'이라고 표시하여 순차적으로 이송한다. ② 본문은 제목, 내용, 붙임으로 구성되며 제목은 그 문서의 내용을 알기 쉽게 간단하고 명확하게 기재한다.

내용과 본문에서의 항목의 구분에서 한 항목만 있을 경우에는 항목 번호를 기재하지 않으나 문서의 내용이 2개 이상의 항목으로 구분하여 작성할 경우에서는 항목 번호 사용 순서 1. 가. 1). 가). (1). (가). ①. ㉮로 표기한다. 첫째 항목 부호 1은 제목의 첫 글자와 같은 위치에서 시작하고 그 다음 항목부터는 바로 항목의 위치로부터 한자(2타)씩 오른쪽에서 시작하며 항목 부호와 내용 사이는 1타, 본문과 '끝' 사이는 2타를 띄운다.

붙임물의 표시는 본문이 끝난 다음 줄에 붙임 표시를 하고 붙임물이 2가지 이상인 경우에는 항목을 구분하여 표시한다.

'끝'자 표시는 본문이 끝났을 경우에는 한 글자(2타)를 띄우고 표시하며 본문 내용이나 첨부물의 표시문이 우측 끝에서 끝났을 경우에는 다음 줄의 왼쪽 기본선에서 한 자 띄우고 표시한다.

(예시) 항목의 표시 위치 및 띄우기

수신×○○○교육감
참조×○○과장
제목×문서작성 요령
1. * 첫째 항목○○○○○○○○○○○○○○○○○
×가. * 둘째 항목○○○○○○○○○○○○○○○○○○
××1) * 셋째 항목○○○○○○○○○○○○○○○○○○
×××가) * 넷째 항목○○○○○○○○○○○○○○○○○○
××××(1) * 다섯째 항목○○○○○○○○○○○○○○○○○○
×××××(가) * 여섯째 항목○○○○○○○○○○○○○○○○○○
××××××① * 일곱째 항목○○○○○○○○○○○○○○○○○○○○×끝.
×는 한글 1자(2타), * 는 숫자 1자(1타)를 띄움

연명부 등 서식 작성의 경우에는 기재 사항이 서식의 칸 중간에서 끝나는 경우, 기재 사항 마지막 자의 다음 줄에 '이하 빈 칸' 이라고 표시하고 기재 사항이 서식의 마지막 칸까지 작성되는 경우에는 서식 밖의 아래 왼쪽 기본선에서 한 자 띄운 후에 '끝'자 표시를 한다.

③ 결문은 발신명의, 기안자 · 검토자 · 협조자 · 결재권자의 직위 또는 직급 및 서명(전자문서서명 · 전자이미지서명 및 행정전자서명을 포함), 생산등록번호와 시행일자, 접수등록번호와 접수일자, 행정기관의 우편번호 · 주소 · 홈페이지주소 · 전화번호 · 모사전송번호, 공무원의 공식 전자우편주소 및 공개구분을 이야기한다.

(예시) 붙임물 표시

(본문) ____

____

____하시기 바랍니다.

붙임×1. * ○○○계획서 1부.

2. * ○○○서류 1부×끝.

둘째, 문서발송의 일반절차는 다음과 같다. ① 전자결재문서를 정보통신망을 통하여 발송하는 경우다. 이때 관인생략 또는 서명생력문서에는 '관인생략' 또는 '서명생략' 표시를 하여야 한다. 결재(결재권자) → 문서등록(시스템) → 문서확인(기안자) → 발송요청(기안자) → 전자이미지관인 날인(발송자) → 확인 및 발송(발송자)의 절차를 거치며, ② 전자결재를 하여 전자이미지 관인을 날인한 후 정보통신망이 아닌 수단을 이용하여 발신하는 경우는 결재(결재권자) → 문서등록(시스템) → 문서 확인(기안자) → 발송요청(기안자) → 전자이미지관인 날인(발송자) → 출력(발송자) → 확인 및 발송(발송자)의 과정을 거친다. ③ 그리고 전자결재를 하였으나, 전자이미지 관인을 날인하지 않고 출력하여 정보통신망이 아닌 수단을 이용하여 발신하는 경우는 결재(결재권자) → 문서등록(시스템) → 문서확인(기안자) → 발송요청(기안자) → 출력(발송자) → 관인날인(관인관리자) → 확인 및 발송(발송자)의 절차에 따르며 ④ 일반결재문서(종이문서결재)를 시행하는 경우는 결재(결재권자) → 문서등록(시스템) → 문서 확인(기안자) → 발송요청(기안자) → 문서인수(발송자) → 관인날인(관인관리자) → 확인 및 발송(발송자)의 과정을 거친다. 여기에서 관인생략문서는 처리과에서 "관인생략"을 표시한 후 발송한다(서울특별시교육연구정보원, 2006).

셋째, 공문서의 기안에는 시행문이 겸용되는 일반기안문과 전자기안문이 있으며 또한 보고서나 계획서, 검토서 등 내부적으로만 결재하고 시행문으로 변환하여 사용할 수 없는 간이기인문이 있다.

간이기안문의 ① 등록번호란은 처리과기관코드(처리과 명)와 연도별 일련번호를 기재한다. 처리과가 없는 행정기관은 10자 이내의 행정기관명의 약칭을 사용하면 된다. ② 공개구분란은 공개 혹은 부분공개, 비공개로 표시하며 부분공개와 비공개인 경우에는 공공기관의 '기록물관리에 관한 법률 시행규칙'에 의한 공개여부 구분번호를 선택하여 (　　)안에 표시한다.

(예시) 간이기안문 작성

등록번호	○○○○○○학교-○
등록일자	2007. ○. ○○.
결재일자	2007. ○. ○○.
공개구분	공개

기안자	부장	교감	교장
○○○	○○○	○○○	○○○
협조자	교육행정주사 ○○○		

제목 : 2007학년도 학업성적관리위원회 구성 계획

※ 필요한 경우 보고 근거 및 보고내용을 요약하여 기재할 수 있음.

○ ○ ○ ○ ○ 학 교

③ 기안자는 기안문의 검토와 협조를 받아야 한다. 기안자는 결재권자의 결재를 받기 전에 문서의 내용이 행정기관 내의 다른 보조기관 또는 보조기관이나 다른 행정기관의 업무와 관련이 있을 때에는 그 기관의 협조를 받아야 한다.

기안문을 검토 또는 협조함에 있어서 그 내용과 다른 의견이 있는 때에는 당해 문서 또는 별지에 그 의견을 표시해야 한다.

기안자, 검토자, 협조자, 결재권자의 직위나 직급은 직위가 있는 경우에는 직위를 쓰고, 직위가 없는 경우에는 직급을 쓴다. 다만 기관장과 부기관장의 직위는 간략하게 쓴다. ④ 발의자(★)와 보고자(◎) 그리고 발의자와 보고자가 동일인인 경우(★, ◎)의 표시는 해당 직위 또는 직급의 앞 또는 위에 표시한다. ⑤ 전결 및 서명표시 위치는 결재권이 위임된 사항을 전결하는 경우에는 행정기관의 장의 결재란을 설치하지 아니하고 전결하는 자의 서명란에 '전결'표시를 한 후 서명한다. ⑥ 전결 · 대결 및 서명표시의 위치는 위임전결 사항을 대결하는 경우에는 행정기관의 장의 결재란을 설치하지 아니하고 전결하는 자의 서명란에 '전결'표시를 한 후 대결하는 자의 서명란에 '대결'표시를 하고 서명한다. 위임전결 사항이 아닌 사항을 대결한 경우에는 행정기관의 장의 결재란을 설치하지 아니하고 대결하는 자의 서명란에 '대결' 표시를 하고 서명한다. ⑦ 보조기관 또는 보좌기관의 전결사항이 아닌 결재사항인 경우에 검토자는 해당란에 서명을 하고 보조기관 또는 보좌기간은 그 보조기간 또는 보좌기간의 직위를 쓰고 해당란에 서명한다(서울초등교감 자율장학회, 2007).

3) 법정장부 및 비법정장부 관리

교사는 법정장부의 종류와 근거를 명확히 인지하여야 하고 그러므로 해서 단위학교의 장부의 비치와 관리에 대한 이해와 취지를 바르게 이해할 수 있다(교육과학기술부, 2008).

첫째, 법정장부 법령이나 자치법규에 의하여 반드시 작성 · 관리 · 보존하여야 할 문서를 법정장부라고 하며 이는 학교에서 관리되고 보관되어야 한다.

둘째, 단위학교의 장부의 비치 및 관리는 학교운영의 자율과 창의성 신장 그리고 교직원의 업무 부담을 경감하고자 일선 학교에서는 획일적 · 의무적으로 기록 비치해 온 각종 장부를 학교장이 자율적으로 정할 수 있도록 하되 상위 법령의 규정에 의한 장부는 비치하여야 한다. ① 비법정장부 중 필요한 장부는 업무의 연속성과 책임의 한계 그리고 교직원 보호 등에 필요하여 지침·예규·회의자료 등에서 비치되도록 한 장부다. 구체적으로 학교생활기록부 관련 보조자료들이다. 즉, 출석부, 성적전표, 성적일람표, 상벌대장 등이며 학교생활기록부 보조부, 각종 위원회회의록, 실습실 일지 등이다. ② 비법정장부 중 비치 권장 장부는 각급 학교에서 교수·학습과 생활지도 등 교육목적 달성에 필요한 보조적 장부 및 학교·관리 운영상 필요한 장부로서 학교장의 재량으로 선택적 사용이 가능한 장부를 말한다. 구체적으로 학교일지, 대입원서발급대장, 추천서발급대장, 현장실습명부대장, 학생회회의록, 학생장학금관련대장, 장학지도일지, 생활지도일지, 제증명발급 대장, 학생이동원부 등을 들 수 있다.

이와 같은 전자화된 법정장부와 학교장장부의 종류는 다음 〈표 10-11〉과 같다.

표 10-11 전자화된 법정장부 및 학교장장부의 종류

연번	장부명	구분	비고
1	· 학교생활기록부	법정장부	- 재학생은 전자문서로 관리 - 졸업생은 졸업과 동시에 출력하여 이중 관리
2	· 학교생활기록부정정대장(재학생)	법정장부	- 학기 중에는 전자문서로 관리하고 학년도 종료시점에 출력하여 보관
3	· 졸업대장/수료대장	법정장부	- 전자문서로 처리 후 출력하여 보관
4	· 학교생활기록부정정대장(졸업생)	법정장부	- 학기 중에는 전자문서로 관리하고 학년도 종료시점에 출력하여 보관
5	· 결보강 일지	학교장장부	- 전자문서로 보관
6	· 학교교육과정 편제 및 시간배당표	학교장장부	- 전자문서로 보관
7	· 지필평가일람표(과목별)	학교장장부	- 전자문서로 보관
8	· 수상대장	학교장장부	- 전자문서로 보관
9	· 수행평가일람표(과목별)	학교장장부	- 전자문서로 보관
10	· 진급 반편성 일람표	학교장장부	- 전자문서로 보관
11	· 월말출결통계표	학교장장부	- 전자문서로 보관

<table>
<tr><td>12</td><td colspan="2">· 학교일지</td><td>학교장장부</td><td>- 전자문서로 보관</td></tr>
<tr><td>13</td><td colspan="2">· 학기말성적일람표(과목별)</td><td>학교장장부</td><td>- 전자문서로 보관</td></tr>
<tr><td rowspan="5">14</td><td rowspan="5">학생
이동부</td><td>· 전입/편입/재입/복학</td><td rowspan="5">학교장장부</td><td rowspan="5">- 전자문서로 보관</td></tr>
<tr><td>· 전출</td></tr>
<tr><td>· 자퇴/퇴학/제적/휴학</td></tr>
<tr><td>· 추가입학/입력누락자</td></tr>
<tr><td>· 계열/학과/반변경</td></tr>
<tr><td>15</td><td colspan="2">· 전체 가정통신문</td><td>학교장장부</td><td>- 전자문서로 보관</td></tr>
</table>

3. 학교회계 예산제도

법에 의해 강력히 통제되고 적용되며 실행되는 교육회계에서 예산의 의미는 무엇을 뜻하며 또한 어떤 성격을 띠고 있는가? 학교회계과정은 어떤 절차를 거쳐 어떻게 집행되며 실행되고 있는가? 결산은 어떤 절차와 방법으로 진행되어야 하며 어떻게 처리해야 하는가? 라는 물음에 대해 알아보고 마지막으로 통합재정 학교회계 시스템을 알아본다.

1) 학교예산의 의미

학교예산의 일반적인 의미는 일정기간의 수입과 지출을 계상해 놓은 계획안을 말한다. 여기서의 일정기간이란 회계연도를 말한다. 학교예산은 학교교육에 관한 일정기간의 수입과 지출을 계상해 놓은 것이며 1회계 연도를 단위로 설정하고 있는 교육재정의 계획을 말한다. 이것은 학교교육계획을 지원하기 위한 수입과 지출의 종합계획안을 계수적으로 작성해 놓은 것이다. 여기서의 학교회계 예산이란 회계연도 즉, 3월 1일부터 익년 2월 말까지의 학교예산을 일반적으로 이야기한다.

2) 학교회계 과정과 집행 및 결산

학교회계 과정에서 학교예산은 어떤 성격을 지니고 있으며 또한 예산의 일반적 원칙은 무엇이며 학교회계의 예산과정과 집행 및 결산은 어떤 과정을 거쳐야 하는지 알아보고 특히 교사들에게 필요한 회계관련 내용들을 사례중심으로 접근해 본다.

첫째, 학교예산이란 일정기간 동안 학교가 교육활동을 실천해 나가는데 필요한 세입과 세출의 체계적인 계획서를 말한다. 여기에서의 예산은 기간 개념인 '회계연도(1회계 연도)' 단위로 파악한 세입과 세출을 뜻하며 회계란 기간적 개념이 없이 현금을 받아들이는 과정과 지출하는 과정의 수입과 지출을 말한다.

이와 같이 학교예산은 교육재정의 특색을 띠고 있는 바, 학교예산은 학생교육의 최우선 순위에 기초하는 공공적 성격을 가지고 있다. 그러면 여기에서 학교예산의 성격이 무엇인가라는 물음에 구체적으로 살펴보아야 한다(김재범, 1977). ① 학교예산은 교육계획의 기초 내지 기준에 의해서 작성되어야 하며, ② 학교예산은 학생들의 복리증진과 교육환경의 개선을 최우선적으로 고려하여 편성되고 집행되어야 한다. ③ 또한 학교예산은 교육활동에 대해 봉사적 내지는 지원적인 성격을 지니며, ④ 학교예산은 계획적으로 성립된다. 한 마디로 학교예산이 가지고 있는 의미는 학교예산의 성격이 존중되고 실천되어야 한다는데 있다.

둘째, '학교회계 규칙'에서 예산의 일반적인 원칙을 살펴보면 다음과 같다. ① 건전재정 운영의 원칙에 의하여야 하며, ② 회계연도 독립의 원칙을 지켜야 한다. ③ 그리고 수입의 직접 사용 금지의 원칙이 적용되며, ④ 예산 총계수의 원칙을 준수해야 하고, ⑤ 또한 예산의 목적 외 사용금지의 원칙을 지켜야 한다. ⑥ 특히 공개의 원칙을 적용해야 한다.

학교예산의 '건전재정 운영의 원칙'은 학생들의 복리 증진과 교육환경 개선 등에 편성된 예산 등은 수입을 초과하지 못한다는 의미이며 '회계연도 독립의 원칙'은 회계연도인 3월 1일부터 익년 2월 말일까지의 예산은 계획에 의해 모두 지출되어야 한다는 것이다. 그리고 '수입의 직접사용 금지의 원칙'은 모든 수입금은 학교회계 통장을 경유하여 예산의 지출결의에 의해 이루어져야 한다는 뜻이다.

셋째, 학교회계의 예산과정과 집행 그리고 결산의 과정은 다음과 같다(서울특별시교육연구정보원, 2007). ① 학교회계 세입·세출 예산편성에서 예산편성 절차는 학교회계 예산편성 기본지침을 시달받고 → 학교교육과정계획서 초안을 작성하며 → 학교 재정규모를 추정하여 → 예산편성회의(교육)를 한다. → 그리고 연간 총 전입금 교부계획 통지를 받고 → 예산조정 작업 및 예산안을 확정하여 → 예산안을 제출한다. → 예산안 통지를 한 후 → 예산심사소위원회를 구성하고 → 학교장 제안 설명 및 관계자 의견 청취한 후 → 예산심의결과가 송부되어 → 예산확정과 공개의 과정을 거친다.

넷째, 회계관리에서 교사의 회계책임은 다음과 같다(서울특별시교육정보원, 2006). ① 교사는 교과운영이나 교무운영 등에 소요되는 예산은 관계 교직원과 사전협의를 거쳐 집행품의를 할 수 있다. ② 물품 구입 시에는 구입요구물품에 대한 검사공무원으로 지정받을 수 있고, 그 지정받은 물품에 대하여 회계직공무원의 입회하에 검사를 할 수 있다. ③ 교사는 예산집행상의 제 원칙과 회계관계 공무원의 책임 등을 이해하고 준수되도록 협조한다. ④ 교사는 교육과정운영상 개산급을 받을 수 있다. 개산급이란 채무는 존재하나 지급할 금액이 확정되지 않은 경우 개략적인 금액을 계산하여 채무이행시기 이전에 지급하고 집행실적에 의하여 확정·정산하는 것을 말한다. ⑤ '공무원여비지급규정' 등에 따라 여비 지급은 근무지 내 출장과 근무지 이외의 장소로 나누어 지급한다. 근무지 내 출장은 동일시(특별시, 광역시, 군 및 도시) 안에서 출장이나 여행거리 12㎞ 미만인 출장을 이야기하며 여비는 4시간 이상과 4시간 미만인 경우 차등 지급한다. 근무지 이외의 여비는 경로 및 방법에 의하여 계산한다.

3) 통합재정 학교회계 시스템

대통령자문 정부혁신지방분권위원회(2007)가 발간한 '50년만의 큰 변화'에서 기획예산처는 정부예산회계제도의 근간이 되었던 단식부기법의 '예산회계법'을

2006년 10월 4일자로 폐지하고 정부 4대 재정혁신과제(1. 국가재정운영 수립계획 2. 총액배분 자율편성 3. 재정사업 성과 관리 4. 디지털 예산회계 시스템) 실천의 하나로 사업별 예산과 복식회계법을 도입하여 시행하고 있다.

첫째, 통합재정 학교회계 시스템의 개요는 통합재정 학교회계 시스템의 의미와 통합재정 학교회계 시스템으로 변경하게 된 배경과 근거법령을 중심으로 살펴본다. ① 통합재정 학교회계 시스템은 사업운영에서 세부사업 중심으로 사업담당자가 직접 예산을 요구하고 품의하여야 하고 예산수립은 성질별, 기능별로 구분하여 설정함으로써 예산편성의 정확성을 확보하며 아울러 계약과 원인행위, 검수, 지출결의 및 분개처리의 연계로 One-Stop 처리된다. ② 변경의 배경과 근거법령을 들 수 있다. 변경의 배경은 정부 4대 재정혁신 과제 중 재정사업 성과관리 제도의 사업별 예산과 복식회계를 도입하며 이를 위해 관련 법률을 재개정하고 공공회계보고책임(accountability) 이행과 진정한 학교 자치 실현의 필요에 두고 있다. 이에 따라 발생주의 복식부기에 의한 회계처리 및 재무보고서가 작성된다.

둘째, 디지털 학교회계의 특징은 ① 사업관리 면에서는 사업 중심운영으로 책무성이 확보되며, ② 예산편성 면에서는 사업 중심의 목적지향적인 예산 요구 및 편성으로 이루어지고, ③ 정산면에서는 목적사업비와 수익자부담경비 등의 정산이 자동화 처리되어 편리하게 운영된다. ④ 품의관리 면에서는 세부사업 중심으로 품의가 이루어지고, ⑤ 예산단가관리 면에서는 표준화된 예산단가표를 제공받게 되며, ⑥ 세출예산요구 면에서는 원가 도출에서 지출까지 연계되는 환류 구조가 형성된다. ⑦ 그리고 지출원인행위 면에서는 계약에서 분개처리까지 one-stop으로 처리된다.

셋째, 통합재정 학교회계 시스템의 도입으로 다음과 같은 효과가 있다. ① 교직원의 책무성이 강화된다. 여기서는 부서 혹은 담당자 중심의 명확한 사업관리가 확립되고 사업설명서 자체가 예산서이고 사업개요가 되며 사업목표 등이 포함된다. ② 학교회계 업무의 수작업이 최소화되며, ③ 교육재정 계획으로써의 역할이 정립된다. 학교급별 예산을 별도 계정으로 관리하고 학교 교육과정과 연계되어 학교예산의 교육목적 달성을 위한 재정계획서 역할을 하게 된다. 그리고 교육목적 및 사업에 따라 예산편성이 용이하고 정확하게 산출된다. ④ 학부모의 이해도 및 참여가 확대된다. 예산서에 교육 관련 정보가 포함됨으로 학부모의 학교예산 이해도가 높아진다.

4. 학교시설 구성 및 유지관리

1) 학교시설의 구성

학교시설은 일반적으로 토지와 건물이나 이에 부속되어 있는 공작물들로 구성된다. 학교시설은 어떤 건물과 공작물들을 이야기하며 또한 어느 부분까지의 토지를 포함하는가? 라는 문제에 대한 답을 시설물유지관리지침(2006) 등을 통해 알아보면 다음과 같다.

먼저 학교시설은 학교교육의 목적에 따른 학교 본래의 교육적 기능을 원활히 수행할 수 있도록 설치된 교육시설의 물리적 환경을 총칭한다. 고등학교 이하 각급 학교설립 · 운영규정에 의하면 학교시설은 교사대지, 체육장 및 교사, 교구 그리고 실업계 고등학교 등의 실험 · 실습실, 급수 · 온수공급시설 등 기타 학습지원을 주된 목적으로 설치된 것으로 정의되어 있다.

다음은 학교시설의 구성은 크게 교사(校舍)와 체육장으로 나누고 있다. 먼저 교사(校舍)는 교실, 지원교실, 관리시설, 기타시설 등으로 구분한다. ① 교실은 종합교실을 포함한 일반교실과 물리 · 지학실, 생물실험실, 기술실, 가사실, 음악실, 미술실, 컴퓨터실, 어학실 등의 특별교실이 있고 수준별 교실, 시청각실 등을 포함하는 다목적실이 있다. ② 그리고 지원교실도 학교시설의 구성요소가 된다. 지원교실은 교사연구지원실, 학생활동 지원실, 관리시설, 기타시설 등을 이야기할 수 있다. 여기에서 교사연구 지원실은 교무실, 학년별 연구실, 교과별 연구실, 교사휴게실, 교사탈의실, 학습자료실, 교사협의실 등으로 구분할 수 있으며 학생활동 지원실은 도서실, 교육정보실, 학생탈의실, 학생샤워실, 학생휴게실, 라커룸 등을 들 수 있다. ③ 또한 관리시설이 있다. 학교 관리실은 교장실, 행정실, 보건실, 당직실, 상담실, 화장실, 창고 등이 있다. ④ 마지막으로 기타시설로는 강당, 체육관, 급식실, 식당, 매점 등을 이야기한다. 그리고 체육장은 운동장, 실습장, 농구장, 테니스 코트장 등이 포함된다.

2) 학교시설물의 유지관리

학교시설물의 유지관리는 관리의 목적과 업무로 나누고 있다.

첫째, 학교시설의 유지관리의 목적과 학교 건축물의 내구성능은 시공에 의해서 결정되는 것이지만, 실제의 모든 시설물의 내구연한과 성능은 그 사용조건과 유지관리 방법에 따라 크게 좌우되므로 시설물이 건전하다고 판정되는 단계에서 점검 · 보수를 계획적으로 실시하여 노화 · 감모에 도달하기 이전에 시설물의 내용 연한을 연장하여야 한다.

둘째, 유지관리의 업무는 다음과 같이 실천해야 한다. ① 건축물의 청소, 설비 기기의 운전, 가동부분의 주유, 소모품의 교환 등을 학교시설 관리자가 정기적으로 점검하여야 하고(정기점검), 법적으로 정해진 것을 포함하여 전문적 지식을 필요로 하는 것은 점검 · 보수하여야 한다(정밀점검). ② 그리고 정기점검 계획, 정밀점검 계획, 유지 · 보수 계획 등의 유지관리 계획을 수립하고, ③ 시설물 관리를 위해서는 조직과 재정이 확보되어야 하고 관리자료 또한 중요하므로 효율적인 관리체제를 구축해야 한다. ④ 또한 학교단위의 시설물이므로 관리자인 학교장이 중심이 되어 부서별로 조직적이고 장기적으로 관리할 수 있는 관리 조직을 구성하고 ⑤ 학교시설 점검 · 보수 기록부, 준공시 인계받은 준공도서 및 각종서류 보관, 재산대장, 학교시설물 유지점검표 등의 기록 자료를 관리하여야 한다.

5. NEIS 구축과 활용

국가의 교육행정정보화 계획에 따라 교육과학기술부를 인터넷으로 연결하는 전국 단위정보시스템을 구축하였으며 이러한 정보시스템 구축을 NEIS라고 한다(교육과학기술부, NEIS 지원서비스 홈페이지 : 서울특별시서부교육청, 2006).

1) NEIS 구축 배경

NEIS는 전자정부 구현의 일환으로 교육행정 전반의 효율성을 높이고 교직원의 업무 환경 개선을 위해 교육인적자원부가 구축한 전국 단위의 교육행정 정보체계다. 2003년부터 시행된 이 제도는 'National Education Information System'의 영어 약자로 교육관련 정보를 공동으로 사용하기 위해 전국 초·중등학교, 각 시·도 교육청 및 산하기관, 교육과학기술부를 인터넷으로 연결하는 전국 단위의 정보시스템이다.

교육과학기술부 NEIS 지원서비스가 제시하고 있는 NEIS 운영의 목표는 다음과 같다.

첫째, 교육행정의 정보화로 생산성을 극대화하고 교원의 업무를 경감한다는 것이다. 즉 기관 간 혹은 부서 간의 막힘없는 업무처리체계를 확보하고 교육행정 업무의 간소화, 효율화, 합리화를 통하여 교원의 업무를 경감하는데 있다.

둘째, 교육행정 서비스의 획기적 개선을 통한 국민 만족도를 제고한다는 것이다. 교육행정 정보 공유를 통하여 행정서비스의 신속·정확한 처리를 바탕으로 지역이나 창구에 무관하게 'One/Non-Stop' 민원서비스 기반을 확립하는데 있다.

셋째, 디지털 행정을 통한 일하는 방식 개편으로 21세기 국가 경쟁력 확보 및 교육행정의 전자정부를 구현하는데 있다.

2) NEIS 운영의 법적 근거 및 교육적 활용

NEIS 운영에 법적 근거가 되고 있는 관련 법령은 '교육기본법', '초·중등교육법', '학교보건법'에 근거하고 있다.

NEIS의 교육적 활용의 주요 내용은 학습관리시스템, 진로/상담시스템, 학교/학급경영지원시스템으로 나누어 생각할 수 있다.

첫째, 학습관리시스템은 두 가지로 나눌 수 있으며, ① 먼저 학업성취 관리의 활용은 학업성취 변화표, 분석표, 수행평가의 등급화 자료, 개별학습진단, 맞춤형 학습지도, 일반 학습자료 관리에 활용할 수 있다. ② 그리고 평가 및 문항관리 측면은 평가 계획관리, 문항제작에 이용될 수 있다.

둘째, 진로/상담시스템의 활용은 ① 상담관리를 이야기할 수 있다. 여기서는 상담운영과 상담 자료를 이용할 수 있으며, ② 다음으로는 진로관리를 들 수 있다. 즉 고등학교의 내신 성적산출, 맞춤형 진로지도, 일반진로지도 정보, 진학현황 결과자료의 산출, 작성, 생성 등에 활용할 수 있다.

셋째, 학교/학급경영지원시스템도 두 가지로 나누어 생각할 수 있다. ① 교육과정 자료 활용은 관리자를 위한 학생 및 교육과정 운영 현황의 자료들을 제공받을 수 있다. ② 그리고 경영 자료는 교육계획서, 각종 보고자료, 업무자료, 학교회계 자료 등을 이용될 수 있다.

한국의 교육문제

Chapter 11

지난 60여 년 간 한국교육도 많은 고난과 역경 속에서 경제 · 사회 발전의 원동력으로 꾸준히 성장 · 발달해 왔다. 교육자체로는 이른바 교육체제의 정착, 교육이념의 정립, 교육기회의 확대 등 교육의 질과 양적 면에서도 괄목할 만한 성장을 이루어온 것이다. 그러나 이러한 성장 과정에서도 그 동안 무비판적인 서구제도의 도입, 과도한 교육열, 일관성 없는 교육정책으로 인한 진통과 시련을 겪기도 하며 계속적인 교육개혁 · 변화의 노력이 주어져 왔다.

그런데 우리 교육은 정치와 관련하여 특히 정권이 바뀔 때마다 항상 변화되어 왔다. 교육의 획기적인 변화를 주장하는 교육개혁은 우리의 경우 내체로 정권이 바뀌는 시기에 활발하게 추진되어 온 것이 사실이다. 그런 점에서 우리의 교육은 교육의 논리보다는 정치의 논리에 따라 그 변화가 이루어져 왔다고 해도 과언이 아니다. 즉 우리 교육은 교육 논리로는 급하게 변화를 주어야 할 이유가 없는데도 정치, 사회적 요구에 의하여 그 내용이 크게 바뀌어야만 했던 것이다. 열린 교육이니 수요자중심 교육이니 하는 상업주의적인 교육관이 우리 교육을 지배하여 온 것도 이와 무관하지 않다.

요즈음 들어 일부에서는 우리의 모든 어린 아동에게까지 특정 외국어의 교육을 통한 사교육을 부추기고 있다는 비판을 가하고 있다. 망국적인 사교육의 열풍이 전국을 강타하고 있고, 정부 당국에서는 설익은 대안을 마련하기에 급급하고 있는 것이 현실이다. 이러한 일련의 일들은 어떤 경우는 국익에 이롭지 않은 일인데도 불구하고 교육개혁이라는 이름으로 추진되고 있는 것도 사실이다.

이러한 속에서 과연 한국교육이 당면하고 있는 문제는 무엇이며, 앞으로 한국교육에서 유의하여야 할 사항들은 어떠한 것들이 있는지에 관한 분명한 이해가 따라야 한다. 이에 한국교육이 당면하고 있는 문제들을 중심으로 몇 가지 분류를 통하여 우선적으로 그 실체를 생각해 보기로 한다.

제 1 절 한국교육 정책의 문제

1. 수단성과 목적성

교육문화라는 개념을 교육의 가치에 대한 이해방식, 활용방식, 그리고 기대치 등의 총화로 편하게 정의해 보았을 때, 한국인의 교육문화는 개인의 실력을 믿는 '학력주의'가 아니라 단순히 학벌의 중요성을 믿는 '학벌주의'라고 집약된다(한준상, 1993).

한국에서의 입시문제 그것도 일부 유명 대학의 진학을 위한 문제는 모든 교육적 처치의 최우선적 고려 대상이다. 해마다 입시문제가 사회문제로 등장할 때마다 학부모의 교육열은 단죄의 대상으로 도마 위에 오르게 되고, 그렇게 되면 의례히 학부모에게 의식개혁이 필요하다는 식의 결론으로 단순하게 끝나게 된다. 사실 이런 학부모의 의식개혁론이 한낱 공염불이 되고 마는 이유는 학부모들의 교육의식이 12년이라는 시한부 생명을 갖고 있기 때문이다. 즉 자녀를 위해 초등학교로부터 고등학교에 이르기까지 지대한 관심을 갖다가도 일단 자녀가 대학에 들어가면 교육으로부터 눈을 떼게 만드는 그런 의식구조를 갖고 있기 때문이다. 학부모의 교육열에 대한 교육전문가들의 단죄가 끝내 설득력을 갖지 못하는 또 다른 이유는 한국의 경제 발전이 학부모의 교육열과 사교육비의 투자로 가능했다는 많은 증거들이 있기 때문이다. 물론 학부모들의 사교육비 투자가 일차적으로 국가 발전을 위해 이루어졌다기보다는 개인의 '출세'를 위해 소비되어진 결과이긴 하지만, 어떻든 학부모들의 그런 노력에 의해 사회발전이 촉진되었다는 부수적인 사회적 효과가 있는 이상 학부모의 교육열을 일방적으로 매도하는 데에는 한계가 있기 마련이다.

학부형들이 자녀를 대학에 보내는 이유와 학생들이 대학에 가고자 하는 이유는 지극히 현실적이다. 그것은 전문 지식과 기술을 익혀 좋은 직업을 얻는 데 유리해지고 싶기 때문이다. 출세를 효율적으로 얻어 보기 위해서인 것이다. 그래서 우리의 교육열은 출세욕으로 정리된다고 해도 부정할 수는 없다. 흔히 교육은 교육 외적인 정치 · 경제 · 사회 · 문화의 전 영역으로부터 영향을 주고받는 상보적(相補的)인 관계로 규명되어진다. 이러한 다른 부문과의 관계 속에서 교육은 목적으로서의 교육과 수단으로서의 교육으로 구분되어진다.

목적으로서의 교육은 목표 자체가 개인의 자아실현이나 인격완성에 있다고 할 수 있으며, 수단으로서의 교육은 교육을 국가발전, 즉 사회 다른 부문을 위한 수단이나 개인의 사회적 지위 획득을 위한 수단으로 보는 입장이다.

인간의 존엄성과 자아실현이라는 가치는 민주주의의 기본 신념으로서 어떠한 경우에도 이 가치를 수단적 의미로 해석해서는 안 되며 항시 목적적 가치로만 인정하고 존재해야 한다. 따라서 이 가치를 최고 가치라고도 한다. 그러나 그 밖의 모든 가치는 목적적 의미와 수단적 의미를 동시에 갖는다고 보아야 한다. 만약 어느 가치를 목적적 가치로만 생각한다든지 아니면 수단적 가치로만 취급하게 되면 그 가치가 갖는 의미를 실현하기 어려워지고 때로는 혼돈과 갈등마저 면치 못하게 된다. 교육도 인간 각자의 자아실현이라는 최고 가치를 구현하기 위한 수단적인 의미의 가치이면서 그 자체로서 목적성을 갖는 가치로 인식되고 수용되어야 한다.

교육은 인간의 자아실현을 가능하게 하는 의미의 수단성 이외에도 개인의 요구와 사회의 필요에 따라 규정되어 있는 각종 자질육성을 위해서는 물론 심지어 상급학교 입학을 위해, 좋은 직장을 얻기 위해, 좋은 배우자를 얻기 위해서도 봉사하는 수단적 기능으로 활용될 수 있음을 인정하지 않을 수 없다. 물론 이 같은 교육의 수단적 가치관만이 강조되어서도 안 되며 그렇다고 교육의 목적적 가치만을 강조해서도 안 될 것이다. 교육의 수단적 가치가 지나치게 강조되고 있는 오늘날의 지배적인 교육관으로 인하여 파생되는 문제점을 감안하면 교육의 목적적 가치를 더욱더 강조해야 할 필요성은 있다 하겠다. 따라서 목적으로서의 교육은 목표 자체가 개인의 자아실현이나 인격완성에 있다고 할 수 있다.

정범모는 그의 발전교육론에서 자기 결정의식을 발전의 원동력으로 삼고 발전의 목표 또한 자기 결정적 자아실현에 두고 "발전교육의 철학은 인간의 자기 결정론을 발전정신의 근본으로 삼는다."라고 한 점이나 국가 발전을 "국민성원, 개개인의 최대한 자아실현을 할 수 있는 사회적 조건 구축"으로 규정하고 있는 점은 발전교육의 목적성을 강조한 것이라 하겠다. 또한 수단으로서의 교육은 교육자체의 발전보다는 국가 · 사회의 여타 부문의 발전을 위한 수단, 즉 인력개발, 정치적 통합, 사회 · 문화의 발전 등을 위한 수단적 역할로써 교육을 강조하고 있는 바 '교육은 정치이념을 구현하는 수단'이라고 규정하고 있는 정치학자의 견해와 같이 정치이념에 따라 교육내용과 방법이 달라지게 되고 이에 따라 교육 내용과 방법은 물론 교육체제와 제도 또한 달라진다. 한 유형의 정치이념을 구현하고 그에 맞는 체제를 유지하기 위하여 국민의 지지가 요망되고 또 국민적 지지를 얻기 위해서는 그 방향으로 교육을 동원하지 않을 수 없게 된다.

아무튼, 교육의 목적적 가치 내지 내재적 가치와 수단적 · 도구적 가치에 대한 논쟁은 오래 전부터 있어 온 것이나 발전교육이 강조되면서 수단성의 가치를 더 중요시하는 경향을 띠게 된 것이 사실이다. 교육의 내재적 가치를 오래 전부터 존중해 온 교양교육 내지 자유교육관은 발전교육론의 관점에 의해서 크게 비판을 받게 되었다. 그 비판의 요지는 주로 자유주의자들이 내세우는 교육의 내재적 가치가 모호할 뿐만 아니라 개인과 사회의 실제적 필요와 요구를 충족시키지 못하고 오히려 이를 방해하고 있다는 점과 모호한 교육의 목적을 명분으로 하여 오히려 기존의 자본주의 체제와 권위주의 체제를 유지하기에 필요한 도구적 인간으로 육성하고 있다고 보고 있는 점이다.

그 동안 한국에서 교육은 국가의 다른 부문에 비하여 전체적인 우선순위에서 뒤로 밀리게 되고, 국가적 투자와 지원도 소홀하였던 것이다. 외면적으로 보면 교육투자가 국가예산에서 큰 비중을 차지하고 있지만 실제 교육규모나 교육 내부사항은 목적적 가치실현과는 거리가 있다고 보여진다. 또한 개인적 차원에서는 교육을 인격 완성이나 자아실현을 위한 내재적 가치보다는 출세나 간판을 얻기 위한 수단으로 많이 보는 문제다. 흔히 '일류병', '사교육의 과열현상', '재수생 문제' 등은 모두 교육의 수단적 가치지향의 방편으로 여기는 사회 일반의 사고에서 연유되는 현상이다. 이는 학교를 지식을 전달하고 시험 치는 요령을 학습하는 장소로 전락시키고 있는 현상에서도 미루어 짐작할 수 있다. 개인적으로나 사회적으로 모두 교육의 목표는 인격 완성이나 자아실현 등의 목적적(目的的) 가치를 내세우지만, 실제 교육이 이루어지는 현장에서는 수단적 가치를 중심으로 교육이 실천되고 있으므로 양자 간의 균형과 조화가 한국인이 처한 정치, 경제, 역사, 문화적 상황에 비추어 볼 때, 자기 주도 능력을 갖춘 인간을 효과적으로 길러 내는 것이 우리 교육 발전의 과제인 것이다.

결론적으로 말하여 교육은 목적으로서의 가치와 수단으로서의 가치 중 어느 하나의 선택에 의해서 실시될 수 있는 것이 아니며 양 가치를 조화 있게 실천하는 방향으로 계획되고 실시되어야 한다. 그러나 교육의 수단적 가치에 따르는 관점에서는 그것이 어디까지나 수단적인 의미의 것임을 분명히 하고 그것이 목적적 가치에 어떻게 관여하고 기여하고 있는 것인지를 밝혀 목적과 수단을 혼돈하거나 뒤바뀌는 이른바 가치도착 현상이 나타나지 않도록 해야 할 것이다.

2. 교육의 양(量)과 질의 균형 발전

교육의 질(質)이 악화되고, 침체되면 학위의 가치나 학력의 가치도 낮아질 것 같으나, 실제로는 교육의 질이 나빠짐에도 불구하고 학위의 사회적 가치나 수요가 지나치게 강세를 나타내는 현상이 장기화되는 것이 현실이다. 이러한 이유는 교육의 불평등과 고용의 불평등 현상이라 할 수 있다.

교육의 불평등은 정상적인 교육활동을 저하시키고 전인교육과 인간교육의 질적 평가절하 현상을 심화시킨다. 다시 말해 우리나라의 경우 도시와 농촌 간의 교육접근 기회가 구조적으로 볼 때 불평등하며, 또한 사회계층별 교육기회의 불평등 현상도 구조적으로 심각하다. 즉 상위 직업 계층 출신 자녀들이 고등교육기회를 점유하는 비율은 매우 높은 실정이며 대학 진학기회 점유율을 확보함으로써 계층별 고등교육기회 점유율도 불평등하다.

이러한 문제는 교육학군에서도 여실히 보여지고 있다. 특히 교원의 전문성과 능력 면에서 지역간 불평등 현상이 구조화되었고, 교육환경이나 여건, 그리고 교육비 투자 면에서도 불평등 현상이 구조화되었다. 즉, 농촌 고교생이 일류대학에 입학하기가 점점 힘들게 되었으며 돈이 교육을 만들게 되었다.

Winch(1996 : 9-10)는 교육의 질은 4가지 접근 방식에 의해 이해될 수 있다고 보았다. 첫째, 총체적 접근(Total-approach)으로서 질은 곧 수월성이라는 관점, 둘째, 산출에 기초한 접근(Product-based approach)으로서 질은 측정 가능하다는 관점, 셋째, 사용자에 기초한 접근법(User-based approach)으로서 질은 사용자의 필요에 관련지어 판단된다는 관점, 넷째, 가치에 기초한 접근(Value-based approach)으로서 질은 돈과 자원의 효율성이나 가치로 정의된다고 보았다. 근래에 교육의 질은 특히 사용자에 기초하거나 돈의 효율적 가치에 기여한다는 관점으로 이해되고 있다. 이는, Deming에 의해 창안된 TQM(총제적 품질 경영)이 주목받고 있는 이유와 상통한다(신현석 : 243).

이형행(1991 : 25-27)은 교육의 질 개념모형으로 외생적 변인(환경)과 내생적 변인(투입, 과정) 및 산출로 보는 체제적 접근 모형을 들고 있다. 그는 산출된 질의 준거로서 수월성, 사회적 적절성, 자아실현을 제시하고 있다.

우리 교육을 거시적인 관점에서 돌아볼 때 해방 후의 계속적인 교육기회 확대 정책으로, 현재 초등교육은 완전 취학에 달하였고 중등교육의 보편화, 고등교육의 대중화 시대를 맞이하게 되었다. 이를 위하여 그 동안 공·사교육비가 계속 팽창되어 왔으며, 공교육비는 정부 예산 중에서 국방비 이상으로 가장 많은 비중을 차지하고 있다. 그러나 폭발적으로 팽창하는 학생인구에 비하여 교육비 투자가 저조하여 학교 교육여건이 크게 개선되지 못하여 교육의 질적 저하가 큰 문제로 대두되었다. 교실환경의 열악성과 교원당 학생 수 또한 선진 외국에 비하여 거의 2~3배에 달하는 여건을 보여주고 있으며 도시와 농촌 간의 학급 수 또한 격차를 보이고 있는 실정이다.

이런 문제는 교육 내실화를 위한 교육여건 개선에 대한 자원의 부족으로 누적되어 온 학교 및 학급규모의 과대화, 과밀화, 교직원 수의 부족, 교육시설의 노후 등 교육 내실을 위한 수많은 과제들이 산적해 있는가 하면 교육기회 확대의 요구는 계속 제기되고 있다.

교육의 신장과 내실은 이율배반적이지만 향후 교육발전을 위해서는 교육 질적인 측면, 즉 일인당 교육비, 시설환경, 교육방법 등의 과제가 우선적으로 해결되어야 한다.

이러한 교육 상황은 인간 교육에 대한 불신을 낳게 만들며 인간 교육에 대한 평가절하는 교육을 사회 이동의 유일한 수단으로만 여기는 교육 상품화 현상을 만연시키고 있다. 이 교육 상품화 현상에 의해 학교교육은 입시교육과 동일시되어 양적 증가에만 치우치고 질적인 면에서는 외면되고 있는 것이다. 그럼으로 인해 입시교육을 제도화시키고, 입시교육의 경쟁구조에 의해 고학력 재수생이 누적되기 마련이다. 결국 학부모가 자녀를 학교교육에 완전히 위임해도 학교는 교육다운 교육을 시킬 수 있는 힘이 없게 되어 공교육을 믿지 못하고 사교육의 시장에 의존할 수밖에 없는 현실이 되어 현 교육구조 아래서는 실제로 사람다운 사람을 길러 낼 수가 없다.

교육의 불평등과는 달리 고용의 불평등은 학력의 비정상적인 평가절상과 학력의 팽창현상을 가속화시킨다. 사실 우리나라에서 고용의 불평등과 학력에 따른 임금격차는 이러한 교육의 양적 팽대와 질적 후퇴가 원인이라 할 수 있고 심각한 문제인 것이다. 학력이 낮으면 낮을수록 단순 노동직에 고용되고, 반대로 학력이 높으면 높을수록 행정 · 관리직에 종사하게 된다. 학력에 따른 직종배분의 불평등 현상이 일반화되고 있다. 또한 학력에 따른 임금격차도 심각하게 나타나고 있다. 학력에 따른 임금의 불평등 현상은 직종별 임금격차 현상과도 밀접하게 관련되어 있다. 왜냐하면 대부분의 저학력들이 취업하게 되는 생산직 노동시장, 판매직 노동시장, 서비스직 노동시장의 직종 근로자들은 고학력자들이 몰리는 전문직종이나 관리직 종사자들이 받는 임금 수준에 비해 상당히 열등한 정도의 임금을 받고 있기 때문이다.

결국 질적 발전과 양적 발전의 균형을 이루지 못할 때 고용 불평등과 교육 불평등 현상은 교육을 하나의 상품으로 만들어 과잉교육에의 수요가 불필요하게 창출된다. 여기에서 말하는 양적 교육의 과잉교육 현상은 노동시장이 노동인력에 대한 저렴한 고용효과를 극대화하기 위해 학교교육을 통해 훈련받는 인력을 실업상태나 반 실업상태로 방치하는 사회적 증후군을 말한다. 이것은 자본주의 사회가 갖는 이윤 극대화의 원리에 의해 더욱더 가속화된 하나의 경제적 부산물일 수도 있다. 즉 학부모에 의해 막대한 교육투자를 통한 질 좋은 노동인력이 양산되게 만들어 놓음으로써 노동시장에서 교육받는 인력들이 언제나 상대적 과잉인구를 낳게 되는 결과일 수도 있다(Wexler, 1989).

결국 사교육비에 의한 교육의 양적 팽대현상은 과잉교육열을 부추기고, 공교육을 방해하거나 혹은 고학력 실업자를 누적시키는 원인이 되는 것이다. 노동시장의 분할로 인해 교육이 갖는 사회적 기능은 사장되고 교육에 대한 효용성과 기능에 대한 본질적인 회의가 끊임없이 제기될 수밖에 없다. 교육은 국가 수준에서는 단순히 경제성장을 위해 의미 있는 투자로 인식되었으나, 개인 수준에서는 지위경쟁을 위한 도구로 새로운 의미와 기능을 갖게 되었다. 교육의 문제가 균형적으로 발전되지 않기 때문에 이미 교육을 통한 개인의 사회이동 현상보다는 교육을 통한 사회계층의 고착화 현상이 일반화되고 있다. 즉 교육의 균형발전은 사회이동을 위한 수단이 아니라 지위고착, 또한 계층고착을 위한 문화적 자본으로 도구화되고 있다. 결론적으로 교육의 균형적인 발전을 위해서는 정치적 소신과 의지의 무게중심이 실린 교육개혁이 제대로 수행되기 위해서는 우선적으로 교육의 공공성과 공정성, 그리고 교육의 독립성과 개별성 또한 교육의 공개성 원리가 반영되어야 하며 이것을 기본 원칙으로 하여 인간 교육을 회복하고 국제 경쟁력 제고를 위한 교육균형이 이루어지는 교육개혁이 한국사회 발전을 위한 교육의 수월성이 추구되어야 하겠다.

3. 교육의 평등성과 수월성 향상

오늘날 세계는 정보통신기술의 발달과 경제활동의 국제화로 인한 자본뿐 아니라 지식, 정보, 문화, 인적자원 등이 국경을 초월하여 전 지구적으로 교류가 활발하게 이루어지는 하나의 지구촌 사회로 형성되어 있다. 이러한 추세의 선진국들은 자국의 경쟁력 강화를 위해 신자유주의 하에서 시장경제 노선을 택하였다. 신자유주의는 교육에도 영향을 미쳐 전 세계적으로 교육개혁운동을 초래하였다. 1988년 영국의 교육법 제정을 비롯하여 미국 부시 정부의 'American 2000'과 클린턴 정부의 'Goals 2000' 그리고 유럽연합의 국가 간 교류협력사업 및 일본의 교육개혁 노력 등은 세계적으로 교육구조의 개편을 위한 교육개혁운동으로서 활발하게 전개되었다. 이는 기존 공교육의 비효율성과 질적 저하를 비판하고 교육의 효율성과 수월성 향상을 위한 국가 수준의 대대적인 개혁운동이었다.

교육에서의 평등성과 수월성 문제는 서로 상치되는 성격을 지니고 있지만 교육 실천에서는 이들 두 가지가 서로 잘 조화를 이루어 교육적 효과가 극대화될 수 있도록 유도해야 하는 참으로 어려운 문제다. 또한 교육의 평등성과 수월성에 대한 입장과 견해에 따라 교육정책이나 교육제도 및 교육선발 등에 관한 결정이 달라질 수도 있다는 점에서 이는 중요한 교육적 관심사이기도 하다.

교육에서의 평등개념은 근대사회가 성립된 이후부터 중요한 의미를 갖게 되었다. 다시 말해 전통사회에서는 가문과 혈통이라는 귀속적 요인이 사회적 신분을 결정했으나 근대 이후 신분계급 구조가 와해되고 인간평등 사상이 확대되면서 교육평등에 관한 관심도 높아갔다. 무엇보다도 민주주의가 크게 발달하고 사회평등에 관한 의식이 확대되면서 학교교육의 기회가 누구에게나 동등하게 부여되는지의 여부에 관한 문제가 표면으로 부상하였다.

특히 업적과 성취도를 기준으로 하여 개인의 능력을 평가하는 현대사회에서는 학교교육이 사회적 지위를 결정하는 핵심적인 위치를 차지하게 됨으로써 학교의 지위분배 기능이 특수집단에게만 유리하게 작용하는지, 아니면 모든 일반 대중에게도 평등하게 작용하는지에 대한 관심도 높아갔다. 이와 함께 교육평등 그 자체만이 아니라 이와 관련된 사회평등 실현에 관한 논의들이 활발해졌다.

그 동안 교육평등에 관련된 논의에서는 주로 교육기회 균등의 문제에 초점을 두었으나 교육기회 균등을 위한 노력이 교육평등을 실현시키지는 못했다는 점에서 1960년대 이후부터는 교육기회 균등이라는 말보다는 교육평등이라는 용어를 주로 사용해 왔다. 교육평등에 대한 관점은 시대의 변화와 함께 다음의 네 단계로 발전해 왔다.

첫째, 그 동안 신분이나 성, 종교, 인종 등의 이유로 인해 교육기회를 차별해 오던 것을 철폐하고 법적, 제도적으로 모든 사람이 교육받을 수 있는 동등한 기회를 주어야 한다는 교육기회의 허용적 평등이다. 그러나 이 관점에서는 사람은 타고난 능력과 재능이 다르기 때문에 모는 사람에게 교육의 양과 수준도 달라야 한다는 것이다.

둘째, 교육기회의 허용적 평등으로 모든 사람에게 교육받을 기회가 주어졌다는 것만으로는 완전한 의미에서의 교육평등이 이루어지지는 않는다는 사실이 밝혀짐으로써 교육기회의 보장적 평등이 제시되었다. 즉 경제적 어려움이 있는 계층의 자녀들이나 지리적으로 학교가 멀리 떨어져 있는 지역에 사는 어린이들은 교육을 제대로 받을 수가 없었다. 따라서 교육평등 실현을 위해 경제적, 사회적, 지리적 장애요인들을 제거해 주는 노력이 뒤따라야 했다. 이러한 노력의 하나로 무상의무 교육제도가 확립되었다. 우리나라에서는 2002년부터 전국적으로 중학교 무상의무교육이 실시되고 있다.

셋째, 교육조건의 평등이다. 취학기회의 평등이 보장되었음에도 불구하고 이제는 각 학교의 교육조건의 차이가 교육평등의 장애요인으로 나타났다. 학교의 시설이나 교육조건, 교사의 질, 교육과정 등에서의 학교 차이가 학업성취도의 차이를 초래했고 이는 다시 상급학교 진학결과의 차이로 나타남으로써 상급학교에서의 교육기회 불평등 현상이 야기되었다. 이로써 교육이 진행되는 학교교육의 과정이 평등해야 교육평등이 실현될 수 있음이 밝혀졌다.

넷째, 교육결과의 평등이다. 교육평등의 개념은 교육결과의 평등으로 확대되었는데, 즉 교육결과의 평등을 위해서는 학습결손을 나타내는 학습자에게 이를 보충해 주어야 한다는 것이다. 이를 위해서는 특별 프로그램을 제공하거나 교사의 시간과 노력을 더 많이 기울여야 하는데, 서구사회에서 추진한 '보상교육정책'이 이러한 노력의 일환이라 할 수 있다. 그러나 이는 결국 우수한 학습자보다 좋은 교육조건을 제공하게 됨으로써 우수한 학습자에게는 일종의 역차별이 이루어지게 된다는 문제점이 지적되고 있다. 결론적으로 교육평등의 실현을 위해서는 불리한 조건에 처한 사람들에게 동등한 교육의 기회를 제공해 주고 성공적인 학업성취를 위해서 그들이 갖고 있는 장애요인을 제거해 주어 다양한 교육을 받을 수 있는 기회를 제공해 주는 것이 필요하다. 그러나 교육평등을 위한 노력 속에서도 사람들은 능력이나 성향, 자질, 흥미, 동기 등이 각기 다르며 서로 다른 그러한 점에 의해 차이가 생기는데, 교육적 관점에서는 이러한 차이를 어떻게 볼 것인가, 또한 차이가 있는 사람들을 어떻게 교육하는 것이 교육평등 실현에 위배되지 않을 수 있는가의 문제는 여전히 남게 된다. 만약 능력이 특출한 어린이가 교육평등의 원리에 의해 자신의 능력을 신장시키고 발달시킬 수 있는 교육을 받지 못함으로써 그의 재능과 능력이 더 이상 계발될 기회를 잃게 되는 경우가 발생한다면 과연 이는 정당한 것인가는 논의의 대상이 된다.

교육에서의 수월성 추구는 바로 이러한 교육평등의 문제점을 조금이나마 해소시켜 주는 듯하다. 교육의 수월성 추구는 우수아를 위한 교육, 다시 말해 '엘리트교육'을 의미한다. 엘리트교육은 개인의 능력발달은 물론 국가, 사회의 발전을 위해 소수의 우수아교육에 집중적인 노력을 하는 것을 말한다. 이를 위해서는 우수아를 위한 교육의 장(場)을 분리함은 물론이고 교육내용이나 방법, 또는 교육적 분위기도 일반아를 위한 교육과는 차이를 두게 된다.

유럽의 전통적인 학제인 복선형 학제는 이러한 엘리트교육의 대표적인 사례라고 할 수 있다. 오늘날 교육의 수월성을 주장하는 입장에서는 진정한 의미의 교육기회균등 이념은 상대적인 평등, 즉 능력과 재능과 자격이 뛰어날 경우 그에 해당하는 기회의 제공이 실현되는 것이라고 본다. 능력과 재능이 다르고 개인차가 심한 이질적 집단의 학생들을 대상으로 평균 수준의 학생을 기준으로 한 획일적인 교육을 실시하는 것은 오히려 불평등에 해당된다는 것이다. 따라서 능력과 적성, 그리고 재능을 조기에 발견하고 우수아들의 잠재능력을 최대한으로 발달시키기 위한 교육정책을 마련, 실시하여야 한다.

교육의 수월성 추구를 위한 노력의 구체적인 예로는 월반제도나 과학고등학교나 외국어고등학교 등 특수목적 고등학교 교육, 영재교육의 실시 등을 들 수 있다. 그 외 최근 우리나라의 교육개혁안에서도 교육의 수월성을 추구하는 입장을 볼 수 있는데, 자립형 사립고등학교의 설립이 그 한 예다. 자립형 사립고등학교의 도입은 원래 교육의 민영화 추진방안으로서 제시된 것이지만 결국

자립형 사립학교가 질적으로 좋은 교육을 실시, 우수한 학생들을 유치하게 됨으로써 '제2의 영재교육기관'이 될 것이라는 견해가 지배적이다. 그러나 수월성 교육은 엘리트 계층이 국가 경쟁력 강화라는 미명 하에 엘리트교육을 합리화하는 것이며 그들 계층의 이익을 대변하는 것이라는 비판도 제기되고 있다. 또한 개인의 능력 차이라는 것의 구체적인 의미와 그 배경에 대해서도 재고해야 한다는 견해가 제시되고 있다.

곧 수월성 교육에서 말하는 개인의 능력과 재능의 차이란 결국 성적의 차이를 의미하는 것으로서 이에 여러 연구에서도 밝혀졌듯이 학교에서의 성적 차이가 반드시 개인의 지능이나 그 외 생득적인 차이 또는 노력의 차이에서만 나타나는 것은 아니라는 것이다. 오히려 학생 개인이 처한 사회 경제적, 문화적 차이가 학업성취도에 더 큰 영향을 미치는 요인이라는 연구 결과는 능력과 재능, 적성에 대한 새로운 각도에서의 평가 노력이 요구됨을 암시하고 있다. 무엇보다도 우수하지 못한 학생으로 분류되면 그러한 학생은 자신에 대한 부정적인 자아개념을 형성하게 되고 열등감을 갖게 되기 때문에 그들에게 그 어떤 교육적 노력을 취하더라도 비교육적 결과를 초래하게 될 것임은 당연한 일이라는 점에서 비판도 받는다. 이상에서 살펴본 바와 같이 생산과 소비의 관계가 형성되는 시장에서와 마찬가지로 교육 부문도 교육공급자와 교육소비자의 관계로 파악하고 교육소비자가 교육을 선택할 수 있는 권리를 부여하고자 한다. 이로써 교육공급자인 학교 간의 경쟁구조를 유발하게 되고 그렇게 되면 교육 서비스의 질이 향상되어 교육의 수월성이 확보될 수 있다는 논리다.

4. 공교육의 위기

공교육의 위기의 문제는 하루아침에 나타난 것이 아니라, 1980년부터 꾸준히 제기되어 왔다. 미국에서 이러한 현상이 본격적으로 공론화되기 시작한 것은 1983년 「위기에 처한 국가」(A Nation at Risk)라는 보고서를 통해 미국교육의 실상이 알려지면서부터다. 그 보고서는 국제학력대회에서의 저조한 성과와 고등학교 학생의 학력평균 저하, 과학학력 검사 성적의 대폭 하락 등을 국가 위기의 지표로 제시하고 있다. 미국에서 처음에 '학교실패(School failure)'담론이 나타났을 때에는 학생들의 성적부진, 잦은 결석, 유급, 퇴학 등 학교에서의 학생의 실패(Failure at school)에 관심의 초점이 있었다. 그러나 학생들의 실패가 누적되면서 그러한 실패를 유발하는 학교교육 자체의 문제, 즉 학교의 실패라는 문제로 관심이 모아지게 되었고 '공교육의 실패(Public school failure)라는 담론으로 진화되었다.

한국에서 교실붕괴, 나아가 학교붕괴에 관한 담론이 폭넓게 공론화되기 시작한 것은 불과 몇 년 전이다. 그래서 김대중 정부가 출범한 후 교원정년 단축, 촌지교사 고발, 체벌금지 등 교원의 사기를 떨어뜨리는 정책을 편 것이 원인이라는 주장도 나오고 있지만 윤정일(1999), 김민(2000 : 6)이 지적한 바 있듯이, 공교육체제의 운영과정에서 누적되어 온 문제들이 최근 몇 년 전부터 갖가지 양상으로 분출되어 나오는 것으로 보고 있다.

교육의 위기 상황은 대도시와 지방, 일반계 학교와 실업계 학교 등 학교가 처한 위치에 따라 다소 다르게 나타나고 있어서 일관적으로 말하기 어려우나, 한국의 교육현실이 위기에 처해 있다는 인식은 광범위하게 확산되어 있다. 한국개발연구원(KDI)이 발표한 보고서에 의하면, 2000년 10월과 11월 사이에 초·중·고생 자녀를 둔 학부모와 교육전문가(교사와 교육공무원)를 대상으로 설문조사한 결과, 학부모의 88%와 교육전문가의 93%가 현재의 교육이 심각한 위기에 처해 있다고 응답했다(한국개발연구원, 2001 : 3). 그리고 이종태 등(2000 : 65-67)의 연구에 의하면, 조사대상이 되었던 중·고등학생의 65.1%가 수업시간에 학급학생의 1/3 정도만 집중하거나 거의 아무도 집중하지 않는다고 응답하였다. 이 연구에서 저자들은 '학교붕괴'라고 불려지는 현상은 사실상 현행 학교를 규율하고 있는 '공교육제도의 위기'라고 보아야 하며, 이 점에서 현재 학교현장에 지역적으로 그리고 학교에 따라 얼마만큼 '학교붕괴'가 심각한가 등을 설문조사를 통하여 밝힌 후, 이를 숫자로 제시하는 것 등은 그다지 의미가 없다고 주장하고 있다. 위기에 처한 것은 결코 '학교'가 아닌, 우리나라의 공교육제도 자체이기 때문이라는 것이다.

최근 우리나라 공교육은 학교붕괴, 교육이민과 조기유학 급증, 학생들의 학력 저하, 학교 부적응 학생과 중도탈락자 증가, 교사들의 권위 실추와 사기저하, 사교육비의 팽창, 사회계층 간 격차 심화 등의 문제로 인해 총체적인 위기를 맞이하고 있다. 이와 함께 나타나고 있는 공교육의 공동화 현상 속에서 사교육은 더욱더 번창하고 있다. 학생들은 공부는 학원에 가서 하고 학교에서는 친구를 만나거나 잠을 잔다는 말을 대수롭지 않게 하고, 학부모들은 학교만 믿었다가는 아이들 교육을 망치기 쉽다고 생각하여 사교육에서 그 대안을 찾으려고 한다.

미국이나 유럽에서 제기된 "학교실패" 개념과 일본이나 한국의 "학교붕괴" 혹은 "학급붕괴" 개념을 비교해 보면, "학교실패"가 학업부진과 같은 학생의 실패를 지적하는 것에서 출발하여 주로 학교가 학생과 사회의 변동에 적응하지 못한 측면을 강조한다면, "학교붕괴"나 "학급붕괴"는 학업부진의 문제보다는 학교로부터의 이탈, 전통적인 질서 관계의 '붕괴' 쪽에 더 관심의 초점이 있다. 이러한 현상을 무어라 부르던 간에 이는 공통적으로 학교가 '교육하는 장소'로서의 역할을 제대로 하지 못하고 있음을 지적하고 있다. 다만 공립학교의 위기, 공교육의 실패라고 말한다 하더라도, 다른 나라에서는 이것이 공립학교의 위기이고 대체로 사립학교는 잘해 나가고 있다고 보지만, 공교육의 개념을 사립학교까지 포함하여 넓게 규정하고 사립학교를 준공립학교 정도로 취급하고 있는 우리나라의 경우에는 학교교육 전체의 위기로 다가오고 있는 것이다.

사립학교가 제구실을 못하자 그 교육의 공백을 사교육이 메우고 있으며, 공교육비보다 더 많은 사교육비가 지출되는 형편이다. 사교육은 '지하공교육'이라 말할 정도로 학교성적을 올리는 수단으로 활용되고 있어서 억제되어야 할 대상으로 치부되지만, 그럼에도 불구하고 사교육이 여전히 성행하고 있다. 이러한 위기 상황에 대해 우리나라는 '공교육의 내실화'라는 요구가 강하게 제기되고 있지만, 거꾸로 획일화되고 관료화된 공교육이 이러한 위기 상황의 원인일 수 있다.

그렇다면 공교육의 부실을 초래한 근본적인 원인은 무엇인가? 무엇보다도 학교교육의 부실은 교육제도의 운영과 교육개혁 추진과정, 그리고 우리나라 교육의 특수한 맥락에서 발생하고 있는 것으로 이해되고 있다. 이를 구체적으로 살펴보면 다음과 같다.

첫째, 근래 교육계에서 언급되고 있는 학교교육을 시장논리에 맡겨야 한다는 성급한 논리는 공교육 자체의 기본 전제를 부정함으로써 교육의 위기를 오히려 심화시키고 있다. 최근 공교육의 위기를 타개하기 위한 논의가 공교육을 혁신하고 현대화하는데 중점을 두기보다는 '교육소비자'에게 '교육상품' 선택권을 자유롭게 주어야 한다는 방향으로 이루어지고 있다. 이러한 논의는 교육의 공공성을 약화시키고 시장의 수요와 공급에 교육의 운영을 맡기게 되어, 그 결과 사회적 약자에게 불리한 교육을 실시함으로써 우리 사회의 갈등을 깊게 하고 교육 불평등 현상을 심화시킬 우려가 있다.

둘째, 공교육의 위기는 일관성 없는 교육정책의 무분별한 도입에 책임이 있다. 실례로 보면 잦은 입시제도의 변경, 대학 입시 · 정책의 갈등(학교 간 학력격차와 고교등급제, 상대평가식 내신등급제, 수능 · 논술, 3불 정책 등), 열린교육의 무비판적 도입, 체벌금지, 교원 정년 단축과 무더기 명예퇴직 파동, 촌지 문제에 대한 어설픈 대책 등이 그것이다. 특히, 정부 주도의 타율적 교육개혁과 하향식 접근 방식은 실제 학교 현장의 문제를 소홀히 취급하고 교사주도의 교육개선 노력의 부실화와 사기저하만을 가져왔다.

교육개혁이 먼저 과대학교, 과밀학급 등 열악한 교육환경을 개선하고 교사들과 함께 이를 의논하면서 출발했다면 오늘날과 같이 학교 현장에 냉소주의 풍토가 만연되어 있지는 않았을 것이다. 교사의 질을 향상하고자한 개혁안이 일방적으로 정년 단축을 실시하고, 촌지 신고, 학생 인권선언, 학생의 담임 선택제, 학부모의 교사평가제, 스승의 날 존폐 등을 거론함으로써 교권의 실추뿐만 아니라 교사 간의 갈등마저 심화시키고 있다.

셋째, 공교육의 위기는 학력 · 학벌주의의 사회 문화적 풍토에서 비롯된다. 입시교육으로 인한 학부모의 교육열, 그리고 그것을 뒷받침하게 만드는 사회적 분위기로서의 학력주의가 공교육의 붕괴의 사회문제로 지적되게 된다. 교육을 담당하는 행정부서에서 정해 놓은 교육과정의 지침을 충실히 이행하며, 학교에서 자율적으로 집행하는 일로 집약된다. 그런데 이런 일들은 학교보다는 학부모가 더 반대하기 때문에 실질적으로 정상적인 교과운영이 불가능하다. 우리 교육이 정상적으로 운영되기 위해서는 학부모의 교육의식도 바뀌어야 한다는 주장은 오래전부터 나온 이야기나 별로 달라지지 않고 있는 실정이다. 학력 · 학벌주의 철폐 문제는 교육행정집단과 학부모 집단 간의 논쟁이 서로의 중심점을 잃은 채, 서로가 교육문제에 대한 깊은 한탄과 교육개혁의 불가능성을 확인하게 되는 함정에 빠지게 된다.

경제적인 재력, 사회적으로 명성 있는 직업, 정치적 권력 등과 같은 한정된 재화를 얻고자 경쟁을 통해 이기는 것만을 목표로 추구하는 사회풍토에서 사교육은 성공과 출세를 위한 중요한 전략이 될 수밖에 없다. 곧, 일류대학 진학은 성공과 출세에 이르는 주요 관문으로 인식되기 때문에, 입시위주의 교육체제는 더욱더 경쟁적으로 변화될 수밖에 없다. 학력주의는 개인 능력위주의 실력주의와는 구별된다. 전자는 이력으로서의 학력의 중요성을, 그리고 후자는 능력으로서의 학업을 중요시하기 때문이다. 물론 양자는 그 내용에 있어서 겹치는 부분도 없지는 않다. 학력주의(diplomatism)라는 개념이 의미하는 바를 보다 분명히 파악하기 위해서는 학력주의가 갖는 '문화적 상징성'과 '사회적 지표성'이라는 두 가지 속성 모두를 고려해야 한다. 즉 학력주의는 무슨 형식으로 우리의 문화에 나타나고 있으며, 그것은 실제로 어떻게 사회적으로 측정될 수 있는지에 관한 두 가지 논의가 필요하다. 그 동안 우리나라에서는 학력주의에 관한 문화적이고 역사적인 상징성에만 그 논의를 국한시켰기 때문에 출세한 사람 모두가 이 학벌 · 학력주의의 상징성에 함몰되어 모두가 단죄되는 잘못을 범해 왔다. 또 그로부터 학력주의가 갖는 사회적 문제를 보다 추상적으로 논의하게 함으로써 문제해결에 대한 기대조차 갖지 못했었다.

결론적으로 교육현장에서 전인교육이나 인성교육과 같은 말은 공허하게 남아 있을 뿐이고, 학교교육은 입시전문기관으로 전락하게 된다. 아울러 사교육은 학교교육을 보완하는 상보적 관계의 수준을 넘어서서 효율적이고 체계적인 입시전략을 확보하고 있다는 측면에서는 오히려 학교교육을 선도하는 현실에 이르게 되었다.

넷째, 부실한 학교수업은 학생의 변화와 다양한 요구를 충족시키지 못함으로써 교육의 위기를 가져왔다. 획일화된 교육과정과 교과서, 좋지 못한 교육여건, 학습조건의 이질화, 교수방법의 낙후성 등으로 학교가 시대에 뒤떨어지거나 사회적 유용성이 낮은 지식을 전수함으로써 교육수요자인 학생과 학부모를 만족시키지 못하는 것이다.

그런데 이와 같은 학교교육의 부실은 일차적으로 시험위주의 입학경쟁에서 비롯된 것으로 볼 수 있다. 과도한 입시경쟁으로 개발되어야 할 학생의 여러 능력 중에서 매우 제한된 영역에만 교육이 집중되고 있을 뿐, 창의력을 배양하는 교육, 독서토론, 봉사활동 등과 같은 측면의 교육은 크게 희생되고 있다. 시험 보는 능력만을 측정하는 입시 때문에 학교교육은 물론 사교육 부분 모두 이러한 제한된 능력을 기르는데 집중할 수밖에 없다. 이러한 학교교육을 개선하기 위해서는 우선적으로 설득을 위한 교육으로 학습에 있어 작은 단계를 거치는 교육의 목표가 설정되어야 하며 학생들은 학습하는 도중에 능동적으로 반응할 때 가장 잘 학습이 이루어지는 것을 알 수 있다(능동적 반응의 원리). 스키너 이론의 용어를 쓰면, 학생들은 '작동적 반응'을 한다. 학생 자신의 생각이 옳은가 그른가를 즉각적으로 확인할 때 학습이 가장 잘 이루어지는 것을 알 수 있다. 여기에는 학생들의 학습속도는 개인차가 있으며, 자신에게 알맞은 학습속도에 따라 학습이 될 때 가장 효과를 거둘 수 있는 것이다. 학생 스스로의 사고 과정을 통하여 이해에 도달하는 학습이 되어야 하며 학습자 중심의 교육이 이루어져야 할 것이다.

5. 학교교육의 내적 체제 개선

교육효과의 격차를 줄이고 학교교육의 균형 발전을 위하여도 학교조직과 운영을 자율성, 행·재정지원 체제, 학교의 학구적 풍토 그리고 학교·사회관계 등에서의 개선방향이 필요하다고 할 수 있다. 우리나라의 초·중등학교의 교육효과를 저해하는 요인 중의 하나는 단위학교에서의 자율적(自律的)인 운영이 잘 이루어지지 않고 있다는 점이다. 현행의 중앙집권적, 획일적인 교육행정방식과 제반 법규 아래서는 수업효과를 올릴 수 있는 학교 나름대로의 독자적인 수업조직과 다양한 학습활동의 수행이 어렵게 되어 있다. 이는 각급 학교에 대한 교육행정기관의 지시와 간섭이 지나치게 많고 세부적인 사항까지 포함하고 있다는 비판이 높다. 이와 같이 중앙집권화와 상급 행정기관의 지나친 간섭으로 각급 학교들은 자주적이고 창의적인 결정과 노력보다는 수동적이고 의존적인 자세가 습관화되어 있는 것이다. 특히, 학급규모가 작아 학교조직 · 운영의 효율성을 기하는 어려운 농촌학교의 경우는 복식학급 편성에 학년별 학급편성의 획일성을 탈피하여 몇 개 학년을 묶어서 학급을 편성하는 것이고 교사 협동제는 상치교과 담당교사의 부담을 덜어 주기 위한 방안으로 군 교육청 단위로 이동교사군(移動敎師群)을 만들어 지역학교 간 교환지도를 하는 것이다.

이러한 방안은 학교 단위의 재량에 위한 자율적인 운영 및 조직을 존중하며, 여타의 교육행정 기능을 활성화하여 각급 학교를 효율적으로 지원하는 데 초점을 두어야 할 것이다. 이를 위하여 행 · 재정 지원체제를 확고하게 확립하여, 국가적 차원에서 교사의 자질과 지위향상에도 지원을 아끼지 말아야 할 것이다. 도시에 비하여 매우 적은 농촌의 사교육비를 보상해 주기 위한 교육투자가 확대 · 지원되어야 할 것이며, 원격지에 소재하고 있는 학교에 대한 장학지도를 위한 차량 보조 등의 지원활동이 강구되어야 한다. 그러나 현재는 반대로 도시학교에 차량지원이 시행되고 있는 실정이다.

학교 학습풍토가 학업성취에 주는 효과는 도시학교에 비해 농촌학교가 더 크게 나타났다. 학습풍토 중에서도 교사의 학생 학업성취에 대한 기대, 지각, 평가로 파생되는 교사풍토가 학업성취의 61%의 예언량을 나타냈다(김병성 외, 1981).

학교사회의 문화적 특성이 바로 학교의 학습풍토 요인이 된다. 한 학교의 학구적 규범은 다른 학교의 것과 다르게 구별되어진다. 인문학교나 실업학교, 공립과 사립, 도시학교와 농촌학교에서의 차이가 이러한 특성을 잘 나타내 주고 있다. 따라서 효과적인 학습풍토의 조성을 위하여서는 우선 현재의 학습풍토를 점검하고 정확하게 평가하여 그 개선 방향을 모색해야 한다. 이런 노력의 일환으로 '학습풍토 모니터' 조직을 만들어 학교 자체의 문제를 정확히 점검해야 그 문제에 대한 대처할 수 있는 방안을 구안할 수 있다. 다음으로는 교사의 전문성을 높이는 학생에 대한 긍정적 기대와 지도 방법의 개선을 위하여 교사의 자기 효능감 증진을 위한 자체 연수나 협동체제를 구축하여 개선할 수 있도록 하는 것이다.

학교와 지역사회, 교사와 학부모의 교육적 협력체제 구축을 통한 학교교육의 효과증진 방안을 확립하여 교사와 학부모의 협의체 조직을 활성화하여 학생들의 교육지도는 물론 학교의 발전 및 학교 · 지역사회의 유대와 계속적 지원을 위하여 매우 중요하다. 앞으로의 발전방향은 현재의 학교장과 학부모 관계의 육성회를 교사와 학부모의 직접적인 관계로 방향 전환이 필요하다. 그렇게 함으로써 학부모들의 수업지원을 비롯한 교사활동에도 적극 참여하고 또 지원할 수 있는 대화의 통로가 열리게 될 것이다. 그런 과정에서 지역사회인에 대한 학교교육 활동의 확대와 아울러 학교시설의 개방과 지역사회의 성인교육 프로그램 실시도 가능할 것이다. 이러한 학교의 봉사활동은 지역사회 주민들의 교양 증진과 계속적인 유대강화 뿐만 아니라 지역사회인의 학교에 대한 관심과 적극적인 지원 및 참여를 유도하게 될 것이다.

현재 이러한 지역사회 봉사활동은 초등학교를 중심으로 이루어지고 있으나 학교시설의 적합성 및 성인지도 프로그램의 구성과 다양성 여부에 따라 점차 중등학교까지 확대되어야 할 것이다. 이러한 노력의 일환으로 교사들의 성인교육에 대한 전문성 함양 프로그램의 도입은 물론 국가적으로 주창되는 평생교육에 대한 지식, 태도를 갖출 수 있는 프로그램과 지도방법의 개발도 필요하다고 하겠다.

6. 인재육성과 지역사회 발전

한국교육이 국가 경쟁력을 갖기 위해서는 인재육성의 향토화가 무엇보다도 필요하다고 하겠다. 1980년대 후반부터 교육학계에서는 지방자치제의 도입과 더불어 국 · 공립대학과 각 대학은 지역사회의 특성과 지역발전을 위한 지역

산업의 육성과 직결되는 고등교육의 특성화에 기여해야 하고 동시에 인재육성의 향토화에 주력해야 한다는 주장들이 빈번이 제기된 바 있다. 인재육성의 향토화는 지방자치의 기본 속성들 중에서는 특히 자치행정권과 깊이 관련되어 있다. 따라서 자치행정권이 지방교육분야, 지방취업분야 등등에서 구체적으로 보장되지 않는 상황에서는 인재육성의 지역사회 발전을 제대로 실현하기는 어렵다. 지방자치를 위한 지방행정과 이에 관계한 지역사회 개발이 제대로 실시되기 위해서는 지방자치를 위한 인적 · 물적 자원이 보장되고, 동시에 지역화되어야 한다. 지역자치를 위한 인적 · 물적 보장 없이 간헐적으로 제시된 우리의 지방자치제가 끼친 부정적 피해를 고려한다면, 지방자치를 위한 인재육성의 향토화는 지방자치 실현의 한 관건이라고 볼 수 있다.

현실적으로는 우리나라는 서울 중심으로 운영되고 있다고 볼 수 있을 만큼 정치, 경제, 사회, 문화 모든 부문이 해방 이전부터 서울에 집중되고 있다. 이런 현실점을 고려할 때 지방자치제 도입과 그것을 위한 보조정책입안은 무엇보다도 절실하다. 정부의 대기업 본사 지방이전 추진 정책에도 불구하고 서울에 경제력 집중심화로 인한 지역별 격차를 더욱 벌려 놓고 있으며, 이와 함께 의사, 변호사 등의 전문직과 전문대 이상의 교육기관, 도서출판, 신문사, 기업부설 연구소의 서울집중은 각종 혜택의 지방 소외를 단적으로 보여주고 있다. 이런 결과로 인하여 지방대학 출신의 취업은 더욱더 어려워지고 있다. 지방에는 고용증대를 늘릴 수 있는 기업체가 부족할 뿐만 아니라, 서울의 대기업일지라도, 지방대 출신의 고용을 기피하고 있다. 한 마디로, 지방인재의 향토화가 구조적으로 저해받고 있는 것이다.

수도권 지역 대학은 지역 기업체와의 연계성이 없고, 지역 기업체들은 대부분 생산 공장만 지방에 있을 뿐 본사는 서울에 있으면서 서울지역 대학생 위주로 신입사원을 뽑고 있다. 지역 소외와 지역 불평등 현상은 점차적으로 해소하기 위해서는 실질적인 지방자치제 도입과 이에 따른 지역사회 개발정책이 체계적으로 추진되어야 한다. 동시에 지역사회 개발을 주도할 수 있는 인재의 향토화가 교육부문과 사회 각 부문에 걸쳐 제도화되어야 한다는 점은 한국사회의 균형적 발전을 위해 너무나도 자명하다.

지역사회는 지역적 소속감, 자원의 공동 소유성, 지역사회 의식의 일체성, 문제해결, 경험의 공유성, 향토애에 의한 주민의 봉사성 등을 강조하게 된다(Sanders, 1959). 한 마디로, 지역사회라는 영어인 커뮤니티(Community)는 라틴어의 Communis, 즉 함께(Com) 봉사한다(Munus)는 의미가 강하게 강조되는 지역공동체를 지칭한다(Olsen, 1961). 이런 주역주민 공동체로서의 지역사회는 행정적으로는 여러 가지 특성을 갖게 된다. 지역적 제약성, 사회적 상호작용, 지역문화에 따른 지역감정의 동질성 그리고 법적 · 행정적 제도 등의 특수성이라는 특성을 갖는다. 이런 지역공동체가 발전하기 위해서는 지역공동체의 경제적 조건, 문화적 조건, 그리고 사회적 조건에 합당한 전력이 필요하게 된다. 왜냐하면 지역사회 개발은 지역사회의 발전과정이며 동시에 지역사회의 발전운동으로서, 지역사회 물적 조건의 보충이나 물질적 성장과 성취에 그치는 것이 아니고, 지역 주민의 사회적 적응이나 의식변화를 끊임없이 추구하는 사회운동이기 때문이다.

이것은 지역사회 개발이라는 개념이 지역개발이라는 개념과는 질적 차이가 있음을 보여 준다. 지역개발은 단순히 특정지역에 한정되어 그 지역, 즉 토지나 공간의 개발이나, 경제성장을 도모하는 일로서, 그것의 시행 주체는 일반적으로 중앙정부로서의 국가 또는 그것을 한정적으로 위임받은 지방자치단체인데 반해, 지역사회 개발은 지역주민을 대표한 지방자치단체가 지역 주민의 뜻에 합당하게 지역사회 주민이라는 총체적 인간 집단에 유용한 환경개선과 사회 환경개발에 역점을 둔 개념으로서 지역사회 개발을 위해서는 인적자원 개발이 무엇보다 필요하다.

결국, 지역사회 개발이 제대로 실시되기 위해서는 여러 부문의 활동이 동시에 추구되어야 함을 알 수 있다. 무엇보다도 국가경제 발전과 더불어 지역경제 구조가 질적으로 변화되어야 한다. 즉 생산구조, 시장구조, 취업인력 고용구조, 소득구조가 지역발전에 맞게 바뀌어야 한다. 이와 아울러 지역사회의 사회, 정치, 문화의식의 변화 역시 지역사회 개발에 맞도록 변화되어야 한다. 지역경제 구조의 변화는 가시적일 뿐만 아니라 지역발전의 물적 성장과 변화의 정도를 비교적 잘 드러낸다. 그러나 사회, 정치의식의 변화는 정신적이고도 심리적인 것으로써 상대적으로 지체되거나 혹은 그 변화의 정도가 단시간 내에 잘 드러나지 않게 된다. 그럼에도 불구하고 지역사회 개발에 있어서 사회, 정치, 문화의식의 변화가 촉진되기 위해서는 지역주민들에 의한 공동체 의식이 고양되어야 하고 발전지향적인 사회규범이 그들에 의해 준수되어야 한다. 그것은 더 나아가 지역사회 개발과 지역사회 발전의 동력이 될 수밖에 없다. 지역사회 개발은 지역주민의 인재화, 즉 인재의 향토화로 추진되어야 한다는 주장은 지역주의와 지역연고제에 의한 지역감정 및 지역 간의 갈등이 갖는 피해의 정당성을 주장하는 것이 아니다. 오히려 정반대의 입장을 위해서 인재의 향토화가 추진되어야 한다. 정치적으로는 악용되는 지역감정을 불식시키기 위해서는 건실한 지방자치제에 관한 지역사회 개발주의와 지역인재의 향토화가 더욱 필요하다는 주장은 한국 지역발전의 불평등 현상을 분석할 때 더욱더 뚜렷해진다.

지역사회 개발을 보다 더 적극적으로 진행시키기 위해서는 지역사회 엘리트 스스로 지역사회 개발에 대한 봉사의식이 강해야 한다. 지방자치제와 교육자치제는 근본적으로 지역사회 권력구조의 재편과 지방교육체계의 개혁을 의미한다. 지방자치제는 지방정치와 지방행정의 민주화, 즉 지방행정 서비스에 있어서 배분의 형평성을 증대시켜 준다. 교육서비스의 배분에 있어서 형평성이 지켜진다는 것은 지역주민에 대한 교육서비스가 지방사회 중심으로 이루어진다는 것을 의미한다. 동시에 지방 엘리트 중심으로 편성된 권력구조 아래 지역사회 개발이 추진되며 동시에 지역주민을 위해 특수한 방식, 즉 애향심의 감정구조 아래 지역사회 개발이 추진됨을 의미한다. 마지막으로 인재육성의 향토화가 교육부문과 취업부문에서 활성화되면 교육의 민주화로 앞당길 수 있다.

7. 방과 후 학교와 사교육

OECD 통계 연보(2006)에 따르면 우리나라 공교육 비중은 국내 총생산(GDP) 대비 4.2%로 경제협력개발기구 평균 5.19%에도 못 미친 반면, 사교육비 비중은 2.9%로 전체 1위를 기록했다. 또한 통계청에 따르면 분기 전국 가구의 전체

소비 지출에서 교육비가 차지하는 비중이 사상 최고를 기록했다. 이런 과중한 사교육비 부담은 개인이나 가정 및 경제차원을 넘어 사회전반에 심각한 문제를 초래한다. 가계수지불균형, 출산기피, 조기해외유학, 이민, 계층 간 위화감 등 크고 작은 문제들이 원인이 되고 있다. 사교육에 따른 여러 사회적 문제가 대두되자 정부에서는 이를 해결하고자 여러 가지 방안을 제시하고 있는데 최근 대두된 것이 사교육을 대신하여 방과 후 학교 현장에서의 교육활동을 활성하자는 '방과 후 학교'제도다. 그러나 우리나라 교육현실에서 가장 심각한 문제로 제기되는 사교육비는 1980년 7 · 30 교육개혁에서 전면적으로 과외금지조치가 내려진 이후 일시적으로 그 자취를 감추었을 뿐, 여전히 교육계의 '뜨거운 감자'로 남아 있다. 뿐만 아니라 사교육비 지출은 지속적으로 증가하고 있어 1985년부터는 그 규모면에서 공교육비를 능가하고 있다. 학부모들이 많은 돈을 사교육비로 지출하기 때문에 경제적으로는 비효율적인 결과를 나타내고 있다.

다시 말해서 과다한 사교육비 지출은 가계경제에 부담을 줄 뿐만 아니라 교육 외의 다른 부문에 대한 소비를 위축시킴으로써 기업의 생산활동에 영향을 미치는 등 국가경제 전체에 심각한 악영향을 초래하게 된다. 입시경쟁에 소요되는 사교육비는 가정과 국가의 경제적 부담으로만 그치는 것이 아니라, 전적으로 학생들의 학업성적을 향상시키기 위해서 투입되고 있기 때문에 현실적으로 학생들 간의 학업성취 격차는 바로 사교육비 지출 수준에 의해서 상당 정도 좌우되는 경향을 나타내고 있다. 이는 가정의 사교육비 부담 능력, 곧 사회 경제적 배경에 따라 교육격차가 나타남을 보여 준다.

결과적으로 가정의 사회 경제적 계층에 따라 차등적으로 지원되는 사교육비로 인하여 학업성취 격차 같은 교육 불평등 현상이 일어나게 되고 이로 인해 사회 경제적 불평등이 재생산될 수밖에 없다. 이처럼 사교육비가 개인과 가정, 그리고 국가 수준에서 과중한 부담이 되고 있음에도 불구하고 줄어들지 않고 있는 것이 현실이다.

"학교를 밤새도록 불 밝혀서 사교육비를 없앤다."라는 취지하에 발표된 방과 후 학교제도는 사교육 욕구를 방과 후 학교 안에서 적은 비용으로 해소해 주는 사교육의 역할까지 학교가 해 줌으로써 사교육비를 줄이는 효과가 있다. 또한 학생과 학부모의 다양한 사교육 수요에 맞게 다양한 방과 후 학교 프로그램을 개설할 수 있을 뿐 아니라 유능한 강사를 섭외할 수도 있으며, 특히 우수 강사를 구하기 어려운 농어촌 및 산간벽지 학교에서는 재정지원을 통해 교육의 질을 높이기 위한 방안도 마련하였다. 또한 정부는 방과 후 학교에 참가하는 저소득층 자녀에 대한 교육비 지원을 대폭 확대하겠다고 밝혀 이들을 저렴한 비용으로 배울 수 있게 되어 교육의 기회가 확대되었다고 볼 수 있다.

방과 후 학교제도가 사교육 방지를 위한 대안으로서 사교육을 학교교육이 흡수한다는 의의를 갖고 있지만 이에 대해 학교를 입시 학원화한다는 비판도 받고 있다. 방과 후 학교는 교육수요자의 의견반응을 전제조건으로 하기 때문에 성적 향상에 도움이 되고 국 · 영 · 수, 논술 등 대학입시와 직결되는 교과를 중심으로 운영될 것이므로 대학 진학을 위한 사교육을 학교 울타리 안으로 끌어들임으로써 잠재적으로 공교육을 더 부실하게 만드는 결과를 초래된다는 것이다. 또한 사교육의 근본 원인의 하나인 입시경쟁은 상대적인 우위를 점하기 위한 서열경쟁이기 때문에 방과 후 학교가 활성화된다 하더라도 '남보다 조금 더' 심리로 인해 사교육은 사라지지 않을 것이다. 이 밖에도 방과 후 학교제도를 시행하게 되면 프로그램 운영비는 정부에서 부담을 하지만 학교 행정상의 업무는 지금보다 더 증가하게 된다. 업무부담 경감을 위한 제도담당 인력을 확보하는 등의 대안이 필요하다. "사교육비 경감과 교육격차 해소, 방과 후 교육이라는 세 마리 토끼를 한 방에 잡겠다."는 방과 후 학교에 거는 기대는 과도한 목표설정이 오히려 방과 후 학교의 성공적인 정착에 걸림돌이 되고 있다는 지적도 있다. 방과 후 학교에도 선택과 집중이 필요하다는 것이다.

외국의 방과 후 학교도 대부분 방과 후에 홀로 방치되거나 범죄에 노출되기 쉬운 저소득층과 맞벌이 부부 자녀 문제에 대한 해법으로 시작되었다. 한 예로, 일본은 지방자치단체 단위에서 실시되어 온 방과 후 교실을 2007년 전국 공립 초등학교로 확대 실시하기로 하였다. 가정의 육아부담을 줄이고 방과 후 어린이들을 사회에 방치하지 않는 것이 목적이다. 방과 후 프로그램은 오후 5, 6시까지 운영되며(시간 연장 가능), 예습과 복습 등의 학습, 스포츠, 문화활동을 비롯해 지역 어른들과의 교류, 놀이 등으로 구성된다. 일본 사회의 난제인 소지화, 고령화, 양극화, 어린이 안전을 하나로 묶은 대책이다.

현재 사교육의 문제는 사교육 그 자체가 아니라 원천적으로 공교육이 부실하기 때문에 발생된 현상이다. 따라서 사교육 방지는 단순히 학교가 사교육기관의 역할까지 대신하여 해결될 수 있는 문제가 아니라 사교육을 초래한 그 근본적 원인에서부터 분석하여 구체적 대안, 즉 대학입시에서의 고교내신강화, 대학서열구조 타파 등을 통해 점진적으로 해결해야 한다. 나아가 학교교육을 내실화하기 위해서는 공교육의 경쟁력을 확보하는 것이 시급하다. 공교육 경쟁력을 높이기 위해서는 기본적으로 우수 교사 확보와 다양한 프로그램 개발로 강의의 질을 향상시켜야 할 것이다.

사교육에 대한 단기계획으로는 과외수급체제의 개선방안이 제시되었는데, 첫째, 과외전담 위성채널 확보운영, 둘째, 방과 후 교육활동의 활성화, 셋째, 불법과외지도 감독 강화 전략이 담겨져 있다. 중 · 장기계획으로는 학교교육의 내실화 방안으로 감축 및 평가의 다양화를 이루겠다는 전략과 함께 대학입시제도 개선 방향으로 첫째, 사이버 교육 구현, 둘째, 교육여건 개선 및 유아교육 진흥, 셋째, 실질적 복수지원 기회의 확대 등을 제시하고 있다. 그 외에 학부모의 의식개혁 운동전개, 직업교육 내실화와 진로지도 강화, 그리고 능력위주 승진 및 임금관행 정착유도를 통해 능력중심의 사회를 구현하겠다는 방안을 제시하고 있다.

그러나 이러한 대책과 노력에도 불구하고 국가의 사교육비 경감대책은 도대체 무엇이 잘못되어서 과외는 줄어들지 않고 여전히 늘어만 가는 것일까? 국가의 정책들은 사교육비 증가 원인에 대한 분석과 밀접히 관련되어 마련된 것임에도 불구하고 결국에는 그 정책이 실효성을 거두지 못하게 되는 이유는 무엇일까? 우리 국민 모두가 사교육비로부터 자유로울 수 있으려면 무엇을 어떻게 해야 하는가? 등이 여전히 문제로 남아 있다.

8. 평준화 정책

고등학교 평준화 정책은 처음 도입될 당시부터 찬 · 반 논의가 팽팽하였으며,

오늘날까지도 그 논란을 끊어지지 않고 있다. 최근 들어 경제계를 중심으로 평준화 폐지나 대폭 보완을 강하게 주장하면서 평준화를 둘러싼 사회적 논란은 거의 해마다 반복되고 있다. 1970년대 중반에 고교 입시 과열로 인한 문제를 해결하기 위한 방안으로 실시된 고등학교 평준화 정책은 1974년 서울과 부산을 시작으로, 그 이듬해에 대구, 인천, 광주를 거쳐 1981년에는 21개 도시 지역으로 확대 시행되었다. 그 중 일부 지역에서는 평준화 정책을 폐지하였다가 다시 환원하기로 하는 등 우여곡절을 거쳐 2006년 현재 27개 지역에서 실시되고 있다. 평준화 정책을 추진하면서 고등학교 교육 여건의 평준화를 위해 1974년부터 학교 시설의 정비 · 보완, 교원의 자질 향상을 위한 연수 프로그램 실시, 교우 처우 개선, 사학 지원 등을 추진하였다. 또한 평준화 정책의 시행에 따르는 문제점을 시정하기 위해 교육제도의 다양화를 추진하여 특수목적 고등학교, 특성화고등학교, 자율학교, 자립형 사립고등학교 등의 다양한 고등학교들이 설치 · 운영되고 있다.

현재 고교 평준화는 7개 특별 · 광역시와 6개 도의 27개 지역에서 시행하고 있으며, 인문계 고교의 54.5%, 학생 수의 70.5%를 수용하고 있다. 지난 30여 년간 시행하여 온 고교평준화 정책은 중학교 교육의 정상화, 과열 과외 완화 및 고입 재수생 문제의 해소, 고교 학벌주의 극복 및 학교 간 격차 완화, 청소년의 인성교육 등 전인적 발달에 크게 기여한 반면, 이질집단 학급편성으로 인한 교수-학습의 어려움, 학력 하향 평준화, 학생 · 학부모의 학교 선택권 제한 및 사립학교 운영의 자율권 위축 등의 문제점이 지적되어 왔다. 고교평준화 정책은 본인의 희망과 통학거리 등을 감안하여 학생들은 고교에 추첨 · 배정하는 방식으로 운영되어 왔기 때문에, 지역별로 학교 간 경제적 · 문화적 격차를 줄이는 역할을 해 왔다. 그 동안 평준화 노력이 고등학교의 학벌을 타파하고, 교육평등의 기회를 확대했다는 긍정적인 성과가 있음에도 불구하고, 학교 선택권을 제한하고 능력 차이가 있는 학생들의 한 학급에서 함께 공부하게 함으로써 앞에서 논의한 바 있는 수월성 교육을 어렵게 한다는 우려가 제기되고 있는 것도 사실이다. 그러나 더 큰 문제는 지금까지 고교평준화의 틀 내에서 교육과정의 역동성을 갖추려는 노력이 부족했다는 점이다. 수준별 이동수업의 확대나

선지원 후 추첨제도 도입 등이 내실화되어야 하는 이유이기도 하다.

고교평준화 정책은 그 성과에도 불구하고, 이 제도가 지니고 있는 문제점을 적극 보완하지 않는다면 교육수요자의 불만이 엄청나게 증가될 것이며, 이는 곧 공교육 전반에 대한 불신으로 확산될 것이다. 평준화에 대하여 일반적으로 제기되는 문제 중에는 타당성이 있는 경우도 있으나 일부는 제대로 검증되지 않거나 비논리적인 것도 있다. 학력 하향 평준화, 사교육 심화, 사회계층 공고화 등을 지적한 평준화 폐지론자의 비판 중에는 다소 과장 또는 비약된 점이 일부 나타난다. 고교평준화는 분명히 여러 가지 중요한 문제점을 지니고 있으나 그 문제점을 정확하게 진단하지 않고 근거 없는 논리나 추측을 통해 문제의 본질을 왜곡하고 잘못된 문제 진단에 따른 처방을 제시하거나 요구하는 것은 피해야 한다.

우리가 과거 경험을 통해 분명히 인식되고 있는 것은, 성적만으로 학교와 학생을 분리하는 경쟁 입시제도로는 우리의 교육 문제를 해결할 수 없다는 것이다. 지금은 학교 서열화를 통한 갈등적 경쟁이 아니라 능력별 · 수준별 교육과정 운영 등 학교 내에서의 다양한 교과활동을 통해 공교육 내실화 노력을 계속적으로 추진해 나가야 한다. 평준화의 틀을 지키되 문제점을 보완 · 개선하여야 하며 현재 교육현장에서 학교마다 창의적으로 조직화되어 확대 · 실시되고 있는 수준별 이동수업도 그 한 예이며, 앞으로 Tracking으로 발전시켜 수월성과 연계시킨다며 좋은 효과가 기대된다고 할 수 있다.

고교평준화 폐지론자들은 과열 과외 및 사교육비 증가 현상은 현행 고교평준화로 인해 학교교육에 만족하지 못한 수요자들의 학원 등 사교육 의존 현상으로 진단하고 있다. 과외 증가와 같은 교육문제는 고교평준화로 인한 학교교육의 획일화와 질적 수준의 하락이 주된 원인이므로, 과열 과외 예방을 목표로 한 고교평준화는 실패한 정책이라고 주장한다. 이러한 주장에 대해, 평준화 유지론자들은 과열 과외 현상은 평준화 실시에 따른 결과라기보다는 일부 학부모의 '학력 · 학벌주의' 교육관에 따른 지나치게 과열된 사회현상이며, 고교평준화 폐지 시 과거와 같은 중학교 입시 지옥 등 과열 입시 과외의 확대가 불가피하다고 할 수 있다.

또한 과열 과외는 규제적 고입선발제도에 따른 공교육 불만족에 그 원인이 있다고 하기보다는 대학입시제도의 유·불리 등 대학 진학과의 연관성에서 그 원인을 찾아야 한다고 주장한다. 즉 평준화제도 개선을 논의함에 있어 대학입시를 우리 교육 문제의 종착점으로 여겨온 이러한 한국적 현실을 외면하는 것은 정부 정책의 실패(Government-failure)를 의도하지 않게 초래할 수 있다는 것이다. 아울러, 평준화제도의 변경에 관한 정책 논의는 정책의 결과에 대한 '사회적 수용성'을 높이는 문제를 포함해야 한다고 한다. 평준화 폐지를 검토하기에 앞서 평준화 폐지 시 정책 변경의 수혜자와 비용부담자를 분명히 하고, 이에 따른 사회·경제적 보상 대책이 선행되어야 한다는 주장이다. 즉 '시장에서의 선택' 논리는 보상의 기제로나 설득의 근거로서는 한계가 있으며, '평준화 정책의 보완'이라는 과제는 '평준화 정책 보완 결과에 대한 보완'을 포함하여야 한다는 것이다. 고교평준화 폐지론자들은 평준화로 인해 학급의 이질적 집단으로 구성되어 우수 학생에 대한 효율적인 교수-학습이 곤란하고, 학습동기가 저하되는 등 학력의 하향 평준화와 수월성 교육의 장애가 불가피하다고 본다. 이러한 고교평준화 정책은 지나친 구제이자, 일종의 '쇄국정책'으로 교육의 국가 경쟁력을 크게 약화시키고 있다는 주장이다.

이에 대해 평준화 유지론자들은 고등학생의 학력 저하 가능성에 대한 논란이 일부 있으나, 최근 들어 OECD에서 발표한 연구 결과에 따르면 우리나라 15세 학생들의 전반적인 학업성취도는 다른 나라에 비해 매우 높은 것으로 나타난다는 것이다. 그리고 오늘날은 단순 지식에서 창의력·문제해결 능력이 보다 중시되므로 교육 운영에 있어서도 수월성 제고가 단순히 학교 간 경쟁 선발에 의한 동질 집단에서만 가능하다고 할 수 없으며, 고교평준화제도의 이질 집단 내에서도 학생 수준별 교육과정 운영 및 이동식 수업 등을 통해 개인별 수월성 제고가 가능하다고 주장한다. 이와 함께 고교평준화 해제 시 입시 위주의 지나친 과열 과외 등으로 교육의 국제 경쟁력을 오히려 약화시킬 수 있다고 본다. 또한 그들은 덧붙여 지난 수십 년 동안 세계은행과 IMF가 제 3세계에 대하여 국가 경쟁력 강화를 위해 권고한 "공교육 체제에 대한 교육 투자를 줄이고, 사학을 육성하거나 민간 자본을 동원하여 교육의 질을 유지"하려는 교육정책 전략이 실패로 판명되었다는 것을 근거로 둔다. 반면에 고교평준화 폐지론자들은 평준화는 공·사립 구분 없이 무시험 임의 배정에 의한 학생 선발 방식으로 학생의 학교 선택 기회를 제한하고, 사학의 자율권을 침해하고 있다고 본다. 따라서 현행 평준화 정책 대상 중 최소한 사립학교에 대해서는 학생 선발권 등 사학 운영의 본질회복이 필요하다는 것이다. 그리고 사학의 자율화로 절감된 예산을 공립학교 예산으로 활용한다면, 공립학교 교육 여건을 크게 높일 수 있다고 주장한다.

또한 평준화 유지론자들은 사학 비중이 큰 우리의 경우, 모든 사학에 학생 선발권을 보장할 경우, 평준화제도의 실질적인 폐지로 이어져 과열 입시 경쟁이 불가피해질 것으로 우려한다. 즉 현재 사학이 큰 우리의 경우, 사학이 전부 자율화되면 학부모의 납입금 등 부담액이 현재보다 2~3배 인상이 불가피하다는 것이다. 국민들에게 균등한 교육기회 제공을 위해서는 공립학교의 추가 신설이 뒤따라야 하며 부지매입, 학교 시설비·인건비 및 운영비 등에 엄청난 비용이 소요되므로 사학 자율화로 절감된 예산을 공립학교에 재투자하자는 주장은 학부모의 실질적인 부담 증가로 이어진다는 점에서 국가의 교육 책임 회피 또는 전가에 불과하다고 주장한다.

고교평준화 폐지론자들은 치열한 세계 경쟁에서 이기기 위해서는 우수한 인재를 조기 발굴해서 키워야 하며, 이는 선택권 확대와 경쟁을 통해서만 가능하다는 입장이다. 이에 따르면, 현재의 고교평준화 체제는 학력의 하향 평준화, 공교육 황폐화의 주된 원인이 된다는 것이다. 그러나 우리나라처럼 대입 경쟁이 치열한 나라에서 대중 교육인 고등학교 진학에서부터 경쟁 원리를 도입하게 되면 자칫 입시 준비 때문에 중학교의 정상적인 교육과정이 무너지고, 청소년들의 심신건강도 크게 훼손될 것이 불을 보듯 뻔하다. 또한 진보진영의 치열한 저항을 직접 언급하지 않더라도 우리 사회 내의 교육을 바라보는 보편적 대중 인식을 감안할 때, 평준화 폐지는 현실적으로 그리 쉽게 이루어질 일이 아니다. 따라서 평준화를 폐지하기 보다는 내적 다양화·특성화를 통하여 체제의 역동성과 경쟁력을 높이고, 아울러 여기에는 교육의 수월성을 추구할 수 있도록 하여야 한다고 주장한다. 한편 평준화 정책으로 인해 학교 상호 간에 관련 학교 상호 간에 현실적으로 존재하는 학력 차이를 인정하지 않고, 이에 대한 관련

학교 정보도 제공하지 않음에 따라 과학고 등 우수 인력이 대학 진학 시에 내신 등에서 상대적 불평등이 발생하고 있다고 주장한다.

이에 대해 평준화 유지론자들은 대학에 진학하는 것은 고등학교가 아닌 학생인데, '학교 간 학력 차'를 마치 '학교 간 개인 차'로 오해하여 이를 대학입시에서 고교등급제의 정당한 근거로 삼는 것은 논리적으로도 오류를 범한 것으로 주장한다. 그리고 학교 간 학력 차이를 정부가 인정하게 되면 수직적인 학교 서열화가 고착되는 문제가 발생하게 되고 명문고 입시 등 과열 과외 우려, 대도시로의 인구 집중 및 도·농촌 간 지역 격차 발생이 우려된다고 말한다. 또한 비교 내신 적용 대상학교를 선정할 명확하고 객관적인 기준 설정도 곤란하다는 것이다.

고교평준화를 둘러싼 우리 사회의 논쟁은 매우 치열하다. 지금까지 정부의 입장은 고교평준화의 근간을 유지하면서 이를 보완하자는 입장이었다. 그러나 다른 한편에서는 평준화 정책의 근본적인 폐지를 요구하는 목소리도 만만치 않으며, 특히 경제계에서 그러한 목소리가 높다고 여겨진다. 그렇다고 해서 우리나라 교육문제의 원인을 모두 평준화 탓으로 돌리는 것은 문제의 궁극적인 해결에 도움이 되지 않는다. 지역 간, 학교 간에 학력 격차가 심화된 것은 고교평준화 때문이라기보다는 사교육에 투자 능력이 월등히 높은 계층들이 특정 지역에서 사교육의 효과를 보아 왔기 때문으로 생각된다. 이러한 사교육이야말로 우리 사회에서 상대적 박탈감을 느끼게 하고 공교육에 왜곡 현상을 불러오는 주된 요인인 것이다. 교육에 있어 수월성을 추구할 수 있도록 학생의 수준에 맞춘 수준별 이동수업의 확대를 지속으로 추진해야 하며 중학교 1학년부터 고등학교 1학년까지 수학·영어 교과에 대한 수준별 이동수업을 확대하고 국어·사회·과학 교과는 학급 내 수준별 분단학습을 보다 강화하여야 한다. 또한 학교 선택권을 보다 확대하고 학교별로 교육과정을 특성화하고 '학교군별 선지원 후 추첨 배정제도'를 확대하여 학생들의 소질·적성에 따른 학교 선택·기회를 부여해야 하고, 고등학교 체제의 다양화·특성화·자율화를 넓혀야 한다. 다양한 형태의 학교 설립과 전환을 통해 교육 욕구를 수용하고, 탄력적 학사 운영을 위한 자율학교 정책을 점차 확대하여야 한다. 특목고를 설립 취지에 맞게 운영하여 설립 목적에 부합하지 않는 과정 설치를 제한하고 교과중심이 아닌 해당 분야에 소질이 있는 우수한 인재가 선발될 수 있도록 특목고 입학 전형 방법을 지도해 나가야 하겠다.

한편, 현재 시범운영 중인 자립형 사립고는 2010년까지 시범운영한 결과를 평가하여, 제도의 정당성, 지속 가능성, 사학의 자율 및 책임의 한계 등을 고려하되 제도 도입 여부를 긍정적으로 수용할 필요가 있다. 그리고 소외계층의 교육 기회 보장을 위한 교육복지 정책을 강화하여 교육을 통한 사회 이동(Social mobility)을 다시 가능케 하여 사회 통합 및 인적자원 개발을 동시에 추구해 나가야 할 것이다.

제 2 절 한국교육의 미래사회와 균형 발전

지난 60여 년간 한국교육도 많은 고난과 역경 속에서 경제 · 사회발전의 원동력으로 꾸준히 성장 · 발달해 왔다. 교육자체로는 이른 바 교육체제의 정착, 교육이념의 정립, 교육기회의 확대 등 교육의 질과 양적 면에서도 괄목한 성장을 이루어 온 것이다. 이러한 성장과정에서 무비판적인 서구 제도의 도입, 과도한 교육열, 일관성 없는 교육정책으로 인한 진통과 시련을 겪기도 하며, 계속적인 개혁 · 변화의 노력이 주어져 왔다(김병성, 2000).

그런데 우리 교육은 정치와 관련하여 특히 정권이 바뀔 때마다 항상 변할 수밖에 없었던 것이 현실이었다. 교육이 손질을 받아야 하는 교육개혁은 우리의 경우 대체로 정권교체기에 활발하게 추진되는 것이 보통이었다. 그런 점에서 우리의 교육은 교육의 논리보다는 정치의 논리에 따라 손질이 가해지는 것이 일반적이었다. 즉 우리 교육은 교육논리로는 바꿀 이유가 없는데도 정치논리로는 바뀌어야만 했던 것이다.

이런 현실 속에서 1994년 이르러서야 처음으로 한국이라는 불모지 위에 교육

정치학이라는 씨앗이 뿌려졌다(안기성 외, 1998). 그 때까지만 해도 아직 교육과 정치는 무관한 것이어야 한다는 재래의 낡은 관념에 사로잡혀 있었다. 교육정치학에서는 교육정치학적인 관찰을 통하여 교육개혁의 기제를 규명함으로써 교육과 정치의 관계를 확인하고, 정치논리가 일반적으로 지배하여 교육을 바꾸어 가는 정치독주의 교육개혁이나 허구적이고 추상적인 어설픈 교육논리가 일반적으로 지배하는 교육개혁이 위험하다는 것을 밝혀야 한다. 나아가 양자의 균형 잡힌 교육개혁에 대한 이론적이며 실제적인 방안을 제시하고 있다.

지금 열린교육이니 수요자 중심교육이니 하는 상업주의적인 교육관이 우리 교육을 지배하고 있는 실정이다. 조기유학 및 영어 열풍으로 인한 사회계층의 이질화 현상은 우리 사회의 분열이 조장되고 있다. 이러한 일련의 일들은 어떤 경우는 국익에 이롭지 않은 일인데도 불구하고 현재 교육개혁이라는 이름으로 추진되고 있다. 이는 혹 이를 추진하는 세력들의 일관된 사고에서 비롯된 것인지 모르지만 우리 사회를 담보로 모험을 걸고 있음에는 틀림이 없다. 이러한 사실은 우리에게 위기감을 불러일으키게 한다. 교육을 마구잡이로 바꾸어 가게 된다면 이는 더욱 우리의 미래를 예측할 수 없게 만들어 갈 것이기 때문이다.

따라서 한국교육의 균형 발전은 학교교육의 격차를 줄이고 교과효과에서 지역 간 · 계층 간 · 성별 등에서 균등화를 이룰 수 있는 방안이 수립되어야 한다. 이러한 취지에 따라 교육의 균형 발전을 위하여 학교사회 체제에 관련된 학교 내 · 외적인 관련 요인을 실천적 측면에서의 격차요소를 제거하는 한편, 학교교육에 적용하는 사회구조적 측면의 불평등 요소를 줄이는 이원적 접근이 필요하다.

1. 학교교육에 대한 기대와 믿음

일반적으로 교육논리와 경제논리는 항상 충돌되는 개념으로 이해되곤 한다. 우리 교육에 대한 여러 문제점을 진단하고 그 대책을 논의할 때 서로 각자의 논리에 기대어 주장하다 보면, 결국 교육논리고 경제논리라고 서로 폄하하게 되어 교육의 정체성을 잃게 된다. 경제논리의 핵심은 개방화 · 국제화 시대에 경쟁을 전제하지 아니하고는 어떠한 발전도 기대할 수 없다는 것이다. 오늘날 모든 국가는 이미 적자생존의 시대에 진입했으며, 부인하고 싶어도 승자독식시대라고 규정하고 국가 간 경쟁이라는 게임은 나눠 먹는 게임이 아니며 이긴 자가 독식하는게 일반적인 것이다. 불행히도 현실사회는 이들이 주장하는 논리대로 움직이고 있으며 자유무역협정(FTA)은 지금의 글로벌 자유무역시장에서 자국의 상품을 다른 나라에 팔려면 기본적으로 체결해야 하는 국가 상거래 조건으로 바뀌고 있다. 국경 없는 무장벽 · 무관세 시장의 확대는 우리처럼 자원이 부족하고 인구가 많은 국가에는 피해갈 수 없는 대세인 것 만은 분명하다. 이러한 시각에서 보면 우리의 교육정책, 특히 초 · 중등 교육정책은 '하향 평준화 · 평등주의'라는 이야기가 나올 만하다고 생각되어진다.

하지만 다른 쪽 논리로도 한 번 접근해 볼 필요가 있다. 경쟁이라는 글로벌 현실을 망각케 해서는 물론 안 되겠지만, 승자 독식의 현실에서도 국민의 어두운 곳을 비춰 주고 뒤처진 학생들을 북돋우고 잘하는 학생과 조화를 이룰 수 있게 도와 주는 일종의 패자부활전의 논리도 우리 교육에 필요하다. 최소한 국민보편교육이라고 할 수 있는 '초 · 중등교육' 분야에서는 더욱더 필요하겠다. 사실 앞서 언급한 대로 교육문제는 마땅한 방안을 찾기도, 국민적 합의 도출도 쉽지 않다. 이런 와중에 각각의 상반된 논리로 모든 문제의 진단과 대책을 달리하는 상황에서 한쪽에선 다른 쪽을 백안시(白眼視)하고, 또 다른 쪽에서는 반대쪽을 등한시(等閑視)하는 등 서로 이견표출과 갈등만을 되풀이하였다. 이러한 상황에서는 개혁 과제의 추진보다는 개혁 방향의 설정과 국민적 합의가 우선되어야 한다. 승자독식, 적자생존의 원칙에서 패자부활이나 개평의 정신이 서로 어우러질 수 있도록 교육 분야에 대한 게임의 룰을 서로 맞추어야 할 것이다.

1) 초 · 중등교육에 대한 기대와 믿음

정부는 국민들에게 많은 경제적 부담과 고통을 주어 왔던 사교육비를 경감하고자, 지난 2004년 2월 사교육비 경감 대책을 마련하였고, 그 해 4월부터는 인터넷을 이용한 EBS 수강강의도 실시하고 있다. 또한 창의적 인재 육성을 위해 수준별 교육과정 운영과 선택 교과가 늘어난 제7차 교육과정을 시행하고 있으며, 각 부분의 창조적 영재의 조기발굴과 육성을 위한 교육적 지원도 본격화하고 있다. 다만 이제는 대중교육이냐 아니면 엘리트교육이냐는 양자 택일식의 이념적 다툼은 큰 의미가 없다고 본다. 튼튼하고 견실한 대중적 공교육의 기반 위에 다양하고 경쟁력 있는 엘리트교육이 균형과 조화를 이루어야 한다. 자립형 사립고등학교나 특목고 등 평준화 보완의 문제도 이러한 관점에서 접근할 필요가 있다. 고교평준화를 둘러싼 우리 사회의 논쟁은 미리 언급하였듯이 매우 치열하다.

정부의 입장은 고교평준화의 근간을 유지하면서 이를 보완하자는 입장이다. 그러나 다른 한편에서는 평준화 정책의 근본적인 폐지를 요구하는 목소리가 만만치 않으며, 특히 경제계에서 그러한 목소리가 높다. 고교평준화 폐지론자들에 따르면, 치열한 세계 경쟁에서 살아남기 위해서는 우수한 인재를 조기 발굴해서 키워야 하며, 이는 선택권 확대와 경쟁을 통해서만 가능하다는 입장을 앞 장에서 살펴본 바와 같다. 다시 말하지만 이들의 주장은 현재의 고교 평준화 체제는 학력의 하향 평준화, 공교육 황폐화의 주된 원인이라는 것이다.

그러나 우리나라처럼 대입 경쟁이 치열한 나라에서 대중교육인 고등학교 진학에서부터 경쟁원리를 도입하게 되면 자칫 입시 준비 때문에 중학교의 정상적 교육과정이 무너지고, 한참 자라날 시기의 청소년들의 심신 건강도 크게 훼손될 것이 불을 보듯 뻔하다. 또한 우리 사회 내부의 치열한 저항 때문에라도 평준화 폐지는 현실적으로 그리 쉽게 이루어질 일도 아니다. 평준화를 폐지하기 보다는 내적 다양화, 특성화를 통하여 체제의 역동성과 경쟁력을 높이고 아울러 여기에 교육의 수월성을 추구할 수 있도록 관련 제도를 보완해 나가는 것이 필요하다.

내적 다양화, 특성화를 위하여서는 무엇보다 수준별 이동수업의 확대와 학교군별 선 지원 후 추첨 배정의 확대, 특성화학교 및 자율학교의 확대, 영재학급 및 영재교육원의 설치 등을 추진하고, 아울러 본래의 설립 취지에 맞는 특목고와 자립형 사립학교의 육성방안을 추진하여야 하겠다. 물론 학교현장에서 다양한 교육이 이루어질 수 있도록 단위학교에 보다 많은 권한과 자율이 보장되도록 해야 한다. 그리고 학생들이 사회에 진출하여 직업을 통해 행복을 추구하며 생산적인 성인이 되는데 필요한 학교 내외의 진로교육은 활성화해야 하며, 시민 사회에서 필요한 덕성과 사회적 능력을 기르고 세계화가 요구하는 문화적 다양성을 적극 수용하는 한국인 육성을 위한 고부가 가치가 예상되는 전력 분야의 국제 이해 교육도 발전시켜 나가야 한다.

2) 대학 구조 개혁과 교육 경쟁력 강화

우리의 대학교육은 대중화 단계를 지나 보편화 단계에 진입하였으나 사회 발전과 지속적 성장을 선도할 과학기술 등 핵심 전략 분야 인재양성을 위한 투자와 노력은 부족한 실정이다. 특히, 전략 산업의 급속한 성장에 따라 이 분야의 인력 수요는 전 세계적으로 매년 폭발적으로 증가하는 추세다. 그러나 우리 대학이 국가 발전을 위한 중심적 역할을 수행할 수 있으려면 현재의 대학 기능과 역할 수행 방식에 근본적인 변화가 있어야 한다. 즉 대학들이 연구 역량을 선진국 수준으로 제고하고 경직된 규제로부터 자율성을 획득하고 이를 바탕으로 산학연 협력에 적극 나서도록 하여야 할 것이다. 그 동안 대학교육 · 연구의 수준은 많이 향상되었으나, 세계 수준의 경쟁력 확보에는 미흡한 것이 현실이다. 기초 학문 분야는 지속적으로 보호하고 국제 경쟁력 있는 분야의 대학원과 연구소를 집중 육성하는 등 세계적 수준의 대학교육 · 연구 역량 확충이 우리가 해결할 중요한 과제인 것이다. 아울러, 지방대학을 '지역발전의 중심축'으로 육성하여 산학연 협력 체제를 강화해 나가고 지역 혁신 네트워크를 구축하는 것도 시급한 문제다. '학교기업제도'를 도입한 것은 그 좋은 예라 할 수 있다.

세계 각국도 국가 경쟁력 강화를 목적으로 대학교육 · 연구의 수월성을 높이기 위한 다양한 정책을 추진하고 있다. 이러한 고등교육 보편화 시대에 과잉 교육의 문제가 제기된 상황에서 대학 경쟁력 제고 및 교육 · 연구 수준의 향상을 위해서는 증원 · 증과 위주의 양적 확대에서 벗어나 교원 1인당 적정 학생 수, 대학 특성화, 교육 연구 지원체제 구축 및 개편 등 고등교육의 질적 수준 제고 추진이 필요하다고 할 수 있다.

현재, 정부는 지난 몇 년간 추진해 온 BK21사업(Brain-Korea) 정책에 대한 경험을 바탕으로 독창적 지식기술 창출의 기지로서 대학원 중심으로 대학의 역량을 전환하기 위해 2006년부터 Post-BK21 사업을 추진 중이다. 그리고 분야별로 특성화된 지방대학을 육성하고 지역 발전을 촉진할 지역 인적자원 개발을 지원하기 위해 2004년도에만 약 2,000여 억 원을 투자하여 지방대학을 중심으로 대학, 지자체, 산업체, 연구소, NGO 등이 참여하는 '지방대학 혁신 역량 강화 사업'을 추진하고 있다. 그러나 이것만으로는 부족하다. 학력 인구 감소, 비정규 교육기관의 증가, 교육시장 개방 등 고등교육 시장의 경쟁적 환경이 보다 가속화될 것이므로, 대학의 과감한 내부혁신을 통한 특성화 위주의 대학 경쟁력 제고를 적극 유도할 필요가 있다. 앞으로는 무분별한 종합대학 설립허가도 지양되어야 한다. 그리고 대학의 특성화를 보다 과감히 요구해야 한다. 엄정한 평가와 선택과 집중에 기반한 재정 자원으로 교육 여건 개선 등 대학의 자구 노력을 보다 강도 높게 요구할 필요가 있다.

2. 미래교육의 세계화와 정보화

이미 우리는 새로운 세기에 들어서 있다. 그러나 보다 다양한 21세기는 과연 어떠한 모습으로 우리에게 다가올 것이고 다가와야 하는가? 미래는 언제나 낙관만도 혹은 비판만도 할 수 없는 여러 상반된 가능성을 안고 있다. 지난 한 세기를 돌이켜 보면 그러한 가능성을 쉽게 짐작할 수 있다. 20세기는 인류 역사상 유례없는 과학기술의 발달과 경제적 번영을 이룬 세기며, 많은 질병을 극복하여 인간의 평균 수명을 크게 연장시켰으며, 식량증산과 각종 공업제품의 대량 생산에 의하여 인류의 생활수준이 전반적으로 크게 향상된 세기였다. 반면에 20세기는 역사상 가장 참혹한 대량파괴와 전쟁으로 점철되었던 한 세기였다. 21세기에도 20세기에 나타난 것과 같은 여러 상반되는 가능성을 동시에 가지고 있다. 현재 전 세계적으로 일어나고 있는 정보기술과 유전공학의 발전, 냉전종식과 군비축소, 그리고 선·후진국의 지속적 경제성장 등의 긍정적 변화추세는 우리에게 밝은 미래를 약속하고 있다. 그러나 점차 심화되고 있는 환경오염과

자원고갈, 후진국에서의 폭발적인 인구 증가, 지구상 곳곳에서 그치지 않고 있는 지역분쟁, 마약과 난치병의 확산 등은 우리의 미래 전망을 어둡게 하고 있다.

21세기 한국 사회와 전 세계의 정치, 경제, 문화, 사회에 광범한 영향을 미칠 것으로 예상되는 변화추세는 세계화 또는 지구화(globalization)다. 이미 한국 사회로 항공, 우편, 통신, 교역, 관광, 기술이전, 일기예보, 전염병 예방 등 광범위한 영역에서 세계화, 개방화가 이루어지고 있다.

경제 분야의 세계화를 통하여 국가 단위의 경제체제가 하나의 광범한 세계 경제체제로 통합되고 있다. 한국을 포함한 세계 각국의 많은 기업들이 이윤이 생기는 곳이면 지구상의 어느 곳이든 찾아가 투자와 생산과 판매활동을 벌이고 있다. 앞으로 금융, 컴퓨터 프로그래밍, 디자인, 통신, 교육과 같은 서비스 분야에서도 국경을 넘어선 거래가 더 자유롭게 이루어질 전망이다. 경제적 세계화는 한 국가가 국가경쟁력을 확보하고 있는 한 생산자에게는 더 큰 시장을, 소비자에게는 더 큰 선택을 제공하기 때문에 전반적으로 경제 발전에 기여할 수 있을 것이다. 최근 중국과 동남아시아의 여러 국가들이 선진국으로부터 노동집약 산업을 이전하여 괄목할 만한 경제성장을 이루고 있는 것은 후진국들도 세계화의 혜택을 볼 수 있음을 말해 준다. 사뮤엘슨(Samuelson) 같은 경제학자는 경제의 세계화로 인하여 서기 2020년까지 전 세계의 총생산이 2배로 증가하고 세계의 평균 생활수준이 현재보다 70% 정도 더 향상할 것이라고 내다보고 있다.

교통 · 통신기술의 발달로 세계 각국 간의 문화교류가 더욱 활발해짐에 따라 문화적 국경도 점차 흐려지고 있다. 특히 인공위성이나 인터넷과 같은 정보통신 매체의 보급으로 세계 어느 나라, 어느 지역도 외래문화의 유입을 막아 그들의 문화적 정체성을 지키기는 매우 어렵게 되어 가고 있다. 한국이 일본의 대중문화의 유입을 막기 위하여 공항이나 항만에서 여행객의 소지품을 검열하고 있지만 일본의 대중문화는 이미 위성방송을 통하여 많은 한국 가정의 안방으로 바로 전파되고 있다. 프랑스와 같은 유럽 국가에서는 미국의 언어와 영화의 유입은 법으로 규제하려 하고 있지만 성공하기는 어려울 것이다. 이제 우리는 모든 국가들이 문화적으로 개방되어 있는 국경 없는 시대에 살고 있다.

세계화 시대를 맞아 우리는 국가 간의 정치적, 경제적, 문화적, 생태적 상호의존성을 유지하는 가운데 상호혜택을 누릴 수 있게 할 적절한 국가 협력체제를 발전시켜야 한다. WTO가 바로 세계화 시대의 국제 교역을 규율하는 새로운 형태의 국가협력체제다. 세계화의 과정에서 국가 주권과 문화적 주체성의 손상에 따른 반작용으로 각국에서 민족주의나 보호주의가 오히려 강화된다면 심각한 국제분쟁이 일어날 가능성도 있는 것이다. 지구상의 여러 국가들이 국제협력관계를 수립 · 유지하는 정치력을 발휘할 수 있느냐 없느냐 하는 것이 21세기의 평화와 번영을 크게 좌우하는 것이다.

21세기에도 계속 심화될 것으로 예상되는 세계화의 추세는 오늘의 한국의 교육에 대하여 많은 것을 요구하고 있다. 무엇보다도 외국어 교육을 특별히 강화할 것을 요구하고 있다. 영어뿐만 아니라 사용인구가 많은 언어 또한 가르쳐야 한다. 또한 외국의 사회와 문화에 대한 폭넓은 지식과 이해, 전 지구적 시각, 인류 공동체에 대한 소속감과 책임의식 등을 배양하기 위한 국제교육이 강력히 요청된다. 아직도 한국교육을 학생들에게 민족주의적 정서와 국가 중심적 시각을 지나치게 강조하고 있으나 세계화 교육을 위해서는 교육과정의 국제화를 선행시키는 노력이 선행되어야 한다. 상급학교나 대학 수준에서는 국제전문 인력양성을 위한 교육도 체계적으로 실시되어야 한다. 여기에 부합된 교육정책과 제도도 보완 · 설립되어야 한다. 교육자와 학생의 교류를 제약하는 법률적 · 제도적 장애를 제거하고 국제교류를 촉진하는 정책을 입안 · 실시하여야 한다. 국경이 없는 세계화 시대에 고부가 가치를 생산하는 고급인력을 많이 양성하고 확보한 나라일수록 국가 경쟁력에 있어 유리하므로 대학의 학생정원 정책을 인력수요 접근법으로부터 사회수요 접근법으로 전환시켜야 한다.

전 세계적으로 바르게 진행되고 있는 정보화는 교육의 전면적 개편을 필요로 하고 있다. 전자 · 정보통신 기술의 발달과 보급으로 인하여 급속히 일어나고 있는 정보화는 교육체제 뿐만 아니라 사회 전반에 대해서 엄청나게 큰 영향을 파급시킬 전망이다. 최근 인공위성, 인터넷, CD-ROM과 같은 정보기술은 더 빠른 속도로 사회와 인간에 많은 변화를 주고 있다. 전 세계의 인터넷망이 출현한 지 15여 년 밖에 안 되었지만 라디오나 TV와 같은 매체의 보급보다 7배나 빠른 속도로 그 연결망이 확대되고 있으며 그 활용성도 더욱 다양화되고 있다. 인터넷으로 구성된 사이버 세계는 이미 전 세계의 160개 국가와 연결된 4만 4천 개의 컴퓨터 연결망으로 이루어져 있으며 1억 이상의 인구가 이미 전자우편(E-mail)을 교환하고 있다.

인간 사회는 이제까지 주로 지리적 단위의 공동체로 이루어져 왔으나 이제는 앨빈 토플러(Alvin Toffler)가 예측했듯이 초지리적 "사이버 공동체" 또는 "인터넷 공동체"와 같은 새로운 형태의 "전자공동체(Telecommunity)"가 출현하고 있다. 전자공동체에서는 시간과 공간을 초월하고 국경은 큰 의미가 없고 정치제도 또한 변화할 것으로 예측된다.

정부의 권력이 크게 축소되고 대의 정치제도에서 직접 참여 정치제도로의 전환이 촉진될 것으로 보인다. 정보화의 진전은 교육제도의 전면적 개편과 교사 중심의 교육제도에서 학습자 중심의 교육체제의 전환이 요구되고 있으며, 성인으로부터 가르침을 받는 피동적 위치에서 지혜를 습득하여야 한다. 교육활동이 학교의 울타리 밖으로 더욱 확대되고 교육대상이 적령 학생층의 범위를 훨씬 넘어설 것으로 예상되며 사회의 모든 곳에서 모든 연령층을 대상으로 다양한 교육적 요구를 충족시키기 위하여 다양한 형식과 방법으로 교육이 실시되는 평생 교육체제가 도래할 것에 대비하여 전자·정보통신매체를 통한 열린교육 체제의 구축을 촉진하여야 할 것이다.

종이와 책의 시대가 지나가고 전자 시대가 다가옴으로써 컴퓨터 프로그램이나 비디오 자료와 같은 멀티미디어 자료의 개발과 전자교과서 개발 등의 기능 또한 갖추어야 한다. 교사교육도 교사들에게 각종 전자매체를 교육적으로 활용할 수 있도록 융통성과 유연성을 가지고 정비하여야 한다. 21세기는 교육에 대해서 이중적 의미를 전달하고 있다. 21세기에는 한국교육이 새롭게 적응해야 할 '개연적(蓋然的) 미래(Probable future)'이기도 하고 동시에 교육이 새롭게 창조해야 할 '소망스런 미래(Preferable future)'이기도 하다. 다음 세기에 맞이할 세계화·정보화 사회에 적합하도록 오늘의 교육목적과 교육과정, 교육정책과 교육제도를 과감히 개혁하고 교육을 통하여 다가오는 미래사회가 더욱 풍요롭고 더욱 자유로운 사회가 될 수 있도록 하여야 할 것이다.

3. 교육개방에 대한 준비

WTO체제 출범 이후 '개방과 개혁'은 세계의 모든 국가가 더 이상은 피할 수 없는 현실이 되고 있다. 이러한 흐름 속에서 세계 각국은 서로 우위를 점하고 경쟁력 있는 인력 양성을 위해 다양한 교육정책을 마련 중에 있으며, 우리의 경우도 마찬가지라 할 수 있다. 사실, 지금 논란이 되고 있는 교육개방에 대한 문제를 이해하고 이에 대한 적절한 대책을 고민하기 위해서는 이를 둘러싼 국제 질서의 변화와 그 흐름을 먼저 살펴보아야 한다.

WTO의 전신이던 GATT체제(관세와 무역에 관한 일반협정)가 상품 교역만을 관할해 온 협상기구였던 것과는 달리, 1995년 출범한 WTO(세계무역기구)는 상품, 서비스, 지적 재산권을 모두 관할하게 되었다. 이러한 WTO가 출범함에 따라 GATS(서비스 교역에 관한 일반 협정)도 효력을 발휘하게 되는데, GATS는 서비스 분야의 국제 간 교역을 다루는 최초의 국제적 규범으로서 교육도 서비스 상품으로 보고 교육 대상에 포함시키게 되었다. 지금 논란이 되고 있는 교육 개방은 이 서비스 시장 개방 협상이 진행됨에 따라 불거져 나온 것이다. WTO는 지난 1999년 미국 시애틀에서 반세계화 움직임과 개발도상국의 반발에 직면해 3차 각료회의가 무산되는 등 한 때 주춤했으나, 2001년 11월 카타르 도하에서 WTO 4차 각료회의를 통해 우루과이 라운드(86-94년)를 잇는 DDA협상체제(Doha Development Agenda)를 출범시킴으로써 교육부문도 본격적인 개방 논의가 진행되게 되었다. 이와 관련하여 지난 2003년 3월 정부에서는 "공공성이 강한 초·중등 교육부문은 개방 대상에서 제외하고, 고등교육과 성인교육 일부에 한해 개방하되, 비영리학교 법인만이 학교를 운영할 수 있으며, 수도권 지역 내 외국대학 신설도 제한"하는 내용으로 양허안(개방계획안)을 제출한 바 있다.

"교육개방은 해외 유학 수요를 국내에 흡수함은 물론, 우수 외국 교육기관의 국내 진출을 촉진하고 경쟁을 통한 국내 고등교육의 질 제고를 통해 국제화된 고급 인력을 양성"할 수 있으므로 더 적극적인 개방을 요구하는 목소리도 있었다. 하지만 우리들이 간과해서는 안 될 것은 오늘날과 같은 국제화 시대에서는 불편하고 일부 부작용이 우려된다고 해서 '개방 문제'를 막연히 피해갈 수 없으며, 교육의 공공성과 국제 경쟁력을 조화시킬 수 있도록 '내부 개혁 문제'와 연계하여 나가야 한다는 점이다.

고등교육이 보편화된 시대에 '개방'이라는 문제를 성숙하게 대처하기 위해서는 국내 대학들은 지금부터라도 양적 팽창주의에서 벗어나 대학 특성화와 교육·연구 지원체제 개편 등 차별화된 대안으로 변신할 수 있도록 자체 대학구조 개혁을 서둘러야만 할 것이다. 앞으로 정부도 WTO 교육 협상에서 교육개방에 대한 우리의 입장을 명확히 전달하고 이를 관철함으로써 개방에 따른 부작용을 최소화하는 데 적극적으로 노력해야 함은 물론이다.

교육은 한 국가의 정체성을 뒷받침하므로, 그 중요성은 아무리 강조하여도 지나치지 않다. '개방과 개혁'이라는 어려운 교육적 난제를 맞이하여 이 두 가지 목적을 조화롭게 달성해야 한다. 정부도 DDA 협상과는 별도로, 지난 2005년 국회에서 '제주 국제자유도시 및 경제자유구역 내 외국 교육기관 설립·운영에 관한 특별법'을 통과시켰다. 이 특별법은 경제자유구역(부산, 인천, 광양) 및 제주도에 한해 외국인의 생활 여건을 개선하여 외국인 투자 유치를 촉진하기 위한 것으로서, WTO DDA 협상과는 별개의 것이다. 이 특별법에는 동북아 중심국가의 기틀 마련과 경제자유구역 및 제주도에 거주하는 외국인의 교육여건 향상을 위해, 경제자유구역에 설립하는 외국 교육기관과 제주도에 설립하는 외국 대학의 설립·운영 등에 관한 사항을 규정하고 있다. 이들 외국 교육기관에는 대국인도 거주 여부에 관계없이 입학할 수 있고, 일정 과목만 이수하면 국내 학교와 똑같이 학력을 인정받게 된다. 학생 선발은 학교장이 알아서 한다.

다만, 교육계(教育界) 일부에서는 교육개방에 따른 부작용을 이유로 여전히 반대하고 있으며 특히, 외국인학교의 내국인 입학 자격(현행 5년 이상) 완화를 두고는 경제단체와 시민사회단체 간에 수년 간 갈등을 빚은 바 있다. 그러나 결론적으로 정부의 정책은 이미 결정되었고, 이 제도는 현재 시행되고 있다.

국제화 시대에 교육이 보다 다양해져야 하고 개방도 보다 확대해야 한다는 시대적 필요성은 인정해야 한다고 본다. 다만, 보편교육인 중·고교 단계에서 교육 수요를 시장이나 외국에 완전히 노출하는 것은 국가 정체성 측면에서도 그리고 정책적 측면에서도 적절치 않다.

개방 문제를 둘러싼 많은 분들의 우려와 관심이 극단적인 이념적 대립으로만 그치는 것이 아니라, 동북아 시대를 선도하는 인적자원 강국 실현을 위해 우리 교육의 체질개선으로 거듭날 수 있도록 해야 할 것이다.

세계의 문화시장과 교육시장을 일견해 보면, 교육시장 개방을 막는다고 막아질 그런 성질의 일이 아님을 알 수 있다. 체면 치례의 자존심이나 건져 내기 위해 내줄 것은 다 내주는 식으로 끝나는 체면치레의 개방 억제는 자라나는 청소년을 볼모로 잡아 두는 교육적인 손해일 뿐이다. 이제부터는 교육시장 개방에 대한 우리 스스로는 늘 보아 왔던 자신감 결여와 그로 인한 피해의식을 더 염려해야 한다. 교육시장 개방을 위해 어떤 프로그램과 어떤 교육시설을 어느 정도로 선진화시키고 있는지를 배우게 되는 기회를 얻을 수 있어야 한다. 동시에, 그들이 교육소비자를 위해 어느 정도로 교육의 질 관리를 하고 있는지 교육서비스에 관한 교육자들의 책무성이 실제로 어떻게 실현되고 있는지를 배우고, 필요하다면 과감하게 우리의 것으로 제대로 해낸다면, 오히려 우리의 교육을 그들이 교육시장에 역수출할 수 있는 좋은 기회마저 엿볼 수 있게 될 것이다. 다시 말해서, 외국이 지금 우리나라의 교육시장을 향해 하듯이 우리도 우리 교육프로그램을 외국에 홍보하고, 광고하면서, 상품화시킬 수 있도록 교육프로그램을 세계화시켜야 한다.

교육시장 개방의 효과를 어떻게 활용하며, 그에 따른 "교육의 차별화" 정책을 각급 교육기관들이 어떻게 세우느냐에 따라 지금까지는 여러 가지로 뒤쳐져 있는 교육의 질에 있어서나 교육시설의 현대화 계획에 있어서 훨씬 앞서나갈 수 있는 기회를 얻게 된다. 따라서 지금까지 불필요하게 구상으로만 엄격하게 나열해 놓았던 교육시장 개방 억제조치는 오히려 신중을 기해야 한다는 것도 염두에 두어야 한다. 이것은 교육시장 개방이 예찬되어야 하기 때문에 그런 것이 아니고, 오히려 교육시장 개방을 현실적으로 직시하고, 그것을 최대한 활용하기 위해서 그렇다. 교육시장 개방에 대해, 특히 대학 시장 개방과 관련해서 만들어 내는 불필요한 규제는 미래 학교교육 시장의 발전에 걸림돌이 될 수도 있다.

결론적으로 대국적인 관점에서 보면, 외국대학의 분교나 대학신설을 국내지방에 적극적으로 유치하는 일 같은 것은 우리 대학교육 발전을 위해 그리 나쁜 영향으로만 받아들이는 것도 바람직하지는 않다. 단지 문제는 일선교육을 개혁하고자 하는 재단이나 교육행정가가 얼마나 사고하고 해결하려는 의지가 있느냐에 달려 있다고 볼 수 있다. 국가의 차별화에 대한 수용력이 부족하면 그 국가는 다른 국가로부터 불이익을 달하게 될 것이고, 교육행정가에게 개혁력이 없다면 그 교육은 세계화에 뒤처지는 일이 일어날 것이다. 우리가 보다 더 신중하게 대처해야 할 것은 교육시장의 개방에 대한 외국의 압력이 아니라 오히려 변화하기를 혐오하는 일선 교육행정가들의 제자리에 안주하고, 지킴에 연연하는 것에 대한 자기 자신들의 압력과 외국시장 진출에 대한 겁내기를 더 염려해야 될 것이다. 이런 국내의 모든 분위기를 수렴해 본다면 시장개방을 겁내기보다는 도약의 기회로 선용하고 교사들 뿐만 아니라 교육행정가들에게도 교육의 국가경쟁력 강화와 직결되어 우리 미래교육의 과제를 위하여 개혁할 수 있도록 국민 모두가 동참하여야 할 것이라고 하겠다.

4. 지방화와 교육개혁

지방교육의 질적 향상을 통한 균형 있는 교육발전을 실현하기 위해서는 다각적 개혁사업을 추진하여야 한다. 그러한 교육개혁의 과제와 전략을 구체적으로 논의하기에 앞서 교육개혁위원회(이하 교개위라 함)가 발표하여 시행하고 있는 "신교육체제 수립을 위한 교육개혁 방안"을 잠시 검토해 볼 필요가 있다. 교개위가 발표한 개혁안은 한 마디로 세계화 · 정보화라는 문명사적 대전환에 부응할 수 있는 열린 교육사회, 평생학습사회의 건설을 지향하고 있다. 그것은 학습자 중심교육, 다양한 교육, 자율과 책임성에 바탕을 둔 교육, 자유와 평등이 조화된 교육, 정보화된 교육, 질 높은 교육을 추구하고 있다.

1) 지방교육의 질적 향상

지방화 시대에 있어서 바람직한 교육체제의 모습은 국민이 어느 곳에 거주하던 각자의 요구에 맞는 질 높은 교육을 받을 수 있어야 한다는 것이다. 현재 한국사회처럼 어린이가 우연히 농어촌에 태어나 시골학교에 다니게 되면 도시의 어린이보다 불량한 여건 속에서 교육을 받아 그의 타고난 재능에 관계없이 저조한 학력을 갖게 된다든지, 청소년이 지방대학에 진학하면 자신의 지적 수준과 요구에 맞는 수준 높은 고등교육을 받지 못하여 사회진출에 불리를 당하게 된다면 그것은 교육기회 균등이 보장된 사회라고 할 수 없다. 그러므로 지방의 학교와 대학의 질적 수준을 향상시키는 것이 지방화 시대의 바람직한 교육체제를 구현하기 위한 1차적 과제가 되는 것이다. 여기서 지방교육의 질적 향상을 위한 방안을 다음의 4가지로 제시해 보고자 한다.

첫째, 학교교육의 질을 결정하는 가장 중요한 요인은 교사의 자질이다. 우리나라 교원양성제도는 이미 원초적 결함을 안고 있지만 그런 교원교육을 받는 교사라도 그 배치에서부터 농어촌이나 도서벽지 학교에 대한 차별이 시작된다. 교원양성기관을 졸업한 우수한 교사는 도시에, 덜 우수한 교사는 농어촌에 배치하는 것은 우리나라 교원인사의 오래된 관행이다. 그리고 교사들의 도시학교 근무를 위한 강렬한 선호 때문에 결국은 유능하고 교육경력이 많은 교사는 도시에, 그렇지 못한 교사는 농어촌에 몰려 있게 된다. 수도권 대학을 선호하는 교수들의 일반적 경향도 이러한 현상과 유사하다. 물론 교육자적인 사명의식을 가지고 농어촌 학교에서 헌신적으로 봉직하고 있는 교사들도 가끔 있지만 대체로 농어촌 지역 교육자들의 사기와 의욕은 저조한 편이다.

그러므로 지방교육의 질적 수준을 높이는 방안은 우수한 교원의 지방유치와 교원의 지역간 균형 배치에서 찾을 수 있다고 본다. 그 동안 교사 순환근무제나 도서벽지 교원의 우대조치와 같은 정책이 어느 정도의 효과를 거두었다고는 보나 우수교원의 낙후지역 유치를 위한 조치를 더욱 강화해야 한다. 낙후지역 학교 교원을 위한 근무조건과 처우가 우선적으로 개선되어야 한다. 그리고 교원의 초임지 배정방법의 개선, 낙후지역 교원의 현직교육 강화, 조기은퇴 우수교원의 지방학교 재활용 등의 방안도 검토해 봄직하다.

둘째, 오늘날 현대적 전자기술은 낙후된 지방교육의 질을 보강할 수 있는 강력한 수단과 도구를 제공하고 있다. 각종 시청각 교구, TV, PC, CD-ROM, 특히 인터넷으로 연결된 멀티미디어는 지역적 교육격차를 해소하는데 효과적으로 이용될 수 있다. 첨단 멀티미디어는 지역적 교육격차를 해소하는데 효과적으로 이용될 수 있다. 첨단 멀티미디어를 지방학교를 위한 원격교육에 이용함으로써 지방의 모든 학생들이 풍부한 학습 정보와 자료에 접할 수 있으며 전국에서 가장 우수한 교사에 의한 지도도 받을 수 있다.

교개위는 그러한 교육공학적 도구를 활용하여 '열린 교육체제'를 구축하겠다는 의지를 분명히 밝히고 있다. 그리고 '국가 멀티미디어 교육지원센터'를 설치하고 원격교육을 실시할 수 있는 지원체제를 갖추겠다는 제안도 하고 있다. 이것은 정보화 사회의 교육을 위해서 뿐만 아니라 지방교육의 획기적인 발전이 요청되는 지방화 시대의 교육을 위해서도 매우 적절한 것이다. 지방학교의 질적 수준을 높이기 위하여 국가와 지방자치단체는 교육정보 체제를 구축하고 질 좋은 교육용 소프트웨어를 개발하여 교육에 효과적으로 활용하여야 한다.

셋째, 한국의 교육체제는 전국적으로 통일된 교육과정을 운영하고 있다. 대학입시 제도는 교육과정의 통일성과 학습경험의 획일성을 더욱 조장하는 역할을 한다. 중앙정부에 의하여 편성된 초·중등학교용 교육과정의 내용은 대체로 도시중심의, 남성위주의, 중상층 편향의, 기술사회 지향적 성격을 가지고 있다. 그러한 교육과정은 농어촌 지역 학생의 일상 경험에 대한 적합성이 상대적으로 낮기 때문에 학업성취에 있어서 농어촌 학생이 도시 학생들보다 불리하다. 또한 각 지역사회는 독특한 사정과 요구를 갖고 있다. 그래서 지방교육의 질적 향상을 위해서는 각 지역사회의 문화적, 사회적 특수성을 반영시킬 수 있도록 교육과정을 지역화 또는 다양화하여야 한다. 그러나 국가의 사회통합을 위해서는 상당한 정도의 공통적 문화 내용을 가르쳐야 하기 때문에 지방학교는 국가가 편성한 교육과정의 기본 틀 안에서 지역사회와 관련된 내용을 보충하는 방식으로 교육과정을 운영해야 할 것이다. 그리고 지방학교는 학생들의 지적 능력에 맞는 교육 또는 보상교육을 실시할 수 있는 융통성도 가져야 한다.

넷째, 최근의 여러 연구에서 학생들의 학업성취는 학교의 조직 분위기나 가정이나 지역사회에서의 문화적 환경에 영향을 받는 것으로 밝혀지고 있다. 김병성의 연구는 특히 교사의 학생에 대한 기대와 평가가 학생들의 학력을 크게 좌우한다고 말하고 있다. 그러므로 지방학교 학생들의 학력을 향상시키기 위해서는 교사의 학생들에 대한 태도를 긍정적이고 고무적인 것으로 바꾸고 학교 내의 상호작용을 상호 지시적이고 비지시적이며 사고유발적인 형태로 바꾸는 것이 중요하다. 지방학교 교사들이 직업적 긍지와 자신의 삶에 대한 의욕을 가질 수 있도록 그들에 대한 경제적, 사회적 처우를 개선해 주어야 한다.

학생들이 가정이나 지역사회에서 체험하는 문화적 경험의 폭을 넓혀 주고 어린이들이 학교생활에서 체험하기 어려운 창조, 노작, 협동의 경험을 가정에서 가질 수 있도록 도와 주어야 할 것이다. 무엇보다 중요한 것은 부모들의 자녀교육에 대한 관심이다. 그래서 부모들의 학교교육에 대한 참여를 장려하여야 하며 부모역할에 관한 적절한 부모교육도 실시하여야 한다. 한 마디로 지방학교의 질적 향상을 위해서 학교 내의 조직 분위기와 가정 및 지역사회의 문화적 환경을 교육적인 것으로 개선해야 한다.

2) 지방교육의 균형 발전

앞에서 언급한 것처럼 교육의 균형 발전은 일차적으로 지방교육의 질적 향상을 통해서 실현될 수 있다. 그러나 여기에서는 지역 간의 교육격차를 줄이기 위한 행정적, 제도적 개혁과제와 전략에 대해서만 몇 자 언급하고자 한다. 정부는 지방의 불리한 교육여건을 보완하기 위하여 이미 여러 가지 행정적 조치를 취하고 있다. 즉 상급학교 진학에 있어서 내신제와 농어촌자녀 특례입학제도의 도입, 그리고 지방대학의 육성을 위한 특성화 지원, 국책 지방 공과대학의 육성, 특수 대학연구소(SRC, ERC, RRC, 기초과학 지역센터 등) 설치 · 운영 등을 통하여 지방교육의 불균형을 시정하기 위해 정부는 상당한 노력을 기울여 왔다. 이러한 정책들이 지방교육의 균형 발전을 위해서 어느 정도의 성과를 거두고 있는지

면밀히 검토해 봐야 할 시점에 이르렀다고 본다.

3) 지역사회의 교육문화 기반 확대

지방화 시대에는 각 지방의 주민들이 학교교육의 혜택뿐만 아니라 문화적 혜택도 골고루 누릴 수 있어야 한다. 지방민의 문화에 대한 접근기회와 평생교육에의 참여 기회를 확대함으로써 지방민의 삶의 질과 품격을 한층 높여 주고 지방민의 일체감과 공동체 의식을 강화시켜 주며 지방민의 창조성을 배양할 수 있다. 그런데 우리나라에 있어서 문화예술 시설과 인력, 문화예술 활동, 사회교육의 기회가 서울과 대도시 지역에 심하게 편중되어 있어서 농어촌이나 신흥공업도시 지역의 주민들은 균등한 교육적, 문화적 혜택을 누리기가 어렵다. 그래서 각 지방문화 기반을 확충하여 지방문화를 활성화시키고 지역사회의 사회 교육적 기능을 강화해야 한다. 우선 정부는 그 동안 시·도별로 대규모 종합문화예술회관을 건립하여 지방에서 대규모 공연 전시가 가능하도록 문화공간을 확대하여 왔는데 이제부터는 중소규모의 문화시설과 읍·면단위의 근린문화시설을 마련하는 방향으로 정책을 전환해야 한다. 그리고 지방의 문화시설은 공연·전시 공간뿐만 아니라 도서관·박물관·향토사관과 같은 공간도 포함하는 다목적 시설로 건립하는 것이 바람직하다. 그리고 지방의 문화시설은 문화교육, 동인모임, 창작연습 전통문화 전수와 같은 문화 활동에 주민이 직접 참여할 수 있도록 설계하는 것이 바람직하다.

끝으로 지역사회에서는 사회교육적 기능을 수행하는 다양한 형태의 사회단체와 시설이 있다. 언론기관, 종교단체, 각종학원, 유아시설, 청소년 단체, 여성단체, 노인대학, 도서관, 박물관, 체육시설, 시민단체운동단체, 그리고 학교와 대학의 사회교육 프로그램 등은 모두 직접적으로나 간접적으로 사회 교육적 기능을 수행하고 있다. 각 지방이 이러한 단체나 시설이 실시하는 사회교육 프로그램의 질을 향상시키고 지역 간의 격차를 해소하는 것도 지방화 시대로 향한 교육의 중요한 과제다. 각 지방마다 지역사회와 지역주민의 요구를 충족시킬 수 있는 다양한 사회교육 프로그램에 관한 효율적인 정보전달 체제도 갖추고 있어야 한다.

5. 평생학습사회 실현

세계 평생교육의 이념이 UNESCO를 통해 보급되었듯이, 우리나라에서도 UNESCO한국위원회의 활동이 평생교육의 이념이 되고 효시가 되었다. 그러나 개념적으로 볼 때 우리나라의 학교교육과 사회교육을 아우르는 틀로써 위치하기보다는 사회교육의 범위 내에 국한하여 존재하였다. 그 이유는 평생교육 자체가 학교교육의 경계를 넘어서려는 시도였기 때문에 그 주된 역할은 학교 밖의 교육을 연구했던 사회교육의 몫으로 인식되었기 때문이다. 따라서 1970년대 말까지 평생교육은 사회교육과 동의어로 이해되었으며, 1990년대 초까지도 평생교육은 여전히 이념적 지평의 수준을 벗어나지 못하고 있다.

지식기반사회, 정보화사회로 불리는 현대사회는 매우 빠른 속도로 변해가고 있고, 수없이 쏟아져 나오는 정보의 홍수 속에서 사회구성원들은 새로운 정보를 얻지 못하고 급속한 기술의 발달에 적응해 나가지 못하면 생존하기 어려운 시기를 맞이하고 있다. 예전에는 학교교육이 교육의 전부인 것처럼 생각되어서 학교를 졸업하는 것과 동시에 교육을 받을 만큼 받았다는 생각이 당연하게 받아들여졌으나 현대사회에서는 요람에서 무덤까지 곧, 평생에 걸친 계속교육이 없이는 누구도 지식기반사회에서 자신의 직업세계와 삶의 영역을 구축해 나가기 어렵다는 인식이 확대되고 있다. 이에 따라 세계 각국은 '모든 사람을 위한 평생학습'의 중요성을 UNESCO 헌장에 합의하고 누구나 교육받을 수 있는 교육환경의 구축을 위해 노력하고 있으며, 학교교육은 평생교육의 기반을 구축하는 입장으로 점차 변모해 가고 있다.

평생교육 개념이 확산된 배경에는 다양한 사회 문화적 요인이 작용하였다. 그 배경으로 우리나라 학교교육은 '폐쇄형 종점교육 모형'으로서의 특징을 가졌다. 우선 그것이 '폐쇄형'이라는 의미는 교육이 지정된 시간과 장소에서 닫힌 꼴로 운영될 뿐더러 주로 전일제 학생중심으로 교육이 진행된다는 의미다. 교육과정 역시 학교 자체가 가지고 있는 프로그램만을 통한 완결구조를 가지고 있으며, 특별한 경우를 제외하고는 학교 밖에서 획득한 학점의 전이가 원칙적으로 제한되고 있다. 평생교육은 지식과 기술의 급진적 증가로 지속적인 학습이 요청됨에 따라 학교교육의 한계성이 들어나게 되었던 것이다. 학교를 졸업한 후에도 변화하는 지식과 기술을 익히지 않으면 사회생활을 올바르게 영위하기 어렵게 되었고, 인간의 학습능력이 청소년 시기에만 한정되어 있다는 생각에서 벗어나 학습은 한평생 지속되어야 한다. 따라서 인간은 최대한으로 자아실현을 이룩하기 위해 노력하고 사회는 이를 위해 바람직한 교육환경을 조성해야 한다. 기술혁신에 따른 직업사회의 구조가 변화하고 직업의 세분화와 전문화의 경향은 물론이고, 직업세계의 빠른 변화에 적응하기 위해 직업교육은 평생 동안 계속되는 평생교육의 과제인 것이다.

이런 현실을 직면하고 학교교육이 위축되고 파행화하는 교실붕괴인 폐쇄형 종점교육 시스템을 개방형 평생교육 시스템으로 전환하여야 하는 첫 번째 해결책일 수 있다. 개방형 평생교육 시스템은 폐쇄형 종점교육으로서의 학교교육 모형에 대한 대안으로 탄생한 것으로서, 고등학교 졸업 이후 언제든지 필요할 때 다시 고등교육으로 진입할 수 있으며, 고등교육 역시 그 자체의 학부교육 혹은 대학원교육으로 종결되는 것이 아니라, 직업생활과 함께 항시 계속교육으로의 재진입이 가능한 시스템을 구축함으로써 중등교육 이후 고등교육 및 계속교육으로 진입하는 시점을 다변화할 수 있다. 평생교육 체제는 평생학습이 이루어질 수 있는 조건이다. 그 안에는 교수-학습활동의 계획, 제공, 평가, 인증 등을 중심으로 이루어지는 평생교육 체제뿐만 아니라 그 외곽에 존재하는 복지, 노동, 문화 등 관련분야의 간접적 학습지원체제까지 포함한다. 넓게 보면 국가 인적자원 개발정책 및 국가혁신체제 건설을 위한 총체적 학습인프라다. 넓게 보면 국가 인적자원 개발정책 및 국가혁신체제 건설을 위한 총체적 학습인프라와 직·간접적인 연계를 맺을 수 있다. 이 가운데 평생교육체제는 본질적으로 공공영역이 담당해야 할 몫이며, 시장기능에 맡겨질 평생학습도 그것이 작용할 수 있는 시장규칙을 마련하는 것은 여전히 국가의 몫일 뿐 아니라 부분적으로 국가가 직접 나서서 평생교육 실시자로서 기능해야 할 부분도 존재한다. 새롭게 제정된 평생교육법은 지식기반사회의 도래에 따라 국민의 학습권과 학습에 대한 선택권 및 평생교육의 기회균등을 보장하기 위하여 평생교육에 필요한 수단 및 제도를 다양화하고 체계화함으로써 누구나, 언제, 어디서나 원하는 교육을 받을 수 있는 열린 교육사회, 평생학습사회의 건설을 지향하고 있다.

평생교육에 관한 법적 근거가 마련됨으로써 평생학습의 기회가 정책적으로 보장되어 개인은 삶의 질을 향상시키고 직업적 발전을 꾀할 수 있으며 국가는 사회변화에 적응하고 이를 이끌어 나갈 수 있는 인재의 육성으로 통한 국가발전을 기대할 수 있게 되었다. 평생학습사회를 지향하는 시점에서 평생교육의 활성화를 위해 다음과 같은 과제를 제안하여 본다.

첫째, 국민기초능력표준(Nation Key Competency Standard)을 마련하여 현재 폐쇄형 학교 시스템이 전적으로 의존하고 있는 교과의 가치를 역량단위로 변경할 필요가 있다. 평생학습의 결과로 사회구성원들의 지식과 능력을 지속적으로 향상시키고 이들의 필요와 다양한 교육적 요구들을 충족시켜 줄 수 있는 좋은 프로그램 시스템이 마련되어야 한다. 뿐만 아니라 대도시에 편중되어 있는 교육시설은 전국적으로 확산하여 어느 지역에서 학습할 수 있는 시스템 구축이 필요하다.

둘째, 학습시간과 공간을 뛰어넘어 정보를 교환할 수 있도록 국가차원에서의 정보통신네트워크(information network)가 구축되어야 한다. 학교, 가정, 산업화, 국내외의 평생교육기관들의 상호연결이 가능한 정보통신 인프라가 다양한 정보를 수집하고 교환하는 활발하고 유기적인 상호작용이 있어야 한다. 즉, 학교차원에서 다루어지지 않던 성인교육의 정보의 중요성을 감안하여 교육을 교육복지적 차원에서 국가교육기관이 전담 · 운영하는 정책이 필요하다.

셋째, 교육기본법에서 제안된 평생교육권을 실현하기 위해 산업체에서 평생교육권을 보장하는 제도가 정착되어야 한다. 곧 교육과 훈련을 위한 학습휴가와 재정적 지원이 보장되어서 직종이나 직급에 따라서 자유롭게 재교육의 기회를 가질 수 있도록 되어야 한다. 또한 재교육의 결과가 업무와 연결될 수 있는 제도적 장치가 필요하겠다. 그리하여 독립적으로 운영되어 오던 각종 평생학습 인증제도에 대한 정비, 통합운영이 함께 되어야 한다. 그렇게 하여, 정규학교,

사이버학교, 학점은행제, 독학사학위제 등의 연계와 통합을 통한 국가차원의 인증제도를 보장하는 교육법 마련이 필요하다.

넷째, 평생교육을 위한 재정이 확보되어 중앙정부와 마찬가지로 지방정부에서도 평생학습 지원을 위한 제도로 인해 국민 누구나 경제적 부담 없이 교육기회에 쉽게 접할 수 있도록 통합관리체계가 마련되어야 한다. 비영리 민간조직(NGO)과 각종 학원에 대한 평생교육 지원 및 정비에 대한 방안 또한 마련되어 시행되어야 한다.

다섯째, 국가차원에서 평생교육기관의 질 관리 및 교육성과에 대한 평가체제를 확고히 함으로써 학습자들이 참여한 교육에 대한 정통성이 부여되어야 한다. 곧 평생학습을 통하여 얻은 정보기술, 지식 등의 교육적 가치를 인정받을 수 있는 평생교육사에 대한 전문성 신장 및 개인의 발달을 위한 전문성 확보의 방안들을 마련하여 시행하여야 한다. 한 국가의 평생학습은 그 사회의 학습문화가 얼마나 활성화되는가에 따라 그 성과가 결정되는 것이며, 그것은 학습이 국민생활 양식의 중요한 부분으로 자리잡도록 하는 사회적 분위기를 구축하는 데에서 출발하기 때문이다.

평생교육은 후기산업사회의 교육적 대안이다. 다시 말하면, 지금까지는 학교교육이나 개인과 사회의 교육적 요구를 수용해서 사회의 통합과 발전에 이바지했다면 21세기에는 평생교육차원에서 교육의 개념과 기능이 더 확대된 평생교육의 이념으로 전환되어서 개인과 사회, 국가의 발전으로 이어져야 한다. 아직 우리사회에서 평생교육의 이념이 전폭적으로 수용되는 차원에까지 이르지 못했지만 '삶이 곧 교육'인 평생교육의 이념은 급변하는 현대사회의 새로운 교육이념으로 받아들여져야 할 것이다.

참고 문헌

간진숙 외 5인(2006). LMS기반의 콘텐츠 저작환경 설계 및 구현. 한국정보처리학회, 논문집 B권 pp. 256 ~258.

강원발전연구원(2004). 강원도 인적자원개발의 방향과 과제.

강원발전연구원(2005). 강원도인적자원개발기본계획.

강이철(2001). 교육공학의 이론과 실제. 서울 : 학지사.

______(2001). 코스웨어 설계를 위한 교육공학의 이론과 실제. 서울 : 학지사.

강인애(1995). "인지적 구성주의와 사회적 구성주의에 관한 간략한 고찰". 교육공학연구. 11(2). pp. 3-20.

______(1997). 왜 구성주의인가? 서울 : 문음사.

교육마당 21(2008). 입학사정관제도로 얻을 수 있는 것들. 교육마당, 312. 9-13.

교육법전편찬회(2005). 2005년 개정판 교육법전. 서울 : 교학사.

교육인적자원부(1998). 교육과정. 교육인적자원부.

____________(1999). 지식기반사회와 교육. 교육인적자원부.

____________(2000). 교육정보화 백서. 교육인적자원부.

____________(2001). 교육과정 편성 · 운영의 실제. 교육인적자원부.

____________(2001). 정보통신기술활용지도 자료. 교육인적자원부.

____________(2005). e-러닝 : 교육이 바뀐다. 교육인적자원부.

____________(2007). 2007년 개정 교육과정. 교육인적자원부.

교육인적자원부, NEIS 지원서비스 홈페이지 : http : //helpsys.moe.go.kr/jsp/inhm/inhm-avo.jsp.

권성호(2002). 교육공학의 탐구. 서울 : 양서원.
기순신(2001). 교사론. 서울 : 학지사.
김낙운(1974). 교육공무원 인사법 요론. 서울 : 교학사.
김문경(1998). "컴퓨터를 활용한 수학적 교수-학습의 구성주의적 접근 : 이차함수와 그래프의 개념 이해를 중심으로". 교육학연구. Vol. 36. No. 2. pp. 183-202.
김민(2000). '학교붕괴', 신화인가 현실인가? 한국교육인류학회(편). 교육인류학연구. 3(2). 1-29 ②
김민환 외(2007). 교육의 이론과 실제. 서울 : 동문사.
김수천(1999). 교육과정과 교과. 서울 : 교육과학사.
김영환 외 3인(2003). 원격교육의 이론과 실제. 서울 : 학지사.
김신자 외(2001). 교육공학의 이론과 실제. 서울 : 문음사.
김신자, 이인숙, 양영선(1999). 교육공학의 이론과 실제. 서울 : 문음사.
김재우(1996). 교직교육론. 서울 : 양서원.
김종서, 이영덕, 정원식(2005). 최신교육학 개론. 서울 : 교육과학사.
김종서, 황종건, 김신일, 한숭희(2005). 평생교육 개론. 서울 : 교육과학사.
김종철(1982). 교육행정의 이론과 실체. 서울 : 교육과학사.
김태훈(2006). 대한민국 교육정책은 누가 결정하는가. 서울 : 태영출판사.
김희배(1993). "교육공학의 학문적 정체성 확립을 위한 '텔레시스' 탐색 I. 교육공학연구. 8(1). pp. 121-133.
나일주, 임철일, 이인숙(2003). 기업교육론. 서울 : 학지사.
나일주, 정인성((2006). 교육공학의 이해. 서울 : 학지사.
남정걸(1998). 교육실습의 이론과 실제. 서울 : 학문사.
대통령자문 교육개혁위원회. 신교육 체제의 수립을 위한 교육개혁 방안. 1995, pp. 9-10
로자베스 모스 캔터, 박상철, 윤동진 역(1998). 월드클래스. 서울 : 한언.
목영해(1996). "급진적 구성주의와 양명학적 구성주의 관점의 비교와 구성주의적 도덕교육론". 교육철학. 14(2). pp. 29-43.
목영해(1998). "구성주의의 본질적 측면에 대한 몇 가지 고찰". 교육학연구. Vol. 36. No. 1. pp. 171-186.
박도순, 장석우(1993). 새 대학입학시험제도. 서울 : 중앙교육진흥연구소.
박성익(1999). 수업방법 탐구. 서울 : 교육과학사.
박성익 외 3인(1999). 교육방법의 교육공학적 이해. 서울 : 교육과학사.
박수경, 김광휘(1998). "구성주의적 수업이 학습자의 탐구능력 수준에 따라 고학 성취도와 동기유발에 미치는 효과". 교육학연구. Vol. 36. No. 2. pp. 39-65.

박순경(1999). "학습자 주도적 학습 활동으로서의 프로젝트법(project method)에 대한 고찰". 교육학연구. Vol/17. No. 2. pp. 21-38.

백영균 외 7인(2008). 유비쿼터스 시대의 교육방법 및 교육공학. 서울 : 학지사.

변영계(2001). 교수 학습이론의 이해. 서울 : 학지사.

변영계, 김광휘(1999). 협동학습의 이론과 실제. 서울 : 학지사.

변영계, 김영환(1999). 교육방법 및 교육공학. 서울 : 학지사.

빌 게이츠, 이규행 역(1996). 미래로 가는 길. 도서출판 삼성.

서울교육대학교부설초등학교(1999). 교육실습 학급협의 자료.

서울초등교감 자율장학회(2007). 서울 교감실무 자료집. 행정연수자료, 제13집.

서울특별시교육시설관리사업소(2006). 시설물 유지관리 지침서. 서울특별시 교육시설물 관리사업소.

서울특별시교육청(2006). 2007학년도 학교회계예산편성지침. 서울특별시교육청.

서울시교육청(2007). 2008학년도 학교회계 이렇게 바뀝니다. 서울특별시교육청.

서울특별시교육연구정보원(2006). 2006 교직실무 편람. 서울특별시교육연구정보원.

서울특별시서부교육청(2006). 초등학교 NEIS 교무업무시스템 사용자 연수. 서울특별시 서부교육청.

서울특별시중부교육청(1996). 교사의 정체성확립을 위한 교사의 직무 수행 모형개발. 서울 : 극동문화사.

설양환 외 7명(2005). 교육공학과 교수매체. 서울 : 아카데미프레스.

성태제 외 12인(2008). 최근 교육학개론. 서울 : 학지사.

소경희(1998). "학교교육에 있어서 '자기주도 학습(Self-directedlearning)'의 의미. 교육학연구. Vol.16. No. 2. pp. 329-351.

송해덕(1998). "구성주의적 학습환경 설계 모델들의 특성과 차이점 비교분석연구", 교육학연구. Vol. 36. No. 1. pp. 187-212.

신원동(2008). 잠재력 있는 인재를 찾기 위한 대학입학전형(입학사정관운영 사례를 중심으로). 대학교육 153호. 대학교육협의회. 124-129.

신현성(1995). "수학과 교육과정에서의 구성주의의 역할". 교육연구 5집. 강원대학교 교육연구소. pp. 38-49.

안기성 외 공역(1998). 교육정치학. 서울 : 학지사.

안창선, 남경현, 이욱범(2001). 교사론. 서울 : 교육과학사.

양영선, 조은순(1998). 원격교육의 이해와 적용. 서울 : 예지각.

염명숙, 조은순(2005). 원격교육 활용론. 서울 : 남두도서.

유승우, 이종문. (2002). 인간자원개발론. 한국방송통신대학교출판부.

유영만(2002). e세상 e러닝. 서울 : 한언.

윤정일 외(1997). 한국 교육정책의 탐구. 교육과학사.

이성호(1985). 교육과정과 평가. 서울 : 양서원.

이성호(2000). 교육방법론. 서울 : 학지사.

이윤식(1994). 초등학교 교감 자율장학 직무연수자료. 서울특별시교육청.

이인숙(2002). e러닝. 서울 : 문음사.

이칭찬(2002). "한국의 교육열과 교육경쟁의 대안". 2002 교육열 국제학술회의 자료집. 강원대학교 교육연구소. pp. 1-10.

이칭찬, 신민희(2005). 신교육방법 및 교육공학. 서울 : 동문사.

이칭찬, 이의길(2007). 교육방법 및 교육공학. 서울 : 태영출판사.

이칭찬, 주상덕(2009). 교직실무이론. 서울 : 동문사.

이칭찬, 황선경(2003). 교육과정과 평가. 서울 : 동문사.

이화여자대학교 교육공학과(2004). 교육공학. 서울 : 교육과학사.

이홍우(1988). Bruner 지식의 구조. 서울 : 교육과학사.

이홍우(역) (1987). 민주주의와 교육. 서울 : 교육과학사. John Dewey (1916). Democracy and Education. New York : Mcmilan.

전두승 편저(1995). 평생교육론. 서울 : 교육과학사.

정우현 외(1990). 평생교육의 미래. 서울 : 교육과학사.

정윤미 역(2003). 하버드대 입학사정관의 미국 명문대 진학 가이드. 서울 : 크림슨.

정진곤(2005). 미국 대학의 학생선발 방법과 한국입시제도에의 시사점.

교육평가 연구 18(2). 한국교육평가학회. 149-171.

조규락, 김선영(2006). 교육방법 및 교육공학. 서울 : 학지사.

조금주(2006). 참여정부의 교육시장개방 정책에 따른 문제점과 대응책. 교육과학연구. 37(2).

조수연(2000). 교육실습의 이론적 기초, 초등교육실습 길잡이. 서울 : 교육대학교생활연구소.

조승제(2007). 교육과정과 평가의 쟁점 : 삶과 앎, 서울 : 교육과학사.

조용기(1996). "구성주의 교육의 구성". 교육철학 14집. 한국교육철학회. pp. 237-257.

조용하 외(1997). 신교육 사회학. 서울 : 학지사.

주상덕(2000). 학교 교육환경 개선을 위한 학교운영위원회의 노력. 서울교육 2000 봄호.

______(2002). 교육과정개발에 대한 교사의 태도변화. 한국교원교육연구 19권 3호.

최돈민 외(1999). 평생학습 실현을 위한 열린 교육체제 연구. 서울 : 한국교육개발원.

최문경(2005). WTO 교육개방 현황과 이후 대응과제. 교육비평(18).

피터 드러커, 이재규 역. (2002). Next Society. 한국경제신문.

한국개발연구원(2001). 질적 심화기의 초 · 중등교육 발전 전망과 과제.

한국교원교육학회편(2001). 교육실습의 이론과 실제, 교육과학사.

한국교원단체총연합회(1997). 예비교원을 위한 교사론. 서울 : 교육과학사.

한국교육개발원 편(1999). 교육개혁정책의 심층 해부. 문음사.

한국 기독교 사회 연구원(1988). 지방자치와 지역운동. 서울 : 민중사.

한림대학교 교육개발센터(2006). 교수학습가이드북 I : e러닝전략 속으로.

한석수, 이종욱, 정훈 역(1999). 미국대학 입학사정관들의 고민. 서울 : 아르케.

한준상(1991). 한국교육의 갈등구조. 서울 : 연세대 출판부.

함종한, 허경희(1992). 한국교육의 새로운 선택. 서울 : 21세기 정책연구원.

황원철 외(2004). 공교육. 서울 : 원미사.

허숙 (역) (1992).교육과정과 목적. 서울 : 교육과학사. Decker F. Walker & Jonas F. Soltis (1986). Curriculum and Aims, New York : Teachers College Press.

허창범(1993). "구성주의 학습관과 수업설계. 교육문제연구 5집. 고려대학교 교육문제연구소. pp. 169-195.

황윤한(1995). "제6차 교육과정과 구성주의적(constructivistic) 교육". 교육학연구. Vol. 33. No. 1. pp. 237-252.

Bednar, A. K. et al.(1991). Theory into practice : How do welink? n G. L. Anglin(ed.). Instructional Technology : past, present, future. Englewood. Co : Libraries Unlimited. Inc.

Bell, D. (1973). The coming of post-industrial Society : A venture in social forecasting NY : Basic Books.

Bobbitt, J. F.(1972) 1918 The Curriculum. New York : Arno Press.

Boudieu, P. (1977). "Cultural Reproduction and Social Reproduction", Karagel, J. & Halsey, A. H. (eds.) *Power and Ideology in Education*. New York : Oxford Univ. Press, 487-511.

Bowles, S. & Ginitis, H. (1976). *Schooling in Capitalist America*. New York : Basics Books.

Boyd, W., & E. King(1975). *The history of western education*. London : Adam & Charles Black..

Bruner, Jerome S.(1960). *The Process of education*. Cambridge, Mass : Havard Univ. Press.

Cohen, M. D., Marsh, J. G. & Olsen(1972). *A Garbage can models of organizational choice.* Administrative Science Quarterly, 17.

Cremin, Lawrence A.(1976). *Public Education.* New York : Basic Books.

Darling-Hammond, L. Goodwin, In G. Gaweltic(Ed).(1993). *Challenges and achievement of American education*, Alexandria. Va : Association for Supervision and Curriculum Development.

Delors, J.(1996). Learning : The Treasure Within. Paris : UNESCO Publishing.

Dewey, John (1916). *Democracy and Education.* New York : Macmillan Publishing Co. Inc.

Dewey, John(1956). *The Child and the Curriculum; The School and Society.* Chicago : University of Chicago Press.

Eisner, Elliot W., and E. Vallance, eds.(1974). "Conflicting Conceptions of the Curriculum". *National Society for the Study of Education Series on Contemporary Educational Issues.* Berkeley, CA : Mc Cutchan.

Good, T. L. et al.(1992). "Grouping for instruction inmathematics" In D.A. Grouws(ed). Handbook of research onmathematics teaching and learning. New York : Macmillan.

Goodlad, John I.(1985). "Curriculum as a Field of Study.", *International Encyclopedia of Education, Vol. 2,* Torsten Husen and T. Neville Postlethwaite ed.1141-1143. Oxford : Pergamon.

Hamilton, David(1989). *Toward a Theory of Schooling.* London : Falmer.

Hutchins, Robert M.(1936). *The Higher Learning in America.* New Haven, Conn. : Yale Univ. Press.

Jackson, Philip W.(1992)."Conceptions of Curriculum and Curriculum Specialist," Jackson, Philip W.(ed.) *Handbook of Research on Curriculum.* New York : Macmillan Publishing Company. 3-40.

Johnson, David W. and Roger, T. Johnson, Edythe johnson Holubec, and Patricia Roy(1984). *Circles of Learning.* Washington, D. C : Association for Supervision and curriculum Development, A step-by-step guide to cooperative learning.

Jonassen. D.(1991). Objectivism versus constructivism. ETR & D. 32(3). pp. 5-14.

Kagan, S.(1985). "Dimentions of Coopeerative ClassroomStudents" In R. Slavin et al.(ed). Learning to Cooperate, Cooperating to learn. New York : Plenum Press.

Kagan, S.(1992). Cooperative Learning. Sanjuan Capistrano. C.A. : Resources for teachers.

Kliebard, Herbert M.(1975). "Persistent Curriculum Issues in Historical Perspective", *Curriculum Theorizing*, William Pinar ed. 39-50. Berkeley, CA : Mc Cutchan.

Kliebard, Herbert M.(1977)."Curriculum Theory : Give Me a 'For Instance'(1976)" The Tyler Rationale", *Forging The American Curriculum : Essay in Curriculum History and Theory*, New York : RKP. 153-167.

Kliebard, Herbert M.(1987). *The Struggle for the American Curriculum 1893-1958*. New York : Routledge & Kegan Paul.

Lmig, D. G.(1991). *The Professionalization of teaching : Relying on Professional Knowledge base*. St Louis, Mo. : Americans Association of colleges for Teacher Education.

Longworth, N., Hogg, B. & Markkula, M. (1999). Making Life-long Learning Work : Learning Cities for aLearning Century. VA : Stylus Publishing.

Matthews, M. R.(1992). Old wine in new bottle : a problem with constructivist epistomology. Philosophy ofEducation(Preceedings of the philosophy of Education). pp. 203-211.

McNeil, John D.(1977). *Curriculum : A Comprehensive Introduction*. Boston : Little, Brown.

Meyer, J. & Rowan, B.(1991). *Institutionalized Organization : Formal Structure as myth and ceremony*. The Chicago University Press.

Paula, Silver(1983). *Education Administration : Theoretical Perspectives on Practice and Reacher*. N.Y. : Happer & Row.

Portelli, John P.(1987). "On defining curriculum". *Journal of Curriculum and Supervision* 2(4) : 354-367.

Reiser, R. A., & Dly, D. P.(1997). The field of educational techmology as reflected through its definitions. Educational Technology Research and Development, 45(3), 63-72.

Resnick, L. B.(1987). Education and learning. Washington, D.C. : National Academy Press.

Rosenstein, Allen B.(1968). *A Sutdy of a Profession and Professional Education*. Los Angeles : Schools of Engineering and Applied Science, U.C.L.A.

Schubert, William H.(1986). *Curriculum : Perspective, Paradigm, and Possibility*. New York : Macmillan.

Sills, David, L.(1968). *International Encyclopedia of social sciences, V. 13*. New York :

The Macmillan Company and the Free Press.

Slavin, E. R.(1990). Cooperative Learning : Theory, research and practice. Boston : Allyn and Bacon.

Slavin, E. R.(1987). "The cooperativelearning and the cooperative school", Educational Leadership. 47. pp. 7-13.

Smith, B. Othanel et al.(1957). *Fundamentals of Curriculum Development (rev. ed).* New York : Harcourt, Brace, Jovanovich, Inc.

Stenhouse, Lawrence(1975). *An Introduction to Curriculum Research and Development.* London : Heinemann Educational Books, Ltd

Taba, H.(1962). *Curriculum Development* : Theory and practice. New York : Harcourt Brace & World, Inc.

Tanner, Daniel & Laurel, N. Tanner(1975). *Curriculum Development : Theory into Practice.* New York : Macmillan Publishing Co. Inc.

Tyler, R. W.(1949). *Basic Principles of Curriculum and Instruction.* Chicago : University of Chicago Press.

Von Glasersfeld, E.(1987). The construction of knowledge : Contributions to conceptual semantics. Salinas, CA : Inter-systemsPublications.

Von Glasersfeld, E.(1993). Learning and adaptation in the theory of constructivism. Curriculum & Cognition, 26(3), 393-402.

Weick, Karl, E.(1976). *Educational Organization as Loosely coupled system.* Administrative Science Quarterly, 21(march).

Zais, Robert S.(1976). *Curriculum : Principles and Foundations.* New York : Harper & Row.

찾아 보기

저자 소개

✍ 이칭찬

연세대학교 문과대학 교육학과 졸업
연세대학교 대학원 교육학과 졸업
미국 University of Minnesota, Dept. of Curriculum & Instruction 철학박사
미국 뉴욕 주립대학 교환교수
미국 University of Washington 교환교수
대통령 자문 교육개혁위원회 전문위원
교육부 장관 자문위원
현재, 강원대학교 사범대학 교육학과 교수/강원도 YMCA 연합회 회장/국제 대학생 자유기업원(SIFE) 한국 총재
저서 : 교육과정, 교사론, 교육방법 및 교육공학, 교직실무이론 등 20여 권

✍ 조승제

강원대학교 사범대학 교육학과 졸업
연세대학교 대학원 졸업
강원대학교 대학원 교육학 박사
현재, 여주 대학교 교양학부 교수/교무처장
저서 : 교육과정 외 다수

✍ 주상덕

안동사범대학교 졸업
국제대학 법학과 졸업
연세대학교 교육대학원 졸업
강원대학교 대학원 교육학 박사
서울 시내 초등학교 교장 역임
교육부 주관 시 · 도 교육청 평가위원
교육부 주관 전국 교육대학교 교육대학원 평가위원
현재, 청주교육대학교/강원대학교/여주대학교 강사
저서 : 교직실무이론 등 다수

✍ 간진숙

한국방송통신대학교 졸업
강원대학교 대학원 교육학 석사
강원대학교 대학원 교육학 박사과정
현재, 한림대학교 교육개발센터 팀장/평생교육협회 평가관리위원/강원대학교 강사
논문 : 체계적인 수업설계 시스템 개발 외 다수

✍ 김성초

건국대학교 졸업
강원대학교 대학원 교육학 석사
강원대학교 대학원 교육학 박사과정 수료
현재, 강원대학교/여주대학교/송곡대학 강사

교육학개론

초판인쇄 2010년 3월 5일
초판발행 2010년 3월 10일

저 자 이칭찬 · 조승제 · 주상덕 · 간진숙 · 김성초
발행인 김현태
발행처 태영출판사

주 소 (152-705) 서울 구로구 구로동 104-10 동남오피스텔 201호
전 화 02 · 839-3757, 839-3752
팩 스 02 · 837-3754
등 록 2005년 5월 30일 제12-421호
http://www.taeyeongbook.co.kr
E-mail tys2005@paran.com
ISBN 978-89-6302-020-4 93370
정 가 17,000원

* 잘못 만들어진 책은 교환해 드립니다.